浙江省普通本科高校"十四五"重点立项建设教材

财务管理学：教程与案例

Financial Management: Text and Cases

主 编 唐丰收

中国财经出版传媒集团

经济科学出版社
Economic Science Press

·北京·

图书在版编目（CIP）数据

财务管理学：教程与案例 / 唐丰收主编. -- 北京：经济科学出版社，2025.7. -- （浙江省普通本科高校"十四五"重点立项建设教材）. -- ISBN 978-7-5218-7259-0

Ⅰ.F275

中国国家版本馆 CIP 数据核字第 2025TT1457 号

责任编辑：杜　鹏　武献杰
责任校对：郑淑艳
责任印制：邱　天

财务管理学：教程与案例

CAIWU GUANLIXUE: JIAOCHENG YU ANLI

主　编　唐丰收

经济科学出版社出版、发行　新华书店经销
社址：北京市海淀区阜成路甲 28 号　邮编：100142
编辑部电话：010-88191441　发行部电话：010-88191522
网址：www.esp.com.cn
电子邮箱：esp_bj@163.com
天猫网店：经济科学出版社旗舰店
网址：http://jjkxcbs.tmall.com
固安华明印业有限公司印装
787×1092　16 开　24.25 印张　480000 字
2025 年 7 月第 1 版　2025 年 7 月第 1 次印刷
ISBN 978-7-5218-7259-0　定价：58.00 元
（图书出现印装问题，本社负责调换。电话：010-88191545）
（版权所有　侵权必究　打击盗版　举报热线：010-88191661
QQ：2242791300　营销中心电话：010-88191537
电子邮箱：dbts@esp.com.cn）

前言 Preface

本教材两次获得浙江省重点教材建设项目立项支持。从2009年首次出版以来，不断更新完善。近十年来，在以新模式、新产业、新业态为代表的新经济日新月异、蓬勃发展的背景下，企业财务管理实践出现了很多新变化，相应地，对财务管理的人才培养也出现了许多新要求。为了适应新变化、新要求，我们组织力量全面修订教材并重新出版。

本次教材的修订，力图体现以下几个特点。

一是更新教材知识体系。根据财务管理理论和我国有关财务管理的法律、制度和实践的最新发展变化，我们对相关章节的知识体系进行了全面更新或补充。

二是充实本土化的财务管理实务案例。财务管理是一门实践性非常强的学问，基于真实场景的教学资源更有利于培养学生财务管理分析和解决问题的能力。基于这一教学理念，本次教材的修订增加了一系列由真实案例改编的教学案例，这些案例源自13个本土企业的财务管理实践，并由高校教师和来自多个行业龙头企业的财务总监共同开发提炼。这些案例，作为课堂教学的延伸，在相关章节中通过二维码链接的方式呈现给读者。

三是设计了从理论知识—实务技能—综合分析的体系化的课后作业。作业资源的质量是教材质量的重要方面。教材按照理论自测、实务自测以及案例分析等知识—技能—素养等链条为每一章节设计体系化的作业。这些作业有助于读者强化专业知识的巩固、专业思维的训练、实操能力的锻炼和综合分析能力的形成，并有助于学生自评达成情况。

四是契合学生未来专业技术资格考试需求。会计学和财务管理专业的学生毕业工作后将面临专业技术职务晋升的需求。教材将两者结合起来。教材的主要公式和知识点及概念术语尽量与全国会计专业技术资格考试指定参考教材中公式和概念术语表述保持一致。

教材编写的分工如下：唐丰收、彭海颖负责编写第1、第6、第7、第8章；吴瑞勤负责编写第2、第10章；高巧依负责编写第3章；孙彤负责编写第4、第5章，马彦负责编写第9、第11章。同时，唐丰收负责教材整体设计、统稿、审校等工作。

本教材部分案例采取紧密校企合作、产教融合的方式编写。来自地方大中型企业的财务管理人员为某些章节实践性强的案例编写提供了宝贵的素材，并与高校教师一起打磨提炼教学案例。参与编写的会计实务专家分别是张朝君、郑舟、杜俊伟、叶开封、吴植勇、高凤霞、莫爱佳、周世明、朱伟、周龙、熊慧萍、奚海军、杜道峰、刘春燕等。

教材的编写团队在编写过程中一方面吸收总结多年教学研究经验，同时，也充分参考借鉴了国内外优秀教材的内容。当然，由于编者水平所限，教材肯定还存在不足之处，恳请读者指正，以便在后续版本中充分吸收，不断完善。

编者

2025年7月

目录

第 1 章 | **概论 / 001**

    1.1   财务管理的概念 / 002

    1.2   财务管理的目标 / 005

    1.3   财务管理的体制与组织 / 009

    1.4   财务管理的环境 / 011

第 2 章 | **财务管理的价值观念 / 019**

    2.1   资金时间价值 / 020

    2.2   风险和报酬 / 032

    2.3   期权 / 040

第 3 章 | **财务分析 / 052**

    3.1   财务分析概述 / 054

    3.2   财务报表分析 / 063

    3.3   财务比率分析 / 067

    3.4   财务评价与综合分析 / 085

第 4 章 | **财务战略与预算 / 096**

    4.1   财务战略 / 097

    4.2   预算管理 / 105

    4.3   预算的编制方法与程序 / 108

    4.4   财务预算编制 / 115

    4.5   预算的执行与考核 / 124

第 5 章 长期筹资方式 / 134

- 5.1 长期筹资概述 / 136
- 5.2 股权性筹资 / 144
- 5.3 债务性筹资 / 153
- 5.4 混合性筹资 / 167

第 6 章 资本结构决策 / 180

- 6.1 资本成本概述及指标计算 / 182
- 6.2 杠杆原理 / 193
- 6.3 资本结构理论 / 200
- 6.4 资本结构决策方法 / 205

第 7 章 项目投资决策原理 / 228

- 7.1 企业投资概述 / 230
- 7.2 现金流量 / 232
- 7.3 项目投资评价的一般方法 / 239

第 8 章 项目投资决策实务 / 258

- 8.1 互斥项目的投资决策 / 260
- 8.2 资本限量的投资决策 / 265
- 8.3 风险性投资项目决策分析 / 267
- 8.4 实物期权在项目投资中的应用 / 272

第 9 章 短期资产管理 / 290

- 9.1 营运资金管理 / 291
- 9.2 现金管理 / 295
- 9.3 应收账款管理 / 307
- 9.4 存货管理 / 321

第 10 章 短期债务筹资管理 / 342

- 10.1 短期债务筹资策略 / 343
- 10.2 短期债务筹资方式 / 344

第 11 章 股利理论与政策 ／355

11.1 股利理论 ／356

11.2 股利政策 ／358

11.3 股利支付方式与程序 ／364

11.4 股票股利和股票分割 ／369

主要参考文献 ／377

第1章 概 论

导入语

财务管理是现代企业一项职能化、专业化强的管理活动,具有特定的目标和管理内容。从整体上初步了解财务管理的目标和内容等有助于后续更好地学习财务管理具体的知识和技能。

引导案例

特斯拉的财务困境与逆袭之路[*]

2018年,特斯拉(Tesla)一度陷入严重的财务危机。尽管其电动汽车技术领先,但由于生产成本高、交付延迟以及现金流紧张,公司面临破产的风险。当时,特斯拉的负债高达100亿美元,而现金储备仅剩27亿美元。市场对特斯拉的生存能力产生了严重质疑,股价也大幅下跌。

然而,特斯拉的CEO埃隆·马斯克(Elon Musk)和其财务团队采取了一系列果断的财务管理措施。首先,他们通过削减成本、优化生产流程以及提高Model 3的产量,显著降低了单位生产成本。其次,特斯拉通过发行债券和股票融资,筹集了超过20亿美元的资金,缓解了现金流压力。此外,公司还通过提前偿还部分债务,增强了投资者信心。

到2020年,特斯拉的财务状况发生了翻天覆地的变化。公司不仅实现了连续四个季度的盈利,还被纳入标普500指数,市值一度突破8 000亿美元,成为全球市值最高的汽车制造商。

---

[*] 资料来源:特斯拉深陷财务危机,处于破产边缘,提升产能是唯一出路[EB/OL].(2018-05-29). http://k.sina.com.cn/article_5869896369_15ddf82b1001007wtl.html 等,编者根据相关资料进一步整理。

学习目标

本章主要讲授财务管理相关概念，通过本章的学习，重点掌握以下内容。
1. 初步了解财务管理的内容和财务管理的主要职能
2. 理解企业目标与财务管理的目标
3. 了解影响企业财务管理的外部因素
4. 理解利息率的构成

1.1 财务管理的概念

任何企业开办及日常运营均离不开金钱的投入，由此，带来了一系列与金钱相关的事务及其管理。在现代企业，这类事务管理呈现专业化和职业化的管理特点。人们把现代企业中，涉及金钱相关的管理，统称为财务管理。正式地下一个定义，财务管理是对企业财务活动中的组织和财务关系的处理。这个定义包含两个层面的含义，第一层含义是指对各种财务活动的组织，即企业如何筹资，如何投资，如何分配经营活动所赚取的利润等。第二层含义是指处理各种财务活动中所体现的经济关系。比如，如何处理企业与投资者、债务人、政府、员工等企业各利益相关方的经济关系。具体如下。

1.1.1 企业财务活动

（1）与筹资相关的财务活动。与筹资相关的财务活动，主要包括以下环节的管理活动：筹资数量的预测，比如，企业在下一年度，需要为生产经营筹集多少资金。这些资金向谁去筹资（筹资对象的选择），比如，选择向银行筹资还是非特定公众筹资等。具体用什么方式去筹资（筹资方式的选择）等，比如，选择债务方式还是权益方式等。

（2）与投资相关的财务活动。主要包括以下环节的管理活动：投资方式的选择，企业的资金是购买证券资产还是购买实体资产，对投资项目开展可行性评价等。

（3）与企业日常运营相关的财务活动。日常运营相关的财务活动主要涉及日常经营活动资金余缺的调控管理。企业对日常营运资金的管理包括现金收支的预算、应收账款的管理、商业信用的利用、存货管理等。

（4）与利润分配相关的财务活动。这方面的活动主要包括利润分配比例的确定、利润分配形式的确定，比如，企业当年赚取利润，当年决定分配多少比例。对于上市公司而言，利润分配是采取现金股利形式分配还是采取股票股利形式等。

1.1.2 企业财务关系

（1）企业与股东的关系。企业筹资或利润分配活动中主要涉及合理处理企业与股东的关系。两者是被投资者和投资者的关系，是资金使用者和资金使用权让渡者的关系。两者的权利义务等经济关系，体现股东在企业中的各项权利和义务。比如，股东在被投资企业按照股权比例在股东大会对重大决策投票表决的权利、选派董事代表进入董事会的权利、按照法律等规定依法享受投资收益的权利。

（2）企业与债权人的关系。企业与债权人的关系，体现的是借款人和贷款人的利益关系。两者的权利义务等经济关系，体现在债权人在企业的各种法定权利和义务，比如，按期获得本金归还和获得利息的权利、企业经营活动的知情权等。

（3）企业与债务人的关系。企业的债务人主要包括在商业往来中，欠企业货款的客户和得到企业预付款的供应商。

（4）企业与政府的关系。企业与政府关系主要体现在税收关系方面。企业在经营中应履行依法纳税的义务。

（5）企业与职工之间的关系。主要指企业在向职工支付劳动报酬的过程中形成的经济关系。企业要用自己的现金向职工支付工资、津贴、奖金。这种企业与职工之间的财务关系，体现了职工和企业在劳动成果上的分配关系。

企业财务管理的主要内容及其主要涉及的对象，可以用图1-1来简要描述。该图显示财务经理作为企业财务活动组织管理的代表，在金融市场和其他要素与产品市场上，开展的各种与资金相关的4类活动：（1）筹资活动，通过金融市场从投资者获得经营活动的资金。（2）投资活动，将资金购买实体资产，用于经营活动。（3）经营活动，实体资产在经营过程中盈利，资金增值。（4a）将经营活动赚取的利润再投资；（4b）给投资分配利润或支付本息。

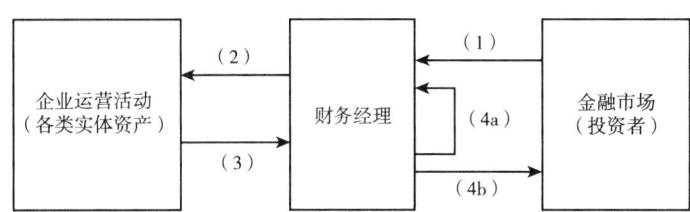

图1-1 财务经理代表企业开展的主要财务活动

1.1.3 财务管理职能

财务管理的职能主要包括财务管理过程中的预测、决策、计划、组织、控制以及分析、评价与考核等职能。

(1) 财务管理的预测职能。财务预测，就是在认识财务活动的过去和现状的基础上，发现财务活动的客观规律，并据此推断财务活动的未来状况和发展趋势。财务活动是企业各种生产经营活动的综合反映，财务预测是一项综合性的预测工作，涉及面较广。因此，财务预测不能脱离企业的各项生产经营业务进行预测。然而，正如财务活动也绝非各项业务预测结果的简单拼凑，而是根据业务活动对资金活动的作用关系，将业务预测结果进行合乎逻辑的综合，得到财务预测结果。

(2) 财务管理的决策职能。

决策，简单地说，就是对未来活动安排的方案选择。决策建立在预测基础之上。根据财务预测的结果，采用一定的决策方法，可以在备选方案中选取一个最优的财务活动方案。做好财务决策工作，发挥财务管理的决策职能，除了有赖于财务管理的预测职能，需要以财务预测资料为依据外，还应妥善处理以下几个问题。

一是财务决策的组织问题。财务决策除了根据各种可以确切掌握的客观资料作出客观判断外，还需要决策者作出主观判断。主观判断会受决策者个人价值取向及其知识、经验等个人素质的影响。只有较低层次、比较简单的财务决策问题，才可以由个人决策。较高层次的财务决策问题应尽可能由集体进行决策。

二是财务决策的程序问题。财务决策不同于一般的业务决策，具有很强的程序性。财务决策不能仅仅由专职的财务管理人员一次完成，而应该深入基层，了解企业生产经营的各种具体情况，并尽可能吸收业务部门的有关人员参与财务决策。同时，财务决策应与各项业务决策相协调，故需要对决策结果进行调整。

三是财务决策方法。财务决策既需要定量权衡，也需要定性分析。财务决策的具体方法的选择，应以财务决策内容为前提，同时，还要考虑所掌握的性质及数量等具体情况。

(3) 财务管理的计划职能。通过财务决策选定了财务活动方案之后，应该编制财务计划。正确地编制财务计划，可以提高财务管理的预见性，也可以为企业及各部门、各层次提出具体的财务目标。

(4) 财务管理的组织职能。对财务计划的落实，需要依靠企业财务部门以及相关的业务部门在企业的各层面通过任务分解、职责任务的落实以及相关资源的保障，来推动财务计划的落地实现。

(5) 财务管理的控制职能。在财务计划组织实施的过程中，由于主客观两方面的原因，财务活动的实际进展与计划要求可能产生差异。对于这种差异，如果不加以控制，财务计划的最终完成就不能保证。财务控制是在实施财务计划和组织财务活动的过程中，根据反馈信息（主要是会计信息和金融市场信息），及时判断财务活动的进展情况，并与财务计划要求相对照，发现差异，分析原因，并根据具体原因及时采取措施，保证财务活动按计划要求进行。

（6）财务管理的分析、评价与考核职能。

财务分析的基本目的是说明财务活动实际结果与财务计划或历史实绩等差异及其原因，从而为编制下期财务计划和以后的财务管理提供一定的参考依据。财务分析的基本手段是比较分析和比率分析。通过比较分析，能发现有利的或不利的差异；通过比率分析，能进一步发现差异产生的原因主要在哪些方面。

财务评价以财务分析为基础，是财务分析的延续。财务评价的基本目的是说明企业财务绩效的优劣及其程度。所以，财务评价的基本依据应该是财务计划或企业历史实绩、同行业平均先进水平等。

财务考核是对一定责任单位（部门或个人）的财务责任完成情况进行考查和核定。财务考核的基本作用主要在于强化各责任单位的财务责任感，从而促进各责任单位更好地完成所承担的财务责任。

1.2 财务管理的目标

1.2.1 企业的基本目标

企业财务管理作为企业经营管理活动的一部分，其目标服从和服务于企业整体的目标。正确理解财务管理目标必须首先正确理解企业目标。

不同企业的经营目标可能不尽相同，但是，在市场经济条件下，任何企业的经营目标的最基本、最共同的一点就是盈利。这是股东出资设立企业的基本动因。

当然，现代企业除了需要通过盈利实现股东利益，还需要实现其他利益相关者的利益。（1）债权人利益。企业除了使用股东投入的资金，往往也会使用银行等债权人提供的资金。因此，企业需要保障债权人的利益，按时偿还债权人本息。（2）员工利益。企业组织是由人组织的，企业不能没有资本，同样也不能没有员工，因此，企业需要在薪酬、福利、培训及安全等方面充分保障员工利益。（3）政府利益。政府需要通过企业实现税收收入，解决社会就业问题，因此，企业需要依法纳税和聘用员工。（4）消费者利益。消费者利益是企业的衣食父母，企业发展和股东利益的实现离不开消费者的信任。因此，企业需要在产品安全、价格公平、销售服务等方面切实保护消费利益。（5）社会公众利益。企业不仅是一个营利性的经济组织，也是一个社会组织，其生存和发展离不开社会公众的支持。因此，企业有必要履行社会责任，包括提供平等的就业机会、保护生态环境、确保产品安全及建立良好的公共关系等。从静态看，保障其他利益相关者利益往往会导致资本增加，从而影响企业的短期利益和股东当前收益。但从动态来看，则有利于企业实现可持续发展和股东长期利益。

现代企业目标具有下列基本特征：（1）企业目标应该是一个目标体系，包括多个维度的目标，比如有市场目标、质量目标、人力资源目标、研发目标和财务目标等。（2）盈利是企业经营的基本目标。但是，现代企业的经营不能只追求盈利，需要同时满足股东以外的其他利益相关者的利益诉求。

1.2.2　财务管理目标的含义及作用

作为企业的一项职能管理活动，财务管理有其专门的使命和目的。财务管理目标是指企业在组织开展财务活动中应该达到的基本目标，是企业财务管理活动的出发点与最终目的。财务管理目标是指引企业开展各种财务活动的指南，是企业各种财务决策的基本准则。

现代企业一般采取公司制的组织形式。公司制的主要特点是在法律上将企业与企业的投资者责任区分出来。法律赋予企业人格化的法律地位，企业作为法人，独立享有民事权利和承担民事义务。投资者作为企业的所有者，仅以其出资额对公司债务承担有限责任。公司的主要决策和日常经营管理由投资者委托职业经理人实现。

1.2.3　财务管理目标选择

明确财务管理的目标，是做好财务工作的前提。企业财务管理是企业管理的一个组成部分，企业财务管理的整体目标应该和企业的总体目标保持一致。从根本上讲，企业的目标是通过生产经营活动创造更多的财富，不断增加企业价值。但是，不同国家的企业面临的财务管理环境不同，同一国家的企业，公司治理结构不同，发展战略不同，财务管理的目标在体现根本目标的同时又有不同的表现形式，主要有利润最大化目标和股东财富最大化目标两种。

1. *利润最大化目标*

将利润最大化设定为企业的财务管理目标，其合理性在于，利润是衡量企业资源配置效率的一个综合指标。利润最大化目标是指企业的财务管理应该采取有助于企业实现利润最大化的财务方案。比如，从利润最大化的角度评价企业的投资方案、筹资方案等。从利润最大化的角度组织企业开展日常营运资金的管理。

将利润最大化作为企业的财务目标，是在19世纪发展起来的。当初企业结构的特征是自然筹集资金、私人财产和单个业主。单个业主的唯一目的是增加个人财富，显然，这是可以简单地通过利润最大化目标满足的。

但是，现代企业是以有限责任和经营权与所有权分离为特征的，现代企业由股东和债权人投资，由职业经理人员负责控制和指挥。此外，还有消费者、员工、政府和社会公众等其他利益相关者。因此，对现代企业而言，以利润最大化作为财务目标，会越发暴露它的局限性。

实践中，用利润最大化的目标来指导财务管理实践可能具有以下局限性。

（1）利润最大化目标的含义模糊。利润最大化目标是指短期利润还是长期利润？是指利润总额还是每股利润？这些内容并不明确。

（2）利润最大化目标没有区分不同时期的报酬，没有考虑资金的时间价值。

例如：假如以等额的资金投资A、B两个项目，这两个项目在未来三年预期可实现的利润总额都是100万元，但获得利润的时间分布不同。A项目未来三年预期可实现的利润依次为50万元、30万元和20万元；B项目未来三年预期可实现的利润依次为20万元、30万元和50万元，很显然，我们不能说这两个项目的投资回报是无差异的。但以利润最大化标准去评价这两个项目，会将两个项目视为无差异。

（3）利润最大化目标没有考虑风险，会导致企业财务管理行为对风险的忽视。利润指标没有包含风险因素的影响，用利润最大化指导企业的财务决策，容易导致企业决策中对风险的考虑不够。例如，假设企业有100万元暂时闲余的资金，如果存入银行，年利率为3%，一年后获得利息3万元；如果投资股票，一年后实现投资收益5万元。那么我们是否可以认为企业投资股票比存入银行更为有利呢？这是不确定的，因为投资股票较之存入银行虽然收益更大，但风险也更大。

可见，利润最大化目标只是对经济效益浅层次的认识，存在一定的片面性。所以，现代财务管理理论认为，利润最大化并不是财务管理的最优目标。

2. 股东财富最大化目标

股东财富最大化是指通过财务上的合理运营，为股东创造最多的财富。公司应该以创造最大化的股东财富价值作为财务管理和决策的终极目标。将企业的财务管理目标设定为股东财富最大化是现代财务理论中的主流观点，也是企业财务管理实践中比较普遍的做法。在股份公司中，股东财富由其所拥有的股票数量和股票市场价格两方面决定。如果股票数量一定，当股票价格达到最高时，股东财富也达到最大。所以，通常将股票价格最大化作为股东财富最大化的一个替代指标。

以股东价值最大化作为企业财务目标，其理论基础是，股东是企业的所有者，享有剩余索取权，股东之外的其他利益相关者，如债权人，在公司中承担责任较小，其享有的利益往往是固定的，且以契约的形式加以规定，通常不参与公司剩余收益的分配。因此，公司财务管理和决策的目标指向可以是单一地追求股东价值的最大化。

从理论上说，股东财富的表现形式是未来获得更多的净现金流量，对上市公司而言，股东财富可以表现为股票价值。股票价值一方面取决于企业未来获取现金流量的能力，另一方面也取决于现金流入的时间和风险。因此，与利润最大化目标相比，股东财富最大化目标有以下优点：（1）股东财富最大化目标考虑了现金流量的时间价值和风险因素，因为现金流量获得时间的早晚和风险的高低，对股票价格产生重要影响。（2）股东财富最大化目标在一定程度上能够克服企业在追求利润方面的短期行为，因为股票价格很大程度上取决于企业未来获取现金流量的能力。

股东财富对上市公司来说是一个比较容易衡量的指标，但对于非上市公司该如何运用股东财富最大化这一原则呢？从理论上说，这些公司的价值等于公司在市场上出售的价格，或者投资人转让其出资而取得的现金。对一个正常经营的企业而言，很难用这种整体出售的价格来衡量。因此，从实践看，可以通过资产评估来确定非上市公司价值的大小。

3. 以利益相关者价值最大化为目标

虽然股东财富最大化的观点已经得到普遍认可，但是，随着债权人、雇员、供应商等利益相关者在企业运营中的作用越来越重要，并且，如果企业一味强调股东价值最大化，会在一定程度上导致股东与其他利益相关者之间的矛盾和冲突。基于此，有人提出相关者利益最大化的观点。持相关者利益最大化观点的学者认为，企业不能单纯以实现股东利益为目标，而是要把股东利益放在与利益相关者（如借款人、政府、管理者、员工、供应商等）相同的位置上，即实现包括股东在内的利益相关者的利益。其理论基础是，企业不仅是一个经济组织，也是一个社会组织；企业不仅要为作为经济组织的企业的所有者股东创造价值，也要为作为社会组织的企业的各利益相关者创造价值，否则，企业就难以得到社会的普遍支持，其可持续发展就会受到限制。从理论上看，利益相关者价值最大化是一种更为先进的理念。但是，以利益相关者价值最大化作为企业的财务目标，其局限性主要是难以找到一个具体的指标来统计衡量"利益相关者价值"，因此，在指导财务管理和决策的过程中，可操作性存在一定的问题。

实践中，尤其是长期来看，坚持股东财富最大化与强调利益相关者价值最大化的目标，并没有多少冲突。长期来看，追求股东财富最大化实际上并不损害其他利益相关者的利益，恰恰相反，它是以保证其他利益相关者的利益为前提的。另外，根据法律规定，股东所持有的投资报酬要求权是剩余要求权，是在其他相关者利益得到满足之后的剩余权益，企业只有在向供应商支付了货款、向员工支付了工资、向债权人支付了利息、向政府缴纳税金之后，才能够向股东支付回报。

在对股东财富最大化进行一定的约束后，股东财富最大化成为财务管理的最佳目标。这些约束条件是：（1）利益相关者的利益受到了完全的保护，以免受到股东的盘剥。（2）没有社会成本。企业在追求股东财富最大化的过程中所耗费的成本能够归结于并确实由企业负担。

综上所述，现代财务管理学通常认为，将股东财富最大化作为基本的财务目标是比较恰当的，也具有可操作性。

对于上市公司而言，股票价格是衡量股东财富最直观的一种方式。将财务决策和财务管理活动与股票价格的预期变化联系起来，更有利于发挥财务管理目标的引导作用。

1.3 财务管理的体制与组织

1.3.1 财务管理的体制

财务管理的体制是指企业开展财务管理活动的制度体系，其核心是为了合理分配企业的财权和财力建立一套制度化的规则。可以分为财务管理的外部体制和财务管理的内部体制。前者指处理企业外部财务关系的财务管理体制；后者指处理企业内部财务关系的财务管理体制。其中，财务管理的内部体制，对于上市公司财务管理在公司法、公司章程的约束下，涉及股东大会、董事会和管理层三个层面的财务决策等规则。财务管理的外部体制涉及企业法、企业财务通则等约束原则。

1. 企业外部财务管理体制

企业外部财务管理体制是为了妥善处理外部财务关系而建立的制度化规则。外部财务关系主要是企业与出资人之间的财务关系。企业的出资人包括股东和债权人。债权人一般不参与企业的决策与管理过程。实践中存在股东和债权人之间的利益冲突，也存在控股股东与中小股东的利益冲突，需要建立一定的制度化规则来保障债权人的利益和中小股东的利益，缓解代理问题。

《中华人民共和国公司法》（2024年）（以下简称《公司法》）为企业处理外部财务管理提供了一般规则：

（1）《公司法》第二十二条规定，"公司的控股股东、实际控制人、董事、监事、高级管理人员不得利用关联关系损害公司利益"。这一规定可以有效避免公司的控股股东、实际控制人、董事、监事、高级管理人员利用其关联关系损害公司利益，从而有利于保护债权人和中小股东利益。

（2）《公司法》第二百一十条规定，"按照股东实缴的出资比例分配利润"。这一规定使得中小股东能够与控制股东在公司利润分配中实现"同股同利"。

（3）《公司法》第九十五条规定了公司利润分配办法，这一规定使得公司利润分配有章可循，从而避免利润分配的随意性，有效保护中小股东和债权人利益。

公司章程为企业处理外部财务关系提供了具体规则。企业可以在《公司法》规定的基础上，结合企业的实际情况，在公司章程中就企业应该如何处理外部财务管理作出更为具体的规定。

2. 企业内部财务管理体制

企业内部财务管理体制是为了妥善处理内部财务关系而建立的制度化规则。企业内部财务关系处理的中心任务，是要妥善处理企业内部纵向各层次之间、横向各部门之间以及企业与员工之间的财务关系，从而促进企业财务目标的实现。

1.3.2 财务管理组织机构

财务管理的组织结构，也称财务管理的组织形式，是指企业财务管理机构的设置方式。财务管理组织结构的设置主要取决于企业管理组织结构的总体特征。企业管理组织结构的安排，需要综合考虑企业经营规模、经营业务特点、分支机构的地理分布因素，同时会受企业产权性质及企业组织形式等因素的影响。实践中，财务管理组织结构的设计，必须与整个企业组织结构的设计同步进行。财务管理组织应该与企业主要业务组织密切配合，从而使财务管理工作更有效地支持业务工作。

在绝大多数规模较大的企业组织结构中，财务管理不再是一种附属职能，而是由独立的财务管理部门执行的一种专门职能。而且，财务管理组织本身也需要有一定的结构或形式；不仅公司（企业）总部需要设置财务管理组织（简称财务组织，俗称财务机构），而且各部门、各层次也应该根据管理的实际需要设置财务管理组织机构。

图1-2反映了工商企业常见的管理组织结构形式。财务副总裁（或财务总监）直接对公司总经理负责。财务副总裁负责的财务工作，是广义的财务工作，包括财务管理工作和会计工作两大部分。其中，财务管理工作的负责人称为财务部经理，会计工作的负责人称为会计部经理。财务部经理的主要职责范围是财务决策、营运资本管理和各种财务关系的处理等；会计部经理的主要职责范围是会计核算、会计控制及财务报告等。实践中，企业可以不分设财务部和会计部，而是将这两方面的职能集中在同一部门，称为财务部或财会部等，下设负责财务管理和会计各项具体

职能的处或室，诸如资金处、预算处、税务处、会计制度处、会计核算处和成本管理处等。

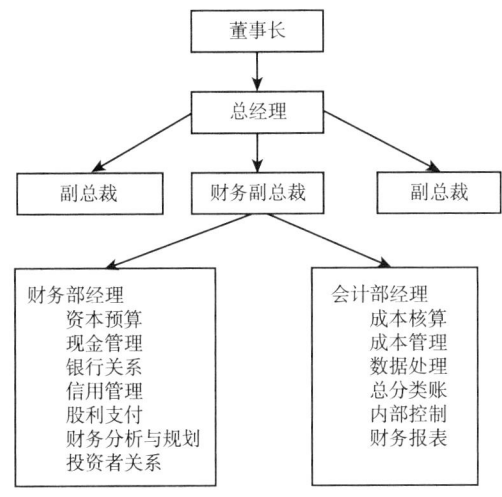

图1-2 工商企业组织结构

财务管理组织机构的设置及赋予的职能不是一成不变的，需要适应企业内外部环境和企业管理要求的变化，并进行必要的调整和完善。

财务经理的一部分工作是在企业和金融市场之间进行资金运作，如借款、发售股票和债券、分配股利以及偿还债务等。财务经理的另一部分工作是配合公司经营活动，安排资金收支，如进行流动资产、流动负债的管理，进行固定资产的投资决策等。

1.4 财务管理的环境

企业的财务决策和管理活动总是在一定的环境条件下进行的。我们把对企业财务活动和财务管理产生影响的各种企业外部条件的总和，统称为财务管理环境，是企业从事财务管理工作所面临的局势、氛围和条件。不同时期、不同国家、不同领域的财务管理需要面对不同的财务管理环境。企业在许多方面如同生物体一样，需要适应周围环境才能生存发展。企业的财务决策和管理需要密切关注环境的变化。善于分析和研究财务管理环境，是做好企业财务管理工作的前提和基础。

财务管理环境涉及的范围很广，比如国家的政治、经济形势、国家经济法规的完善程度，企业所面临的市场状况等。本节主要讨论企业难以控制的几种重要的环境，即金融市场环境、法律环境、经济环境等。

1.4.1 金融市场环境

金融市场环境对企业财务管理有重要影响，是一类经常处于调整和变动之中的环境因素。

金融市场是资金融通的场所，发挥着金融中介、调节资金余缺的功能。企业的筹资和投资活动都与金融市场密不可分。首先，金融市场不仅为企业融资提供场所，也为企业剩余资金提供出路。当公司需要资金时，可以到金融市场选择合适的筹资方式筹集所需要的资金，以保证生产经营的顺利进行；当公司有多余的资金时，可以到金融市场选择灵活多样的投资方式，为资金的使用寻找出路。其次，金融市场还能为企业财务管理提供重要的决策信息。比如金融市场中利率变动和各种金融资产价格变动，都反映了资金的供求状况、宏观经济状况甚至发行股票及债券公司的经营状况和盈利水平，这些信息为企业经营和投资决策提供重要依据。

金融市场由交易主体、交易工具和交易价格等基本要素构成。

（1）金融市场的交易主体，也就是金融市场参与者，是指参与金融市场交易活动的货币资金供应者或需求者。货币资金供应者主要由居民、企业、金融机构和政府四类。货币资金需求者，是指发行金融工具融通资金的单位和个人。前述金融市场上的四类资金供应者，同时也是资金需求者。其中金融机构作为金融市场的参与者，常常为企业开展财务管理工作提供各种重要的服务。企业的财务经理等需要经常与金融机构沟通交流。

金融机构，作为金融市场中重要的中介机构，它们是连接投资人和筹资人的桥梁。主要包括商业银行、投资银行、证券公司、保险公司和各类基金管理公司。

商业银行在银行类金融机构中居于主体地位。与其他类金融机构相比，商业银行具有以下两个重要特征：①商业银行是唯一能吸收活期存款的银行。商业银行的业务内容十分广泛。商业银行的资金不仅可以来自储蓄存款、定期存款，还可以来自活期存款以及自身发行的股票、债券等。它的资金不仅可以用于发放短期贷款、中期贷款和长期贷款，还可以用于发放信托贷款、办理租赁业务、购买债券等。②商业银行还办理许多中间业务和其他非信用业务，如代客保管金银及各种贵重物品、代客买卖有价证券、提供咨询服务等。

投资银行在现代公司筹资活动中处于非常重要的地位，任何公司发行债券或股票，都要借助投资银行。目前在我国，投资银行的业务主要由各类证券公司来承担。

保险公司和各类基金管理公司是金融市场上主要的机构投资者，它们从广大投保人和基金投资者手中聚集了大量资金，同时，又投资于证券市场，成为公司资金的一项重要来源。

（2）金融市场的交易工具，也就是金融工具，主要有商业票据、政府债券、公司债券、股票、可转让大额定期存单等。财务管理人员了解金融市场，必须熟悉各种金融工具。金融工具的信用质量，主要取决于金融工具发行者的信誉、金融工具的流动性和收益性特征等。金融工具按发行和流通的场所，划分为货币市场证券和资本市场证券。

货币市场证券属于短期债务，到期日通常为1年或更短的时间，主要是政府、银行及工商业企业发行的短期信用工具，具有期限短、流动性强和风险小的特点。货币市场证券包括商业本票、银行承兑汇票、国库券、银行同业拆借、短期债券等。

资本市场证券是公司或政府发行的长期证券。其到期期限超过1年，实质上是1年期以上的中长期资本市场证券。资本市场证券包括普通股、优先股、长期公司债券、国债、衍生金融工具等。

（3）金融市场的交易价格一般表现为利率。金融市场的利率主要有中央银行的贴现率、商业银行存贷款利率、同业拆借利率、国家公债利率等。其中，中央银行的再贴现利率是基准利率。

企业的财务活动均与利息率有一定联系，离开了利息率这一因素，就无法正确作出筹资决策和投资决策。因此，利息率是进行财务决策的基本依据。企业财务人员常常需要测算特定条件下未来利率的水平，需要了解利率的构成。

一般而言，资金的利率由三部分构成，即纯利率、通货膨胀补偿（或称通货膨胀贴水）和风险报酬。其中，风险报酬包含三个具体内容，即违约风险报酬、流动性风险报酬和期限风险报酬，这样利率构成的一般公式为：

$$K = K_0 + IP + DP + LP + MP$$

其中，K表示名义利率；K_0表示纯利率；IP表示通货膨胀补偿；DP表示违约风险报酬；LP表示流动性风险报酬；MP表示期限风险报酬。

纯利率：是指在既没有风险也没有通货膨胀情况下的均衡利率，影响纯利率的基本因素是资金的供求关系。因此，纯利率并非固定不变，而是会随资金供求关系的变化而不断变化的。通常以无通货膨胀条件下的无风险证券（如长期政府公债）利率代表纯利率。

通货膨胀补偿：由于通货膨胀会使货币的实际购买力受损，因此，货币资金的供应者在通货膨胀条件下会要求提高利率水平，以补偿其货币购买力损失。所以，通货膨胀条件下的无风险证券利率，等于纯利率加上通货膨胀补偿。政府发行的短期无风险国库券的利率就是这样确定的。利率确定的过程中，除了需要考虑通货膨胀因素之外，还需要考虑风险因素，即违约风险、流动性风险及期限风险。

违约风险报酬：违约风险是指贷款人无法按时支付利息或者偿还本金而给投资

者带来的风险。为了弥补违约风险，就必须提高利率。通常，政府债券被视为无违约风险的证券，故其利率较低。公司债券的违约风险取决于由债券发行主体和发行条件决定的债券信用等级。信用等级越高，表明违约风险越低，从而利率也越低。在期限和流动性等因素相同的情况下，各信用等级债券的利率与国家公债利率之间的差额，可视为违约风险报酬率。例如，假设一年期的国库券利率为3%，某公司发行的一年期公司债券利率为5%，这意味着该公司债券的违约风险报酬率为2%。

流动性风险报酬：流动性风险是指证券资产的变现能力强弱产生的风险。政府债券及信用良好的大公司发行的债券，如果已上市交易，则通常具有较强的变现能力，故流动性风险小。而一些不知名的且信用能力较弱的企业发行的债券或未能上市交易的债券，则较难变现，故流动性风险较大。根据经验，流动性风险差异导致的利息差，即流动性风险报酬率约为1~2个百分点。

期限风险报酬：期限风险是指更长期限对应的更大不确定性导致的风险。为弥补债权人承担这种风险而增加的利率，就是期限风险报酬率。在现象上，它表现为长期利率与短期利率之间的差异。长期利率一般要高于短期利率，这是由于一项负债到期越长，债务人承受的不确定性因素就越多，承担的风险也越大，要求对这种风险的补偿也越高。当然，在利率剧烈波动的情况下，也会出现短期利率高于长期利率的情况。

可见，影响某一个特定借款或投资的利率主要有以上五大因素。

1.4.2 法律环境

法律环境是指企业财务管理工作必须遵循的各项法规，主要包括《公司法》、税法和《中华人民共和国证券法》（以下简称《证券法》）。

（1）《公司法》。我国《公司法》从1993年12月29日制定以来，经过几次修订。现行的《公司法》是2023年12月29日修正的。《公司法》是规范我国企业财务管理工作最重要的法律规定。《公司法》对企业财务行为的规定主要体现在第十章"公司财务、会计"部分。第二百零七条规定："公司应当依照法律、行政法规和国务院财政部门的规定建立本公司的财务、会计制度。"第二百一十条规定："公司分配当年税后利润时，应当提取利润的百分之十列入公司法定公积金。公司的法定公积金不足以弥补以前年度亏损的，在依照前款规定提取法定公积金之前，应当先用当年利润弥补亏损。公司从税后利润中提取法定公积金后，经股东会决议，还可以从税后利润中提取任意公积金。"第二百一十三条规定："公司以超过股票票面金额的发行价格发行股份所得的溢价款、发行无面额股所得股款未计入注册资本的金额以及国务院财政部门规定列入资本公积金的其他项目，应当列为公司资本公积金。"

（2）税法。税法即税收法律制度，是国家权力机关和行政机关指定的用以调整税收关系的法律规范的总称。我国的税收法律和法规包括以下两个层次的内容。一是全国人民代表大会及其常务委员会制定的法律和有关规范性文件。目前，由全国人民代表大会及其常务委员会制定的税收实体法律有：《中华人民共和国个人所得税法》《中华人民共和国企业所得税法》《中华人民共和国车船税法》等；税收程序法律有：《中华人民共和国税收征收管理法》。二是国务院制定的行政法规和有关规范性文件。有以下几种类型：①税收的基本制度，比如，现行增值税、消费税、车辆购置税、土地增值税、房产税、城镇土地使用税、耕地占用税、契税、资源税、船舶吨税、印花税、城市维护建设税、烟叶税、关税等诸多税种，都是由国务院制定税收条例。②法律实施条例或者实施细则。全国人民代表大会及其常务委员会制定的《个人所得税法》《企业所得税法》《车船税法》《税收征管法》，由国务院制定相应的实施条例或者实施细则。③税收的非基本制度。国务院根据实际需要制定规范性文件，包括国务院或者国务院办公厅发布的通知、决定等。④对税收行政法规具体规定所做的解释。⑤国务院所属部门发布的、经国务院批准的规范性文件，视同国务院文件。

（3）《证券法》。现行《证券法》是2019年12月28日第十三届全国人民代表大会常务委员会第十五次会议修订通过的，自2020年3月1日起施行。《证券法》的制定，主要是为了规范证券发行和交易行为，保护投资者的合法权益，维护社会经济秩序和社会公共利益，促进社会主义市场经济的发展。《证券法》适用于我国境内股票、公司债券、存托凭证和国务院依法认定的其他证券的发行和交易。

《证券法》共十四章。其中，与企业财务管理工作相关性较强的内容，主要分布在第二章"证券发行"、第三章"证券交易"、第四章"上市公司的收购"和第六章"投资者保护"等章节之中。关于证券发行，《证券法》第九条规定："公开发行证券，必须符合法律、行政法规规定的条件，并依法报经国务院证券监督管理机构或者国务院授权的部门注册。未经依法注册，任何单位和个人不得公开发行证券。"在证券发行部分，还具体规定了公开发行股票、债券必须满足的条件等。关于证券交易，《证券法》第三十六条规定："依法发行的证券，《中华人民共和国公司法》和其他法律对其转让期限有限制性规定的，在限定的期限内不得转让。"第六十条规定："国有独资企业、国有独资公司、国有资本控股公司买卖上市交易的股票，必须遵守国家的有关规定。"关于投资者保护，《证券法》第九十一条规定："上市公司应当在章程中明确分配现金股利的具体安排和决策程序，依法保障股东的资产收益权。上市公司当年税后利润，在弥补亏损及提取法定公积金后有盈余的，应当按照公司章程的规定分配现金股利。"

1.4.3 经济环境

财务管理的经济环境，是指影响企业财务管理工作的各种经济因素，主要包括经济周期、通货膨胀、产业及行业特征等。

1. 经济周期

在市场经济条件下，经济发展存在一定的周期性。经济周期波动通常会经历复苏、繁荣、衰退和萧条四个阶段。经济周期的不同阶段给企业带来不同的机遇或挑战。企业应根据所处的经济周期的不同阶段，采取相应的财务管理策略（见表1-1）。

表1-1　　　　　　　　经济周期各阶段的企业财务管理策略

阶段	策略
复苏	增加厂房设备 实行长期租赁 增加存货 引入新产品 增加劳动力
繁荣	扩充厂房、设备 继续增加存货 提高价格 开展营销规划 增加劳动力
衰退	停止扩张 出售多余设备 转让一些分部 停止不利产品 停止长期采购 削减库存 停止增加劳动力
萧条	建立投资标准 保持市场份额 缩减管理费用 放弃次要利益 削减库存 减少劳动力

经济波动虽有如上所述的周期性特征，但经济周期的时间长度，以及经济周期各阶段持续的时间长度，都具有较大的不确定性。因此，企业采取表1-1所示的财务管理策略能否取得成功，关键在于能否准确把握经济周期各阶段的转换时间。

2. 通货膨胀

通货膨胀给企业财务管理带来的影响，突出表现为资金供求的严重失衡：一方面，原材料价格上涨、囤积物资、债权资产膨胀、产品滞销等原因导致普遍的流动资金需求膨胀，以及投资饥渴导致长期资金需求膨胀；另一方面，通胀时期政府紧缩银根、银行信贷风险增加、投资领域吸纳大量资金等原因导致资金供求相对不足。因此，在通货膨胀时期，企业财务管理必须根据通货膨胀水平及其变化趋势，审时度势采取应对策略。

3. 产业及行业特征

对企业财务管理来说，企业所处产业及行业的特征也是十分重要且直接的经济环境因素。企业财务管理需要重点关注以下几个方面：一是行业生命周期。通过分析行业生命周期，可以基本了解行业现状和未来前景。二是行业规模结构。包括行业的总体规模与社会对本行业产品总需求之间的平衡关系，以及行业集中度水平。三是政府产业政策。即关注政府对某一特定产业部门及特定行业所持的态度，以及由此决定的产业政策基本方向。四是行业内竞争结构。一个行业中存在五种基本的竞争力量，即新进入者的威胁、行业中现有企业间的竞争、替代品及服务的威胁、供应者讨价还价的能力、用户讨价还价的能力。这五种基本竞争力量的现状、消长趋势和综合程度，决定了行业竞争的激烈程度和行业的获利能力。

1.4.4 技术环境

技术环境是指影响企业财务管理手段和方法的技术因素。技术环境对企业财务预测、决策、计划和控制等效率和效果有着直接的影响。处于工业时代、信息时代和智能时代的背景下，企业财务管理依托的主要技术存在显著差异。企业财务管理应该根据企业实际情况，善于将时代先进的信息技术等应用于企业的财务管理的实践。

【本章小结】

1. 本章重点回顾

本章首先阐述了财务管理的概念，然后重点讨论了企业财务管理的目标，接着介绍了财务管理的环境，其中重点讨论了利息率的主要构成。

2. 本章关键术语

财务活动　财务关系　财务管理目标　利润最大化　股东财富最大化　利益相关者价值最大化　利率　财务管理环境

【理论自测】

1. 什么是企业目标？什么是财务目标？如何理解两者之间的关系？
2. 较之利润最大化，将企业财务目标设定为股东价值最大化有什么好处？
3. 财务决策以财务预测为基础。为了尽可能提供财务预测的准确性，企业财务管理实践中需要如何分析复杂多变的财务管理环境？试举例说明。
4. 利息率由哪些因素构成？如何测算？

【实务自测】

1. 假设2023年年底纯利率为2%，2024年、2025年及2026年各年的通货膨胀预计为3%、4%和2%。要求：请计算考虑了预期通货膨胀补偿后的三年期无风险证券利率。

2. 选择一家有影响力的企业，通过其官网，搜索有关该企业使命、愿景及其价值观等企业经营理念和目标等信息，评价一下该企业目标和企业经营理念。

3. 从相关网站下载一家你感兴趣的A股上市公司最近一期的年度报告，并根据年度报告中披露的信息回答以下问题：

(1) 公司管理层在年度报告中提及的影响公司经营和业绩的主要环境因素有哪些？

(2) 从上述环境因素中，管理层认为最终的因素是什么？

(3) 从年龄结构、性别结构、学历结构、职业背景结构等方面，你认为该公司董事会结构是否有利于作出科学合理的财务决策？

第 2 章　财务管理的价值观念

导入语

资金的时间价值、风险和报酬以及期权估值是财务管理的重要价值观念。在不考虑风险和通货膨胀的情况下，资金经过一定时间的投资和再投资，会产生增值，这是资金的时间价值。在财务决策中，一般情况下不同时间点的资金具有不同的价值。在财务活动中，风险如影随形，因此了解风险与报酬的关系至关重要。期权估值问题也广泛应用于投资评价领域。

引导案例

天价丝网版画[*]

2004 年，纽约收藏家艾琳·亨特以 190 万美元竞得安迪·沃霍尔的丝网版画《枪击玛丽莲》。2022 年 5 月，该作品在佳士得拍卖行以 1.95 亿美元成交，18 年间增值 102 倍。亨特家族为此举杯庆祝——直到财务顾问出示了这样一份计算：倘若 2004 年将 190 万美元投资苹果公司股票（当时股价分拆调整后约 0.3 美元/股），至 2022 年股价达 182 美元时，原始投资将增值至 11.6 亿美元，是画作收益的 5.9 倍。更惊人的是，若将历年分红再投资（年均股息增长率约 10%），最终价值将突破 14.3 亿美元。

财务投资的价值增长来源哪里？由哪些因素决定呢？

---

[*] 资料来源：安迪·沃霍尔"携手"玛丽莲·梦露，拍出天价[EB/OL]. https：//m.gmw.cn/baijia/2022-05/10/1302939661.html 等，编者根据资料进一步整理改编。

学习目标

本章主要讲授财务管理的价值，通过本章的学习，重点掌握以下内容。
1. 掌握资金时间价值及其相关概念，包括现值、终值、年金等
2. 掌握复利终值、复利现值、年金终值、年金现值的计算
3. 掌握资金时间价值概念的灵活应用
4. 理解和掌握风险的概念，风险程度和风险价值的计量方法
5. 理解风险和报酬的关系
6. 理解期权估值基本原理及方法

2.1 资金时间价值

2.1.1 资金时间价值的概念

资金时间价值是财务管理的基本观念之一。因其非常重要并且涉及所有理财活动，有人称之为理财的"第一原则"。

资金的时间价值，是指资金经过一定时间的投资和再投资所增加的价值，即一定量的资金在不同时点上具有不同的价值，也叫货币时间价值。在人们的日常生活中，经常会遇到这样的现象：例如，我们将100元钱存入银行，假设银行的年利率是3%，1年后可以得到103元，于是可以理解为现在的100元和1年后的103元价值相等。因为这100元经过1年的时间增值了3元，这增值的3元就是资金经过1年时间的价值。换句话说，现在的100元和1年以后的100元其经济价值是不同的，现在的100元相当于1年后的103元。从上述可知，一定量的资金投入生产经营或者存入银行，会取得一定利润或利息，从而产生资金时间价值。

资金在投入生产经营或者存入银行中为什么会产生时间价值呢？这是因为任何资金使用者把资金投入生产经营以后，一般都会带来利润，实现增值。经营周转的时间越长，所获得的利润越多，实现的增值额越大。所以资金时间价值的实质，就是资金经营周转使用后的增值额。如果资金是资金使用者从资金所有者那里借来的，则资金所有者要分享一部分资金的增值额。

例如，现在持有1 000万元，有三个投资方案：（1）选择无风险投资，如投资国债，年利率2%，第一年末价值增值为20万元，即增值额为20万元；（2）购买企业债券，年利率5%，增值额为50万元；（3）选择购买股票，预期收益率为10%，增值额为100万元。同样是1 000万元，投资方案不同，在一定时期内的增

值额也不相同,那么以哪一个为资金时间价值的标准呢?

一般来讲,资金的时间价值相当于在没有风险没有通货膨胀条件下的社会平均资金利润率。因此上例中(如果不考虑通货膨胀因素)的年利率2%,即增值额20万元可以看作1 000万元资金1年的时间价值。

2.1.2 资金时间价值的计算

资金时间价值的计算,涉及两个重要的概念:终值和现值,以表示不同时点的资金价值。终值,又称为本利和,是指一定资金在未来某时点上的价值,包括本金和利息(时间价值);现值,又称为本金,是指未来某一时点上的一定量资金折合为现在的价值,即未来值扣除利息(时间价值)后所剩余的本金。由于现值和终值的计算方法与利息的计算方法有关,而利息的计算方法又包括单利和复利两种,因此终值和现值的计算也有单利和复利之分。在财务管理领域,一般按复利来计算。

1. 单利的终值和现值

在单利的计息方式下,只对本金计算利息,利息部分不再计息,除非利息在提出以后再以本金的形式投入才能生息,否则不计利息。通常用 P 表示现值,F 表示终值,i 表示利率(贴现率、折现率),n 表示计算利息的期数,I 表示利息。

(1) 单利终值。

单利终值是指一定现金在若干期后按照单利计息的本利和。

单利终值的计算公式为:

$$F = P \times (1 + i \times n)$$

式中,P 为现值(或本金);F 为终值;i 为利率(一般以年为单位);n 为计息期数。

【例2-1】某人存入银行100万元,若银行存款利率为5%,单利计息终值,求5年后的本利和?

解:$F = P \times (1 + n \times i) = 100 \times (1 + 5 \times 5\%) = 125$(万元)

(2) 单利现值。

单利现值(一般用P表示)是指以后时间收到或付出的现金按单利倒算求得的现在价值,即本金。由终值求现值的过程称为贴现。折现的利率称为折现率,单利现值的计算公式为:

$$P = F/(1 + i \times n)$$

【例2-2】某人存入一笔钱,希望5年后得到125万元,若银行存款利率为5%,问,现在应存入多少?

解：P = F/(1 + i × n) = 125/(1 + 5 × 5%) = 100（万元）

根据单利终值和单利现值的计算公式可知，单利终值和单利现值互为逆运算。

2. 复利的终值和现值

所谓复利，是指不仅本金要计算利息，利息也要计算利息，即通常所说的"利滚利"。资金时间价值一般都是按照复利计算的，本书如果不特别说明，即表示按照复利计息。

（1）复利终值。

复利终值是指一定量的本金在若干期后按复利计算的本利和。复利终值的计算公式为：

$$F = P(1+i)^n = P(F/P, i, n)$$

式中，P 为本金；F 为 n 期后的终值；i 为利率；n 为计息期数。

复利终值计算公式的推导过程如下：

第一期后的终值为 P + P × i = P × (1 + i)

第二期后的终值为 P × (1 + i) + P × (1 + i) × i = P × (1 + i)^2

……

第 n 期后终值为 P × (1 + i)^n

【例 2 - 3】某人存入银行 100 万元，若银行存款利率为 5%，要求按照复利计算 5 年后的本利和？

解：F = P × (1 + i)^n = 100 × (1 + 5%)^5 = 127.63（万元）

复利终值计算公式中的 (1 + i)^n 称为复利终值系数，或称为 1 元的复利终值，用 (F/P, i, n) 表示。因此，复利终值的计算公式可以表示为：

$$F = P × (F/P, i, n)$$

为了便于计算，可编制"复利终值系数表"备用。该表的第一行是利率 i，第一列是计息期数 n，相应的 (F/P, i, n) 值在其纵横相交处。通过该表可以查出，(F/P, 5%, 5) = 1.2763。该表的作用不仅在于已知 i 和 n 查找 1 元的复利终值，而且可以在已知 1 元复利终值和 n 时查找 i，或者已知复利终值和 i 时查找 n。

（2）复利现值的计算。

复利现值是指将来某一时间收回或付出的资金，按照复利折现到现在的价值（本金）。复利现值的计算，是指已知 F，i，n 时，求 P。

通过计算复利终值可知：

$$P = F/(1+i)^n = F × (1+i)^{-n}$$

式中的 (1 + i)$^{-n}$ 是把终值折算为现值的系数，称为复利现值系数，或称为 1 元的复利现值，用符号（P/F，i，n）表示。因此，复利现值系数的计算公式可以表示为：

$$P = F \times (P/F, i, n)$$

为了便于计算，可以编制"复利现值系数表"。该表的使用方法和"复利终值系数表"相同。

【例2-4】某人拟在5年后获利本利和100万元，若投资报酬率为10%，他现在应该投入多少元？

$$\begin{aligned}P &= F \times (1+i)^{-n}\\ &= F \times (P/F, i, n)\\ &= 100 \times (P/F, 10\%, 5)\\ &= 100 \times 0.621\\ &= 62.1 \text{（万元）}\end{aligned}$$

即他应该投入62.1万元。

（3）复利息的计算。

本金P的n期复利息等于：

$$I = F - P$$

【例2-5】本金100万元，投资5年，利率为8%，每年复利一次，其本利和与复利息计算如下：

$$F = P \times (1+i)^n = 100 \times (1+8\%)^5 = 100 \times 1.469 = 146.9 \text{（万元）}$$
$$I = F - P = 146.9 - 100 = 46.9 \text{（万元）}$$

（4）名义利率与实际利率。

前面的复利计算中，所涉及的利率均假设为年利率，并且每年计算一次利息。但实际工作中，复利的计息期不一定总是1年，也可能是按季度、月或日计算利息。当利息在1年内要复利几次时，给出的年利率叫名义利率，用r表示，根据名义利率计算出的每年复利一次的年利率称为实际利率，用i表示。实际利率和名义利率之间的关系如下：

$$i = (1 + r/m)^m - 1$$

式中，r表示名义利率，m表示每年复利次数，i表示实际利率。

【例2-6】本金100万元，投资5年，利率为8%，每季度复利一次，其本利和与复利息计算如下：

每季度利息 = 8% ÷ 4 = 2%
复利次数 = 5 × 4 = 20

$F = 100 \times (1 + 2\%)^{20} = 100 \times 1.486 = 148.6$（万元）

$I = F - P = 148.6 - 100 = 48.6$（万元）

当1年内复利几次时，实际得到的利息要比按名义利率计算的利息高。

将〖例2-6〗的数据代入：

$i = (1 + \dfrac{r}{m})^m - 1 = (1 + 2\%)^4 - 1 = 1.0824 - 1 = 8.24\%$

$F = 100 \times (1 + 8.24\%)^5 = 100 \times 1.486 = 148.6$（万元）

3. 年金的终值和现值

年金是指在一定期内，每期相等金额的一系列收入或支出的款项。例如，分期付款赊购、分期偿还贷款、发放养老金、分期支付工程款、零存整取等，都属于年金收付形式。年金具有连续性和等额性特点。年金的收付款方式有多种形式，根据收款或付款在时间和方式上的不同，年金可以分为普通年金、预付年金、递延年金和永续年金四种形式。

（1）普通年金。

普通年金是指在每期期末等额收付的系列款项，每一个时间间隔期，有期初和期末两个时点，由于普通年金是在期末这个时点上发生收付，故又称为后付年金。普通年金的收付形式见图2-1。横线代表时间的延续，用数字标出各期的顺序号，竖线的位置表示支付的时刻，竖线下端的数字表示支付的金额。

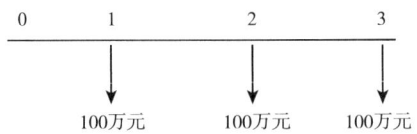

图2-1 普通年金

①普通年金终值。普通年金终值是指每期期末收入或支出相等款项，按复利计算，在最后一期所得的本利和，即将每一期的收入或支出款项计算复利终值之后，加总求和所得即为普通年金终值。

【例2-7】按照图2-1所示的数据，其第三期末的普通年金终值计算如图2-2所示。

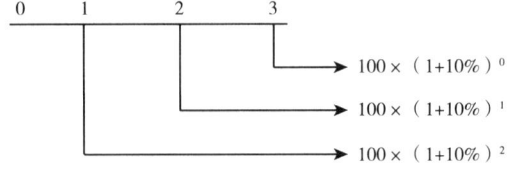

图2-2 年金终值计算

由图2-1可知，期数为3，利率为10%，

第3年末的款项100万元折算到最后一期，其终值为$100×(1+10\%)^0$；

第2年末的款项100万元折算到最后一期，其终值为$100×(1+10\%)^1$；

第1年末的款项100万元折算到最后一期，其终值为$100×(1+10\%)^2$；

因此，该系列等额收付款项为100万元的普通年金终值为$100×(1+10\%)^0+100×(1+10\%)^1+100×(1+10\%)^2=331$（万元）。

如上所述，假定每期等额收付款为A，年金期数为n，利率为i，年金终值为F_A。可以推导出普通年金终值的计算公式：

$$F_A = A(1+i)^{n-1} + A(1+i)^{n-2} + \cdots + A(1+i)^2 + A(1+i)^1 + A(1+i)^0$$
$$= A[(1+i)^{n-1} + (1+i)^{n-2} + \cdots + (1+i)^2 + (1+i)^1 + (1+i)^0]$$
$$= A \times \sum_{t=1}^{n}(1+i)^{t-1}$$

另外，

$$F_A = A(1+i)^{n-1} + A(1+i)^{n-2} + \cdots + A(1+i)^2 + A(1+i)^1 + A(1+i)^0$$

该式两边同时乘以(1+i)：

$$F_A(1+i) = A(1+i)^n + A(1+i)^{n-1} + \cdots + A(1+i)^3 + A(1+i)^2 + A(1+i)^1$$

上述两式相减：

$$(1+i)F_A - F_A = A(1+i)^n - A$$

$$F_A = A \times \frac{(1+i)^n - 1}{i}$$

式中的$\frac{(1+i)^n-1}{i}$可以理解为普通年金为1，利率为i，经过n期的年金终值，又称为普通年金终值系数。$\frac{(1+i)^n-1}{i}$还可以表示为(F/A, i, n)。因此普通年金终值的计算公式又可以表示为：

$$F_A = A \times (F/A, i, n)$$

为了便于计算，可以编制"年金终值系数表"，以供查找相应的年金终值系数。

如前例，查表可以求出$F_A = A×(F/A, i, n) = 100×(F/A, 10\%, 3) = 1\,000 × 3.310 = 331$（万元）。

②偿债基金。偿债基金是指为了在约定的未来某一时点清偿某笔债务或积聚一定数额的资金而必须分次等额形成的存款准备金。年金终值的计算是在已知等额支付款项A，利率i，期数n情况下求复利终值之和。而偿债基金是在已知年金终值

F_A 的情况下求 A。

已知普通年金终值的计算公式为 $F_A = A \times \dfrac{(1+i)^n - 1}{i}$

可知 $A = F_A \dfrac{i}{(1+i)^n - 1}$

式中的 $\dfrac{i}{(1+i)^n - 1}$ 为普通年金终值系数的倒数，称为偿债基金系数，记作（A/F，i，n）。它可以把普通年金终值折算为每年需要支付的金额。偿债基金系数可以制成表格备查，也可以根据普通年金终值系数求倒数的方式确定。

【例 2-8】假设某企业有一笔银行借款，需要四年后偿还，金额为 100 万元，如果存款的年复利率是 10%，求建立的偿债基金是多少？

据偿债基金的计算公式 $A = F_A \times \dfrac{i}{(1+i)^n - 1} = F_A \times (A/F, i, n)$

$= F_A \times \dfrac{1}{(F/A, i, n)}$

$= 100 \times 1/4.6410 = 21.54$（万元）

因此，企业每年存入 21.54 万元，4 年后可以得到 100 万元，偿还债务。

③普通年金现值。普通年金现值是指一定时期内每期期末等额的系列收付款项的复利现值之和。实际上是指为了在每期期末取得或支出相等金额的款项，现在需要一次性投入或借入多少金额，年金现值用 P_A 表示。

【例 2-9】某人租赁一间厂房，租赁期限为 5 年。在承租期间，其每年年末需支付 20 万元的房屋租赁费用，已知银行利率为 5%，求现在需要向银行存入多少钱可供其在未来 5 年中支付租金？

设年金现值为 P_A，则见图 2-3。

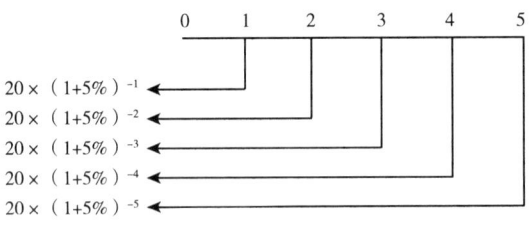

图 2-3 年金现值计算

$P_A = 20 \times (1+5\%)^{-1} + 20 \times (1+5\%)^{-2} + 20 \times (1+5\%)^{-3} + 20 \times (1+5\%)^{-4} + 20 \times (1+5\%)^{-5}$

$= 20 \times 0.9524 + 20 \times 0.9070 + 20 \times 0.8638 + 20 \times 0.8227 + 20 \times 0.7835$

$= 86.6$（万元）

计算普通年金现值的一般公式：

$$P_A = A \times (1+i)^{-1} + A \times (1+i)^{-2} + \cdots + A \times (1+i)^{-(n-1)} + A \times (1+i)^{-n}$$

等式两边同时乘以（1+i）：

$$P_A \times (1+i) = A + A \times (1+i)^{-1} + A \times (1+i)^{-2} + \cdots + A \times (1+i)^{-(n-1)}$$

后式减前式：

$$P_A \times (1+i) - P_A = A - A \times (1+i)^{-n}$$

$$P_A = A \times \frac{1-(1+i)^{-n}}{i}$$

式中的 $\frac{1-(1+i)^{-n}}{i}$ 是普通年金为1，利率为i，经过n期的年金现值，记作（P/A，i，n）。可以根据编制的"年金现值系数表"，以备查阅。

根据〖例2-9〗的数据计算：

$P_A = A \times (P/A, i, n) = 20 \times (P/A, 5\%, 5)$

查表：（P/A，5%，5）= 4.330

$P_A = 86.6$ 万元

④资本投资回收的计算。资本的回收是指在给定的年限内等额回收初始投资额或清偿债务的价值指标。年资本回收额的计算是年金现值的逆运算。其计算公式为：

$$A = P_A \times \frac{i}{1-(1+i)^{-n}}$$

$$= P_A \times (A/P, i, n) = \frac{P_A}{(P/A, i, n)}$$

式中的 $\frac{i}{1-(1+i)^{-n}}$ 是普通年金现值系数的倒数，它可以把普通年金现值折算为年金，称为投资回收系数。

【例2-10】企业如果以10%的利率从银行贷款100万元，该贷款用于某项固定资产投资，假设该投资项目的寿命为10年，每年至少要收回多少是有利的？

根据公式 = $P_A \times (A/P, i, n)$

$$= \frac{P_A}{(P/A, i, n)}$$

$$= 100 \times 0.1627 = 16.27（万元）$$

因此，每年要至少收回现金16.27万元，才能还清贷款本息。

（2）预付年金。

预付年金是指每期收入或支出相等金额的款项发生在每期的期初，而不是期末，又称即付年金或先付年金。预付年金与普通年金的区别仅在于付款时间的不同。普通年金的等额收付款项发生在期末,而预付年金的收付款项发生在期初。普通年金和预付年金的支付形式如图 2-4 所示。

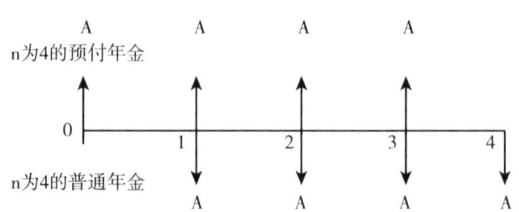

图 2-4　普通年金与预付年金的区别

由于普通年金是最常用、最普遍的,因此,年金终值系数表和年金现值系数表都是按照普通年金编制的。计算预付年金终值和现值要在普通年金终值和现值计算公式的基础上,通过适当的调整,利用普通年金系数表来计算预付年金的终值和现值。

①预付年金终值。预付年金终值是指一定期间内每期期初等额的系列收付款项的复利终值之和。如图 2-4 所示,时间轴以上是预付年金,时间轴以下为普通年金。预付年金终值和普通年金终值的付款次数相同,但是由于其付款时间不同,n 期预付年金终值比普通年金终值多计一次利息。预付年金终值的计算公式为:

$$F = A\,[(1+i)^n + (1+i)^{n-1} + \cdots + (1+i)^2 + (1+i)^1]$$

即,在 n 期普通年金终值基础上乘以 (1+i) 就是 n 期预付年金的终值,则计算公式为:

$$F = \frac{A(1+i)(1-(1+i)^n)}{1-(1+i)}$$

$$= A\frac{(1+i)^n - 1}{i}(1+i)$$

$$= A\left[\frac{(1+i)^{n+1} - 1}{i} - 1\right]$$

式中的 $\left[\dfrac{(1+i)^{n+1}-1}{i} - 1\right]$ 是预付年金终值系数,或称为 1 元的预付年金终值。它和普通年金终值系数 $\dfrac{(1+i)^n - 1}{i}$ 相比,期数加 1,而系数减 1,可记作 $[(F/A, i, n+1) - 1]$,并可以利用"年金终值系数表"查得 (n+1) 期的值,减去 1 后得出 1 元预付年金终值。

【例 2-11】某人每期期初存入 30 万元,年利率为 10%,存 3 年,终值为多少?

$$F = A \times [(F/A, i, n+1) - 1]$$
$$= 30 \times [(F/A, 10\%, 3+1) - 1]$$

查"年金终值系数表":

$(F/A, 10\%, 4) = 4.6410$

$F = 30 \times (4.6410 - 1) = 109.23$（万元）

②预付年金现值的计算。预付年金现值是指一定时期内每期期初等额的系列收付款项的复利现值之和。从图2-4所示可知，预付年金现值和普通年金现值的收付款项的期数相同，但是收付款项的时间不同，预付年金的每期款项比普通年金的每期款项少贴现一期，因此，n期普通年金现值除以 $[1/(1+i)]$，即乘上 $(1+i)$，便可以得到n期预付年金的现值。

$$P = A + A \times (1+i)^{-1} + A \times (1+i)^{-2} + \cdots + A \times (1+i)^{-(n-1)}$$

式中各项为等比数列，首项是A，公比为 $(1+i)^{-1}$，根据等比数列求和公式：

$$P = \frac{A\left[1 - \left(\frac{1}{1+i}\right)^n\right]}{1 - \left(\frac{1}{1+i}\right)}$$

$$= A \frac{1 - (1+i)^{-n}}{i} (1+i)$$

$$= A \left[\frac{1 - (1+i)^{-(n-1)}}{i} + 1\right]$$

式中的 $\left[\frac{1 - (1+i)^{-(n-1)}}{i} + 1\right]$ 为预付年金现值系数，或称为1元的预付年金现值。它和普通年金现值系数 $\left[\frac{1 - (1+i)^{-n}}{i}\right]$ 相比，期数要减1，而系数要加1，可以记作 $[(P/A, i, n-1) + 1]$。可以通过"年金现值系数表"查得 $(n-1)$ 期的值，然后加1，得出1元预付年金现值。

【例2-12】某公司租用一台设备，在4年中每年年初支付租金50万元，利息率为8%，这些租金现值是多少？

$P = A \times [(P/A, i, n-1) + 1]$
$= 50 \times [(P/A, 8\%, 4-1) + 1]$
$= 50 \times 3.577$
$= 178.85$（万元）

（3）递延年金。

递延年金是指第一次收付款发生时间与第一期无关，而是隔若干期（m）后才开始发生的系列等额收付款项。它是普通年金的特殊形式。递延年金的支付形式见

图 2-5（m=2，i=10%，n=5）。

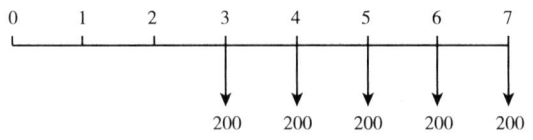

图 2-5 递延年金

从图 2-5 可以看出，前两期没有发生收付款。一般用 m 表示递延期，本例的 m 为 2。第一次支付发生在第三期期末，连续支付 5 次，即 n=5。

①递延年金终值的计算。

递延年金终值的计算和普通年金类似：

F = A×(F/A, i, n)
　 = 200×(F/A, 10%, 5)
　 = 200×6.1051
　 = 1 221.02（元）

②递延年金现值的计算。

递延年金现值的计算有三种方法。

第一种方法，即把递延年金看作 n 期的普通年金，先求出递延期末（m 期末）的现值，然后再将此值折现至第一期期初。

P_2 = A×(P/A, i, n)
　　 = 200×(P/A, 10%, 5)
　　 = 200×3.7908
　　 = 758.16（元）

P_0 = P_2×(1+i)$^{-m}$
　　 = 758.16×(1+10%)$^{-2}$
　　 = 758.16×0.8264
　　 = 626.54（元）

第二种方法，是假设递延期中也发生了收付，先求出（m+n）期的年金现值，再将未发生支付的递延期（m）的年金现值扣除，即可得到最终结果。

$P_{(m+n)}$ = A×(P/A, i, m+n)
　　　　 = 200×(P/A, 10%, 2+5)
　　　　 = 200×4.8684
　　　　 = 973.68（元）

$P_{(m)}$ = A×(P/A, i, m)
　　　 = 200×(P/A, 10%, 2)

$$= 200 \times 1.7355$$
$$= 347.1 \text{（元）}$$
$$P_{(n)} = P_{(m+n)} - P_{(m)}$$
$$= 973.68 - 347.1$$
$$= 626.58 \text{（元）}$$

第三种方法是先求出终值，再将终值贴现调整为现值。

$$F_{(n)} = 1\,221.02 \text{ 元}$$
$$P_{(m+n)} = 1\,221.02 \times (P/F, i, m+n)$$
$$= 1\,221.02 \times (P/F, 10\%, 7)$$
$$= 1\,221.02 \times 0.5132$$
$$\approx 626.63 \text{（元）}$$

（4）永续年金。

永续年金是指无限期等额收付的特种年金。它是普通年金的特殊形式，即期限趋于无穷的普通年金。西方有些债券为无期债券，这些债券的利息可以视为永续年金，优先股因为有固定的股利而没有具体的到期日，因而，优先股股利可以看作永续年金。

永续年金没有终止的时间，也就没有办法计算终值。永续年金的现值可以通过普通年金现值的计算公式推导出来：

$$P_A = A \times \frac{1 - (1+i)^{-n}}{i}$$

当 $n \to \infty$ 时，$(1+i)^{-n}$ 的极限为零，上式可以写为：

$$P_A = \frac{A}{i}$$

【例2-13】某成功人士拟在某大学建立一项永久性奖学金，每年计划颁发20万元。若利率8%，现在存入多少钱？

$$P_A = \frac{A}{i} = 20/8\% = 250 \text{（万元）}$$

【例2-14】某公司想使用一栋办公楼，现有两种方案可供选择。

方案一：永久租用办公楼一栋，每年年末支付租金10万元，一直到无穷。

方案二：一次性购买，支付120万元。

目前存款利率为10%，问从年金角度考虑，哪一种方案更优？

方案一：P1 = 10 ÷ 10% = 100（万元）

方案二：P2 = 120 万元

因此，应该优先考虑方案一。

2.2 风险和报酬

风险与收益的权衡是贯穿于财务管理的一条主线，企业期望未来取得的收益足以补偿其所承担的风险；同时风险与收益的关系是解决财务估价时如何确定折现率的问题。

从增加企业价值的目标来看，折现率应当根据投资者要求的必要报酬率来确定。必要报酬率的高低取决于投资的风险，风险越大要求的必要的报酬率越高。不同的风险投资，需要使用不同的折现率。那么，投资的风险如何计量？特定的风险需要多少报酬率来补偿？

对于持有单项资产的投资者而言，应使用期望投资收益率衡量投资收益，用方差或标准差衡量单项资产的风险。然而，对于持有多项资产所形成的资产组合的投资者而言，所关心的是该投资组合中一项资产对整个资产组合期望收益与风险的贡献。贝塔系数则是衡量资产系统风险的理想指标。

2.2.1 风险的含义

1. 风险的概念

在财务领域中，风险是指预期目标结果的不确定性。风险的负面效应——危险；风险的正面效应——机会，风险是危险与机会并存，是中性的。风险是客观的、普遍的，广泛地存在于企业的财务活动中，并影响着企业的财务目标。由于企业的财务活动经常是在有风险情况下进行的，各种难以预料和无法控制的原因，可能使企业遭受风险，蒙受损失。

2. 风险的分类

企业面临的风险主要有两种：系统风险和非系统风险。

系统风险，又称不可分散风险或市场风险，是指宏观经济形势的变化而对整个市场上所有资产造成经济损失的可能性。这种风险来源于战争、经济周期变化、国家政治形势变化、利率变化、税制改革、世界能源供应状况，等等。由于系统风险是由会波及经济生活中各行业的因素形成，因而不可能通过多元化的资产组合加以分散。换言之，即使投资者持有一个资产充分多元化的资产组合，仍然面临这种系统风险。

非系统风险，又称可分散风险或公司特有风险，是指那些通过资产组合的多元化可以消除掉的风险。这种风险通常与企业面临的特定事件或竞争对手有关，如决策者管理不善、决策失误、公司使用经营杠杆和财务杠杆的程度、原材料供应脱节、法律纠纷、新产品开发失败,等等。这些事件本质上是随机的,并且只波及特定的企业或行业。如果投资者投资多家企业,则发生在一家企业的不利事件可以被其他企业的有利事件所抵消,从而可以降低甚至消除单个企业投资风险中的非系统风险。

非系统风险根据风险形成的原因不同,又可分为经营风险和财务风险。经营风险是指由于企业生产经营条件的变化对企业收益带来的不确定性;财务风险是指由于企业举债而给财务成果带来的不确定性,又称为筹资风险。

3. 风险和报酬的关系

在企业的经营活动和财务活动中存在风险,这种风险或大或小。投资者冒着风险投资,是为了获得更多的报酬,冒的风险越大,要求的报酬就越高。风险与报酬之间存在着密切的对应关系。

财务管理中将投资者冒着风险进行投资而获得的超过资金时间价值的那部分额外收益,是对投资者冒风险进行投资的额外价值补偿,称为风险报酬或风险价值。它的表现形式是风险报酬额或者风险报酬率。在实务中,一般用风险报酬率表示。

如果不考虑通货膨胀,投资者冒着风险进行投资所得到的投资报酬率就是无风险报酬率与风险报酬率之和。即:

$$投资报酬率 = 无风险报酬率 + 风险报酬率$$

2.2.2 单项资产的风险和收益

单项资产风险的衡量,一般应用统计学里概率和统计的方法。

1. 概率分布

概率是指随机事件发生的可能性。经济活动可能产生的种种收益可以看作一个个随机事件,其出现或发生的可能性,可以用相应的概率描述。概率分布则是指一项活动可能出现的所有结果的概率的集合。

在这里,概率表示每一种经济情况出现的可能性,同时也就是各种不同预期报酬率出现的可能性。注意概率 P 必须符合以下两条规则:第一,$0 \leq P_i \leq 1$;第二,$\sum_{i=1}^{n} P_i = 1$。

2. 期望值

期望值是一个概率分布中的所有可能结果,以各自相应的概率为权数计算的加权平均值。通常用符号 $\overline{E}$ 表示,其计算公式如下:

$$\overline{E} = \sum_{i=1}^{n} X_i P_i$$

3. 方差和标准差

在概率分布中，我们把一个随机变量的风险定义为实际结果将偏离期望结果的可能性。偏离程度越大，随机变量的风险越大；偏离程度越小，随机变量的风险越小。换言之，风险是与可能结果的离散性相关。衡量随机变量离散性的常用方法是计算其方差和标准差。

标准离差是反映概率分布中各种可能结果对期望的偏离程度，也即离散程度的一个数值，通常以符号 δ 表示，其计算公式为：

$$\delta = \sqrt{\sum_{i=1}^{n}(X_i - \overline{E})^2 \times P_i}$$

标准离差以绝对数衡量决策方案的风险，在期望值相同的情况下，标准离差越大，风险越大；反之，标准离差越小，则风险越小。

4. 标准离差率

虽然标准差是衡量风险的重要指标之一，但标准差在比较两个规模不同方案的风险时则存在不足。为了反映规模这一问题，在此引入了标准离差率。

标准离差率是标准离差同期望值之比，通常用符号 V 表示，其计算公式为：

$$V = \frac{\delta}{E}$$

标准离差率是一个相对指标，它以相对数反映决策方案的风险程度。在期望值不同的情况下，标准离差率越大，风险越大；反之，标准离差率越小，风险越小。

5. 计算风险报酬率

标准离差率虽然能正确评价投资风险程度的大小，但这不是风险报酬率。要计算风险报酬率，还必须借助于一个系数——风险报酬系数。风险报酬率、风险报酬系数和标准离差率之间的关系可以用公式表示如下：

$$R_R = bV$$

那么，投资的总报酬率可表示为：

$$K = R_F + R_R = R_F + bV$$

其中，R_F 表示无风险报酬率，R_R 表示风险报酬率，V 表示标准离差率，b 表示风险报酬系数。

无风险报酬率 R_F 可用资金时间价值来确定，在财务管理实务中一般把短期政府债券的报酬率作为无风险报酬率；风险报酬系数 b 是将标准离差率转化为风险报酬的一种系数，可以通过对历史资料的分析、统计回归、专家评议获得，或者由政府部门公布。

【例2-15】某企业有A、B两个投资项目，计划投资额均为1 000万元，其收益（净现值）的概率分布如表2-1所示。

表2-1

市场情况	概率	A项目净现值	B项目净现值
好	0.2	200	300
一般	0.6	100	100
差	0.2	50	-50

要求：（1）分别计算A、B两个项目净现值的期望值。
（2）分别计算A、B两个项目期望值的标准离差。
（3）判断A、B两个投资项目的优劣。
解答：
（1）计算两个项目净现值的期望值。
A项目：$200 \times 0.2 + 100 \times 0.6 + 50 \times 0.2 = 110$（万元）
B项目：$300 \times 0.2 + 100 \times 0.6 + (-50) \times 0.2 = 110$（万元）
（2）计算两个项目期望值的标准离差。
$\sigma_A = [(200-110)^2 \times 0.2 + (100-110)^2 \times 0.6 + (50-110)^2 \times 0.2]^{1/2} = 48.99$
$\sigma_B = [(300-110)^2 \times 0.2 + (100-110)^2 \times 0.6 + (-50-110)^2 \times 0.2]^{1/2}$
　　$= 111.36$
（3）判断A、B两个投资项目的优劣。
由于A、B两个项目投资额相同，期望收益亦相同，而A项目风险相对较小（其标准离差小于B项目），故A项目优于B项目。

2.2.3 投资组合的收益和风险

有一句俗语："不要把所有的鸡蛋放在同一个篮子里。"这句话的意思是鼓励大家把资产分散投资，通过分散投资来化解风险。

投资组合理论认为：若干种证券组成的投资组合，其收益是这些证券收益的加权平均数，但是其风险并不是这些证券风险的加权平均风险，故投资组合能降低风险。这里的"证券"是"资产"的代名词，它可以是任何产生现金流的东西，如一条生产线的投资、一个企业或是投资一只股票。

现实中，很少有投资者只对一项资产进行投资，投资者往往投资于多项资产。这种由多项资产结合形成的总投资，称为资产组合。下面我们将会了解到，某项资产作为资产组合一个组成部分持有通常比该项资产单独形式持有反映出更低的风险。

如果某位投资者同时持有多家公司的股票，那么其中一家公司股票的涨跌对该投资者来说并不是特别重要，其更为关心的是整个资产组合的收益和风险。

1. 资产组合的收益率

资产组合的收益率是组合内每项资产期望收益率的加权平均，权数为每一项资产的投资占总投资的比重，权数总和为100%。

$$R_p = \sum r_i A_i$$

式中，r_i 是第 i 种证券的期望报酬率；A_i 是第 i 种证券在全部投资中的比重。

2. 资产组合的风险

虽然资产组合的期望收益率是资产组合内每项资产期望收益率的加权平均，但资产组合收益率的标准差并不是各项资产收益率标准差的简单加权平均。资产组合收益率的标准差通常小于资产组合内各项资产收益率标准差的加权平均值，因为资产组合内各项资产收益率之间还存在着协方差关系。

资产 S 和资产 U 收益率之间的协方差的计算公式如下所示：

$$\delta = \frac{1}{n-1} \sum_{i=1}^{n} (R_{S,i} - \overline{R}_S)(R_{U,i} - \overline{R}_U)$$

虽然协方差衡量了两个随机变量的相关程度，但仍有两个不足之处：首先，它并没有明确的大小界限和范围；其次，协方差的数值取决于随机变量的单位，例如，如果用米和公斤作为身高和体重的单位，计算所得的身高和体重之间的协方差会有很大的差异。这些给协方差之间的比较造成了困难。我们可以用两个随机变量的协方差除以各自标准差的方法加以解决，得到的数值总是在 -1 和 +1 之间，这一数值就是两个变量的相关系数。资产 S 和资产 U 期望收益率之间的相关系数 ρ_{su} 的表达式为：

$$\rho_{su} = \frac{\delta_{su}}{\delta_s \times \delta_u}$$

相关系数 ρ_{su} 是衡量两个随机变量之间相关程度的统计指标，其中，$-1 \leq \rho_{su} \leq +1$。当 $\rho_{su} = +1$ 时，资产 S 和资产 U 完全正相关；当 $\rho_{su} = -1$ 时，资产 S 和资产 U 完全负相关；当 $\rho_{su} = 0$ 时，资产 S 和资产 U 不相关；$-1 \leq \rho_{su} \leq 0$，资产 S 和资产 U 有一定程度的负相关；$0 \leq \rho_{su} \leq +1$ 时，资产 S 和资产 U 有一定程度的正相关。

我们已经知道，相关系数总是位于 -1 和 +1 之间。正的相关系数说明两种资产收益率以共同的方向波动，而负相关系数表示它们之间存在着反向波动。这种关系越强，相关系数就越接近于 +1 和 -1。相关系数为 0 表示两种资产收益率不相关，波动趋势并不存在正的或负的线性关系。在证券市场上，大多数股票通常有着相同波动趋势，但并不完全正相关。因此，两种股票之间的相关系数通常为介于 0 与 1 之间的不完全正相关。

与单项资产一样，由多项资产构成的资产组合的风险也可以用其方差和标准差衡量。如果我们已经知道资产 S、U 的方差，以及协方差和投资比重，两项资产所构成资产组合收益率的方差 δ_p^2 可由下式求得：

$$\delta_p^2 = w_s^2 \times \delta_s^2 + w_u^2 \times \delta_u^2 + 2 \times w_s \times w_u \times \delta_{su}$$

如果用 $\delta_s \delta_u$ 取代协方差 δ_{su}，有下式：

$$\delta_p^2 = w_s^2 \times \delta_s^2 + w_u^2 \times \delta_u^2 + 2 \times w_s \times w_u \times \delta_s \times \delta_u$$

只要资产收益率之间处于不完全正相关，通过多元化就能起到降低风险的效果。

2.2.4 风险与收益之间的关系——资本资产定价模型

我们已经提到把不完全正相关的资产组合在一起将有助于降低组合风险。然而，可以把预期的风险降低到什么程度？要求资产组合内包含的资产达多少种？

我们可以通过形成一个随机选取一些股票并对各股票投资相等金额的资产组合来观察资产组合风险降低的情况。当我们首先选取一个股票，则该资产组合的风险就可以由这一股票收益率的方差来表示。随着资产组合内包含随机选择股票数的增加，资产组合的总风险开始下降。研究表明，适当程度的多元化可以消除大部分资产组合的风险，如果想通过多元化消除所有风险是不可能的，即使最大、最完美的资产组合也存在着一定程度的风险。以证券市场为例，由于大多数证券收益率与证券市场总体收益率呈正相关，即使把市场上所有证券都包括在一个资产组合内通常也不能消除所有风险。这是因为所有证券内存在着固有的两种不同风险：系统风险、非系统风险。

资产组合理论告诉我们，不要把鸡蛋放在一个篮子里，因为资产组合内证券数增加，资产组合收益率的总风险会随之降低。但是，我们也必须认识到，买篮子也是需要成本的。在资产组合中证券数增加初期时，多元化好处特别明显；但随着组合内股票数的进一步增加，多元化分散风险好处呈递减趋势。一般而言，如果对单一股票的购买量增多会使单位投资所花费的佣金或其他交易费用下降。可是，多元化要求购买越来越多的股票，人们只能相应减少各股票的投入，这样提高了交易成本。因此，应该在对资产组合多元化所产生降低风险的效果与由此增加的交易成本进行比较的基础上，合理确定资产组合多元化的程度。

投资者承担风险是需要得到相应的期望收益补偿的，但这一风险不是指该项资产的总体风险，而是其系统风险。

1. 贝塔系数

为了衡量系统风险，我们引入了市场组合的概念。所谓市场组合是指包括所有资产在内的有效市场组合。如果所有投资者都均衡地持有市场组合，第 i 项资产的系统风险可以用第 i 项资产与市场组合收益率之间的协方差除以市场组合收益率方差表示，这就是第 i 项资产的贝塔系数，记作 β_i。第 i 项资产的贝塔系数表达式如下：

$$\beta_i = \frac{\delta_{im}}{\delta_m^2}$$

根据协方差定义，贝塔系数也可表示为：

$$\beta_i = \rho_{im} \frac{\delta_i}{\delta_m}$$

贝塔系数是通过某项资产的收益率相对于市场平均收益率变化的敏感性来衡量该项资产系统风险的重要指标。贝塔系数的经济意义：测度相对于市场组合而言，特定资产的系统风险是多少。

【例 2 – 16】以某公司股票对市场的反应为例，说明贝塔系数衡量任何一项资产相对于市场收益率的波动性。设预测市场收益率将分别上升15%或下降10%。当市场收益率上升时，该公司取得20%或16%收益率的概率各为50%；当市场收益率下跌时，该公司收益率下降为 – 16%或 – 10%的概率均为50%。在给定市场收益率的条件下，该公司股票的期望收益率计算如表2 – 2所示。

表 2 – 2

市场收益率	该股票收益率	概率	该公司股票的期望报酬率
15%	20%	50%	20% × 0.5 + 16% × 0.5 = 18%
	16%	50%	
– 10%	– 16%	50%	(– 16%) × 0.5 + (– 10%) × 0.5 = – 13%
	– 10%	50%	

对于市场收益率变动25% [15% – (– 10%)]，该公司股票期望收益率变动31% [18% – (– 13%)]。该公司股票收益率相对于市场收益率的敏感性为31%/25% = 1.24。这一敏感系数就是该公司股票的贝塔系数 β。β 为1.24 意味着当市场收益率每增加1%，该公司的股票期望收益率就增加1.24%；当市场收益率每减少1%，该公司股票期望收益率就减少1.24%。

因此，贝塔系数越高，资产收益率的波动越大。β 为1.0，表示该资产具有市场平均的风险；β 大于1.0，表示该资产承担着高于市场平均的风险；同样，β 小于

1.0，表示该资产有着低于市场平均的风险。

如同单一资产具有贝塔系数，一个由多个资产构成的资产组合也有其贝塔系数。资产组合的贝塔系数不仅取决于资产组合内所持有资产的贝塔系数，也同样与组合内各资产的构成比重有关。资产组合的贝塔系数是资产组合内所有股票贝塔系数的加权平均，权重是按投资的各股票占组合投资的比重。表达式如下所示：

$$\beta_p = \sum_{i=1}^{n} w_i \times \beta_i$$

某位投资者将其65%资金投资于贝塔系数为1.67的H股票，10%的资金投资于贝塔系数为0.9的C股票，25%的资金投资于贝塔系数为1.2的W股票。则：

$$\beta_p = 65\% \times 1.67 + 10\% \times 0.9 + 25\% \times 1.2 = 1.48$$

由于股票的贝塔系数衡量了其对组合风险的贡献，因此，把贝塔系数高的股票加入资产组合，将增加资产组合的风险性；加入低贝塔系数的股票将降低其风险。投资者可以通过买卖具有不同的贝塔系数的股票来调整资产组合的风险。

2. 资本资产定价模型（CAPM）

正因为非系统风险可以通过资产组合加以降低甚至消除，所以，投资者不应该也不可能期望市场对其承担的非系统风险给予额外的补偿。对投资者而言，重要的是他所面临的系统风险，因为投资者可以期望通过承受这一系统风险而得到补偿。

在市场均衡条件下，证券的系统风险越高，投资者从该证券期望得到的收益就越多。证券的期望收益与系统风险之间的关系是资本资产定价模型的核心内容，其表达式为：

$$R_i = R_f + \beta_i \times (R_m - R_f)$$

式中，R_i是指投资者对第i种证券要求的收益率，当该证券的期望收益率低于投资者对其所要求的收益率时，投资者将不愿意购买该证券或如果已经拥有该证券时将抛出。R_f是无风险利率，通常用短期国库券的收益率来表示。R_m是指对包括市场上所有证券在内市场组合所要求的期望收益率。（$R_m - R_f$）表示市场组合的风险补偿，是指从市场角度衡量的每单位平均系统风险所得到的补偿。$\beta_i \times (R_m - R_f)$是指对第i种股票的风险补偿。由于无风险利率和市场组合所要求的期望收益率对于所有股票都是相同的，所以，第i种股票的风险补偿是其贝塔系数与市场组合风险补偿乘积的函数。对应于贝塔系数小于、等于或大于1.0，第i种股票的风险补偿分别小于、等于或大于市场组合的风险补偿。

2.3 期权

2.3.1 期权的概念和类型

1. 期权的定义

期权是指一种合约，该合约赋予持有人在某一特定日期或该日之前的任何时间以固定价格购进或售出一种资产的权利。

例如，王先生 2018 年以 100 万元的价格购入一处房产，同时与房地产商 A 签订了一项期权合约。合约赋予王先生享有在 2019 年 8 月 16 日或者此前的任何时间，以 120 万元的价格将该房产出售给 A 的权利。如果在到期日之前该房产的市场价格高于 120 万元王先生则不会执行期权，而选择在市场上出售或者继续持有。如果该房产的市价在到期日之前低于 120 万元，则王先生可以选择执行期权，将房产出售给 A 并获得 120 万元现金。

2. 期权定义的几个要点

（1）期权是一种权利。

期权合约至少涉及购买人和出售人两方。获得期权的一方称为期权购买人，出售期权的一方称为期权出售人。交易完成后，购买人成为期权持有人。

期权赋予持有人做某件事的权利，但他不承担必须履行的义务，可以选择执行或者不执行该权利。持有人仅在执行期权有利时才会利用它，否则该期权将被放弃。在这种意义上说期权是一种"特权"，因为持有人只享有权利而不承担相应的义务。

期权合约不同于远期合约和期货合约。在远期和期货合约中，双方的权利和义务是对等的，双方互相承担责任，各自具有要求对方履约的权利。当然，与此相适应，投资人签订远期或期货合约时不需要向对方支付任何费用，而投资人购买期权合约必须支付期权费，作为不承担义务的代价。

（2）期权的标的资产。

期权的标的资产是指选择购买或出售的资产。它包括股票、政府债券、货币、股票指数、商品期货等。期权是这些标的物"衍生"的，因此，称为衍生金融工具。值得注意的是，期权出售人不一定拥有标的资产。例如出售 IBM 公司股票期权的人，不一定是 IBM 公司本身，也未必持有 IBM 的股票。期权是可以"卖空"的。期权购买人也不一定真地想购买标的资产。因此，期权到期时双方不一定进行标的物的实物交割，而只需按价差补足价款即可。

一个公司的股票期权在市场上被交易，该期权的源生股票发行公司并不能影响期权市场，该公司并不从期权市场上筹集资金。期权持有人没有选举公司董事、决定公司重大事项的投票权，也不能获得该公司的股利。

(3) 到期日。

双方约定的期权到期的那一天称为"到期日"。在那一天之后，期权失效。按照期权执行时间分为欧式期权和美式期权。如果该期权只能在到期日执行，则称为欧式期权。如果该期权可以在到期日或到期日之前的任何时间执行，则称为美式期权。

(4) 期权的执行。

依据期权合约购进或售出标的资产的行为称为"执行"。在期权合约中约定的、期权持有人据以购进或售出标的资产的固定价格，称为执行价格。

3. 期权的类型

按照合约授予期权持有人权利的类别，期权分为看涨期权和看跌期权两大类。

首先是看涨期权。看涨期权是指期权赋予持有人在到期日或到期日之前，以固定价格购买标的资产的权利。其授予权利的特征是"购买"。因此，也可以称为"择购期权""买入期权"或"买权"。

例如，一股每股执行价格为80元的ABC公司股票的3个月后到期的看涨期权，允许其持有人在到期日之前的任意一天，包括到期日当天，以80元的价格购入ABC公司的股票。如果ABC公司的股票超过80元时，期权持有人有可能会以执行价格购买标的资产。如果标的股票的价格一直低于80元，持有人则不会执行期权。他并不被要求必须执行该期权。期权未被执行，过期后不再具有价值。

看涨期权的执行净收入，被称为看涨期权到期日价值，它等于股票价格减去执行价格的价差。如果在到期日股票价格高于执行价格，看涨期权的到期日价值随标的资产价值上升而上升；如果在到期日股票价格低于执行价格，则看涨期权没有价值。期权到期日价值没有考虑当初购买期权的成本。期权的购买成本称为期权费（或权利金），是指看涨期权购买人为获得在对自己有利时执行期权的权利所必须支付的补偿费用。期权到期日价值减去期权费后的剩余，称为期权购买人的"损益"。

其次是看跌期权。看跌期权是指期权赋予持有人在到期日或到期日前，以固定价格出售标的资产的权利。其授予权利的特征是"出售"。因此，也可以称为"择售期权""卖出期权"或"卖权"。

例如，一股每股执行价格为80元的ABC公司股票的7月看跌期权，允许其持有人在到期日之前的任意一天，包括到期日当天，以80元的价格出售ABC公司的股票。当ABC公司的股票低于80元时，看跌期权持有人会要求以执行价格出售标的资产，看跌期权的出售方必须接受。如果标的股票的价格一直高于80元，持有人则不会执行期权。他并不被要求必须执行该期权。期权未被执行，过期后不再具有价值。

看跌期权的执行净收入，被称为看跌期权到期日价值，它等于执行价格减去股票价格的价差。如果在到期日股票价格低于执行价格，看跌期权的到期日价值随标的资产价值下降而上升；如果在到期日股票价格高于执行价格则看跌期权没有价值。看跌期权到期日价值没有考虑当初购买期权的成本。看跌期权的到期日价值减去期权费后的剩余，称为期权购买人的"损益"。

为了评估期权的价值，需要先知道期权的到期日价值。期权的到期日价值，是指到期时执行期权可以取得的净收入，它依赖于标的股票的到期日价格和执行价格。执行价格是已知的，而股票到期日的市场价格此前是未知的。但是，期权的到期日价值与股票的市场价格之间存在函数关系。这种函数关系，因期权的类别而异。

对于看涨期权和看跌期权，到期日价值的计算又分为买入和卖出两种。下面我们分别说明这四种情景下期权到期日价值和股价的关系。为简便起见，我们假设各种期权均持有至到期日，不提前执行，并且忽略交易成本。

(1) 买入看涨期权。买入看涨期权形成的金融头寸，被称为"多头看涨头寸"。

【例2-17】投资人购买一项看涨期权，标的股票的当前市价为100元，执行价格为100元，到期日为1年后的今天，期权价格为5元。买入后，投资人就持有了看涨头寸，期待未来股价上涨以获取净收益。

多头看涨期权的净损益有以下四种可能。

①股票市价小于或等于100元，看涨期权买方不会执行期权，没有净收入，即期权到期日价值为零，其净损益为-5元（期权价值0元-期权成本5元）。

②股票市价大于100元并小于105元，例如股票市价为103元，投资人会执行期权。以100元购买ABC公司的1股股票，在市场上将其出售得到103元，净收入为3元（股票市价103元-执行价格100元），即期权到期日价值为3元，买方期权净损益为-2元（期权价值3元-期权成本5元）。

③股票市价等于105元，投资人会执行期权，取得净收入5元（股票市价105元-执行价格100元），即期权到期日价值为5元。多头看涨期权的净损益为0（期权价值5元-期权成本5元）。

④股票市价大于105元，假设为110元，投资人会执行期权，净收入为10元（股票市价110元-执行价格100元），即期权的到期日价值为10元。投资人的净损益为5元（期权价值10元-期权成本5元）。

综合上述四种情况，可以概括为以下表达式：

多头看涨期权到期日价值 = Max(股票市价 - 执行价格, 0)

该式表明：如果股票市价>执行价格，会执行期权，看涨期权价值等于"股票市价－执行价格"；如果股票市价＜执行价格，不会执行期权，看涨期权价值为零。

（2）卖出看涨期权。看涨期权的出售者收取期权费，成为或有负债的持有人，负债的金额不确定。其处于空头状态，持有看涨期权空头头寸。

【例2-18】卖方售出1股看涨期权，其他数据与前例相同。标的股票的当前市价为100元，执行价格为100元、到期日为1年后的今天，期权价格为5元，其到期日的损益有以下四种可能：

①股票市价小于或等于100元，买方不会执行期权。由于期权价格为5元，空头看涨期权的净收益为5元（期权价格5元＋期权到期日价值0）。

②股票市价大于100元并小于105元，例如，股票市价为103元，买方会执行期权。卖方有义务以100元执行价格出售股票，需要以103元补进ABC公司的股票，其净收入（空头看涨期权到期日价值）为－3元（执行价格100元－股票市价103元），空头看涨期权净收益为2元（期权价格5元＋期权到期日价值－3元）。

③股票市价等于105元，期权买方会执行期权，空头净收入－5元（执行价格100元－股票市价105元），空头看涨期权的净损益为0（期权价格5元＋期权到期日价值－5元）。

④股票市价大于105元，假设为110元，多头会执行期权，空头净收入－10元（执行价格100元－股票市价110元）。空头看涨期权净损益为－5元（期权价格5元＋期权到期日价值－10元）。

空头看涨期权到期日价值 = － Max（股票市价－执行价格，0）

空头看涨期权净损益 = 空头看涨期权到期日价值＋期权价格

对于看涨期权来说，空头和多头的价值不同。如果标的股票价格上涨，多头的价值为正值，空头的价值为负值，金额的绝对值相同。如果价格下跌，期权被放弃，双方的价值均为零。无论怎样，空头得到了期权费，而多头支付了期权费。

（3）买入看跌期权。看跌期权买方拥有以执行价格出售股票的权利。

【例2-19】投资人持有执行价格为100元的看跌期权，到期日股票市价为80元，可以执行期权，以80元的价格购入股票，同时以100元的价格售出，获得20元收益。如果股票价格高于100元，放弃期权，什么也不做，期权到期失效，其收入为0。

因此，到期日看跌期权买方损益可以表示为：

多头看跌期权到期日价值 = Max（执行价格－股票市价，0）

多头看跌期权净损益 = 多头看跌期权到期日价值－期权价格

（4）卖出看跌期权。看跌期权的出售者收取期权费，成为或有负债的持有人，负债的金额不确定。

【例2-20】看跌期权出售者收取期权费5元，售出1股执行价格100元、1年后到期的 ABC 公司股票的看跌期权。如果 1 年后股价高于 100 元，期权持有人不会去执行期权，期权出售者的负债变为 0。该头寸的最大利润是期权价格。如果情况相反，1 年后股价低于 100 元，期权持有人就会执行期权，期权出售者必须依约按执行价格收购股票。该头寸的最大损失是执行价格减去期权价格。

因此，到期日看跌期权卖方损益可以表示为：

空头看跌期权到期日价值 = $-\text{Max}$(执行价格 - 股票市价，0)

空头看跌期权净损益 = 空头看跌期权到期日价值 + 期权价格

总之，如果标的股票的价格上涨，买入看涨期权和卖出看跌期权会获利；如果标的股票的价格下降，卖出看涨期权和买入看跌期权会获利。

2.3.2 期权的几种常见投资策略

前面我们讨论了单一股票期权的损益状态。买入期权的特点是最小的净收入为零，不会发生进一步的损失。因此，具有构造不同损益的功能。从理论上讲，期权可以帮助我们建立任意形式的损益状态，用于控制投资风险。这里只介绍三种投资策略。

1. 保护性看跌期权

股票加多头看跌期权组合，是指购买 1 股股票，同时购入该股票的 1 股看跌期权。这种组合被称为保护性看跌期权。单独投资股票风险很大，同时增加 1 股看跌期权，情况就会有变化，可以降低投资的风险。

【例 2-21】购入 1 股 ABC 公司的股票，购入价格 $S_0 = 100$ 元；同时购入该股票的 1 股看跌期权，执行价格 $X = 100$ 元，期权价格 $P = 2.56$ 元，1 年后到期。在不同股票市场价格下的净收入和净损益，保护性看跌期权锁定了最低净收入（100 元）和最低净损益（-2.56 元）。但是，净损益的预期也因此降低了。

2. 抛补性看涨期权

股票加空头看涨期权组合，是指购买 1 股股票，同时出售该股票的 1 股看涨期权。这种组合被称为抛补性看涨期权。抛出看涨期权所承担的到期出售股票的潜在义务，可以被组合中持有的股票抵补，不需要另外补进股票。

抛补期权组合缩小了未来的不确定性。如果到期日股价超过执行价格，则锁定了收入和净收益，净收入最多是执行价格（100 元），由于不需要补进股票也就定了收益，相当于"出售"了超过执行价格部分的股票价值，换取了期权收入。如果到期日股价低于执行价格，净损失比单买要小一些，少的数额相当于期权价格。

出售抛补的看涨期权是机构投资者常用的投资策略。如果基金管理人计划在未来以 100 元的价格出售，以使套现分红，他现在就可以出售看涨期权，如果股价上升,他虽然失去了 100 元以上部分的额外收入,但是仍可以按计划取得 100 元现金。如果股价下跌,还可以减少损失(相当于期权费收入)。因此,成为一个有吸引力的策略。

3. 对敲

对敲策略分为多头对敲和空头对敲。

(1) 多头对敲。多头对敲是指同时购入一只股票的看涨期权和看跌期权,它们的执行价格、到期日都相同。多头对敲策略对于预计市场价格将发生剧烈变动,但是不知道升高还是降低的投资者非常有用。例如,得知一家公司的未决诉讼将要宣判,如果该公司胜诉,预计股价将翻番,如果败诉,预计股价将下跌一半。无论结果如何,多头对敲策略都会取得收益。

(2) 空头对敲。空头对敲是指同时卖出一只股票的看涨期权和看跌期权,它们的执行价格、到期日都相同。空头对敲策略对于预计市场价格将相对比较稳定的投资者非常有用。空头对敲组合的最好结果是到期股价与执行价格一致,投资者白白赚取出售看涨期权和看跌期权的收入。

空头对敲的最坏结果是到期股价与执行价格不一致,无论股价上涨或下跌投资者都会遭受较大的损失。

【本章小结】

1. 本章重点回顾

资金时间价值与风险报酬是企业财务活动中两个重要的计价基础。资金时间价值是指资金投入再生产过程中所实现的价值增值。它有单利和复利两种计算方法,又有复利的终值和现值、年金的终值和现值、延期年金、永续年金等不同表现形式。

任何一项投资都可能给企业带来风险,因此风险是企业永恒的话题。投资者冒着风险进行投资,就是希望能够获得额外的报酬,即风险报酬。对于单项资产的风险报酬,需要运用概率论的方法进行计量。而证券组合风险报酬的计量主要运用资本资产计价模型。

期权是一种合约,合约授予期权持有人权利的类别,期权分为看涨期权和看跌期权两大类。期权的投资策略有保护性看跌期权、抛补性看涨期权和对敲三种类型。

2. 本章关键术语

资金时间价值 复利终值 复利现值 年金 先付年金 后付年金 单项资产的收益 单项资产的风险 投资组合的收益 投资组合的风险 系统风险 非系统风险 资本资产定价模型 期权 看涨期权 看跌期权

3. 本章知识图谱

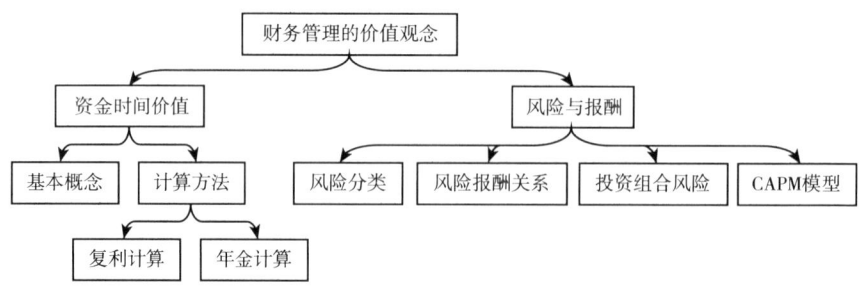

【理论自测】

一、单项选择题

1. 某人进行一项投资，预计6年后会获得收益880元，在年利率为5%的情况下，这笔收益的现值为（　　）元。

   A. 4 466.62　　　B. 656.66　　　C. 670.56　　　D. 4 455.66

2. 企业有一笔5年后到期的贷款，到期值是15 000元，假设存款年利率为3%，则企业为偿还借款建立的偿债基金为（　　）元。

   A. 2 825.34　　　B. 3 275.32　　　C. 3 225.23　　　D. 2 845.34

3. 某人分期购买一辆汽车，每年年末支付10 000元，分5次付清，假设年利率为5%，则该项分期付款相当于现在一次性支付（　　）元。

   A. 55 256　　　B. 43 259　　　C. 43 295　　　D. 55 265

4. 某企业进行一项投资，目前支付的投资额是10 000元，预计在未来6年内收回投资，在年利率是6%的情况下，为了使该项投资是合算的，那么企业每年至少应当收回（　　）元。

   A. 1 433.63　　　B. 1 443.63　　　C. 2 023.64　　　D. 2 033.64

5. 一定时期内每期期初等额收付的系列款项是（　　）。

   A. 即付年金　　　B. 永续年金　　　C. 递延年金　　　D. 普通年金

6. 甲某拟存入一笔资金以备三年后使用。假定银行三年期存款年利率为5%，甲某三年后需用的资金总额为34 500元，则在单利计息情况下，目前需存入的资金为（　　）元。

   A. 30 000　　　B. 29 803.04　　　C. 32 857.14　　　D. 31 500

7. 当一年内复利m次时，其名义利率r与实际利率i之间的关系是（　　）。

   A. $i = (1 + r/m)^m - 1$　　　　　B. $i = (1 + r/m)^{-1}$
   C. $i = (1 + r/m)^{-m} - 1$　　　D. $i = 1 - (1 + r/m)^{-m}$

8. 已知利率为 10% 的一期、两期、三期的复利现值系数分别是 0.9091、0.8264、0.7513，则可以判断利率为 10%，3 年期的年金现值系数为（　　）。

   A. 2.5436   B. 2.4869   C. 2.855   D. 2.4342

9. 某人于第一年年初向银行借款 30 000 元，预计在未来每年年末偿还借款 6 000 元，连续 10 年还清，则该项贷款的年利率为（　　）。

   A. 20%   B. 14%   C. 16.13%   D. 15.13%

10. 下列各项中，代表即付年金现值系数的是（　　）。

    A. [(P/A, i, n+1)+1]   B. [(P/A, i, n+1)-1]
    C. [(P/A, i, n-1)-1]   D. [(P/A, i, n-1)+1]

11. 年利率为 8%，每季度复利一次，则实际利率为（　　）。

    A. 8.15%   B. 8.24%   C. 7.89%   D. 8.56%

12. 现在存入 20 万元，当利率为 5%，要（　　）年才能到达 30 万元。

    A. 7.5   B. 8.3   C. 9.2   D. 8.6

13. 某人有 1 200 元，拟投入报酬率为 8% 的投资机会，经过（　　）年才可使现有资金增加 1 倍。

    A. 10   B. 11   C. 12   D. 9

14. 有甲、乙两台设备，甲的年使用费比乙低 2 000 元，但价格高 10 000 元，若资本成本为 5%，甲的使用期应长于（　　）年，选用甲才是合理的。

    A. 7   B. 8   C. 6   D. 5

15. 某企业拟进行一项存在一定风险的完整工业项目投资，有甲、乙两个方案可供选择。已知甲方案净现值的期望值为 1 000 万元，标准离差为 300 万元；乙方案净现值的期望值为 1 200 万元，标准离差为 330 万元。下列结论中正确的是（　　）。

    A. 甲方案优于乙方案   B. 甲方案的风险大于乙方案
    C. 甲方案的风险小于乙方案   D. 无法评价甲、乙方案的风险大小

16. 下列各项中，（　　）会引起企业财务风险。

    A. 举债经营   B. 生产组织不合理
    C. 销售决策失误   D. 新材料出现

17. 短期国债利率为 6%，某股票期望收益率为 20%，其标准差为 8%，风险价值系数为 30%，则该股票必要收益率为（　　）。

    A. 6%   B. 8%   C. 12%   D. 18%

18. 某公司投资组合中有四种股票，所占比例分别为 30%，40%，15%，15%；其 β 系数分别为 0.8，1.2，1.5，1.7；平均风险股票的必要报酬率为 10%，无风险报酬率为 8%，该投资组合中的预计收益率为（　　）。

    A. 9.6%   B. 7.8%   C. 12%   D. 10.4%

19. 普通年金终值系数的倒数称为（　　）。
   A. 复利终值系数　　　　　　　　B. 偿债基金系数
   C. 普通年金现值系数　　　　　　D. 投资回收系数

二、多项选择题

1. 下列关于收益率说法正确的有（　　）。
   A. 在资本市场均衡的情况下，预期收益率等于必要收益率
   B. 必要收益率与风险收益率有关，风险越大，必要收益率越高
   C. 通常可用长期国债利率代替无风险收益率
   D. 风险收益率是必要收益率与无风险收益率的差，与风险大小及风险偏好有关

2. 某人决定在未来5年内每年年初存入银行1 000元（共存5次），年利率为2%，则在第5年年末能一次性取出的款项额计算正确的有（　　）。
   A. 1 000×(F/A，2%，5)
   B. 1 000×(F/A，2%，5)×(1+2%)
   C. 1 000×(F/A，2%，5)×(F/P，2%，1)
   D. 1 000×[(F/A，2%，6)−1]

3. 某项年金前三年没有流入，从第四年开始每年年末流入1 000元共计4次，假设年利率为8%，则该递延年金现值的计算公式正确的有（　　）。
   A. 1 000×(P/A，8%，4)×(P/F，8%，4)
   B. 1 000×[(P/A，8%，8)−(P/A，8%，4)]
   C. 1 000×[(P/A，8%，7)−(P/A，8%，3)]
   D. 1 000×(F/A，8%，4)×(P/F，8%，7)

4. 下列说法正确的有（　　）。
   A. 普通年金终值系数和偿债基金系数互为倒数
   B. 普通年金终值系数和普通年金现值系数互为倒数
   C. 复利终值系数和复利现值系数互为倒数
   D. 普通年金现值系数和资本回收系数互为倒数

5. 下列公式正确的有（　　）。
   A. 风险收益率＝风险价值系数×标准离差率
   B. 风险收益率＝风险价值系数×标准离差
   C. 必要收益率＝无风险收益率＋风险收益率
   D. 必要收益率＝无风险收益率＋风险价值系数×标准离差率

6. 下列可以通过组合投资分散的风险包括（　　）。
   A. 生产周期延长　　B. 罢工　　　　C. 通货膨胀　　　　D. 经济衰退

三、判断题

1. 对于多个投资方案而言，无论各方案的期望值是否相同，标准离差率最大的方案一定是风险最大的方案。（　　）
2. 在通货膨胀率很低的情况下，公司债券的利率可视同为资金时间价值。（　　）
3. 利率不仅包含时间价值，而且也包含风险价值和通货膨胀补偿率。（　　）
4. 每半年付息一次的债券利息是一种年金的形式。（　　）
5. 即付年金的现值系数是在普通年金的现值系数的基础上系数加1，期数减1得到的。（　　）
6. 递延年金有终值，终值的大小与递延期是有关的，在其他条件相同的情况下，递延期越长，则递延年金的终值越大。（　　）
7. 某人贷款5 000元，该项贷款的年利率是6%，每半年计息一次，则3年后该项贷款的本利和为5 955元。（　　）
8. 若企业的息税前资金利润率低于借入资金的利息率，则会降低企业的自有资金利润率。（　　）
9. 只要存在不完全的相关关系，组合投资的风险就可以随着资产组合中资产的增加成比例降低，因此有效降低风险的方法是资产多样化。（　　）
10. 某投资人进行证券投资时，80%的资金购买股票，20%的资金购买国债，该投资人属于风险回避者。（　　）
11. 市场组合投资时，只有系统风险而无非系统风险，其β系数等于1。（　　）
12. 递延年金现值的大小与递延期无关，故计算方法和普通年金现值是一样的。（　　）

【实务自测】

1. 目的：练习预付年金现值的计算与应用。

资料：企业需用一设备，买价为3 600元，可用10年。如租用，则每年年初需付租金500元，除此以外，买与租的其他情况相同。假设利率为10%。

要求：分析企业是租赁该设备还是购买设备。

2. 目的：练习资金时间价值的计算。

资料：某公司年初从银行贷款800万元用于技术改造，从当年开始每年向银行偿还一笔贷款，连续偿还8年，银行贷款利率为5%，按复利计算。

要求：

(1) 每年偿还120万元，连续偿还8年能否还清这笔贷款？

(2) 若想在 8 年内恰好还清这笔贷款，每年年末应向银行偿还多少贷款？

3. 目的：练习资金时间价值的计算。

资料：某人现在有 10 万元，希望 5 年后达到 15 万元。

要求：计算年收益率是多少。

4. 目的：练习投资组合风险报酬率的计算。

资料：ABC 公司准备投资 100 万元购入甲、乙、丙三种股票构成的投资组合，三种股票占用的资金分别为 30 万元、30 万元和 40 万元，三种股票的 β 系数分别为 1.0、1.2 和 2.5。现行国库券的收益率为 10%，平均风险股票的市场报酬率为 18%。

要求：

(1) 计算该股票组合的综合 β 系数。

(2) 计算该股票组合的风险报酬率。

(3) 计算该股票组合的预期报酬率。

5. 目的：练习风险收益及投资组合风险的计算。

资料：北方公司增发股票以后，扣除用于企业经营需要的资金外，尚有 3 000 万元的闲余资金目前没有更好的投资机会。为了降低企业的资本成本，公司决定利用其中的 2 000 万元购买三年期国库券，准备长期持有（三年期国库券利率为 4%）。其余的 1 000 万元购入股票进行短期投资。北方公司购入 A 公司股票 16 万股（β 系数为 0.9），每股购入价格为 20 元；购入 B 公司股票 20 万股（β 系数为 1.4），购入价格为 12 元；购入 C 公司股票 40 万股（β 系数为 2.1），购入价格为 11 元。据有关报纸公布数据，上年股市平均收益率为 8%。

要求：

(1) 计算 A、B、C 三家股票的风险收益率；

(2) 计算 A、B、C 三家股票的必要投资收益率；

(3) 计算 A、B、C 三家股票投资组合的必要投资收益率。

【案例分析】

1. 支付方式决策的案例。

现实经济生活中经常面临付款方式的选择问题，掌握资金时间价值的计算并作出正确的决策可以使决策者避免不必要的损失。某公司拟购置一处房产，房主提出三种付款方案：(1) 从现在起，每年年初支付 20 万元，连续支付 10 次，共 200 万元；(2) 从第 5 年开始，每年末支付 25 万元，连续支付 10 次，共 250 万元；(3) 从第 5 年开始，每年初支付 24 万元，连续支付 10 次，共 240 万元。假设该公司的资本成本率（最低报酬率）为10%，你认为该公司应选择哪个方案？

2. 实际工作中的混合现金流问题的案例。

某人刚刚参加工作，收入较低，预计收入会随工龄增加，三年会相对稳定，因此他准备第一年存1万元，第二年存3万元，第三年至第五年存4万元，存款利率5%，问5年存款的终值合计（每期存款于每年年末存入），假设存款利率为10%。

3. 利率变动问题的案例。

某企业年初向银行借入一笔10年期的可变利率贷款100万元。规定从第一年起按年分期等额还本付息，年利率为6%。第6年开始，银行宣布年利率按9%计算。试分别计算该笔借款前5年的还款数额（A）和后5年的还款数额（B）。

4. 偿债问题案例。

风雨公司通过银行获得一笔600万元的长期借款，借款期限为4年，年复利率为9%，银行规定的还款方式为：前三年每年年末归还一笔相等金额的款项，最后一年归还本息共300万元，四年内全部还清。要求：（1）计算该公司前三年每年年末归还的金额；（2）请编制该公司对上述借款的本息偿还计划表。

第3章 财务分析

导入语

　　企业财务管理的核心在于决策，财务分析就是财务决策的基础，只有在透彻的财务分析的基础之上，才能作出财务管理的最有效的决策。

　　在当代社会经济的大舞台上，会计和财务信息已经成为一个闪亮而活跃的角色，不仅伴随着人们的日常经济行为到了须臾不可分离的地步，其在资本市场上的积极姿态和重要影响更是令人刮目相看。如今"不懂得会计和财务工作的经营者，就好比是球场上一个不能得分的球员、不懂规则的教练"。同样地，对于那些看不懂财务报告和会计信息的投资者来说，恐怕他们的"理性无知"和"随波逐流"已经让他们在一次次股市和金融风暴中交足了学费。

　　财务报告就是会计信息的载体，是外界对上市公司进行观察和透视的一个"窗口"。财务报告作为会计的作品，既融合了会计技术手法、社会公共合约以及资本市场游戏规则于一体，又具有极其复杂关系背景的规范性框架。从应用上讲，它是通用的"商业语言"，其主要使命就在于面向社会，向大众尽可能"深入浅出"地讲述公司的财务状况、经营绩效和发展境遇等。

　　投资大师巴菲特利用上市公司财务报表的解读和分析作出了出色的投资决策，刘姝威教授通过基本的财务分析方法揭开了蓝田股份财务造假的谜团。可见，对报表的分析和解读可以让信息使用者透过数据看本质，帮助他们作出正确的决策，本章的中心内容是如何解读和分析企业的财务报表。

引导案例

刘姝威与"蓝田事件"

　　蓝田股份自1996年上市以来，以5年间股本扩张了360%的骄人业绩，创造了中国股市的神话。然而，2001年10月26日，刘姝威的一篇600字短文却直接改变了蓝田神话的命运。刘姝威发表在《金融内参》上的600字短文的标题是"应立即停止对蓝田股份发放贷款"。文章指出，蓝田股份已经成为一个空壳，建议银行尽快收回蓝田股份的贷款。

刘姝威写这篇文章的起因是应约写一本《上市公司虚假会计报表识别技术》，主要内容就是怎么来识别虚假的会计报表。有人建议在这一本书上详细分析一两家上市公司，便于读者能够整体地和全面地了解和掌握这些分析技术。2001年10月8日，蓝田股份董事会发布公告称，由于接受证监会调查，提请投资者注意投资风险。刘姝威就这样非常偶然地关注了蓝田。刘姝威从10月9日开始对蓝田的财务报告用各种方法进行分析。

经过研究，刘姝威发现，蓝田有一个奇怪的财务组合。无论是按渔业还是食品饮料业，并且蓝田股份的应收账款回收期明显低于同业平均水平，公司水产品收入异常高于渔业同行业平均水平，而短期偿债能力在两个行业中的同业企业中又都是最低的。从蓝田的资产结构来看，从1997年开始，其资产拼命往上涨，与之相对应的流动资产却逐年下降，这说明其整个资产规模是由固定资产来带动的，公司在产品占存货百分比和固定资产占资产百分比异常高于同业平均水平。刘姝威说，这些对银行来说，并不是一个好现象。根据分析，她研究推理：蓝田股份的偿债能力越来越恶化；扣除各项成本和费用后，蓝田股份没有净收入来源；蓝田股份不能创造足够的现金流量以便维持正常经营活动和保证按时偿还银行贷款的本金和利息；银行应该立即停止对蓝田股份发放贷款。

学习目标

本章主要讲授企业财务分析的方法，通过本章的学习，重点掌握以下内容。

1. 了解财务分析的含义、作用和目的
2. 掌握财务分析的基本方法
3. 熟练运用各种财务指标进行偿债能力、营运能力、盈利能力和发展能力的分析
4. 了解财务评价的方法和风险分析的基本思路

3.1 财务分析概述

3.1.1 财务分析的含义和作用

财务分析是以企业的财务报告等会计资料以及其他资料为基础,对企业的财务状况和经营成果进行比较、分析和评价的一种方法。通过财务分析可以揭示企业经营及财务活动过程中存在的优势及劣势,从而为企业改进管理工作、寻找企业增值的途径和优化经济决策提供重要的财务信息。做好财务分析工作主要有以下几个作用。

(1) 财务分析是评价财务状况、衡量经营业绩的重要方法。财务分析是以实际发生的经济业务事项为依据,采用一定的统计分析方法,系统分析和评价企业过去和现在的经营成果、财务状况及现金流动情况,并对企业的有关经济活动作出评价和预测,为经营者正确决策提供依据的一种内部管理行为。随着市场经济体制的确立和现代企业制度的完善,财务分析更加成为企业一项重要的管理活动。

(2) 财务分析是挖掘潜力、改进工作、实现理财目标的重要手段。企业理财的目标是实现企业价值最大化,通过财务指标的计算和分析,了解企业的盈利能力和资产周转状况,不断挖掘企业改善财务状况、扩大财务成果的内部潜力,充分揭示未能良好利用的各种资源,发现进一步提高利用效率的可能性,以便从各个方面揭露问题,找出解决问题的措施、方法,促进企业价值最大化目标的实现。

(3) 财务分析是作出投资或信用决策的重要依据。通过对企业财务数据的分析,可以了解企业获利能力的高低,偿债能力的强弱及营运效率的大小,可以了解企业投资后的收益水平和财务风险水平,为投资和筹资决策提供必要的信息。

当然财务分析由于受到资料准确性和完整性、分析技术、分析者的经验等因素的影响,也可能并不能识别企业真正的财务和经营状况,对财务分析的作用起到一定的影响。

3.1.2 财务分析的目的

知识拓展:
证监会是这样
稽查财务造假的!
二维码链接
(素材3-1)

财务分析的总目标是分析和判断企业的财务能力,而企业的财务能力主要是企业在经营过程中的偿债能力、营运能力、盈利能力和发展能力,所以,企业财务分析的重心就是偿债能力、营运能力、盈利能力和发展能力分析。当然,财务分析的不同主体出于不同的利益考虑,在对企业进行财务分析时有着各自不同的要求,使得它们的财务分析目的既有共性又有不同的侧重。

（1）企业所有者。企业的所有者即投资者投资的主要目的是获得高于其他投资的投资回报，因此投资人总是关心资本的保值增值，即资本的投资回报率。对于一般投资人，关心的是企业红利的发放；而对于拥有控制权的投资者来说，更多地注重如何增强企业竞争实力，扩大市场占有率，降低财务风险和减少纳税支出，追求长期利益的持续稳定增长。

（2）企业债权人。企业债权人是主动或被动提供资金给企业的团体或个人。由此，形成企业能以货币计量的需要以资产或劳务偿付的债务。企业债权人包括银行、其他企业和个人等，他们最关心企业是否有足够的支付能力，以保证其债务本息能够及时、足额地得以偿还。在短期债务中，债权人主要考察企业资产的变现质量和营业现金流量；在长期债务中，债权人还需分析企业资本结构、利息支付能力、资产营运能力等。

（3）企业经营决策者。为满足不同利益主体的需要，协调各方面的利益关系，企业经营者必须对企业经营理财的各个方面，包括营运能力、偿债能力、盈利能力及社会贡献能力的全部信息予以详尽的了解和掌握，以作出正确的决策，提高经济效益。

（4）政府经济管理机构。政府部门包括工商管理部门、税收征管部门和业务指导与监管部门。它们一般要求全面地了解企业的财务状况和经营能力，掌握经济动态、社会就业和职工收入情况，考察企业遵守政府法规情况，维护市场秩序，保证国家税收。

（5）中介机构。社会中介机构都是以第三方的立场上，对服务对象作出独立、客观、公正的评价。与企业有关的社会中介机构有会计师事务所、律师事务所、资产评估事务所以及经济咨询机构等。会计师事务所的目的在于验证企业财务报表的合法性、合理性和正确性，对企业财务报表作出客观的评价。律师事务所的目的是调查涉及企业的经济案件的事实。资产评估事务所的目的在于对评估对象进行正确估价。经济咨询机构的目的是为服务对象提供咨询服务。

延伸思考

请你在查阅资料的基础上，了解其他财务分析目的的表述，阐述你对财务分析目的的理解？在新的时期，财务分析的目的有什么变化？

想一想：还有哪些主体会进行财务分析？其主要关注哪些信息？

3.1.3 财务分析的内容

财务分析的工作内容主要有以下几点。

第一,资金与资产运作分析:资产是企业生产经营活动的经济资源,其管理的水平直接影响到了企业的经济效益,根据公司业务的战略与财务的制度,预测并监督公司现金流和各项资金使用情况,为公司的资金运作、调度与统筹提供信息与决策的支持,为评价企业的管理水平提供相关的依据。

第二,财务政策分析:根据各种财务的报表,分析并且预测公司的财务收益和风险,为公司的业务发展、财务管理政策的确立以及调整提供建议。

第三,经营管理分析企业发展趋势:参与销售、生产的财务预测、预算执行分析和业绩分析,并且提出专业的分析和建议,为业务决策提供专业的财务支持,通过这些分析来判断企业的发展趋势,预测一家企业的经营前景,为决策者提供合理的依据。

第四,投融资管理分析:参与投资和融资项目的财务测算、成本分析和敏感性分析等活动,配合上级制定的投资和融资方案、防范风险,并且实现公司利益的最大化。

第五,财务分析报告:根据财务管理政策与业务发展需求,了解企业资产的流动性、负债水平以及企业偿还长短期债务的能力,撰写财务分析报告、投资财务调研报告以及可行性研究报告等,为公司的财务决策提供分析支持。

3.1.4 财务分析的资料

在进行财务分析时主要的资料为企业财务报告。企业财务报告是指企业对外提供的反映企业某一特定日期的财务状况和某一会计期间的经营成果、现金流量等会计信息的文件。财务报告包括基本财务报表和其他在财务报告中披露的相关信息和资料,如报表附注、审计报告等。通常结合利润表和资产负债表、现金流量表构建财务分析指标来评价企业资产的盈利能力,以及企业盈利的质量、经营风险、成本管理水平和企业利润分配的合理性。这便于为企业外部利益相关者提供决策信息服务,加强企业内部经营管理。

(1) 资产负债表是反映企业一定日期财务状况的会计报表。

资产负债表是基本财务报表之一,是以"资产 = 负债 + 所有者权益"为平衡关系,反映企业在某一特定日期财务状况的报表。它揭示了某一特定日期企业所拥有或控制的经济资源、所承担的现时义务和所有者享有的剩余权益。它包括了资产、负债和所有者权益这三个基本要素的总额及其构成的有关信息。可以说，资产负债表是企业最重要的、反映企业全部财务状况的第一主表。

资产总额包括了企业所拥有的流动资产、长期投资、固定资产、无形资产、递延资产及其他资产，资产总额反映企业资金的占用分类汇总；负债总额包括流动负债、长期负债，负债作为过去的交易或事项所产生的经济义务，必须于未来支付的经济资源或提供服务偿付；所有者权益（或称业主权益），包括股东投入股本、资本公积、盈余公积、未分配利润。利用资产负债表，可以检查企业资本来源和运用是否合理，分析企业是否有偿还债务的能力，提供企业持续发展的资金决策依据。

资产负债表示例如表3-1所示。

表3-1　　　　　　　　　　　　　资产负债表
编制单位：TL公司　　　　　2017年12月31日　　　　　　　　　　　单位：千元

资产	期末数	期初数	负债和所有者权益	期末数	期初数
流动资产：			流动负债：		
货币资金	384 028	243 012	短期借款	677 731	668 280
以公允价值计量且其变动计入当期损益的金融资产	0	0	以公允价值计量且其变动计入当期损益的金融负债	0	0
衍生金融资产	0	0	衍生金融负债	0	0
应收票据	12 324	30 264	应付票据	317 096	74 206
应收账款	380 204	266 802	应付账款	650 336	509 872
预付款项	198 703	219 201	预收款项	61 706	58 009
应收利息	0	0	应付职工薪酬	5 127	7 586
应收股利	0	0	应交税费	64 624	9 750
其他应收款	1 035 516	981 069	应付利息	0	0
存货	587 928	384 445	应付股利	4 599	5 005
持有待售资产	0	0	其他应付款	173 353	143 722
一年内到期的非流动资产	0	0	一年内到期的非流动负债	231 877	576 022
其他流动资产	8 460	6 766	其他流动负债	34 014	14 912
流动资产合计	2 607 163	2 131 559	流动负债合计	2 220 463	2 067 364
非流动资产：			非流动负债：		
可供出售金融资产	0	0	长期借款	543 246	380 984
持有至到期投资	0	0	应付债券	0	0
长期应收款	0	0	长期应付款	0	0
长期股权投资	265 827	269 676	长期应付职工薪酬	0	0
投资性房地产	0	0	专项应付款	5 444	6 491

续表

资产	期末数	期初数	负债和所有者权益	期末数	期初数
固定资产	538 514	610 143	预计负债	0	0
在建工程	96 977	68 384	递延收益	0	0
工程物资	0	0	递延所得税负债	8 721	46 496
固定资产清理	0	0	其他非流动负债	0	0
生产性生物资产	0	0	非流动负债合计	577 411	433 971
油气资产	0	0	负债合计	2 777 874	2 501 335
无形资产	48 551	49 678	所有者权益:		
开发支出	19 346	0	实收资本（或股本）	289 781	289 781
商誉	0	0	其他权益工具	0	0
长期待摊费用	10 899	13 086	资本公积	400 065	400 065
递延所得税资产	11 301	13 410	减：库存股	0	0
其他非流动资产	0	0	其他综合收益		
非流动资产合计	991 415	1 024 377	专项储备		
			盈余公积	60 356	43 048
			未分配利润	70 502	-78 293
			所有者权益合计	820 704	654 601
资产总计	3 598 578	3 155 936	负债和所有者权益总计	3 598 578	3 155 936

（2）利润表是反映企业在一定期间（月份、季度、年度）经营成果的财务报表。

利润表是依据"收入 - 费用 = 利润"的关系，主要揭示企业一定时期（月、季、年）的收入实现情况、费用耗费情况以及由此计算出来的企业利润（或亏损）情况，是一种动态报表。运用利润表，可以分析、预测企业的经营成果和获利能力、偿债能力，分析、预测未来的现金流动状况，分析、考核经营管理人员的业绩，为利润分配提供重要依据。

利润表示例如表 3 - 2 所示。

表 3 - 2　　　　　　　　　　　　　利润表
编制单位：TL公司　　　　　　　　　2017 年度　　　　　　　　　　　　单位：千元

项目	2017 年度	2016 年度
一、营业收入	2 316 444	1 798 408
减：营业成本	1 860 734	1 462 935
税金及附加	9 860	9 247

续表

项目	2017 年度	2016 年度
销售费用	87 603	77 122
管理费用	201 140	149 104
财务费用	62 429	87 287
资产减值损失	35 419	0
加：公允价值变动收益	0	0
投资收益	−2 259	18 686
其中：对联营企业和合营企业的投资收益	0	0
资产处置收益	0	0
其他收益	0	0
二、营业利润	57 000	31 399
加：营业外收入	113 903	2 253
减：营业外支出	3 359	1 402
三、利润总额	167 544	32 250
减：所得税费用	50 360	−1 496
四、净利润	117 184	33 746
（一）持续经营净利润	117 184	33 746
（二）终止经营净利润	0	0
五、其他综合收益的税后净额	0	0
六、综合收益总额	117 184	33 746
七、每股收益		
（一）基本每股收益（元）	0.40	0.12
（二）稀释每股收益（元）		

（3）现金流量表，是指反映企业在一定期间现金和现金等价物流入和流出状况的报表。

现金流量表可以概括反映经营活动、投资活动和筹资活动对企业现金流入流出的影响，对于评价业绩和财务状况质量，以及企业的投融资决策等各项财务管理活动，现金流量表提供的信息非常有价值，对利润表所揭示的信息能起到很好的修正和补充作用。企业的现金流量由经营活动产生的现金流量、投资活动产生的现金流量和筹资活动产生的现金流量三部分构成。经营活动，是指企业投资活动和筹资活动以外的所有交易和事项。投资活动，是指企业长期资产的购建和不包括在现金等价物范围的投资及其处置活动。筹资活动，是指导致企业资本及债务规模和构成发生变化的活动。

现金流量表示例如表 3-3 所示。

表 3-3　　　　　　　　　　　　　　　现金流量表
编制单位：TL 公司　　　　　　　　　　2017 年度　　　　　　　　　　　　　单位：千元

项目	2017 年度	2016 年度
一、经营活动产生的现金流量		
销售商品、提供劳务收到的现金	2 201 700	1 984 542
收到的税费返还	13 324	3 334
收到其他与经营有关的现金	193 390	122 781
经营活动现金流入小计	2 408 414	2 110 657
购买商品、接受劳务支付的现金	1 610 503	1 444 868
支付给职工以及为职工支付的现金	190 472	159 525
支付的各项税费	143 287	122 534
支付的其他与经营活动有关的现金	201 401	150 955
经营活动现金流出小计	2 145 663	1 877 882
经营活动产生的现金流量净额	262 751	232 775
二、投资活动产生的现金流量		
收回投资所收到现金	2 741	0
取得投资收益所收到的现金	0	93
处置固定资产、无形资产和其他长期资产收回的现金净额	206 567	968
处置子公司及其他营业单位收到的现金净额	0	0
收到其他与投资活动有关的现金	0	0
投资活动现金流入小计	209 308	1 061
购建固定资产、无形资产和其他长期资产支付的现金	96 181	16 887
投资支付的现金	0	850
取得子公司及其他营业单位支付的现金净额	0	0
支付其他与投资活动有关的现金	0	23 106
投资活动现金流出小计	96 181	40 843
投资活动产生的现金流量净额	113 127	-39 782
三、筹资活动产生的现金流量		
吸收投资收到的现金	0	0
取得借款收到的现金	187 236	172 285
发行债券收到的现金	0	0
收到其他与筹资活动有关的现金	0	41 191
筹资活动现金流入小计	187 236	213 476

续表

项目	2017 年度	2016 年度
偿还债务支付的现金	359 669	122 952
分配股利、利润或支付利息所支付的现金	62 429	95 964
支付其他与筹资活动有关的现金	0	8 045
筹资活动现金流出小计	422 098	226 961
筹资活动产生的现金流量净额	-234 862	-13 485
四、汇率变动对现金及现金等价物的影响	0	0
五、现金及现金等价物净增加额	141 016	179 508
六、补充资料：		
将净利润调整为经营活动现金流量		
净利润	117 184	33 746
加：资产减值准备	39 268	4 235
固定资产折旧、油气资产折耗、生产性生物资产折旧	67 023	79 407
无形资产摊销	1 194	1 193
长期待摊费用摊销	19 529	20 502
处置固定资产、无形资产和其他长期资产的损失（收益以"-"号填列）	-2 544	203
固定资产报废损失（收益以"-"号填列）	192	0
公允价值变动损失（收益以"-"号填列）	-27 107	11 475
财务费用（收益以"-"号填列）	62 429	87 287
投资损失（收益以"-"号填列）	-50 282	965
递延所得税资产减少（增加以"-"号填列）	0	0
递延所得税负债增加（减少以"-"号填列）	0	0
存货的减少（增加以"-"号填列）	-203 482	-76 280
经营性应收项目减少（增加以"-"号填列）	-129 411	-86 787
经营性应付项目增加（减少以"-"号填列）	368 758	153 187
其他	0	3 642
经营活动产生的现金流量净额	262 751	232 775
不涉及现金收支的重大投资和筹资活动：		
债务转为资本	0	0
一年内到期的可转换债券	0	0
融资租入固定资产	0	0
现金及现金等价物净变动情况：		
现金的期末余额	384 028	243 012

续表

项目	2017 年度	2016 年度
减：现金的期初余额	243 012	63 504
加：现金等价物的期末余额	0	0
减：现金等价物的期初余额	0	0
现金及现金等价物净增加额	141 016	179 508

知识拓展：
看懂三张报表，
就能瞬间看穿
一家公司的
商业逻辑
二维码链接
（素材3-2）

3.1.5 财务分析的方法

财务分析的基本方法主要是围绕着财务报告进行的定量分析方法，一般包括比较分析法、比率分析法、趋势分析法和因素分析法等。

1. 比较分析法

比较分析法是财务分析普遍使用的重要的分析方法。比较分析法是将某项财务指标与性质相同的指标标准进行对比，揭示企业财务状况和经营成果的一种分析方法。这种分析方法有利于揭示实际财务指标与标准评价指标之间的差异。

比较分析的具体形式有：

（1）本期的实际数据与前期的实际数据相比较。通过对比分析，可以了解企业财务状况的发展过程和趋势。

（2）本期的实际数据与计划数据相比较。将本期的实际数据与本期预期目标、计划指标、定额指标、标准值相比较，考核企业经营者受托责任的完成情况，与长远规划相比较，分析达到长远奋斗目标的可能性。

（3）本期的实际数据与同行业同类数据相比较。将本期的实际数据与国内外同类型企业的平均水平、先进水平相比较，与同一行业的平均水平、先进水平相比较，以便找出差距，制定赶超目标，增强企业的竞争能力。

2. 比率分析法

比率分析法是把某些彼此存在关联的项目加以对比，计算出比率，据以确定经济活动变动程度的分析方法。这种分析方法可以克服绝对数指标不能深入揭示事物内在矛盾的缺点。采用比率分析法应注意：计算财务比率的有关数值必须有内在的关联性，否则没有意义。

常用的比率法有以下几种。

（1）相关比率法。相关比率法是根据经济活动客观存在的相互依存相互联系的关系，将两个性质不同但又相关的指标加以对比，求出比率，据以评价企业经营及财务效率的分析方法。例如，流动资产对流动负债的比重。

(2) 构成比率法。构成比率法又称比重分析法或结构对比分析法，是通过计算某项经济指标各个组成部分占总体的比重，探讨各个部分在结构上的变化规律。通过结构比率的比较可以观察构成的内容及其变化，以掌握该项财务活动的特点和变化趋势。例如，计算资产负债表中各项资产占资产总额的比重，各项负债占负债总额的比重，然后将分析期各项目的比重与前期同项目的比重对比，研究各项目比重的变动情况，并结合企业生产经营的具体情况，进一步分析结构变动的合理性。

(3) 趋势比率分析法。趋势比率分析法是利用财务报表提供的数据资料，将几个时期同类指标的数字两两相除，以求出趋势比率。这种趋势比率的计算有两种形式：一是基期指数，即比较期指标分别与固定基期数额相除，计算与基期相比较的变化情况。二是环比指数，即比较期指标分别与前一期指标相除，计算相对于前一期的变化情况。这种分析方法有利于预测财务活动的发展趋势。

延伸思考

比率分析有哪些优缺点？生活中你经常用到哪些比率？

3. 趋势分析法

趋势分析法是通过对有关指标的各期对基期的变化趋势的分析，以便发现企业财务状况变动规律及变动趋势，为追索和检查账目提供线索的一种分析方法；进一步可以借助统计或者数学模型，对企业未来较长时期的动态情况进行分析预测。例如通过对应收账款的趋势分析，就可以对坏账的可能性与应催收的货款作出一般评价。趋势分析法可用相对数也可用绝对数。

4. 因素分析法

因素分析法是指通过分析影响财务指标数据的各个构成要素，寻求造成综合指标变动的主要原因，又包括连环替代法、差额分析法、指标分解法等。该方法适用于一些综合性财务指标的分析，例如总成本、利润总额、净资产报酬率等。其一般的做法是：先确定某个综合指标的各个影响因素，计算某个单独指标在标准状态下的综合指标数值，然后依次把其中一个指标和可变因素进行替换，再分别找出每个因素对于差异的影响程度。

3.2 财务报表分析

知识拓展：
解密奥巴马成功
竞选背后的数据
挖掘团队
二维码链接
（素材3-3）

企业财务信息集中反映在企业重要的财务报表中，对报表的解读和分析是财务分析的重要内容。在进行报表分析的时候，可以对报表的构成和趋势进行分析，也可以对报表的重要项目进行分析。

3.2.1 财务报表的趋势分析

企业财务状况的趋势分析就是将两期或连续数期财务报告中相同指标进行对比，确定其增减变动的方向、数额和幅度，以说明企业财务状况或经营成果的变动趋势的一种方法。

1. 比较财务报表

比较财务报表是比较企业连续几期财务报表的数据，分析其增减变化的幅度及其变化原因，来判断企业财务状况的发展趋势。表3-4是甲公司利润表的比较。

表3-4　　　　　　　　甲公司2016~2018年利润表比较　　　　　　金额单位：万元

项目	2016年	2017年	2018年	2017年比2016年 差额	2017年比2016年 增长率（%）	2018年比2017年 差额	2018年比2017年 增长率（%）
一、主营业务收入	6 592	8 322	9 535.40				
减：折扣与折让	50	65	200				
营业收入净额	6 542	8 257	9 335.40	1 715	26.22	1 078.40	13.06
减：营业成本	3 028	3 710	4 190.40				
营业税金及附加	365	562	676				
二、主营业务利润	3 149	3 985	4 469	836	26.55	484	12.15
减：销售费用	886	1 255	1 370				
管理费用	622	812	1 050				
财务费用	278	308	325				
加：投资收益	58	68	63				
三、营业利润	1 421	1 678	1 823	257	18.09	145	8.64
加：营业外收入	11	9.80	8.50				
减：营业外支出	9	5.40	15.50				
四、利润总额	1 423	1 682.40	1 816	259.4	18.23	133.6	7.94
减：所得税	256	508.40	556				
净利润	1 167	1 174	1 260	7	0.6	86	7.33

从上述计算数据可见，该公司收入和利润的增长均呈下降趋势，净利润增长呈上升趋势是因为2017年该公司所得税增长（因该公司不享受所得税优惠政策）使2017年净利润增长较低。公司应更好搞好增收节支工作，才能使公司的净利润有较

大幅度增长。

2. 比较百分比财务报表

比较百分比财务报表是将财务报表的数据用百分比来表示，以此来比较不同年份的各项百分比的变化，判断企业财务状况的发展趋势。表3-5是甲公司百分比利润表的比较。

表3-5　　　　甲公司2016~2018年的比较百分比利润表　　　　单位:%

项目	2016年	2017年	2018年
一、营业收入净额	100	100	100
减：营业成本	46.29	44.93	44.89
营业税金及附加	5.58	6.81	7.24
二、主营业务利润	48.13	48.26	47.87
减：销售费用	13.54	15.20	14.68
管理费用	9.51	9.83	11.25
财务费用	4.25	3.73	3.48
三、营业利润	21.72	20.32	19.53
四、利润总额	21.75	20.38	19.45
减：所得税	3.91	6.16	5.96
净利润	17.84	14.22	13.50

从甲公司的比较百分比利润表可以看出，尽管公司营业成本在营业收入中的比重有所下降，但因营业税金及附加的增长，使得营业利润并没有增长的趋势。甲公司的营业利润、利润总额和净利润在营业收入中的比重都呈下降的趋势，从报表中可以看出，营业费用和管理费用增长是造成这种下降的原因之一。

3. 比较财务比率

比较财务比率是将企业连续几个会计期间的财务比率进行对比，从而分析财务状况的发展趋势。这种方法实际是比率分析法与比较分析法的结合。表3-6是甲公司2016~2018年几种主要财务比率的比较。

表3-6　　　　甲公司2016~2018年几项财务比率动态比较表

项目	2016年	2017年	2018年
流动比率	1.91	1.90	1.98
速动比率	1.25	1.26	1.29
资产负债率	0.51	0.48	0.46
应收账款周转率	11.89	12.09	12.72

续表

项目	2016 年	2017 年	2018 年
存货周转率	6.48	6.57	6.60
总资产周转率	2.06	2.07	2.05
资产报酬率	33.89%	32.35%	30.36%
股东权益报酬率	64.85%	63.80%	57.19%
销售净利率	17.70%	14.11%	13.21%

从甲公司的几种主要财务比率的比较可以看出，甲公司近3年的流动比率和速动比率略有增加，资产负债率呈下降趋势，这说明甲公司偿债能力有所增强。应收账款周转率和存货周转率都有所增长，说明该公司的销售情况良好。值得注意的是该公司的三项获利能力指标都呈下降的趋势，说明企业的获利能力在下降。

3.2.2 财务报表项目分析

对财务报表进行项目分析的基本思路有两个。

一是对报表的项目结构分析而言，要提前掌握以下情况，才能把握分析结论的准确性。

首先是企业的行业特点。不同行业之间在资产项目结构上的表现区别很大。对资产负债表而言，加工制造业企业的非流动资产特别是固定资产的比重会相对较高，而商品流通企业的流动资产比重较大，部分高科技企业无形资产比重会相对大一些。对利润表而言，经营收入和投资收益的比例、营业利润和非经常性损益的结构等也与行业密切相关。因此，在分析报表的项目结构时，了解和分析公司所属行业的特点是做好分析评价的基础。

其次是企业的发展战略。企业的发展战略及方向直接影响了企业资金投入的方向，也会决定企业筹措资金的来源和方式，对企业的经营发展有重要影响，因此在项目结构分析时要结合战略安排来解读财务上的表现。

最后是企业的经营管理特点。例如偏重举债经营的企业，负债项目就多，比重较大，企业的稳定性差，但比较灵活；委托外加工的企业，技术装备少，非流动资产占比小，但资金周转较快；对外投资较高的企业，投资收益和风险都较高。在结构分析时要考虑到企业的经营管理模式和特点。

二是对报表的重点项目进行解读。一般来说，重点项目的确定应结合前面的比较财务报表和比较百分比财务报表，重点关注占比较大的项目和变动较大的项目，对该项目的内容进行具体分析，确定项目的比重及变化说明了什么问题、是否正常等。

> **延伸思考**
>
> 报表与企业的战略有什么关系？如何通过财务报表解读企业的经营战略？

3.3 财务比率分析

财务比率分析主要包括五个方面：偿债能力分析、营运能力分析、盈利能力分析、发展能力分析和上市公司的财务比率。为了便于说明，本节各项财务比率的计算主要以 TL 公司为例，该公司的资产负债表、利润表和现金流量表如表 3-1、表 3-2 和表 3-3 所示。

3.3.1 偿债能力分析

偿债能力是指企业偿还各种债务的能力。偿债能力可以分为短期偿债能力和长期偿债能力。

1. 短期偿债能力分析

短期偿债能力是指企业偿还到期短期债务的能力，它取决于可以在近期转变为现金的流动资产的多少。如果企业短期偿债能力弱，就意味着企业的流动资产对其流动负债偿还的保障能力弱，企业的信用就可能受到损失。信用受损会削弱企业的筹资能力，增大筹资的成本，从而对企业的投资能力和获利能力产生重大的影响。因此，通过短期偿债能力分析，可以了解企业的财务状况、企业的财务风险程度、预测企业的筹资前景，是企业进行理财活动的重要参考。

（1）流动比率。

企业的流动资产与流动负债的比值称为流动比率。其计算公式为：

$$流动比率 = \frac{流动资产}{流动负债}$$

根据表 3-1 资料，TL 公司 2017 年末流动比率计算如下：

$$流动比率 = \frac{2\,607\,163}{2\,220\,463} = 1.17$$

流动资产和流动负债的差，我们称为营运资金。营运资金越多，说明不能偿还负债的风险越小。由于营运资金是个绝对数，当企业规模不同时，就难以用绝对数大小进行比较，而流动比率是个相对数，排除了企业规模不同的影响，更适合企业之间以及本企业不同历史时期的比较。流动比率越高，说明企业短期偿债能力越强，但是这个比率也不是越高越好。根据一般的商业经验，流动比率保持在 2.0 以上为好。流动比率高低的原因一般是通过营业周期、应收账款数额和存货的周转速度等因素进行研究。但流动资产中的存货的变现能力较弱，因此，用它反映短期偿债有一定的局限性。

在运用流动比率时，应注意以下几个问题：

①虽然流动比率越高，企业偿还短期债务的流动资产保证程度越强，但这并不等于企业已有足够的现金或存款用来偿债，也可能存货积压，应收账款增多。

②从短期债权人的角度看，自然希望流动比率越高越好。但从企业经营角度看，过高的流动比率通常意味着企业闲置现金的持有量过多，必然造成企业机会成本的增加和获利能力的降低。企业应尽可能将流动比率维持在不使货币资金闲置的水平。

③流动比率是否合理，不同行业、不同企业以及同一企业不同时期的评价标准是不同的。因此，不应用统一的标准来评价各企业流动比率合理与否。

（2）速动比率。

速动比率又称酸性测试比率，是企业速动资产与流动负债的比值。所谓速动资产，是指流动资产减去变现能力较差且不稳定的存货、预付账款、待摊费用、待处理流动资产损失等之后的余额。其计算公式为：

$$速动比率 = \frac{速动资产}{流动负债}$$

根据表 3-1 资料，TL 公司 2017 年末速动比率计算如下：

$$速动比率 = \frac{384\ 028 + 12\ 324 + 380\ 204 + 1\ 035\ 516}{2\ 220\ 463} = 0.82$$

一般情况下，速动比率越高，表明企业偿还流动负债的能力越强。国际上通常认为，速动比率等于 1.0 时较为适当。如果速动比率小于 1.0，必使企业面临很大的偿债风险；如果速动比率大于 1.0，尽管债务偿还的安全性很高，但却会因企业现金及应收账款资金占用过多，可能失去了一些有利的投资和获利的机会。当然，在分析时还需要注意并不能认为速动比率较低的企业的流动负债到期绝对不能偿还。

在计算速动比率时之所以要剔除存货，是因为：①在流动资产中存货的变现速度最慢，它通常要经过产品的售出和账款的收回两个过程才能变现为现金；②存货中可能已有损失报废但还未作处理；③可能有些存货已抵押给债权人；④存货估价还存在成本与市价的差异。至于预付账款也要剔除是因为预付账款本质上属于尚未收到的存货，其流动性实际上是很低的。因此未将存货、预付账款等因素考虑进去的速动比率比流动比率更能准确地反映企业短期偿债能力。

(3) 现金流动债务比率。

现金流动债务比率是经营活动产生的现金流量净额与平均流动负债的比率。其计算公式为：

$$现金流动债务比率 = \frac{经营活动现金流量净额}{平均流动负债}$$

根据表3-1、表3-3资料，TL公司2017年现金流动债务比率计算如下：

$$现金流动债务比率 = \frac{262\,751}{(2\,220\,463 + 2\,067\,364) \div 2} = 0.12$$

这个指标反映企业实际的短期偿债能力。因为债务最终是以现金偿还，所以，该比率越高，说明企业偿还短期债务的能力越强。它比传统的衡量偿债能力的指标——流动比率和速动比率更真实，因为在计算流动比率和速动比率这两个指标的过程中，所涉及的应收账款及存货中存在着变现价值、变现能力和变现时间的问题，并且，这两个指标受人为因素的影响大，有很强的粉饰作用，因而容易使反映的结果失真。而现金流量却是一个没有任何弹性的数据，所以，使用现金流动债务比率评价企业的偿债能力更为恰当。

(4) 到期债务本息偿付比率。

到期债务本息偿付比率是经营活动产生的现金流量净额与本期到期债务本息的比率。其计算公式为：

$$到期债务本息偿付比率 = \frac{经营活动现金流量净额}{本期到期债务本金 + 现金利息支出}$$

该指标主要衡量本年度内到期的债务本金及相关的现金利息支出可由经营活动所产生的现金来偿付的程度。该项比率越高，说明企业经营活动所生成的现金对偿付本期到期的债务本息的保障程度越高，企业的偿债能力越强。

2. 长期偿债能力分析

长期偿债能力反映企业偿付到期长期债务的能力。企业的长期偿债能力不仅受其短期偿债能力的制约，还受企业净资产规模和获利能力的影响。

(1) 资产负债率。

资产负债率是负债总额与资产总额的比值。其计算公式为：

$$资产负债率 = \frac{负债总额}{资产总额} \times 100\%$$

根据表3-1资料，TL公司2017年末资产负债率计算如下：

$$资产负债率 = \frac{2\,777\,874}{3\,598\,578} \times 100\% = 77.19\%$$

该指标反映债权人所提供的资本占全部资本的比例，也称举债经营比率。因此，比率越大，说明在企业总资产中由债权人提供的部分越多，对债权人的保障程度越低。如果比率越小，则说明企业总资产中由债权人提供的部分就较小，企业所有者权益提供的资产比例大，债权保障程度就较高。一般认为，这个指标在50%左右比较好。TL公司的资产负债率就比较高，企业偿债能力较弱，财务风险较大。但不同的人所站立场不同对该指标分析的角度就不同了。债权人关心的是贷款的安全程度，因此，希望该指标值越低越好。股东关心的是全部资本利润率是否超过借入款项的利率，若超过，希望负债比例越大越好。经营者应从财务管理角度审时度势，全面考虑在增加的利润和增加的风险之间进行权衡，作出正确决策。

（2）产权比率。

产权比率也称为债务股权比率，是负债总额与所有者权益（或称股东权益）的比率。其计算公式为：

$$产权比率 = \frac{负债总额}{所有者权益} \times 100\%$$

根据表3-1资料，TL公司2017年末产权比率计算如下：

$$产权比率 = \frac{2\,777\,874}{820\,704} \times 100\% = 338.47\%$$

该指标反映了债权人投入的资本受到股东权益保障的程度，或者说是企业清算时对债权人利益的保障程度，反映企业基本财务结构是否稳定。一般情况下，产权比率越低，表明企业的长期偿债能力越强，债权人权益的保障程度越高，承担的风险越小，债权人越有安全感，但企业就不能充分地发挥负债的财务杠杆效应。反之，产权比率高，则是高风险、高报酬的财务结构。一般在保障债务偿还安全的前提下，应尽可能提高产权比率。从企业偿债能力和财务风险均衡的角度确定这个指标的评价标准，一般应小于或等于1。

（3）权益乘数。

权益乘数是资产总额与所有者权益（或称股东权益）的比率。其计算公式为：

$$权益乘数 = \frac{资产总额}{所有者权益}$$

也可以用资产平均总额与股东权益平均总额计算。

根据表3-1资料，ML公司2017年末权益乘数计算如下：

$$权益乘数 = \frac{3\,598\,578}{820\,704} = 4.38$$

权益乘数越大，说明股东投入的资本在资产中所占比重越小，偿债能力越差。反之，偿债能力越强。

(4) 有形净值债务率。

有形净值债务率是企业负债总额与有形净值的百分比。有形净值是股东权益减去无形资产净值后的净值。其计算公式为：

$$有形净值债务率 = \frac{负债总额}{股东权益 - 无形资产净值} \times 100\%$$

根据表 3-1 资料，TL 公司 2017 年末有形债务净值率计算如下：

$$有形净值债务率 = \frac{2\,777\,874}{820\,704 - 48\,551} \times 100\% = 359.76\%$$

有形净值债务率实质上是产权比率指标的延伸，该指标不考虑无形资产包括商誉、商标、专利权和非专利技术等的价值，因为这些无形资产不一定能用来还债，所以该指标更为谨慎、保守地反映在企业清算时债权人投入资本受到股东权益的保障程度。从长期偿债能力来讲，该指标越低偿债能力越强。

(5) 已获利息倍数。

已获利息倍数也称利息保障倍数，是指企业息税前利润与利息费用的比率，用以偿付借款利息的能力。其计算公式为：

$$已获利息倍数 = \frac{利润总额 + 利息费用}{利息费用} = \frac{息税前利润}{利息费用}$$

根据表 3-2 资料（假定该公司的财务费用都是利息费用，并且固定资产成本中不含资本化利息），TL 公司 2017 年已获利息倍数计算如下：

$$已获利息倍数 = \frac{167\,544 + 62\,429}{62\,429} = 3.68（倍）$$

已获利息倍数不仅反映了企业经营收益为所需支付的债务利息的多少倍，而且反映了获利能力对负债利息偿付的保证程度。利息费用包括财务费用中的利息和资本化的利息两部分。国际上通常认为该指标等于 3 比较适当。一般情况下，已获利息倍数越高，表明企业长期偿债能力越强。从长期来看，若要维持正常偿债能力，利息保障倍数至少应大于 1。该指标可以与同行业平均水平进行比较，同时也可以与企业过去进行比较，并选择最低指标年度的数据作为标准。

结合该指标，企业可以测算长期负债与营运资金的比率，其计算公式为：

$$长期债务与营运资金比率 = \frac{长期负债}{流动资产 - 流动负债}$$

一般情况下，长期负债不应超过营运资金，使得长期债权人和短期债权人感到贷款有安全保障。

(6) 现金债务总额比率。

现金债务总额比率是经营活动产生的现金流量净额与负债平均总额的比率。其计算公式为：

$$现金债务总额比率 = \frac{经营活动现金流量净额}{负债平均总额} \times 100\%$$

根据表3-1、表3-3资料，TL公司2017年现金债务总额比率计算如下：

$$现金债务总额比率 = \frac{262\,751}{(2\,777\,874 + 2\,501\,335) \div 2} \times 100\% = 9.95\%$$

该指标对资产负债比率这个传统的衡量偿债能力的指标是一个重要的补充，它比较直接、明了地反映了企业当期经营理财活动所获取的现金流量对企业偿还全部债务能力的影响。指标越高，表明偿债能力越强。并且，在实际融资活动中，企业的经营现金净流量如果能够满足按时偿付利息，则企业便可以借新债还旧债，维持甚至超过原有的债务规模。所以该指标也可以客观地衡量企业的举债能力。

3. 影响企业偿债能力的其他因素

在分析企业偿债能力时，除了用上述财务比率指标以外，还应考虑到以下因素对企业偿债能力的影响，这些因素既可影响企业的短期偿债能力，也可影响企业的长期偿债能力。

（1）或有事项。

或有事项是指过去的交易或事项形成的一种状态，其结果须通过未来不确定事项的发生或不发生予以证实。或有事项分为或有资产和或有负债。或有资产是指过去交易或事项形成的潜在资产，其存在要通过未来不确定事项的发生或不发生予以证实。产生或有资产会提高企业的偿债能力；产生或有负债会降低企业的偿债能力。因此，在分析企业的财务报表时，必须充分注意有关或有项目的报表附注披露，以了解未在资产负债表上反映的或有项目，并在评价企业长期偿债能力时，考虑或有项目的潜在影响。同时，应关注是否有资产负债表日后的或有事项。

（2）租赁活动。

企业在生产经营活动中，可以通过财产租赁的方式解决急需的设备。通常财产租赁有两种形式：融资租赁和经营租赁。融资租赁是由租赁公司垫付资金，按承租人要求购买设备，承租人按合同规定支付租金，所购设备一般于合同期满转归承租人所有的一种租赁方式。因而企业通常将融资租赁视同购入固定资产，并把与该固定资产相关的债务作为企业负债反映在资产负债表中。

不同于融资租赁，企业的经营租赁不在资产负债表上反映，只出现在报表附注和利润表的租金项目中。当企业经营租赁量比较大，期限比较长或具有经常性时，则其租赁虽不包含在负债中，但对企业的偿债能力也会产生较大的影响。因此，必须考虑这类经营租赁对企业债务结构的影响。

(3) 担保责任。

在经济活动中,企业可能会以本企业的资产为其他企业提供法律担保,如为其他企业的银行借款进行担保。这种担保责任,在被担保人没有履行合同时,就有可能成为企业的负债,增加企业的债务负担,但是,这种担保责任在会计报表中并未得到反映,因此,在进行财务分析时,必须考虑到企业是否有巨额的法律担保责任。

3.3.2 营运能力分析

营运能力是指通过企业资金周转速度的有关指标所反映出来的企业资金利用的效率。它表明企业管理人员经营管理、运用资金的能力和企业生产占用资金的能力。企业生产占用资金周转的速度越快,表明企业资金利用的效果越好,效率越高,企业管理人员的经营能力越强。

1. 营业周期

营业周期是指从取得存货开始到销售存货并收回现金为止的这一阶段。营业周期的长短取决于存货周转天数和应收账款周转天数。其计算公式为:

$$营业周期 = 存货周转天数 + 应收账款周转天数$$

把存货周转天数和应收账款周转天数加在一起计算出来的营业周期,指的是需要多长时间能将期末存货全部变为现金。一般情况下,营业周期短,说明资金周转速度快;营业周期长,说明资金周转速度慢。

> **延伸思考**
>
> 营业周期长短与哪些因素有关?不同行业的营业周期区别大吗?

2. 存货周转天数

存货的周转速度一般用存货周转率或存货周转天数反映。存货周转率是衡量和评价企业购入存货、投入生产、销售收回等各环节管理状况的综合性指标。它是营业成本和平均存货的比值。用时间表示的存货周转率就是存货周转天数。其计算公式为:

$$存货周转率 = \frac{营业成本}{平均存货}$$

$$平均存货 = \frac{期初余额 + 期末余额}{2}$$

$$存货周转天数 = \frac{360}{存货周转率}$$

根据表3-1、表3-2资料，TL公司2017年存货周转率、存货周转天数计算如下：

$$存货周转率 = \frac{1\,860\,734}{(587\,928 + 384\,445) \div 2} = 3.83（次）$$

$$存货周转天数 = \frac{360}{3.83} = 94.00（天）$$

在流动资产中，存货所占的比重一般比较大，存货的流动性将直接影响到企业资产的流动性。一般来讲，存货的周转速度越快，存货的占用水平越低，资产流动性越强。提高存货周转率可以提高企业的变现能力，而存货周转速度越慢则变现能力越差。

存货周转速度的快慢，可以反映出企业采购、储存、生产、销售各环节管理工作状况的好坏，而且对企业的偿债能力及获利能力产生决定性的影响。因此，存货分析的目的是在保证生产经营连续性的同时，尽可能少占用资金，提高资金的使用效率，增强企业短期偿还能力，促进企业管理水平的提高。

3. 应收账款周转天数

反映应收账款的周转速度的指标有应收账款周转率、应收账款周转天数。应收账款周转率就是年度内应收账款转为现金的平均次数。用时间表示的周转速度是应收账款周转天数，也叫平均应收账款回收期。它表示企业从取得应收账款的权利到收回款项转换为现金所需要的时间。其计算公式为：

$$应收账款周转率 = \frac{营业收入净额}{应收账款平均余额}$$

$$应收账款平均余额 = \frac{期初余额 + 期末余额}{2}$$

$$应收账款周转天数 = \frac{360}{应收账款周转率}$$

营业收入净额是营业收入扣除折扣和折让的净额。

根据表3-1、表3-2资料，TL公司2017年应收账款周转率、应收账款周转天数计算如下：

$$应收账款周转率 = \frac{2\,316\,444}{(380\,204 + 266\,802) \div 2} = 7.16（次）$$

$$应收账款周转天数 = \frac{360}{7.16} = 50.28（天）$$

应收账款周转率反映了企业应收账款变现速度的快慢及管理效率的高低，周转率高表明：（1）收账迅速，账龄较短；（2）资产流动性强，短期偿债能力强；（3）可以减少收账费用和坏账损失。一般在一定时期内应收账款周转次数越多，周转一次所用的天数就越少，说明应收账款收回的速度越快，资产运营的效率越高。否则，企业的营运资金就会过多地呆滞在应收账款上，影响正常的资金周转。应收账款周转率也反映了企业的信用政策，如果企业的信用政策比较宽松，其应收账款额就会比较高，周转率较低。

影响该指标正确计算的因素主要有：第一，季节性经营的企业使用这个指标时不能反映实际情况。第二，大量使用分期付款结算方式。第三，大量地使用现金结算的销售。第四，年末大量销售或年末销售大幅度下降。这些因素都会对该指标的计算结果产生较大的影响。应收账款周转率的评价还应和企业历史资料和同行业水平进行比较；并结合应收账款变化与增加的收入和增加的成本进行对比，确定合理的应收账款政策。

4. 流动资产周转率

流动资产周转率是营业收入与平均流动资产的比值。

其计算公式为：

$$流动资产周转率 = \frac{营业收入}{平均流动资产}$$

$$平均流动资产 = \frac{期初余额 + 期末余额}{2}$$

$$流动资产周转天数 = \frac{360}{流动资产周转率}$$

根据表3-1、表3-2资料，TL公司2017年流动资产周转率、流动资产周转天数计算如下：

$$流动资产周转率 = \frac{2\,316\,444}{(2\,607\,163 + 2\,131\,559) \div 2} = 0.98$$

$$流动资产周转天数 = \frac{360}{0.98} = 367.35（天）$$

在一定时期内，流动资产周转次数越多，表明以相同的流动资产完成的周转额越多，流动资产利用效果越好。否则，流动资产周转速度慢，需要补充流动资产参加周转，就形成了资金浪费，降低企业资金的盈利能力。

5. 固定资产周转率

固定资产周转率是营业收入与固定资产平均净值的比率。

其计算公式为：

$$固定资产周转率 = \frac{营业收入}{固定资产平均净值}$$

$$固定资产平均净值 = \frac{期初净值 + 期末净值}{2}$$

根据表 3-1、表 3-2 资料，TL 公司 2017 年固定资产周转率计算如下：

$$固定资产周转率 = \frac{2\,316\,444}{(538\,514 + 610\,143) \div 2} = 4.03$$

固定资产周转率是衡量企业利用现有的厂房、建筑物和机器设备等固定资产来形成创造营业收入效率的重要指标。固定资产周转率越高，表明企业固定资产利用充分，也能表明企业固定资产投资得当，固定资产结构合理，能够充分发挥效率。用固定资产周转率这个指标时，应注意通货膨胀的因素。通货膨胀使以前购买的固定资产的价值严重低估，资产的时价大大超过其账面价值，所以分析时要考虑到这一点。

6. 总资产周转率

总资产周转率是营业收入与平均资产总额的比率。其计算公式为：

$$总资产周转率 = \frac{营业收入}{平均资产总额}$$

$$平均资产总额 = \frac{期初余额 + 期末余额}{2}$$

根据表 3-1、表 3-2 资料，TL 公司 2017 年总资产周转率计算如下：

$$总资产周转率 = \frac{2\,316\,444}{(3\,598\,578 + 3\,155\,936) \div 2} = 0.69$$

该指标用来分析企业全部资产的使用效率，一般与企业以前年度比较或同行业平均水平或先进水平比较，如果偏低，说明企业利用全部资产进行经营的效率较低，最终会影响企业的盈利能力。总资产周转率越高，表明企业全部资产的使用效率越高。

总之，各项资产的周转指标经常和反映盈利能力的指标结合使用，可说明企业盈利能力好坏的原因。

7. 全部资产现金回收率

全部资产现金回收率是经营活动现金流量净额与全部资产的比率。其计算公式为：

$$全部资产现金回收率 = \frac{经营活动现金流量净额}{全部资产}$$

全部资产具体可以采用年度资产平均总额，如果年度内资产变动不大的，也可采用资产期末总额。本例采用资产期末资产总额。

根据表 3-1、表 3-3 资料，TL 公司 2017 年全部资产现金回收率计算如下：

全部资产现金回收率 = $\dfrac{262\ 751}{3\ 598\ 578}$ = 0.07

该指标说明资产产生现金的能力，反映每 1 元资产所能获得的现金流量。一般说来，比率越高越好。比率越高，说明企业资产的利用效率越高。

3.3.3 盈利能力分析

企业盈利能力是指企业利用经济资源获取收益的能力。盈利能力的分析，一般是将企业投入的经济资源与经济资源所产出的收益相对比，揭示单位经济资源的产出收益的水平。

1. 销售毛利率

销售毛利率是毛利占营业收入的比例，其中毛利是营业收入与营业成本的差。其计算公式为：

$$毛利 = 营业收入 - 营业成本$$

$$销售毛利率 = \dfrac{毛利}{营业收入} \times 100\%$$

根据表 3-2 资料，TL 公司 2017 年销售净利率计算如下：

$$销售毛利率 = \dfrac{2\ 316\ 444 - 1\ 860\ 734}{2\ 316\ 444} \times 100\% = 19.67\%$$

销售毛利率，表示每 1 元营业收入扣除营业成本后，有多少钱可以用于各项期间费用和形成利润。毛利是净利润的基础，没有较高的毛利率，就不可能使销售净利润提高。一个企业能否实现利润，首先要看其销售毛利的实际情况。销售毛利率越高，说明营业收入中销售制造成本所占的比重越小；毛利额越大，盈利水平越高。

2. 销售净利率

销售净利率是指企业净利润与营业收入的比例。其计算公式为：

$$销售净利率 = \dfrac{净利润}{营业收入} \times 100\%$$

根据表 3-2 资料，TL 公司 2017 年销售净利率计算如下：

$$销售净利率 = \dfrac{117\ 184}{2\ 316\ 444} \times 100\% = 5.06\%$$

公式中的净利润是指企业的税后利润。该指标反映每 1 元营业收入能带来的净利润的多少，表示营业收入的收益水平。销售净利率越高说明企业获取净利润的能力越强。从公式可见销售净利率与净利润成正比，与营业收入成反比，事实上营业收入也是利润的基础，只有在增加营业收入时降低成本费用才能有效提高盈利能力。

3. 资产净利率

资产净利率也叫总资产净利率，是一定时期的净利润与平均资产总额之间的比率。其计算公式为：

$$资产净利率 = \frac{净利润}{平均资产总额} \times 100\%$$

$$平均资产总额 = \frac{期初余额 + 期末余额}{2}$$

根据表3-1、表3-2资料，TL公司2017年资产净利率计算如下：

$$资产净利率 = \frac{117\ 184}{(3\ 598\ 578 + 3\ 155\ 936) \div 2} \times 100\% = 3.47\%$$

资产净利率反映企业一定时期的平均资产总额创造净利润的能力，表明企业资产利用的综合经济效益。该指标值高，说明企业的资产利用效率越高，企业利用经济资源的能力越强，表明企业在增加收入和节约资金两个方面做得很好。利用该指标可以与企业历史资料、与计划、与同行业平均水平或先进水平进行对比，分析经营中存在的问题，提高销售利润率，加速资金周转。影响该指标值高低的因素有：产品价格、单位成本、产品产量和销售数量、资金占用量。

4. 净资产收益率

净资产收益率也叫权益报酬率或净值报酬率，是企业一定时期净利润与平均净资产的比率。其计算公式为：

$$净资产收益率 = \frac{净利润}{平均净资产} \times 100\%$$

$$平均净资产 = \frac{期初净资产 + 期末净资产}{2}$$

根据表3-1、表3-2资料，TL公司2017年净资产收益率计算如下：

$$净资产收益率 = \frac{117\ 184}{(820\ 704 + 654\ 601) \div 2} \times 100\% = 15.89\%$$

净资产收益率反映企业所有者权益的投资报酬率，这个指标有很强的综合性。该指标越高，说明企业的获利能力越强。该指标的分母也可以用年度末股东权益，在中国证监会发布的《公开发行股票公司信息披露的内容与格式标准第二号〈年度报告的内容和格式〉》中规定的公式：

$$净资产收益率 = \frac{净利润}{年度末股东权益} \times 100\%$$

因为新股东在增加股份时要超过面值缴入资本并获得与原股东同等的地位，期末的股东对本年利润有同等的权利。

5. 营业收入收现比率

营业收入收现比率是销售商品、提供劳务收到的现金与营业收入的比率。其计算公式为：

$$营业收入收现比率 = \frac{销售商品提供劳务收到的现金}{营业收入}$$

根据表3-2、表3-3资料，TL公司2017年营业收入收现比率计算如下：

$$营业收入收现比率 = \frac{2\,201\,700}{2\,316\,444} = 0.95$$

该指标反映每1元营业收入中，实际收到现金有多少。若该比率等于1，表明企业的收现能力很好，基本不存在应收账款；若该比率大于1，表明企业不但收回了本期的销货款和劳务费，甚至也收回了前期的应收款，表明企业经营情况良好，应收账款管理也很到位；若该比率小于1，则表明企业不能收回当期的全部销货款和劳务费，这是当前在企业中普遍存在的情况，一方面可能是由于企业的经营特点所决定（例如其赊销比例较大）；另一方面也可能是由于企业应收账款管理不善造成。可见，在该比率的分析中应结合企业的应收账款占用情况以及企业的信用政策松紧程度分析。

6. 营业成本付现比率

营业成本付现比率是购买商品、接受劳务支付的现金与营业成本的比率。其计算公式为：

$$营业成本付现比率 = \frac{购买商品、接受劳务支付的现金}{营业成本}$$

根据表3-2、表3-3资料，TL公司2017年营业成本付现比率计算如下：

$$营业成本付现比率 = \frac{1\,610\,503}{1\,860\,734} = 0.87$$

该指标反映每1元营业成本中有多少实际支付了现金，它也分三种情况：若该比率接近或等于1，表明企业购货和接受劳务都基本上支付了现金，没有形成负债；若该比率大于1，表明企业本期支付的现金大于其营业成本，企业不仅支付了本期的货款和劳务费，也清偿了前期债务，负债相应减少，这样不仅减轻了以后的偿债负担，还可以为企业树立一个良好的形象，为今后经营活动提供信誉保证，但如果不必要地流出过量现金，也可能反映企业管理不善，而造成资源浪费的问题；若该比率小于1，说明企业本期付出的现金少于其营业成本，本期固然可以为企业节约现金流出，但却造成了以后的债务负担，还可能影响企业的信誉度。因此，此比例以适度为好。

7. 盈利现金比率

盈利现金比率是经营活动现金流量净额与净利润的比率。其计算公式为：

$$盈利现金比率 = \frac{经营活动现金流量净额}{净利润}$$

根据表3-2、表3-3资料，TL公司2017年盈利现金比率计算如下：

$$盈利现金比率 = \frac{262\ 751}{117\ 184} = 2.24$$

在一般情况下，该比率数值越大，企业盈利质量就越高，说明企业的经营状况和经营效益也越好，同时也说明企业的收账政策较为严格，能保证企业大部分应收账款及时收回，经营现金流入大于现金流出。反之，如果比率太小（小于1时），说明本期净利润中存在尚未实际收到现金的收入，会计利润可能受到人为操纵或存在大量应收账款。在这种情况下，即使企业盈利，也随时可能发生现金短缺现象。当然，在实际分析时，我们还应该结合企业的折旧政策，分析折旧因素对经营活动现金净流量的影响。

3.3.4 发展能力分析

企业发展能力通常是指企业未来生产经营活动的发展趋势和发展潜能。企业的发展能力主要通过自身生产经营活动，不断增长销售收入、不断增加资金投入和不断创造利润形成的。

1. 销售增长指标

（1）销售增长率。

销售增长率反映的是相对化的营业收入增长情况，与绝对量的营业收入增长额相比，消除了企业规模的影响，更能反映企业的发展情况。其计算公式为：

$$销售增长率 = \frac{本年营业收入增长额}{上年营业收入} \times 100\%$$

$$本年营业收入增长额 = 本年营业收入 - 上年营业收入$$

利用该指标分析企业发展能力时应注意：①该指标是衡量企业经营状况和市场占有能力、预测企业经营业务拓展趋势的重要指标，也是衡量企业增长增量和存量资本的重要前提。不断增加的营业收入，是企业生存的基础和发展的条件。②该指标大于0表示企业本年的营业收入有所增长，指标值越高，表明增长速度越快。③在实际分析时应结合企业历年的销售水平、企业市场占有情况、行业未来发展及其他影响企业发展的潜在因素进行潜在性预测；或结合企业前三年的营业收入增长率作出趋势性分析判断。④分析中可以用其他类似企业、企业历史水平及行业平均水平作为比较标准。⑤指标值受增长基数影响，因此分析中还要使用增长额和三年营业收入平均增长率等指标进行综合判断。

（2）三年营业收入平均增长率。

三年营业收入平均增长率是为消除营业收入短期异常波动的影响，反映企业较长时期的营业收入增长情况而采用的分析指标。其计算公式为：

$$三年营业收入平均增长率 = \left(\sqrt[3]{\frac{本年营业收入总额}{三年前年度营业收入总额}} - 1\right) \times 100\%$$

2. 资产增长指标

（1）总资产增长率。

资产是企业用于取得收入的资源，也是企业偿还债务的保障。资产增长是企业发展的一个重要方面，发展性高的企业一般能保持资产的稳定增长。总资产增长率和三年平均资产增长率的计算公式为：

$$总资产增长率 = \frac{本年总资产增长额}{年初资产总额} \times 100\%$$

$$本年总资产增长额 = 年末资产总额 - 年初资产总额$$

$$三年平均资产增长率 = \left(\sqrt[3]{\frac{年末资产总额}{三年前年末资产总额}} - 1\right) \times 100\%$$

总资产增长率越高，说明企业本年内资产规模扩张的速度越快，但应注意资产规模扩张的质与量之间的关系以及企业的后续发展能力，避免盲目扩张。

三年平均资产增长率指标消除了资产短期波动的影响，反映了企业较长时期内的资产增长情况。

利用该指标分析企业发展能力时应注意企业间的可比性问题：①不同企业的资产使用效率不同，为保持净收益的同幅度增长，资产使用效率低的企业需要更大幅度的资产增长。②不同企业采取的发展策略会体现在资产增长率的不同。③会计处理方法的不同会影响资产增长率（影响资产的账面价值）。④受历史成本原则的影响，资产总额反映的只是资产的取得成本而非现时价值。⑤由于一些重要资产无法体现在资产总额中（如人力资产，某些非专利技术），使得该指标无法反映企业真正的资产增长情况。

（2）固定资产成新率。

固定资产成新率是企业当期平均固定资产净值同固定资产原值的比率，反映了企业所拥有的固定资产的新旧程度，体现了企业固定资产更新的快慢和持续发展的能力。

$$固定资产成新率 = \frac{平均固定资产净值}{平均固定资产原值} \times 100\%$$

该指标高表明企业的固定资产比较新，可以为企业服务较长时间，对扩大再生产的准备比较充足，发展的可能性较大。

利用该指标分析应注意的问题：①应剔除企业应提未提折旧对固定资产真实情况的影响。②进行企业间比较时，注意不同折旧方法对指标的影响。③该指标受周期影响大，评价时应注意企业所处周期阶段这一因素。

3. 资本增长指标

（1）资本增长率。

较多的资本增长是企业发展强盛的标志，是企业扩大再生产的源泉，是评价企业发展潜力的重要指标。资本增长率是企业本年净资产增长额同年初净资产的比率，反映企业净资产当年的变动水平。其计算公式为：

$$资本增长率 = \frac{本年净资产增长额}{年初净资产数} \times 100\%$$

该指标体现了企业资本的保全和增长情况。该指标越高，表明企业资本增长越多，应对风险和可持续发展的能力越强。

（2）三年平均资本增长率。

资本增长率指标有一定的滞后性，仅反映当期情况；为反映企业资本保全增值的历史发展情况，了解企业的发展趋势，需要计算连续几年的资本增长情况。三年平均资本增长率计算公式为：

$$三年平均资本增长率 = \left(\sqrt[3]{\frac{年末净资产总额}{三年前年末净资产总额}} - 1\right) \times 100\%$$

该指标越高，表明企业所有者权益得到的保障程度越大，企业可以长期使用的资金越充裕，抗风险和可持续发展的能力越强。

利用该指标分析时应注意所有者权益各类别的增长情况。实收资本的增长一般源于外部资金的进入，表明企业具备了进一步发展的基础，但并不表明企业过去具有很强的发展和积累能力；留存收益的增长反映企业通过自身经营积累了发展后备资金，既反映企业在过去经营中的发展能力，也反映了企业进一步发展的后劲。

3.3.5 上市公司的财务比率

1. 每股收益

每股收益也叫每股净收益，是指本年净收益与年末发行在外的普通股股份总数的比值。其计算公式为：

$$每股收益 = \frac{净利润}{发行在外的普通股加权平均数}$$

根据表3-2资料，假定TL公司发行在外的普通股平均股数292 960千股，并且没有优先股，则该公司2017年普通股每股收益为：

$$每股收益 = \frac{117\ 184}{292\ 960} = 0.4$$

该指标是评价一家上市公司经营业绩以及比较不同公司运行状况的十分重要的财务比率。它反映普通股的获利水平，每股收益越高，说明公司的获利能力越强。在分析时可以在公司间进行比较以评价该公司的相对盈利能力；也可以进行不同时期的比较，反映该公司盈利能力的变化趋势等。

在使用该指标时应注意以下几个问题：(1) 每股收益不反映股票所含有的风险。(2) 股票是一个"份数"概念，不同股票的每一股在经济上不等量，它们所含有的净资产和市价不同，即换取每股收益的投入量不同，限制了每股收益的公司间的比较。(3) 每股收益多，不一定意味着多分红，还要看公司的分配政策。

2. 市盈率

市盈率是指普通股每股市价相对于每股收益的倍数。其计算公式为：

$$市盈率（倍数） = \frac{普通股每股市价}{普通股每股收益}$$

假定TL公司发行在外的普通股市价为9元，则该公司2017年市盈率为：

$$市盈率 = \frac{9}{0.4} = 22.5$$

该指标反映投资人对每1元净利润所愿意支付的价格，可以用来估计股票的投资报酬和风险。在市价确定的情况下，每股收益越高，市盈率越低，投资风险越小；反之亦然。在每股收益确定的情况下，市价越高，市盈率越高，风险越大；反之亦然。从横向比较，高市盈率说明公司能够获得社会信赖，具有良好的前景；反之亦然。

使用市盈率应注意以下几个问题：(1) 该指标不能用于不同行业公司的比较。一般新兴行业市盈率普遍较高，而成熟行业的市盈率普遍较低，这并不说明后者股票没有投资价值。(2) 每股收益很小时，市价不会降至零，很高的市盈率往往不能说明任何问题。(3) 净利润受会计政策的影响，从而使公司间的比较受到限制。(4) 市价变动的影响因素很多，因此观察市盈率的长期趋势很重要。

3. 每股股利

每股股利是股利总额与年末普通股股份总数的比值。其计算公式为：

$$每股股利 = \frac{现金股利总额}{年末普通股股份总额}$$

股利总额指分配给普通股现金股利的总额。每股股利的高低，不仅取决于公司获利能力的强弱,还取决于公司的股利政策和现金是否充裕。倾向于分配现金股利的投资者,应当比较分析公司历年的每股股利,从而了解公司的股利政策。

4. 股票获利率

股票获利率是普通股每股股利与普通股每股市价的比值。其计算公式为:

$$股票获利率 = \frac{普通股每股股利}{普通股每股市价} \times 100\%$$

假定 TL 公司 2017 年度分配的普通股每股股利 0.8 元,则该公司股票获利率为:

$$股票获利率 = \frac{0.8}{9} \times 100\% = 8.89\%$$

股票投资人的收益来源有两个:一是取得股利;二是取得股价上涨的收益。投资人估计股价将上涨,才会接受较低的股票获利率,但若预期股价不能上升,股票获利率就成了衡量股票投资价值的主要依据。当公司采用非常稳健的股利政策,留有大量的净利润用以扩充时,该指标的投资价值是非常保守的估计。因此该指标主要应用于非上市公司,它们持有股票的主要动机是获得稳定的股利收益。

5. 股利支付率与留存利润比率

股利支付率是每股股利与每股净收益的比率。其计算公式为:

$$股利支付率 = \frac{每股股利}{每股净收益} \times 100\%$$

留存利润率是留存利润与净利润的比率。留存利润是指净利润与全部股利的差。其计算公式为:

$$留存利润率 = \frac{净利润 - 全部股利}{净利润} \times 100\%$$

股利支付率与留存利润比率的高低,反映企业的理财方针。如果企业需要将内部积累的资金用于扩大再生产,则股利支付率较低,留存利润比率较高。提高留存利润比率必然降低股利支付率。

6. 每股净资产

每股净资产是年末股东权益与年末普通股数的比值。其计算公式为:

$$每股净资产 = \frac{年末股东权益}{年末普通股股数}$$

$$年末普通股权益 = 净资产 - 优先股权益$$

根据表 3-1 资料,TL 公司 2017 年每股净资产为:

$$每股净资产 = \frac{820\ 704}{292\ 960} = 2.80$$

该指标在理论上提供了股票的最低价值。如果公司股票价格低于净资产的成本，成本又接近变现价值，说明公司已无存在的价值，清算是股东最好的选择。

将每股市价与每股净资产结合分析，可以说明市场对公司资产质量的评价。投资者认为，市价高于账面价值时企业资产的质量较好，有发展潜力；反之则资产质量差，没有发展前景。

小资料

每股收益，是筛选"绩优股"和"垃圾股"的重要指标之一；通过横向比较同行业的每股收益，来选择龙头企业；通过纵向比较个股历年的每股收益，来判断该公司的成长性。

注意事项：每股收益仅代表某年每股的收益情况，基本不具延续性，不能单独作为判断公司成长性的指标。例如，公司收购了一家公司，将该公司的利润纳入本期的报表中，就很容易地使每股收益得到增长；再比如，公司的净利润绝对值增长了，但由于股本扩张，分摊到每股的收益就变得较小，可能表现出每股收益减少的迹象。

3.4 财务评价与综合分析

财务分析的目的是全面、准确、客观地揭示与披露企业的财务与经营状况，进而对企业的经济效益的优劣作出系统的、合理的评价。因此，仅仅对某一项财务比率指标进行分析达不到这个目的，而且各项财务比率之间存在着内在联系，所以，要将各项指标有机地联系起来进行综合的分析，这样更有助于对企业财务与经营状况作出全面合理的评价。常用的综合分析方法有财务比率的综合评分法和杜邦分析法两种。

3.4.1 财务比率的综合评分法

1. 财务比率的综合评分法的含义

财务比率的综合评分法又称为沃尔比重评分方法，是美国银行家亚历山大·沃尔提出来的。它是通过选择一系列能够反映企业各方面财务状况的财务比率，通过对这些财务比率打分得出综合得分，从而对企业的综合财务状况作出评价的一种方法。

亚历山大·沃尔在1928年出版的《信用晴雨表研究》和《财务报表比率分析》中提出了信用能力指数的概念，他选择了7个财务比率即流动比率、产权比率、固定资产比率、存货周转率、应收账款周转率、固定资产周转率和自有资金周转率，分别给定各指标的比重，然后确定标准比率（以行业平均数为基础），将实际比率与标准比率相比，得出相对比率，将此相对比率与各指标比重相乘，得出总评分。

沃尔的评分法从理论上讲有一个明显的问题，就是未能证明为什么要选择这7个指标，而不是更多或更少些，或者选择别的财务比率，以及未能证明每个指标所占比重的合理性。这个问题至今仍然没有从理论上得到解决。

沃尔比重评分法从技术上讲也有一个问题，就是某一个指标严重异常时，会对总评分产生不合逻辑的重大影响。这个问题是由财务比率与其比重相乘引起的。财务比率提高一倍，评分增加100%；而减少一倍，其评分只减少50%。

尽管沃尔的方法在理论上还有待证明，在技术上也不完善，但它还是在实践中被应用。

2. 财务比率综合评分法的程序

（1）正确选择评价指标，这些指标包括三类：偿债能力、营运能力、盈利能力。

（2）根据各财务比率的重要程度，确定财务指标的重要性系数，各项财务比率的标准评分值之和应等于100分。

（3）确定各项财务比率评分值的上限和下限，以减少个别指标异常对总分造成不合理的影响。

（4）确定各项财务比率的标准值，通常可以用行业的平均水平并经过调整后确定。

（5）计算企业各项财务比率的实际值。

（6）计算出各项财务比率实际值与标准值的比率，即相对比率，相对比率等于财务比率的实际值除以标准值的比值。

（7）计算出各项财务比率的实际得分。即相对比率与标准评分值的乘积，每项财务比率得分都不得超过上限或低于下限。然后将各财务比率得分加总得到企业财务状况的综合得分。

如果综合得分接近100分，说明企业财务状况良好，符合或高于行业平均水平。如果综合得分远低于100分，说明企业的财务状况存在问题，财务能力较差。

需要注意的是，表3-7中给出的标准比率实际上是一个平均的标准比率，对于不同的行业，标准比率是不一样的，企业可以从一些统计报告、行业报告中获得，或者向一些专业机构购买。实际比率可以根据企业的财务报告来计算，相对比率就等于实际比率与标准比率之比。相对比率与权重之积就是该项指标的得分,所有指标的分数之和就是企业绩效考核的得分。

表 3-7　　　　　　　　　　乙公司财务比率综合评价表

财务比率	比重	标准比率	实际比率	相对比率	评分
	1	2	3	4 = 3 ÷ 2	5 = 1 × 4
流动比率	25	2.0	2.33	1.17	29.25
净资产/负债	25	1.5	0.88	0.59	14.75
资产/固定资产	15	2.5	3.33	1.33	19.95
销售成本/存货	10	8	12	1.50	15.00
销售额/应收账款	10	6	10	1.70	17.00
销售额/固定资产	10	4	2.66	0.67	6.70
销售额/净资产	5	3	1.63	0.54	2.7
合计	100				105.35

根据表3-7,该企业综合得分为105.35分,超过了100分,说明该企业的财务状况是优良的。

3.4.2　杜邦财务指标分析体系

杜邦财务分析体系是一种比较实用的财务比率分析体系。这种分析方法首先由美国杜邦公司的经理创造出来,故称为杜邦财务分析体系。杜邦分析法利用各个主要财务比率之间的内在联系,建立财务比率分析的综合模型,来综合地分析和评价企业财务状况和经营业绩的方法。采用杜邦分析图将有关分析指标按内在联系加以排列,从而直观地反映出企业的财务状况和经营成果的总体面貌(见图3-1)。

杜邦财务指标分析系统有几个重要的财务比率关系:

股东权益报酬率 = 总资产净利率 × 权益乘数(或称为平均权益乘数)

其中:总资产净利率 = 销售净利率 × 总资产周转率(称为杜邦等式)

权益乘数 = 资产总额 ÷ 所有者权益

　　　　 = 1 ÷ (1 - 资产负债率)

　　　　 = 平均资产总额 ÷ 平均所有者权益总额

销售净利率 = 净利润 ÷ 营业收入

总资产周转率 = 营业收入 ÷ 资产总额

资产负债率 = 负债总额 ÷ 资产总额

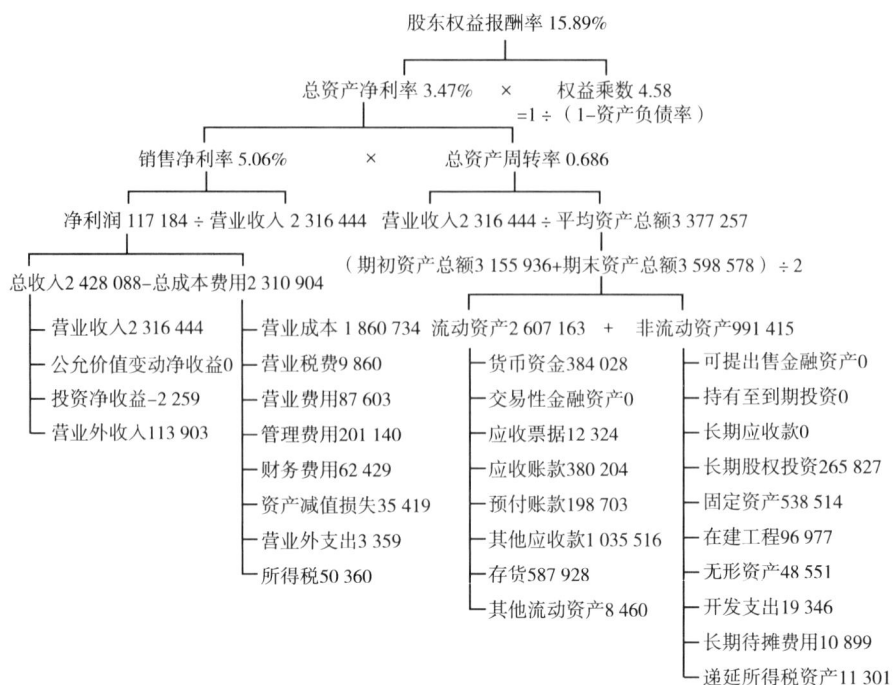

图 3-1 2018 年 TL 公司杜邦财务分析系统

杜邦分析是对企业财务状况进行的综合分析，它通过几种主要的财务指标之间的关系，直观地反映出企业的财务状况。从杜邦分析体系提供了以下几方面的财务信息。

（1）股东权益报酬率是一个综合性极强的财务比率，它是杜邦分析系统的核心。它反映所有者投入资本的获利能力，同时反映企业筹资、投资、资产运营等活动的效率。决定股东权益报酬率高低的因素有三个方面——权益乘数、销售净利率和总资产周转率。这三个比率分别反映了企业的负债比率、盈利能力比率和资产管理比率。总资产净利率反映了企业经营活动的效率，权益乘数反映企业筹资情况，即资金来源结构。

（2）销售净利率反映了企业利润总额与营业收入的关系，从这个意义上看提高销售净利率是提高企业盈利能力的关键所在。对资产净利率的分析可以从销售与资产管理两方面分析。要想提高销售净利率：一是要扩大销售收入；二是降低成本费用。而降低各项成本费用开支是企业财务管理的一项重要内容。通过各项成本费用开支的列示，有利于企业进行成本费用的结构分析，加强成本控制，以便为寻求降低成本费用的途径提供依据。在资产管理方面：一方面要分析资产结构是否合理即流动资产与非流动资产的比例是否合理。流动资产中现金比例大，则偿债能力强，但会影响企业获利能力，若存货与应收账款多就会占用资金，影响企业资金周转。

另一方面除了研究企业的总资产周转情况外，还要分析存货周转和应收账款周转。

（3）权益乘数是反映资本结构的指标，它主要受资产负债率影响。负债比例越大，权益乘数就越高，说明企业利用财务杠杆作用大，但企业面临的风险也大，因此企业应全面权衡收益和风险，确定最佳资本结构，为提高股东收益、维持企业持续稳定发展提供保障。

总之，从杜邦体系中可以看出，企业的获利能力涉及生产经营活动的方方面面，只有协调好系统中每个因素之间的关系，才能使股东权益报酬达到最大，从而实现企业价值的最大化。

延伸思考

财务比率的综合评分法和杜邦分析法在综合分析中侧重点有何不同？

【本章小结】

1. 本章重点回顾

（1）财务分析就是以财务报表和其他资料为依据和起点，采用专门方法系统分析和评价企业的财务状况、经营成果和现金流量状况的过程。财务分析是评价财务状况及经营业绩的重要依据，是实现理财目标的重要手段，也是实施正确投资决策的重要步骤。

（2）财务分析的主要方法有比较分析法和比率分析法。

（3）财务分析的内容主要包括以下五个方面：偿债能力分析、营运能力分析、盈利能力分析、发展能力分析和上市公司的财务比率。

（4）企业财务状况的趋势分析的主要方法有比较财务报表法、比较百分比财务报表法和比较财务比率法。

（5）财务综合分析就是将企业营运能力、偿债能力和盈利能力等方面的分析纳入一个有机的分析系统之中，全面地对企业财务状况、经营状况进行解剖和分析，从而对企业经济效益作出较为准确的评价与判断。财务综合分析的方法主要有两种：杜邦财务分析体系法和沃尔比重评分法。

2. 本章关键术语

偿债能力　营运能力　盈利能力　发展能力　流动比率　速动比率　资产负债率　产权比率　权益乘数　存货周转天数　应收账款周转天数　流动资产周转率　销售毛利率　销售净利率　资产净利率　每股收益　市盈率　每股股利　综合评分法　杜邦分析法

3. 本章知识图谱

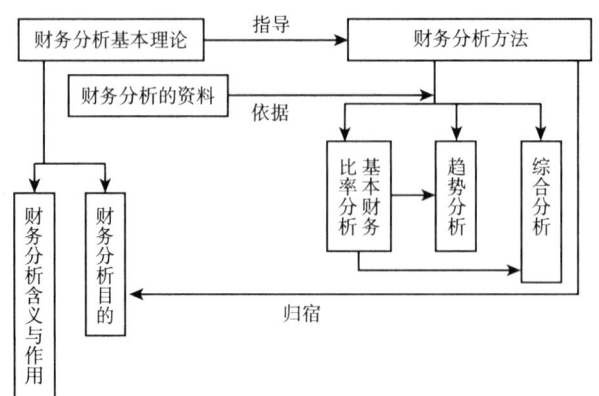

【理论自测】

一、单项选择题

1. 资产负债表是反映企业在某一特定日期（　　）的财务报表。

   A. 财务状况　　　　　　　　　　B. 经营成果

   C. 现金流量　　　　　　　　　　D. 所有者权益变化

2. 半年度、季度和月度财务报表又可统称为（　　）。

   A. 年度内财务报表　　　　　　　B. 中期财务报表

   C. 静态财务报表　　　　　　　　D. 个别财务报表

3. 利润表是反映企业在一定会计期间（　　）的财务报表。

   A. 经营成果　　　　　　　　　　B. 财务状况

   C. 现金流量　　　　　　　　　　D. 所有者权益变动

4. （　　）是构成企业最终财务成果的最主要因素。

   A. 利润总额　　B. 营业利润　　C. 净利润　　D. 投资净收益

5. 我国企业的利润表一般采用（　　）格式。

   A. 账户式　　　B. 报告式　　　C. 多步式　　D. 单步式

6. 现金流量表是以（　　）为基础编制的。

   A. 现金　　　　B. 经营活动　　C. 筹资活动　　D. 投资活动

7. 现金流量表是按照（　　）编制的。

   A. 权责发生制　　B. 收付实现制　　C. 历史成本　　D. 公允价值

8. 杜邦财务分析体系的核心指标是（　　）。

   A. 权益乘数　　　　　　　　　　B. 1－股利支付率

C. 净资产收益率　　　　　　　　D. 可持续增长率

9. 在杜邦财务分析体系第一层次分解中，将（　　）分解为营业净利率和总资产周转率两个因素的乘积。

A. 权益乘数　　B. 净资产收益率　　C. 总资产收益率　　D. 可持续增长率

10. 总资产与净资产的比率是（　　）。

A. 权益乘数　　B. 净资产收益率　　C. 总资产收益率　　D. 可持续增长率

11. 净资产收益率是由总资产净利率和（　　）的乘积。

A. 权益乘数　　　　　　　　　　B. 1－股利支付率

C. 总资产报酬率　　　　　　　　D. 可持续增长率

12. 乙企业目前的流动比率为1.5，若赊购材料一批，将会导致乙企业（　　）。

A. 速动比率降低　　　　　　　　B. 流动比率降低

C. 营运资金增加　　　　　　　　D. 短期偿债能力不变

二、多项选择题

1. 在下列指标中，反映企业营运能力的指标有（　　）。

A. 应收账款周转率　　　　　　　B. 存货周转率

C. 已获利息倍数　　　　　　　　D. 流动比率

E. 速动比率

2. 在下列指标中，反映企业偿债能力的指标有（　　）。

A. 营运资金　　B. 资产负债率　　C. 已获利息倍数　　D. 流动比率

E. 速动比率

3. 对资产负债表进行综合分析的具体内容包括（　　）。

A. 总量变动及其发展趋势分析　　B. 资产结构及其合理性分析

C. 资本结构及其稳健性分析　　　D. 偿债能力及其安全性分析

E. 营运能力及其效率性分析

4. 财务报表列报主要包括的内容有（　　）。

A. 资产负债表　　　　　　　　　B. 利润表

C. 所有者权益变动表　　　　　　D. 现金流量表

E. 报表附注

5. 财务报表分析的基本方法有（　　）。

A. 比较分析法　　B. 比率分析法　　C. 因素分析法　　D. 差额计算法

E. 趋势分析法

6. 对利润项目的阅读与分析，主要包括（　　）。

A. 营业收入　　B. 投资净收益　　C. 营业利润　　D. 利润总额

E. 净利润

7. 已获利息倍数的大小与下列（　　）因素有关。

A. 营业利润　　　B. 利润总额　　　C. 净利润　　　D. 利息支出

E. 所得税

8. 利润表的作用表现在（　　）方面。

A. 发现管理中的问题　　　　　　B. 评价经营业绩

C. 揭示利润变动趋势　　　　　　D. 帮助投资人决策

E. 为企业融资提供依据

9. 现金流量的结构分析包括的内容有（　　）。

A. 现金流入的结构分析　　　　　B. 现金流出的结构分析

C. 现金净流量的结构分析　　　　D. 汇率变动的结构分析

E. 总流量的结构分析

10. 对企业收益质量进行分析，通常需要计算（　　）指标。

A. 现金到期债务比　　　　　　　B. 净收益营运指数

C. 全部资产现金回收率　　　　　D. 现金营运指数

E. 现金获利能力

11. 杜邦分析法是利用各个主要财务比率之间的内在联系，将反映企业（　　）的比率形成一个完整的指标体系，最终通过（　　）这一核心指标来全面、系统、综合地反映企业的财务状况。

A. 发展能力　　　B. 偿债能力　　　C. 盈利能力　　　D. 营运能力

E. 净资产收益率

12. 杜邦财务分析体系包含两大层次，分别对（　　）进行分解。

A. 总资产收益率　　B. 权益乘数　　C. 净资产收益率　　D. 营业净利率

E. 总资产周转率

13. 净资产收益率可以分解为（　　）因素的乘积。

A. 营业净利率　　　　　　　　　B. 总资产周转率

C. 权益乘数　　　　　　　　　　D. 1－股利支付率

E. 存货构成

三、简答题

1. 流动比率与速动比率的优点与不足是什么？
2. 资产规模如何影响长期偿债能力？
3. 资产周转率各指标之间的关系？
4. 如何分析评价企业的盈利能力，运用哪些指标？
5. 如何运用财务比率的综合评分法进行企业综合财务能力分析？
6. 杜邦财务分析指标体系中主要财务指标之间的相互关系？

【实务自测】

1. A 公司有关财务数据如下：

资产负债表（简表）
2018 年 12 月 31 日　　　　　　　　　　　　　　　　　　　　单位：万元

资产	年初数	年末数	负债及所有者权益	年初数	年末数
现金	155	180	应付票据	168	172
应收账款	672	653	应付账款	258	280
存货	483	536	其他流动负债	234	259
流动资产总额	1 310	1 369	长期负债	513	550
固定资产净额	585	620	股东权益	722	728
资产总计	1 895	1 989	负债及所有者权益总计	1 895	1 989

另外 2018 年度利润表有关资料如下，营业收入 3 835 万元，营业成本 2 708 万元，利息费用 52 万元，利润总额 320 万元。要求：（1）计算该公司有关偿债能力的指标。（2）计算该公司有关营运能力的指标。

2. B 公司 2018 年度财务报表的主要资料如下：

资产负债表
2018 年 12 月 31 日　　　　　　　　　　　　　　　　　　　　单位：千元

资产	年末金额	负债及所有者权益	年末金额
现金（年初 764）	310	应付账款	516
应收账款（年初 1 156）	1 344	应付票据	336
存货（年初 700）	966	其他流动负债	468
流动资产合计	2 620	流动负债合计	1 320
固定资产净额（年初 1 170）	1 170	长期负债	1 026
		实收资本	1 444
资产总额（年初 3 790）	3 790	负债及所有者权益总额	3 790

利润表
2018 年　　　　　　　　　　　　　　　　　　　　　　　　　　单位：千元

项目	本年金额
营业收入	6 430
营业成本	5 570

续表

项目	本年金额
营业利润	860
管理费用	580
财务费用	98
税前利润	182
所得税	72
净利润	110

要求：（1）计算填列下表的该公司财务比率（天数计算结果取整）。（2）与行业平均财务比率比较，说明该公司经营管理可能存在的问题。

比率名称	本公司	行业平均数
流动比率		1.98
资产负债率		62%
已获利息倍数		3.8
存货周转率		6 次
平均收现期		35 天
固定资产周转率		13 次
总资产周转率		3 次
销售净利率		1.3%
资产净利率		3.4%
权益净利率		8.3%

【案例分析】

1. 乐视网面临退市的最大风险主要来自审计报告和连续亏损。乐视网2018年三季报显示，前三季度净利润为－14.89亿元。截至2018年三季度末，净资产为－3.65亿元。

截至2018年9月底，乐视网经营性负债中应付供应商及服务商的款项超过50亿元。此外，还背负包含金融机构借款等有息债务约80亿元。其中，乐视网从中植系获得的贷款已经违约。

在乐视网2017年度审计报告中，会计师事务所出具了"无法表示意见"的审计意见。按照《创业板股票上市规则》（2014）相关规定，若公司出现最近两年的审计报告对公司为否定或者无法表示意见，深交所可以决定对公司暂停上市。

此外，根据《创业板股票上市规则》（2014）第十三章相关规定，公司出现最近一个年度的财务会计报告显示当年年末经审计净资产为负，交易所可以决定暂停公司股票上市。

同日，乐视网发布《关于股票存在被暂停上市风险的提示性公告》称：公司2018年度审计报告被出具无法表示意见，则公司存在股票被暂停上市的风险。

要求：请根据上述资料，以小组为单位完成以下任务。

（1）对乐视网2016年、2017年的盈利能力进行分析，分析其亏损的主要原因。

（2）综合运用所学过的财务分析方法，结合上市公司财务报表披露的相关资料进行综合分析，提出改进建议。

（3）在小组讨论基础上写出分析报告。

2. 雅戈尔集团是浙江省著名的大型跨国集团公司，经过近40年的发展，逐步确立了以品牌服装、地产开发、金融投资三大产业为主体，多元并进、专业化发展的经营格局。2018年度实现销售收入879亿元，利润总额54亿元，位于我国民营企业500强前列。请查阅雅戈尔集团股份有限公司近三年的财务资料。

要求：请根据上述资料，以小组为单位完成以下任务。

（1）进行偿债能力分析、营运能力分析、盈利能力分析、发展能力分析和趋势分析。

（2）运用杜邦财务分析方法说明净资产收益率变动的原因。

（3）在小组讨论基础上写出综合分析报告。

第4章 财务战略与预算

导入语

"企业的失败,首先是战略的失败。"随着进入信息社会后行业技术革新速度的加快,竞争环境变化多端,尤其是在全球化大背景下,人们往往以为对企业的威胁来自外部环境,而事实上,企业成功的最大威胁却往往在于战略问题。

从20世纪七八十年代经常说"不"、只是"数豆子"的账房先生,到所谓的公司价值管理者和未来设计师,CFO的角色正在发生剧变。而财务战略的选择,往往决定着资源配置的取向和模式,也由此决定了企业经营战略的实现与管理效率。当一批中国的先行者谋求海外发展而奋力前行时,更多的国内企业还缺乏清晰的财务战略,甚至还没有意识到,这样的战略选择已经在深刻影响着企业的商业版图和未来。

什么是战略?管理学家说,就是要解决企业该做什么,不该做什么。对于许多深陷无序竞争的企业而言,战略是终结者,能够帮助建立可持续的竞争优势,而恰当的财务战略则是确保公司战略取得成功的内在保证。本章将对财务战略与财务预算进行介绍。

引导案例

蒙牛速度[*]

中国企业界,"蒙牛速度"是最吸引眼球的经济名词之一。支撑蒙牛超常规极速发展的正是扩张型财务战略的力量。蒙牛有一个著名的"飞船定律":不是在高速中成长,就是在高速中毁灭。如果达不到环绕速度,那么只能掉下来;只有超越

---

[*] 资料来源:蒙牛的快速扩展战略探析 [EB/OL]. (2013-6-17). https://wenku.baidu.com/view/.

环绕速度，企业才能永续发展。问题是，蒙牛的扩张型财务战略如何保证它能控制企业极速膨胀过程中的巨大风险，使企业超越环绕速度运转？

财务战略是为谋求企业资金均衡、有效地流动和实现企业战略，为加强企业财务竞争优势，在分析企业内、外环境因素影响的基础上，对企业资金流动进行全局性、长期性和创造性的谋划。一般来说，财务战略有四种类型：扩张型、稳健型、防御型和收缩型。蒙牛选择扩张型财务战略不是偶然的，这与其企业生命周期所处阶段、高成长的企业发展战略息息相关。

蒙牛"跨步走"的发展战略规划是蒙牛扩张型财务战略的萌芽。财务战略的本质是为企业战略的实现提供财务保障，它要根据企业总体战略和各业务单元战略的选择，对财务的各个主要方面作出决策。2001年9月，蒙牛制订未来"五年计划"，牛根生将2006年的销售目标锁定为100亿元。此议一出，众皆哗然，因为蒙牛2000年的销售收入不到3亿元，而100亿元相当于中国乳业2000年总销售收入的半壁江山。有魄力的牛根生力排众议，通过了这个"五年规划"。要实现该规划，扩张型财务战略无疑是唯一选择。

学习目标

本章主要讲授财务战略与预算管理，通过本章的学习，重点掌握以下内容。

1. 理解财务战略的特征、类型及选择方式
2. 掌握SWOT分析法的原理及其应用
3. 掌握弹性预算、零基预算和滚动预算等预算的编制方法
4. 理解预算编制程序和方法
5. 掌握财务预算的编制

4.1 财务战略

4.1.1 财务战略的含义与特征

1. 财务战略的含义

"战略"源于军事领域，是对战争或重大战役的全局性规划。企业战略是企业为实现整体价值，筹划企业所拥有的资源，对一系列长远或重大行动的动态统筹。

财务战略是在企业总体战略目标的统筹下，以价值管理为基础，以实现企业财务管理目标为目的，以实现企业财务资源的优化配置为衡量标准，所采取的战略性

思维方式、决策方式和管理方针。财务战略是企业总体战略的重要组成部分，企业战略需要财务战略来支撑。

2. 财务战略的特征

财务战略具有战略的共性和财务特性，其特征有以下几个。

(1) 全局性。财务战略是为企业的筹资、投资、营运和股利分配等财务活动的整体制定的，对企业未来长期财务规划和年度财务预算具有全局性的指导作用。

(2) 长期性。制定财务战略是为了谋求企业未来的长远发展，对企业未来相当长时期内的财务活动作出的战略性筹划。

(3) 导向性。财务战略规定了企业未来长期财务活动的发展方向、基本目标以及实现目标的基本途径，为企业财务预算提供方向性的指引。

4.1.2 财务战略的分类

企业财务战略的类型可以从职能财务战略和综合财务战略两个角度来认识。

1. 财务战略的职能类型

企业的财务战略涉及企业财务管理的职能。因此，财务管理的战略按照财务管理的职能领域可分为投资战略、筹资战略、营运战略和股利战略。

(1) 投资战略。是涉及企业长期、重大投资方向的战略性筹划。企业重大的投资行业、投资企业、投资项目等筹划，属于投资战略问题。

(2) 筹资战略。是涉及企业重大筹资方向的战略性筹划。企业重大的首次发行股票、增资发行股票、发行大笔债券、与银行建立长期合作关系等战略性筹划，属于筹资战略问题。

(3) 营运战略。是涉及企业营运资本的战略性筹划。企业重大的营运资本策略、与重要供应商和客户建立长期商业信用关系等战略性筹划，属于营运战略问题。

(4) 股利战略。是涉及企业长期、重大分配方向的战略性筹划。企业重大的留用利润方案、股利政策的长期安排等战略性筹划，属于股利战略的问题。

2. 财务战略的综合类型

企业的财务战略往往涉及企业财务资源的总配置和长期筹划。根据企业的实际经验，财务战略的综合类型一般可以分为扩张型财务战略、稳健型财务战略、防御型财务战略和收缩型财务战略。

(1) 扩张型财务战略。一般表现为长期内迅速扩大投资规模，全部或大部分保留利润，大量筹措外部资本。

(2) 稳健型财务战略。一般表现为长期内稳定增长的投资规模，保留部分利润，内部留利与外部筹资相结合。

（3）防御型财务战略。一般表现为保持现有投资规模和投资收益水平，保持或适当调整现有资产负债率和资本结构水平，维持现行的股利政策。

（4）收缩型财务战略。一般表现为维持或缩小现有投资规模，分发大量股利，减少对外筹资，甚至通过偿债和股份回购归还投资。

延伸思考

请你在查阅资料的基础上，举出应用不同财务战略的企业案例，并对其进行分析。

想一想：企业战略与财务战略之间的关系？不同财务战略之间是否可以转换？

4.1.3 财务战略分析的方法

财务战略分析是通过对企业外部环境和内部条件的分析，全面评价与财务资源相关的企业外部的机会与威胁、企业内部的优势与劣势，形成企业财务战略决策的过程。财务战略分析的方法主要是SWOT分析法。

1. SWOT分析法的含义

SWOT分析法是在对企业的外部财务环境和内部财务条件进行调查的基础上，对有关因素进行归纳分析，评价企业外部的财务机会与威胁、企业内部的财务优势与劣势，从而为财务战略的选择提供参考方案。

SWOT分析法由麦肯锡咨询公司开发，主要分析研究企业内外的优势和劣势、机会和威胁，其英文分别为strengths、weaknesses、opportunities和threats，取其首字母组合而得名。

2. SWOT的因素分析

从财务战略的角度而言，SWOT分析法涉及企业的外部财务环境和内部财务条件等众多的财务因素，需要经过分析判断，找出主要的财务因素，并将其区分为内部财务优势、内部财务劣势、外部财务机会和外部财务威胁。

（1）企业外部财务环境的影响因素分析。

①产业政策。譬如，产业发展的规划、产业结构的调整政策、鼓励或限制发展产业的政策。这些产业政策及其调整，往往会直接影响企业投资的方向、机会和程度，从而影响企业财务战略的选择。

②财税政策。譬如，积极或保守的财政政策、财政信用政策、财政贴息政策、税收的总体负担水平、行业或地区的税收优惠政策。这些产业政策及其调整，往往

会直接或间接地影响企业投资和筹资的方向、机会及程度，从而影响企业财务战略的选择。

③金融政策。譬如，货币政策、汇率政策、利率政策、资本市场政策，以及比较紧缩或宽松的金融政策。这些金融政策及其调整，往往会直接或间接地影响企业投资和筹资的方向、机会及程度，从而影响企业财务战略的选择。

④宏观周期。譬如，宏观的经济周期、产业周期和金融周期所处的阶段。这需要企业加以科学的分析和判断，以选择和调整与宏观周期相匹配的财务战略。

(2) 企业内部财务条件的影响因素分析。

关于企业内部的财务条件及状况方面的因素，这里仅将对财务战略具有重要影响的主要财务因素简要归纳如下：①企业生命周期和产品寿命周期所处的阶段；②企业的盈利水平；③企业的投资项目及其收益状况；④企业的资产负债规模；⑤企业的资本结构及财务杠杆利用的条件；⑥企业的流动性状况；⑦企业的现金流量状况；⑧企业的筹资能力和潜力等。

上述企业内部财务条件的因素，将直接支撑或限制企业财务战略的决策选择。

(3) SWOT的因素定性分析。

运用SWOT分析法，需要经过定性判断，对SWOT因素进行定性分析，将企业内部的财务条件因素和企业外部财务环境因素，分别归为内部财务优势与劣势和外部财务机会与威胁。

①内部财务优势。例如，企业盈利水平较高、资本结构比较合理、现金流量比较充足。这些因素属于企业内部的财务优势因素，为财务战略选择提供有利的条件。

②内部财务劣势。例如，企业的资产负债率过高、流动比率大幅下降、债务筹资能力有限。这些因素属于企业内部的财务劣势，将限制企业财务战略选择的余地。

③外部财务机会。企业外部的财务机会或机遇能为企业财务战略的选择提供更大的空间。

④外部财务威胁。例如，企业发行债券筹资受到严格控制、竞争对手正在准备扩大筹资。这些因素属于企业外部的财务威胁或挑战，将制约企业财务战略的选择。

(4) SWOT分析法的运用。

运用SWOT分析法，可以采用SWOT分析表和SWOT分析图来进行分析，从而为企业财务战略的选择提供依据。

①SWOT分析表。SWOT分析表可以进行因素归纳和定性分析，为企业财务战略的选择提供依据。某企业202×年的SWOT分析表如表4-1所示。

表 4-1　　　　　　　　　　　　　　SWOT 分析表

项目	内部条件		外部环境	
	优势（S）	劣势（W）	机会（O）	威胁（T）
主要财务因素	资本结构稳健：长期资本结构稳定合理 现金流量充足：经营现金流量持续增长	资产负债率较高：短期借款较多，流动比率降低 股东要求提高回报：国际金融危机影响	投资机会良好：行业投资收益率回升 筹资环境趋于宽松：积极的政府财政政策，适当宽松的货币政策	筹资控制严格：发行债券筹资控制严格 筹资竞争激烈：不少企业准备扩大筹资
对财务战略的影响分析	资本结构方面：适当提升财务杠杆 投资方面：适宜追加投资	营运资本方面：考虑降低短期筹资，改善营运资本政策 股东关系方面：考虑适当增发股利	投资方面：考虑是否增加投资规模 筹资方面：研究是否增加筹资规模	筹资方式方面：研究采取股权筹资方式 筹资竞争方面：研究设计有效筹资方案

②SWOT 分析图。运用 SWOT 分析法，可在 SWOT 分析表的基础上，采用 SWOT 分析图对四种性质的因素进行组合分析，为企业财务战略的选择提供参考。某企业 202×年的 SWOT 分析如图 4-1 所示。

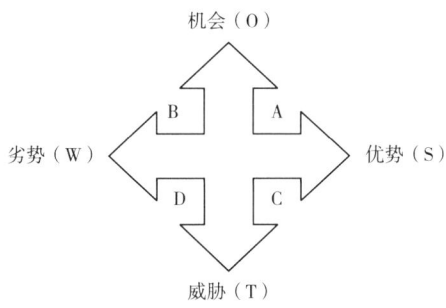

图 4-1　SWOT 分析示意图

一般而言，企业的内部财务优势与劣势和外部的财务机会与威胁往往是同时存在的，因此，综合四类不同性质因素的组合，客观上可以构成四种综合财务战略的选择。在图 4-1 中，企业内部的财务优势与劣势和外部的财务机会与威胁可以构成下列四种组合。

A 区为 SO 组合，即财务优势和财务机会的组合，这是最为理想的组合。企业的内部条件具有优势；同时，企业的外部环境提供机会。处于这种最为理想的组合下的企业，应当发挥优势和利用机会，适合采取积极扩张型的财务战略。

B 区为 WO 组合，即财务机会和财务劣势的组合，这是不尽理想的组合。一方面，企业的外部环境提供机会；但另一方面，企业的内部条件处于劣势。处于这种不尽理想的组合下的企业，可以利用机会、克服劣势，适合采取稳健增长型的财务战略。

C区为ST组合,即财务优势和财务威胁的组合,这是不太理想的组合。一方面,企业的内部条件具有优势;但另一方面,企业的外部环境构成威胁或挑战。处于这种不太理想的组合下的企业,可以尽可能发挥优势、回避威胁,采取有效防御型的财务战略。

D区为WT组合,即财务劣势和财务威胁的组合,这是最不理想的组合。一方面,企业的内部条件处于劣势;同时,企业的外部环境构成威胁或挑战。处于这种最不理想的组合下的企业,应当克服劣势、回避威胁,可以采取适当收缩型的财务战略。

微案例分析:
徐州开元名都酒店的SWOT分析
二维码链接
(素材4-1)

知识拓展:
SWOT分析的局限与发展
二维码链接
(素材4-2)

> 延伸思考

SWOT模型是否存在局限性?随着时代的发展,SWOT模型是否仍适用?

4.1.4 财务战略的选择

在财务战略分析的基础上,选择财务战略还需要明确一些基本依据,采取一定的方式。

1. 财务战略选择的依据

企业的财务战略要适应内外环境的变化,具有防范未来风险的意识,着眼于企业未来长期稳定的发展。企业财务战略选择必须考虑经济周期波动的情况、企业发展阶段和企业增长方式,并及时进行调整,以保持其旺盛的生命力。

(1) 财务战略的选择必须与宏观经济周期相适应。现代经济发展的周期性是以工商业为主体的经济总体发展过程中不可避免的现象,是经济系统存在和发展的重要特征。我国经济周期的直观表现是:周期长度不规则,发生频率高。有学者测算,过去我国经济周期的平均长度为4.6年,波动幅度大;经济周期的波动呈收敛趋势,周期长度在拉长,波动幅度在减小;经济周期的各个阶段呈现出不同的特征,在高涨阶段总需求迅速膨胀,在繁荣阶段过度繁荣,在衰退阶段进行紧缩性经济调整,严格控制总需求。

从企业财务的角度看,经济的周期性波动要求企业顺应经济周期的过程和阶段,通过制定和选择富有弹性的财务战略,来抵御大起大落的经济震荡,以减轻经济震荡对财务活动的影响,特别是减少经济周期中上升和下降的波动对财务活动的消极影响。财务战略的选择和实施要与经济运行周期相配合。

①在经济复苏阶段适宜采取扩张型财务战略。主要措施是:增加厂房设备、采

用融资租赁、建立存货、开发新产品、增加劳动力等。

②在经济繁荣阶段适宜先采取扩张型财务战略,再转为稳健型财务战略。主要举措是:扩充厂房设备、采用融资租赁、继续增加存货、提高产品价格、开展营销策划、增加劳动力等。

③在经济衰退阶段应采取防御型财务战略。主要举措是:停止扩张、出售多余的厂房设备、停产无利润的产品、停止长期采购、削减存货、减少雇员等。

④经济萧条阶段,特别在经济处于低谷时期,应采取防御型和收缩型财务战略。主要举措是:建立投资标准、保持市场份额、压缩管理费用、放弃次要的财务利益、削减存货、减少临时性雇员等。

(2) 财务战略的选择必须与企业发展阶段相适应。每个企业的发展都要经过一定的发展阶段。典型的企业一般要经过初创期、扩张期、稳定期和衰退期四个阶段。不同的发展阶段应该有不同的财务战略与之相适应。企业应当分析自身所处的发展阶段,采取相应的财务战略。

在初创期,现金需求量大,需要大规模举债经营,因而存在很大的财务风险,一般采用股票股利政策。

在扩张期,虽然现金需求量也大,但它是以较低幅度增长的,财务风险仍然很高,一般采用低现金股利政策。因此,在初创期和扩张期,企业应采取扩张型财务战略。

在稳定期,现金需求量有所减少,一些企业可能有现金结余,财务风险降低,通常采用现金股利政策。在稳定期,企业一般采取稳健型财务战略。

在衰退期,现金需求量持续减少,财务风险降低,一般采取高现金股利政策。在衰退期,企业应采取防御收缩型财务战略。

(3) 财务战略的选择必须与企业经济增长方式相适应。长期以来,低水平重复建设与单纯数量扩张的经济增长,是我国经济增长的主要方式。这种增长方式在短期内容易见效,表现出短期高速增长的特征。但是,由于缺乏相应的技术水平和资源配置能力的配合,企业生产能力和真正的长期增长实际上受到了制约。因此,企业经济增长的方式客观上要求实现从粗放型增长向集约型增长的根本转变。为适应这种转变,财务战略需要从两个方面进行调整。

一方面,调整企业财务投资战略,加大基础项目的投资力度。企业经济真正的长期增长要求提高资源配置能力和效率,而资源配置能力和效率的提高取决于基础项目的发展。虽然基础项目在短期内难以带来较大的财务利益,但它为长期经济的发展提供了重要的基础。所以,企业在财务投资的规模和方向上,要实现基础项目相对于经济增长的超前发展。

另一方面,加大财务制度创新力度。通过建立与现代企业制度相适应的现代企业财务制度,既可以对追求短期数量增长的冲动形成约束,又可以强化集约经营与技术创新的行为取向;通过明晰产权,从企业内部抑制掠夺性经营的冲动;通过以效益最大化和本金扩大化为目标的财务资源配置,限制高投入、低产出对资源的耗用,使企业经营集约化、高效率得以实现。

2. 财务战略选择的方式

在企业发展的不同阶段,企业外部环境中的风险因素和企业内部拥有各项资源的情况不同。因此,企业需要根据自身的目标采取不同的财务战略。即便处于同一周期阶段,内外部条件不同的企业根据自身的目标也会采取不同类型的财务战略。根据企业发展周期的阶段特点,企业确定财务战略一般有以下几种方式。

(1) 初创期财务战略的选择。这个阶段企业产品处于研发投入阶段,没有形成收入和利润的能力,产品市场尚未形成,企业面临的经营风险很大。因此,财务战略的关键是吸纳股权资本,筹资战略是筹集股权资本,股利战略是不分红,投资战略是不断增加对产品开发推广的投资。

(2) 扩张期财务战略的选择。这个阶段企业产品成功推向市场,销售规模快速扩大,利润大幅增长,超额利润明显,产品市场快速增长并吸引了更多的竞争者,企业的经营风险略有降低。此阶段企业以促进销售增长、快速提高市场占有率为战略重点,与之相匹配的财务战略是积极扩张型财务战略,其关键是实现企业的高增长与资金的匹配,保持企业可持续发展。筹资战略是尽量利用资本市场,大量增加股权资本,适度引入债务资本,股利战略仍旧是不分红或少量分红。投资战略是对核心业务大力追加投资。有些企业在股权资本不足以支撑高速发展的时候,更多地利用债务资本,这种筹资方式只能作为短期的财务政策,不能成为该阶段的财务战略,否则很可能引发企业的财务危机。

(3) 稳定期财务战略的选择。这个阶段企业销售稳定增长,利润多且较为稳定,由于竞争加剧,超额利润逐渐减少甚至消失,追加投资的需求量减少,企业战略重心转为对盈利能力的关注。与之相匹配的财务战略是稳健发展型财务战略,其关键是处理好日益增加的现金流量。筹资战略可以调整为以更多低成本的债务资本替代高成本的股权资本;股利战略调整为实施较高的股利分配,将超过投资需求的现金返还给股东。投资战略上,企业可以利用充裕的现金流,围绕核心业务拓展新的产品或市场,进行相关产品或业务的并购,但需要防止由于盲目多元化造成的企业竞争力下降。

(4) 衰退期财务战略的选择。这个阶段企业产品市场需求逐渐衰退,销售开始下滑,企业利润减少甚至出现亏损。如果此时企业未进入新的产品市场或者实现转型,则不再需要更多的投资。此阶段企业战略的中心是收回投资,或通过并购扩大市场占有率,延缓衰退期的到来。企业财务战略是收缩型财务战略,其关键是收回现有投资,并将退出的投资现金流返还给投资者。财务管理战略上采用的是不再进行筹资和投资,全额甚至超额发放股利,将股权资本退出企业,最终实现企业的正常终止。

> **延伸思考**
>
> 企业选择合适的财务战略时需要考虑哪些因素?如果多种因素相悖,该如何选择合适的财务战略?

4.2 预算管理

4.2.1 预算管理的概念和原则

预算管理,是指企业以战略目标为导向,通过对未来一定期间内的经营活动和相应的财务结果进行全面预测和筹划,科学、合理配置企业各项财务和非财务资源,并对执行过程进行监督和分析,对执行结果进行评价和反馈,指导经营活动的改善和调整,进而推动实现企业战略目标的管理活动。

企业进行预算管理,一般应遵循以下原则:

(1) 战略导向原则。预算管理应围绕企业的战略目标和业务计划有序开展,引导各预算责任主体聚焦战略、专注执行、达成绩效。

(2) 过程控制原则。预算管理应通过及时监控、分析等把握预算目标的实现进度并实施有效评价,对企业经营决策提供有效支撑。

(3) 融合性原则。预算管理应以业务为先导、以财务为协同,将预算管理嵌入企业经营管理活动的各个领域、层次、环节。

(4) 平衡管理原则。预算管理应平衡长期目标与短期目标、整体利益与局部利益、收入与支出、结果与动因等关系,促进企业可持续发展。

(5) 权变性原则。预算管理应刚性与柔性相结合,强调预算对经营管理的刚性约束,又可根据内外环境的重大变化调整预算,并针对例外事项进行特殊处理。

4.2.2 预算的特征与作用

1. 预算的特征

预算是一种可据以执行和控制经济活动的、最为具体的计划,是对目标的具体化,是实现企业战略导向预定目标的有力工具。预算有两个特征:首先,预算与企业的战略或目标保持一致,因为预算是为实现企业目标而对各种资源和企业活动所做的详细安排。其次,预算是数量化的并且具有可执行性,因为预算作为一种数量化的详细计划,它是对未来活动的细致、周密安排,是未来经营活动的依据。数量化和可执行性是预算最主要的特征。

2. 预算的作用

预算的作用主要表现在以下三个方面。

第一,预算通过规划、控制和引导经济活动,使企业经营达到预期目标。

通过预算指标可以控制实际活动过程,随时发现问题,采取必要措施,纠正不良偏差,避免经营活动漫无目的、随心所欲,通过有效的方式实现预期目标。因此,预算具有规划、控制、引导企业经济活动有序进行、以最经济有效的方式实现预期目标的功能。

第二,预算可以实现企业内部各个部门之间的协调。

从系统论的观点来看,局部计划的最优化,对全局来说不一定是最合理的。为了使各个职能部门向着共同的战略目标前进,它们的经济活动必须密切配合,相互协调,统筹兼顾,全面安排,搞好综合平衡。各部门预算的综合平衡,能促使各部门管理人员清楚地了解本部门在全局中的地位和作用,尽可能地做好部门之间的协调工作。各部门因其职责不同,往往会出现相互冲突的现象。各部门之间只有协调一致,才能最大限度地实现企业整体目标。例如,企业的销售、生产、财务等各部门可以分别编制出对自己来说是最好的计划,但该计划在其他部门却不一定能行得通。销售部门根据市场预测提出了一个庞大的销售计划,生产部门可能没有那么大的生产能力;生产部门可能编制了充分利用现有生产能力的计划,但销售部门可能无力将这些产品销售出去;销售部门和生产部门都认为应该扩大生产能力,财务部门却认为无法筹到必要的资金。全面预算经过综合平衡后提供解决各部门冲突的最佳方案、代表企业的最优方案,可以使各部门的工作在此基础上协调地进行。

第三,预算是业绩考核的重要依据。

预算作为企业财务活动的行为标准,使各项活动的实际执行有章可循。各部门考核必须以预算标准为基础。经过分解落实的预算规划目标能与部门、责任人的业绩考评结合起来,成为奖勤罚懒、评估优劣的重要依据。

4.2.3 预算的分类

(1) 根据内容不同,企业预算可以分为经营预算(业务预算,下同)、专门决策预算和财务预算。

经营预算是指与企业日常业务直接相关的一系列预算，包括销售预算、生产预算、采购预算、费用预算、人力资源预算等。

专门决策预算是指企业重大的或不经常发生的、需要根据特定决策编制的预算，包括投融资决策预算等。专门决策预算直接反映相关决策的结果，是实际中已选方案的进一步规划。如资本支出预算，其编制依据可以追溯到决策之前搜集到的有关资料，只不过预算比决策估算更细致、更精确一些。例如，企业对一切固定资产购置都必须在事先做好可行性分析的基础上来编制预算，具体反映投资额需要多少、何时进行投资、资金从何筹得、投资期限多长、何时可以投产，未来每年的现金流量是多少。

财务预算是指与企业资金收支、财务状况或经营成果等有关的预算，包括资金预算、预计资产负债表、预计利润表等。财务预算作为全面预算体系的最后环节，它是从价值方面总括地反映企业经营预算与专门决策预算的结果，故亦称为总预算，其他预算则相应称为辅助预算或分预算。显然，财务预算在全面预算中占有举足轻重的地位。

（2）按预算指标覆盖的时间长短，企业预算可分为短期预算和长期预算。

通常将预算期在1年以内（含1年）的预算称为短期预算，预算期在1年以上的预算称为长期预算。预算的编制时间可以视预算的内容和实际需要而定，可以是1周、1月、1季度、1年或若干年等。在预算编制过程中，往往应结合各项预算的特点，将长期预算和短期预算结合使用。一般情况下，企业的经营预算和财务预算多为1年期的短期预算，年内再按季或月细分，而且预算期间往往与会计期间保持一致。

延伸思考

财务预算在整个预算管理中起到何种的作用？

4.2.4 预算体系

全面预算是企业根据战略规划、经营目标和资源状况，运用系统方法编制的企业经营、资本、财务等一系列业务管理标准和行动计划，据以进行控制、监督和考核、激励。全面预算体系包括专门决策预算、业务经营预算和财务预算三大类内容（见图4-2）。其中，财务预算又包括反映现金收支活动的现金预算、反映企业财务状况的预计资产负债表、反映企业财务成果的预计利润表和预计现金流量表等内容。

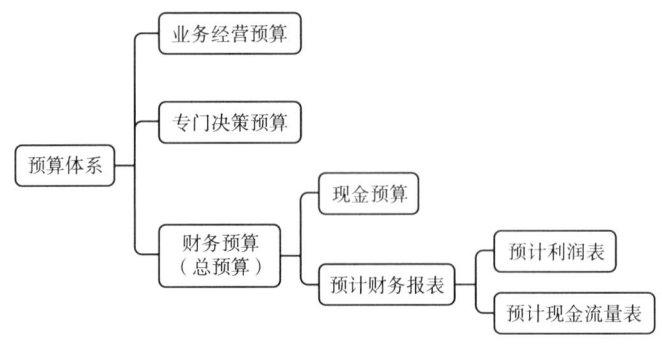

图 4-2 全面预算体系

微案例分析：
浙江移动的
全面预算管理
二维码链接
（素材 4-3）

4.3 预算的编制方法与程序

企业一般按照分级编制、逐级汇总的方式，采用自上而下、自下而上、上下结合或多维度相协调的流程编制预算。预算编制方法的选择应与企业现有管理模式相适应。常见的预算编制方法主要包括增量预算法与零基预算法、固定预算法与弹性预算法、定期预算法与滚动预算法，这些方法广泛应用于营业活动有关预算的编制。

4.3.1 增量预算法与零基预算法

按其出发点的特征不同，编制预算的方法可分为增量预算法和零基预算法。

1. 增量预算法

增量预算法是指以历史期实际经济活动及其预算为基础，结合预算期经济活动及相关影响因素的变动情况，通过调整历史期经济活动项目及金额形成预算的预算编制方法。增量预算法以过去的费用发生水平为基础，主张不需在预算内容上作较大的调整，实际上就是假定：（1）企业现有业务活动是合理的，无须改进；（2）企业现有各项业务的开支水平是合理的，在预算期予以保持；（3）以现有业务活动和各项活动的开支水平，确定预算期各项活动的预算数。

增量预算法的缺点是可能导致无效费用开支无法得到有效控制，使不必要开支合理化，造成预算浪费。

2. 零基预算法

零基预算法，是指企业不以历史期经济活动及其预算为基础，以零为起点，从实际需要出发,分析预算期经济活动的合理性,或经综合平衡,形成预算的编制方法。

零基预算法编制的程序是:

第一,明确预算编制标准。企业应搜集和分析对标单位、行业等外部信息,结合内部管理需要形成企业各项预算项目的编制标准,并在预算管理过程中根据实际情况不断分析评价、修订完善预算编制标准。

第二,制订业务计划。预算编制责任部门应依据企业战略、年度经营目标和内外环境变化等安排预算期经济活动,在分析预算期各项经济活动合理性的基础上制订详细、具体的业务计划,作为预算编制的基础。

第三,编制预算草案。预算编制责任部门应以相关业务计划为基础,根据预算编制标准编制本部门相关预算项目,并报预算管理责任部门审核。

第四,审定预算方案。预算管理责任部门应在审核相关业务计划合理性的基础上,逐项评价各项预算项目的目标、作用、标准和金额等,按战略相关性、资源限额和效益性等进行综合分析和平衡,汇总形成企业预算草案,上报企业预算管理委员会等专门机构审议后报董事会等机构审批。

零基预算法的优点是:(1)不受历史期经济活动中的不合理因素影响,能够灵活应对内外环境的变化,预算编制更贴近预算期企业经济活动需要;(2)有助于增加预算编制透明度,有利于进行预算控制。其缺点是:(1)编制工作量大,成本较高;(2)预算编制的准确性受企业管理水平和相关数据标准准确性影响较大。

4.3.2 固定预算法与弹性预算法

编制预算的方法按其业务量基础的数量特征不同,可分为固定预算法和弹性预算法。

1. 固定预算法

固定预算法又称静态预算法,是指以预算期内正常的、最可实现的某一业务量(通常指企业产量、销售量、作业量等与预算项目相关的弹性变量)水平为固定基础,不考虑可能发生的变动的预算编制方法。

固定预算法的缺点表现在以下两个方面。

一是适应性差。因为编制预算的业务量基础是事先假定的某个业务量。在这种方法下,不论预算期内业务量水平实际可能发生哪些变动,都只能按事先确定的某一个业务量水平作为编制预算的基础。

二是可比性差。当实际的业务量与编制预算所依据的业务量发生较大差异时,有关预算指标的实际数与预算数就会因业务量基础不同而失去可比性。例如，某企业预计业务量为销售 100 000 件产品，按此业务量给销售部门的预算费用为 5 000 元。如果该销售部门实际销售量达到 120 000 件，超出了预算业务量，固定预算下的费用预算仍为 5 000 元。

2. 弹性预算法

弹性预算法又称动态预算法，是指企业在分析业务量与预算项目之间数量依存关系的基础上，分别确定不同业务量及其相应预算项目所消耗资源的预算编制方法。理论上，弹性预算适用于编制全面预算中所有与业务量有关的预算，但实务中主要用于编制成本费用预算和利润预算，尤其是成本费用预算。

弹性预算所采用的业务量范围，视企业或部门的业务量变化情况而定，务必使实际业务量不至于超出相关的业务量范围。一般来说，可定在正常生产能力的 70% ~ 110%，或以历史上最高业务量和最低业务量为其上下限。弹性预算编制的准确性，很大程度上取决于成本性态分析的可靠性。

与按特定业务量水平编制的固定预算相比，弹性预算的主要优点是考虑了预算期可能的不同业务量水平，更贴近企业经营管理实际情况。弹性预算的主要缺点：一是编制工作量大；二是市场及其变动趋势预测的准确性、预算项目与业务量之间依存关系的判断水平等会对弹性预算的合理性造成较大影响。

弹性预算一般按照以下程序进行：第一步，确定弹性预算适用项目，识别相关的业务量并预测业务量在预算期内可能存在的不同水平和弹性幅度；第二步，分析预算项目与业务量之间的数量依存关系，确定弹性定额；第三步，构建弹性预算模型，形成预算方案；第四步，审定预算方案并上报企业预算管理委员会等专门机构审议后，报董事会等机构审批。

弹性预算又分公式法和列表法两种计算方法。

（1）公式法。

公式法是运用总成本形态模型，测算预算期的成本费用数额，并编制成本费用预算的方法。根据成本性态，成本与业务量之间的数量关系可用公式表示为：

$$y = a + bx$$

式中，y 表示某项预算成本总额，a 表示该项成本中的固定基数，b 表示与业务量相关的弹性定额，x 表示预计业务量。

【例 4-1】某企业制造费用中的修理费用与修理工时密切相关。经测算，预算期修理费用中的固定修理费用为 30 000 元，单位工时的变动修理费用为 30 元；预计预算期内的修理工时为 3 500 小时。运用公式法，测算预算期的修理费用总额为：30 000 + 30 × 3 500 = 135 000（元）。

因为任何成本都可用公式"y=a+bx"来近似表示,所以只要在预算中列示 a(固定成本)和 b(单位变动成本),便可随时利用公式计算任一业务量(x)的预算成本(y)。

【例 4-2】A 企业经过分析得出某种产品的制造费用与人工工时密切相关,采用公式法编制的制造费用预算如表 4-2 所示。

表 4-2　　　　　　　　　　制造费用预算(公式法)

项目	业务量范围:420~660(人工工时)	
费用项目	固定费用(元/月)	变动费用(元/人工工时)
运输费用		2
电力费用		10
材料费用		1
修理费用	850	8.5
油料费用	1 080	2
折旧费用	3 000	
人工费用	1 000	
合计	5 930	23.5
备注	当业务量超过 600 工时后,修理费中的固定费用将由 850 元上升为 1 850 元	

本例中,按公式法编制的制造费用预算如下:

业务量为 420~600 人工工时:y=5 930+23.5x,例如,业务量为 500 人工工时的制造费用预算为 5 930+23.5×500=17 680(元);

业务量为 600~660 人工工时:y=6 930+23.5x,即固定修理费用预算增加 1 000 元,例如,业务量为 650 人工工时的制造费用预算为 6 930+23.5×650=22 205(元)。

公式法的优点是:①便于在一定范围内计算任何业务量的预算成本,可比性和适应性强;②编制预算的工作量相对较小。缺点是:①按公式进行成本分解比较麻烦,工作量大;②阶梯成本和曲线成本只能用数学方法修正为直线;③有时还需要进行备注说明不同业务量范围的固定费用和单位变动费用。

(2)列表法。

列表法是指通过列表的方式,在业务量范围内依据已划分的若干个不同等级,分别计算并列示该预算项目与业务量相关的不同可能预算方案的方法。应用列表法编制预算,应在确定的业务量范围内,划分出若干个不同水平,然后分别计算各项预算值,汇总列入一个预算表格。

列表法的优点是:①不管实际业务量多少,不必经过计算即可找到与业务量相近的预算成本；②混合成本中的阶梯成本和曲线成本，不必修正为近似的直线成本。缺点是：在评价和考核实际成本时，需要用插值法计算实际业务量的预算成本，比较麻烦。

【例4-3】根据表4-2，前述A企业采用列表法编制的某月份的制造费用预算如表4-3所示。

表4-3　　　　　　　　　　制造费用预算（列表法）

业务量（直接人工工时）	420	480	540	600	660
占正常生产能力百分比	70%	80%	90%	100%	110%
变动成本：					
运输费用（b=2）	840	960	1 080	1 200	1 320
电力费用（b=10）	4 200	4 800	5 400	6 000	6 600
材料费用（b=1）	420	480	540	600	660
合计	5 460	6 240	7 020	7 800	8 580
混合成本：					
修理费用	4 420	4 930	5 440	5 950	7 460
油料费用	1 920	2 040	2 160	2 280	2 400
合计	6 340	6 970	7 600	8 230	9 860
固定成本：					
折旧费用	3 000	3 000	3 000	3 000	3 000
人工费用	1 000	1 000	1 000	1 000	1 000
合计	4 000	4 000	4 000	4 000	4 000
总计	15 800	17 210	18 620	20 030	22 440

在表4-3中，分别列示了五种业务量水平的成本预算数据（根据企业情况，也可以按更多的业务量水平来列示）。这样，无论实际业务量达到何种水平，都有适用的一套成本数据来发挥控制作用。

如果固定预算法是按600小时编制的，成本总额为20 030元。在实际业务量为500小时的情况下，不能用20 030元去评价实际成本的高低，也不能按业务量变动的比例调整后的预算成本16 692元（20 030×500÷600）去考核实际成本，因为并不是所有的成本都一定同业务量呈同比例关系。

如果采用弹性预算法，就可以根据各项成本与业务量的不同关系，采用不同方法确定实际业务量的预算成本，去评价和考核实际成本。实际业务量为500小时，运输费等各项变动成本可用实际工时数乘以单位业务量变动成本来计算，即变动总成本为6 500元（500×2+500×10+500×1）。固定总成本不随业务量变动，仍为4 000元。混合成本可用内插值法逐项计算：已知修理费用在业务量为480工时下的预算额为4 930元，在业务量为540工时下的预算额为5 440元，则实际业务量500工时下的修理费用预算额采用插值法计算如下，设x为实际业务的预算修理费：

（500 − 480）÷（540 − 480）=（x − 4 930）÷（5 440 − 4 930），解得：x = 5 100（元）

同理，油料费用在480小时和540小时分别为2 040元和2 160元，用插值法计算出500小时应为2 080元。可见：

500小时预算成本 =（2 + 10 + 1）× 500 + 5 100 + 2 080 + 4 000 = 17 680（元）

这样计算出来的预算成本比较符合成本的变动规律，可以用来评价和考核实际成本，比较确切，且容易被考核人接受。

4.3.3 定期预算法与滚动预算法

编制预算的方法按其预算期的时间特征不同，可分为定期预算法和滚动预算法。

1. 定期预算

定期预算法是指在编制预算时，以固定的会计期间（如日历年度）作为预算期的一种编制预算的方法。这种方法的优点是能够使预算期间与会计期间相对应，便于将实际数与预算数进行对比，也有利于对预算执行情况进行分析和评价。但这种方法以固定会计期间为预算期，在执行一段时间后，往往使管理人员只考虑剩下时间的业务量，缺乏长远打算，导致一些短期行为。

2. 滚动预算

滚动预算法是指企业根据上一期预算执行情况和新的预测结果，按既定的预算编制周期和滚动频率，对原有的预算方案进行调整和补充、逐期滚动、持续推进的预算编制方法。按照预算编制周期，可以将滚动预算分为中期滚动预算和短期滚动预算。中期滚动预算的预算编制周期通常为3年或5年，以年度作为预算滚动频率。短期滚动预算通常以1年为预算编制周期，以月度、季度作为预算滚动频率。短期滚动预算通常使预算期始终保持12个月，每过去一个月，就在原预算基础上增补下一个月预算，从而逐期向后滚动，因而在任何一个时期都使预算保持为12个月的时间长度。

滚动预算的主要优点：通过持续滚动预算编制、逐期滚动管理，实现动态反映市场、建立跨期综合平衡，从而有效指导企业营运，强化预算的决策与控制职能。主要缺点是：预算滚动的频率越高，对预算沟通的要求越高，预算编制的工作量越大;过高的滚动频率容易增加管理层的不稳定感,导致预算执行者无所适从。

(1) 逐月滚动。

逐月滚动是指在预算编制过程中,以月份为预算的编制和滚动单位,每个月调整一次预算。如:在2019年1月至12月的预算执行过程中,需要在1月末根据当月预算的执行情况修订2月至12月的预算,同时补充下年1月的预算;到2月末可根据当月预算的执行情况,修订3月至2020年1月的预算,同时补充下年2月的预算;以此类推。逐月滚动方式编制的预算比较精确,但工作量较大。

逐月滚动预算方式如图4-3所示。

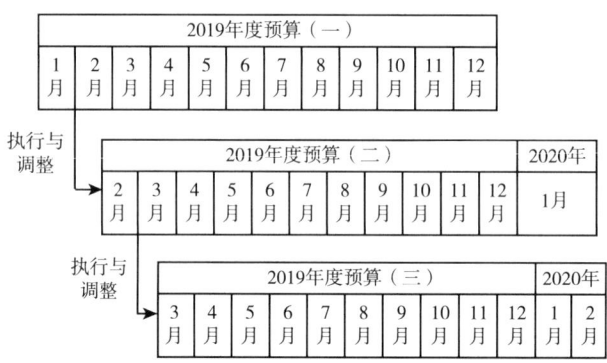

图4-3 逐月滚动预算方式

(2) 逐季滚动。

逐季滚动是指在预算编制过程中,以季度为预算的编制和滚动单位,每个季度调整一次预算。如:在2019年第一至第四季度的预算执行过程中,需要在第一季度末根据当季预算的执行情况修订第二至第四季度的预算,同时补充下年第一季度的预算。逐季滚动编制的预算比逐月滚动的工作量小,但精确度较低。

(3) 混合滚动。

混合滚动是指在预算编制过程中,同时以月份和季度作为预算的编制和滚动单位,每个季度调整一次预算。如:在编制2019年度预算时,1~3月的预算为详细预算(按月编制),第二至第四季度的预算为粗略预算(按季编制),在预算执行过程中,需要在第一季度末根据当季预算的执行情况对后续预算进行修订调整,同时编制4~6月的详细预算,并补充下年第一季度的粗略预算。

这种预算方法的理论依据是:人们对未来的了解程度具有对近期的预计把握较大、对远期的预计把握较小的特征。混合滚动预算方式如图4-4所示。

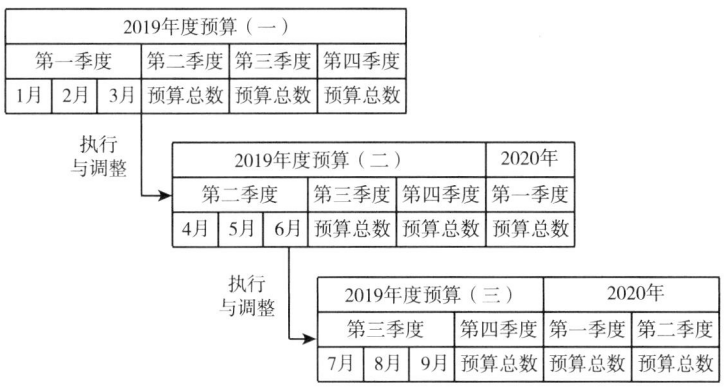

图 4-4 混合滚动预算方式

延伸思考

如何评价不同的预算编制方法？什么情况下选择何种编制方法最为合适？

4.4 财务预算编制

4.4.1 现金预算的编制

现金预算又称为现金收支预算，是反映预算期企业全部现金收入和全部现金支出的预算。完整的现金预算，一般包括以下四个组成部分：现金收入；现金支出；现金收支差额；资金的筹集与运用。

现金收入主要指经营业务活动的现金收入，主要来自现金余额和产品销售现金收入。现金支出除了涉及有关直接材料、直接人工、制造费用和销售及管理费用、缴纳税金、股利分配等方面的经营性现金支出外，还包括购买设备等资本性支出。现金收支差额反映了现金收入合计与现金支出合计之间的差额，差额为正说明现金有多余，可用于偿还过去向银行取得的借款，或用于购买短期证券；差额为负，说明现金不足要向银行取得新的借款。资金的筹集和运用主要是反映了预算期内向银行借款还款、支付利息以及进行短期投资及投资收回等内容。

现金预算实际上是其他预算有关现金收支部分的汇总，以及收支差额平衡措施的具体计划。它的编制，要以其他各项预算为基础，或者说其他预算在编制时要为现金预算做好数据准备。

下面分别介绍各项预算的编制，为现金预算的编制提供数据以及编制依据。

1. 销售预算

销售预算是指在销售预测的基础上根据销售计划编制的，用于规划预算期销售活动的一种经营预算。它是整个预算的编制起点，其他预算的编制都以销售预算作为基础。销售预算的主要内容是销量、单价和销售收入。销量是根据市场预测或销货合同并结合企业生产能力确定的，单价是通过价格决策确定的，销售收入是两者的乘积，在销售预算中计算得到。

【例4-4】假定辉映有限公司生产和销售甲产品，2020年各季度的销售预算见表4-4。

表4-4　　　　　　　　　　　辉映有限公司销售预算表
2020年度

项　目	第一季度	第二季度	第三季度	第四季度	合计
预计销售量（件）	5 000	7 500	10 000	9 000	31 500
预计单位售价（元/件）	20	20	20	20	20
销售收入（元）	100 000	150 000	200 000	180 000	630 000

在实际工作中，产品销售往往不是现购现销的，即产生了很大数额的应收账款，所以，销售预算中通常还包括预计现金收入的计算，其目的是为编制现金预算提供必要的资料。

假设本例中，每季度销售收入在本季收到现金60%，其余赊销在下季度收账。辉映有限公司2020年预计现金收入见表4-5。

表4-5　　　　　　　　　　　辉映有限公司预计现金收入表
2020年度　　　　　　　　　　　　　　　　　　　　　单位：元

项　目	本期发生额	现金收入			
		第一季度	第二季度	第三季度	第四季度
期初数	31 000	31 000			
第一季度	100 000	60 000	40 000		
第二季度	150 000		90 000	60 000	
第三季度	200 000			120 000	80 000
第四季度	180 000				108 000
期末数	(72 000)				
合　计	589 000	91 000	130 000	180 000	188 000

2. 生产预算

生产预算是为规划预算期生产规模而编制的一种经营预算，它是根据销售预算编制的，并可以作为编制直接材料预算和产品成本预算的依据。其主要内容有销售量、期初和期末产成品存货、生产量。在生产预算中，只涉及实物量指标，不涉及价值量指标。

通常，企业的生产和销售不能做到"同步同量"，生产数量除了满足销售数量外，还需要设置一定的存货，以保证能在发生意外需求时按时供货，并可均衡生产，节省赶工的额外开支。预计生产量可用下列公式计算：

预计生产量 = 预计销售量 + 预计期末存货量 − 预计期初存货量

【例4-5】假设〖例4-4〗中，辉映有限公司希望能在每季末保持相当于下季度销售量10%的期末存货，上年末产品的期末存货为500件，单位成本8元，共计4 000元。预计下年第一季度销售量为10 000件，辉映有限公司2020年生产预算见表4-6。

表4-6 辉映有限公司生产预算表

2020年度　　　　　　　　　　　　　　　　　　单位：件

项　目	第一季度	第二季度	第三季度	第四季度	全年合计
预计销售量	5 000	7 500	10 000	9 000	31 500
加：预计期末存货	750	1 000	900	1 000	1 000
合　计	5 750	8 500	10 900	10 000	32 500
减：预计期初存货	500	750	1 000	900	500
预计生产量	5 250	7 750	9 900	9 100	32 000

3. 直接材料预算

在生产预算的基础上，我们可以编制直接材料预算，但同时还要考虑期初、期末原材料存货的水平。直接材料生产上的需要量同预计采购量之间的关系可按下列公式计算：

预计采购量 = 生产需要量 + 期末库存量 − 期初库存量

期末库存量一般是按照下期生产需要量的一定百分比来计算的。

生产需要量 = 预计生产量 × 单位产品材料耗用量

【例4-6】接〖例4-5〗，假设甲产品只耗用一种材料，辉映有限公司期望每季度末材料库存量分别为2 100千克、3 100千克、3 960千克、3 640千克。上年末库存材料1 500千克。

辉映有限公司2020年直接材料预算见表4-7。

表 4-7　　　　　　　　　　　　辉映有限公司直接材料预算
2020 年度

项　目	第一季度	第二季度	第三季度	第四季度	全年合计
预计生产量（件）	5 250	7 750	9 900	9 100	32 000
单位产品材料用量（千克/件）	2	2	2	2	2
生产需用量（千克）	10 500	15 500	19 800	18 200	64 000
加：预计期末存量（千克）	2 100	3 100	3 960	3 640	3 640
合　计（千克）	12 600	18 600	23 760	21 840	67 640
减：预计期初存量（千克）	1 500	2 100	3 100	3 960	1 500
预计采购量（千克）	11 100	16 500	20 660	17 880	66 140
单价（元/千克）	2.5	2.5	2.5	2.5	2.5
预计采购金额（元）	27 750	41 250	51 650	44 700	165 350

材料的采购与产品的销售有相似之处，即货款也不是马上用现金全部支付的，这样就可能存在一部分应付款项，所以，对于材料采购我们还须编制现金支出预算，便于编制现金预算。

假设本例材料采购的货款有 50% 在本季度内付清，另外 50% 在下季度付清。期初未付采购额为 11 000 元，将于本期第一季度付清。辉映有限公司 2020 年度预计现金支出见表 4-8。

表 4-8　　　　　　　　　　　　辉映有限公司预计现金支出表
2020 年度　　　　　　　　　　　　　　　　　　　　　　　　单位：元

项　目	本期发生额	现金支出			
		第一季度	第二季度	第三季度	第四季度
期初数	11 000	11 000			
第一季度	27 750	13 875	13 875		
第二季度	41 250		20 625	20 625	
第三季度	51 650			25 825	25 825
第四季度	44 700				22 350
期末数	(22 350)				
合　计	154 000	24 875	34 500	46 450	48 175

4. 直接人工预算

直接人工预算是一种既要反映预算期内人工工时消耗水平，又要规划人工成本开支的经营预算。它也是以生产预算为基础编制的。其主要内容有预计生产量、单位产品工时、人工总工时、每小时人工成本和人工总成本。

由于人工工资都需要使用现金支付，所以不需要另外预计现金支出，可直接参加现金预算的汇总。

【例4-7】辉映有限公司2020年直接人工预算见表4-9。

表4-9　　　　　　　　　辉映有限公司直接人工预算

2020年度

项　目	第一季度	第二季度	第三季度	第四季度	全年合计
预计生产量（件）	5 250	7 750	9 900	9 100	32 000
单位产品工时（小时）	0.2	0.2	0.2	0.2	0.2
人工总工时（小时）	1 050	1 550	1 980	1 820	6 400
每小时人工成本（元）	10	10	10	10	10
人工总成本（元）	10 500	15 500	19 800	18 200	64 000

5. 制造费用预算

制造费用预算指除了直接材料和直接人工预算以外的其他一切生产成本的预算。制造费用按其成本性态可分为变动制造费用和固定制造费用两部分。变动制造费用以生产预算为基础来编制，即根据预计生产量和预计的变动制造费用分配率来计算；固定制造费用是期间成本直接列入损益作为当期利润的一个扣减项目，与本期的生产量无关，一般可以按照零基预算的编制方法编制。

【例4-8】辉映有限公司2020年制造费用预算见表4-10。

表4-10　　　　　　　　　辉映有限公司制造费用预算

2020年度　　　　　　　　　　　　　　　　　单位：元

项　目	第一季度	第二季度	第三季度	第四季度	全年合计
变动制造费用					
间接材料（0.2元/件）	1 050	1 550	1 980	1 820	6 400
间接人工（0.12元/件）	630	930	1 188	1 092	3 840
修理费（0.08元/件）	420	620	792	728	2 560
水电费（0.1元/件）	525	775	990	910	3 200
小　计	2 625	3 875	4 950	4 550	16 000
固定制造费用					
修理费	3 000	3 000	3 000	3 000	12 000
水电费	1 000	1 000	1 000	1 000	4 000
管理人员工资	2 000	2 000	2 000	2 000	8 000
折旧	5 000	5 000	5 000	5 000	20 000

续表

项 目	第一季度	第二季度	第三季度	第四季度	全年合计
保险费	1 000	1 000	1 000	1 000	4 000
小 计	12 000	12 000	12 000	12 000	48 000
合 计	14 625	15 875	16 950	16 550	64 000
减：折旧	5 000	5 000	5 000	5 000	20 000
现金支出费用	9 625	10 875	11 950	11 550	44 000

在制造费用预算中，除了折旧费以外都需支付现金。为了便于编制现金预算，需要预计现金支出，将制造费用预算额扣除折旧费后，调整为现金支出的费用。

6. 产品成本预算

为了计算产品的销售成本，必须先确定产品的生产总成本和单位成本。产品成本预算是销售预算、生产预算、直接材料预算、直接人工预算、制造费用预算的汇总。

【例4-9】辉映有限公司2020年度产品生产成本预算见表4-11。

表4-11　　　　　　　　　辉映有限公司产品成本预算

2020 年度

成本项目	全年生产量32 000（件）			
	单耗 （千克/件或小时/件）	单价 （元/千克或元/小时）	单位成本 （元/件）	总成本（元）
直接材料	2	2.5	5	160 000
直接人工	0.2	10	2	64 000
变动制造费用	0.2	2.5	0.5	16 000
固定制造费用	0.6	2.5	1.5	12 000
合 计			9	288 000
产成品存货	数量（件）	单位成本（元）	总成本（元）	
年初存货	500	8	4 000	
年末存货	1 000	9	9 000	
本年销售	31 500		283 000	

由于期初存货的单位成本为8元，而本年生产产品的单位成本为9元，两者不一致，所以，存货流转采用先进先出法。

7. 销售及管理费用预算

销售及管理费用预算，是指为了实现产品销售所需支付的费用预算。它是以销售预算为基础，根据费用计划编制。编制该预算时要求分析销售收入、销售利润和销售费用的关系，力求实现销售费用的最有效使用。在草拟销售费用预算时，要对过去的销售费用进行分析，考察过去销售费用支出的必要性和效果。销售费用预算应和销售预算相配合，按品种、按地区、按用途进行具体预算数额列示。

管理费用是维持一般管理业务所发生的各项费用。在编制管理费用预算时，要分析企业的业务成绩和一般经济状况，务必做到费用合理化。管理费用多属于固定成本，所以，一般是以过去的实际开支为基础，按预算期的可预见变化来调整。重要的是，必须充分考察每种费用是否必要，以便提高费用使用效率。

【例 4-10】辉映有限公司 2020 年度销售及管理费用预算见表 4-12。

表 4-12　　　　　　　　　　辉映有限公司销售及管理费用预算
2020 年度　　　　　　　　　　　　　　　　　　　　　　　　单位：元

项　目		第一季度	第二季度	第三季度	第四季度	全年合计
销售费用	销售人员工资	1 000	1 500	2 000	1 800	6 300
	运输费、包装费	1 600	2 400	3 200	2 880	10 080
	广告费	5 000	7 500	10 000	9 000	31 500
	小　计	7 600	11 400	15 200	13 680	47 880
管理费用	管理人员薪金	5 000	5 000	5 000	5 000	20 000
	办公费	4 500	4 500	4 500	4 500	18 000
	保险费	3 500	3 500	3 500	3 500	14 000
	小　计	13 000	13 000	13 000	13 000	52 000
合　计		20 600	24 400	28 200	26 680	99 880

8. 现金预算

现金预算的编制，是以各项日常业务预算和专门决策预算为基础来反映各预算的收入款项和支出款项。其目的在于资金不足时如何筹措资金，资金多余时怎样运用资金，并且提供现金收支的控制限额，以便发挥现金管理的作用。

【例 4-11】根据本节所编制的各种预算提供的资料，并假设辉映有限公司每季度末应保持现金余额 10 000 元，若资金不足或多余，可以以 2 000 元为单位进行借入或偿还，借款年利率为 8%，于每季初借入，每季末偿还，借款利息于偿还本金时一起支付。同时，在 2020 年度辉映有限公司准备投资 100 000 元购入设备，于第二季度与第三季度分别支付价款 50%；每季度预交所得税 20 000 元；预算在第三季度发放现金股利 30 000 元；第四季度购买国库券 10 000 元。依上述资料编制辉映有限公司 2020 年度现金预算见表 4-13。

表 4-13　　　　　　　　　　辉映有限公司现金预算表

2020 年度　　　　　　　　　　　　　　　　　　　　　　　　　　　　　　单位：元

项　目	第一季度	第二季度	第三季度	第四季度	全年合计
期初现金余额	8 000	13 400	10 125	11 725	8 000
加：销货现金收入（表4-5）	91 000	130 000	180 000	188 000	589 000
可供使用现金	99 000	143 400	190 125	199 725	597 000
减：现金支出					
直接材料（表4-8）	24 875	34 500	46 450	48 175	154 000
直接人工（表4-9）	10 500	15 500	19 800	18 200	64 000
制造费用（表4-10）	9 625	10 875	11 950	11 550	44 000
销售及管理费用（表4-12）	20 600	24 400	28 200	26 680	99 880
预交所得税	20 000	20 000	20 000	20 000	80 000
购买国库券				10 000	10 000
发放股利			30 000		30 000
购买设备		50 000	50 000		100 000
支出合计	85 600	155 275	206 400	134 605	581 880
现金收支差额	13 400	(11 875)	(16 275)	65 120	15 120
向银行借款		22 000	28 000		50 000
归还银行借款				50 000	50 000
借款利息（年利8%）				2 440	2 440
期末现金余额	13 400	10 125	11 725	12 680	12 680

4.4.2　预算财务报表的编制

预计的财务报表是财务管理的重要工具，包括预计利润表、预计资产负债表和预计现金流量表。这里主要介绍预计利润表和预计资产负债表的编制。

1. 预计利润表

预计利润表用来综合反映企业在计划期的预计经营成果，是企业最主要的财务预算表之一。通过编制预计利润表，可以了解企业预期的盈利水平。如果预计利润与最初编制方针中的目标利润有较大差距，就需要调整部门预算，设法达成目标，或者经企业领导同意后修改目标利润。编制预计利润表的依据是各经营预算、专门决策预算和现金预算。

【例4-12】根据前述的各种预算，辉映有限公司2020年度的预计利润表见表4-14。

表 4-14　　　　　　　　　辉映有限公司预计利润表
　　　　　　　　　　　　　　2020 年度　　　　　　　　　　　　　　　单位：元

项　目	金额
销售收入（表 4-4）	630 000
销售成本（表 4-11）	283 000
毛利	347 000
销售及管理费用（表 4-12）	99 880
利息（表 4-13）	2 440
利润总额	244 680
所得税费用（估计）	97 272
净利润	147 408

需要注意的是，所得税费用项目是在利润规划时估计的，并已列入资金预算。它通常不是根据利润总额和所得税税率计算出来的，因为有诸多纳税调整的事项存在。此外，从预算编制程序上看，如果根据利润总额和税率重新计算所得税，就需要修改现金预算，引起信贷计划修订，进而改变利息，最终又要修改利润总额，从而陷入数据的循环修改。

2. 预计资产负债表

预计资产负债表是用来反映企业在计划期末预计的财务状况。编制预计资产负债表的目的在于判断预算反映的财务状况的稳定性和流动性。如果通过预计资产负债表的分析，发现某些财务比率不佳，必要时可修改有关预算，以改善财务状况。预计资产负债表的编制需以计划期开始日的资产负债表为基础，结合计划期间各项经营预算、专门决策预算、现金预算和预计利润表进行编制。它是编制全面预算的终点。

【例 4-13】辉映有限公司 2020 年度的预计资产负债表见表 4-15。

表 4-15　　　　　　　　　辉映有限公司预计资产负债表
　　　　　　　　　　　　　　2020 年度　　　　　　　　　　　　　　　单位：元

资产	期初数	期末数	负债和所有者权益	期初数	期末数
流动资产：			流动负债：		
货币资金（表 4-13）	8 000	12 680	应付账款（表 4-8）	11 000	22 350
应收账款（表 4-5）	31 000	72 000	应付所得税		17 272④
原材料（表 4-7）	3 750①	9 100	流动负债合计	11 000	39 622
产成品（表 4-11）	4 000	9 000	非流动负债：		
短期投资		10 000	长期负债	40 000	40 000

续表

资产	期初数	期末数	负债和所有者权益	期初数	期末数
流动资产合计	46 750	112 780	非流动负债合计	40 000	40 000
非流动资产:			股东权益:		
固定资产原值（表4-13）	270 000	370 000②	股本	200 000	200 000
减：累计折旧	32 250	52 250③	留存收益	33 500	150 908⑤
固定资产净值	237 750	317 750	股东权益合计	233 500	350 908
非流动资产合计	237 750	317 750			
资产总计	284 500	430 530	负债和所有者权益总计	284 500	430 530

注：① = 1 500 × 2.5（表4-7）。② = 270 000 + 100 000（表4-13）。③ = 32 250 + 20 000（表4-13），假定固定资产按5年直线法计提折旧，期末无残值。④ = 97 272 - 80 000（表4-13、表4-14）。⑤ = 33 500 + 147 408 - 30 000（表4-13、4-14）。

4.5 预算的执行与考核

预算编制完成后，应按照相关法律法规及企业章程的规定报经企业预算管理决策机构审议批准，以正式文件形式下达执行。预算审批包括预算内审批、超预算审批、预算外审批等。预算内审批事项，应简化流程，提高效率；超预算审批事项，应执行额外的审批流程；预算外审批事项，应严格控制，防范风险。

4.5.1 预算的执行

企业预算一经批复下达，各预算执行单位必须认真组织实施，将预算指标层层分解，从横向到纵向落实到内部各部门、各单位、各环节和各岗位，形成全方位的预算执行责任体系。

预算执行一般按照预算控制、预算调整等程序进行。

1. 预算控制

预算控制，是指企业以预算为标准，通过预算分解、过程监督、差异分析等促使日常经营不偏离预算标准的管理活动。

企业应建立预算授权控制制度，强化预算责任，严格预算控制。企业应建立预算执行的监督、分析制度，提高预算管理对业务的控制能力。企业应将预算目标层层分解至各预算责任中心。预算分解应按各责任中心权、责、利相匹配的原则进行，既公平合理，又有利于企业实现预算目标。

企业应当将预算作为预算期内组织、协调各项经营活动的基本依据，将年度预算细分为月份和季度预算，以便分期实施预算控制，确保年度预算目标的实现。

企业应当强化现金流量的预算管理，按时组织预算资金的收入，严格控制预算资金的支付，调节资金收付平衡，控制支付风险。

对于预算内的资金拨付，按照授权审批程序执行；对于预算外的项目支出，应当按预算管理制度规范支付程序；对于无合同、无凭证、无手续的项目支出，不予支付。

对于预算编制、执行和考评过程中的风险，企业应当采取一定的防控措施来对风险进行有效管理。必要时，可以建立企业内部负责日常预算管理需求的部门，加强员工风险意识，以个人为预算风险审查对象，并形成相应的奖惩机制，通过信息技术和信息管理系统控制预算流程中的风险。

企业应当严格执行销售、生产和成本费用预算，努力完成利润指标。在日常控制中，企业应当健全凭证记录，完善各项管理规章制度，严格执行生产经营月度计划和成本费用的定额、定率标准，加强适时监控。对预算执行中出现的异常情况，企业有关部门应及时查明原因，提出解决办法。

企业应通过信息系统展示、会议、报告、调研等多种途径及形式，及时监督、分析预算执行情况，分析预算执行差异的原因，提出对策建议。企业财务管理部门应当利用财务报表监控预算的执行情况，及时向预算执行单位、企业预算管理委员会以至董事会或经理办公会提供财务预算的执行进度、执行差异及其对企业预算目标的影响等财务信息，促进企业完成预算目标。

2. 预算调整

年度预算经批准后，原则上不作调整。企业应在制度中严格明确预算调整的条件、主体、权限和程序等事宜，当内外战略环境发生重大变化或突发重大事件等，导致预算编制的基本假设发生重大变化时，可进行预算调整。

企业应当建立内部弹性预算机制，对于不影响预算目标的经营预算、资本预算、筹资预算之间的调整，企业可以按照内部授权批准制度执行，鼓励预算执行单位及时采取有效的经营管理对策，保证预算目标的实现。

企业调整预算，应当由预算执行单位逐级向企业预算管理委员会提出书面报告，阐述预算执行的具体情况、客观因素变化情况及其对预算执行造成的影响程度，提出预算指标的调整幅度。

企业财务管理部门应当对预算执行单位的预算调整报告进行审核分析、集中编制企业年度预算调整方案，提交预算管理委员会以及企业董事会或经理办公会审议批准，然后下达执行。对于预算执行单位提出的预算调整事项，企业进行决策时，一般应当遵循以下要求：（1）预算调整事项不能偏离企业发展战略。（2）预算调整方案应当在经济上能够实现最优化。(3) 预算调整重点应当放在预算执行中出现的重要的、非正常的、不符合常规的关键性差异方面。

4.5.2 预算的分析与考核

企业应当建立预算分析制度，由预算管理委员会定期召开预算执行分析会议，全面掌握预算的执行情况，研究、解决预算执行中存在的问题，纠正预算的执行偏差。

开展预算执行分析，企业管理部门及各预算执行单位应当充分收集有关财务、业务、市场、技术、政策、法律等方面的信息资料，根据不同情况分别采用比率分析、比较分析、因素分析、平衡分析等方法，从定量与定性两个层面充分反映预算执行单位的现状、发展趋势及其存在的潜力。

针对预算的执行偏差，企业财务管理部门及各预算执行单位应当充分、客观地分析产生的原因，提出相应的解决措施或建议，提交董事会或经理办公会研究决定。

企业预算管理委员会应当定期组织预算审计，纠正预算执行中存在的问题，充分发挥内部审计的监督作用，维护预算管理的严肃性。

预算审计可以采用全面审计或者抽样审计。在特殊情况下，企业也可组织不定期的专项审计。审计工作结束后，企业内部审计机构应当形成审计报告，直接提交预算管理委员会以至董事会或经理办公会，作为预算调整、改进内部经营管理和财务考核的一项重要参考。

预算年度终了，预算管理委员会应当向董事会或者经理办公会报告预算执行情况，并依据预算完成情况和预算审计情况对预算执行单位进行考核。

预算考核主要针对定量指标进行考核，是企业绩效考核的重要组成部分。企业应建立健全预算考核制度，并将预算考核结果纳入绩效考核体系，切实做到有奖有惩、奖惩分明。预算考核主体和考核对象的界定应坚持上级考核下级、逐级考核、预算执行与预算考核职务相分离的原则。

企业内部预算执行单位上报的预算执行报告，应经本部门、本单位负责人按照内部议事规范审议通过，作为企业进行财务考核的基本依据。企业预算按调整后的预算执行，预算完成情况以企业年度财务会计报告为准。

预算考核以预算完成情况为考核核心，通过预算执行情况与预算目标的比较，确定差异并查明产生差异的原因，进而据以评价各责任中心的工作业绩，并通过与相应的激励制度挂钩，促进其与预算目标相一致。

延伸思考

预算的执行与考核是不是整个预算管理的最后一环？重要性如何？

【本章小结】

案例分析：
空港实业费用
预算管理
嬗变之路
二维码链接
（素材4-4）

1. 本章重点回顾

（1）财务战略是在企业总体战略目标的统筹下，以价值管理为基础，以实现企业财务管理目标为目的，以实现企业财务资源的优化配置为衡量标准，所采取的战略性思维方式、决策方式和管理方针。财务战略具有全局性、长期性和导向性。

（2）财务战略可以分为四类：扩张型财务战略、稳健型财务战略、防御型财务战略和收缩型财务战略。

（3）SWOT分析法主要分析企业内外的优势（S）和劣势（W）、机会（O）和威胁（T）。

（4）企业财务战略选择必须考虑经济周期波动的情况、企业发展阶段和企业增长方式，并及时进行调整，以保持其旺盛的生命力。

（5）全面预算体系包括专门决策预算、业务经营预算和财务预算三大类内容。其中，财务预算又包括反映现金收支活动的现金预算、反映企业财务状况的预计资产负债表、反映企业财务成果的预计利润表和预计现金流量表等内容。

（6）常见的预算编制方法主要包括增量预算法与零基预算法、固定预算法与弹性预算法、定期预算法与滚动预算法。

（7）增量预算和零基预算的特点：增量预算是以基期成本费用水平为基础；零基预算是一切从零开始。

（8）固定预算和弹性预算的特点：固定预算是针对某一特定业务量编制的；弹性预算是针对一系列可能达到的预计业务量水平编制的。

（9）定期预算和滚动预算的特点：定期预算一般以会计年度为单位定期编制；滚动预算的要点在于不将预算期与会计年度挂钩，而是始终保持在12个月。

（10）现金预算的内容包括：现金收入、现金支出、现金收支差额和资金的筹集及应用。现金预算实际上是销售预算、生产预算、直接材料预算、直接人工预算、制造费用预算、产品生产成本预算、销售及管理费用预算等预算中有关现金收支部分的汇总。现金预算的编制，要以其他各项预算为基础。

2. 本章关键术语

财务战略　扩张型财务战略　稳健型财务战略　防御型财务战略　收缩型财务战略　SWOT分析法　预算管理　预算体系　增量预算法　零基预算法　固定预算

法　弹性预算法　定期预算法　滚动预算法　经营预算　销售预算　生产预算　直接材料预算　直接人工预算　制造费用预算　产品成本预算　销售及管理费用预算　现金预算　专门决策预算　利润预算　财务状况预算

3. 本章知识图谱

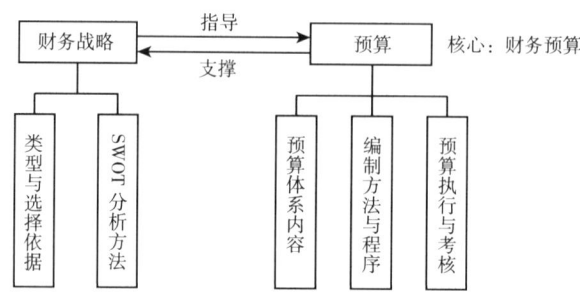

4. 财务总监分享管理实战故事（见本页二维码）

链接一
如何做《三个月资金滚动预算》实操二维码链接（素材4-5）

链接二
宁波ZSG股份公司散货业务降本增效案例二维码链接（素材4-6）

【理论自测】

一、单项选择题

1. 若企业的短期借款较多，流动比率降低，对企业来说属于（　　）。

A. 优势　　　　　B. 劣势　　　　　C. 机会　　　　　D. 威胁

2. SWOT分析中，最理想的组合是（　　）。

A. SO组合　　　B. WO组合　　　C. ST组合　　　D. WT组合

3. 关于不同发展阶段的财务战略，下列说法中不正确的是（　　）。

A. 初创期应该尽量使用权益融资，应寻找从事高风险投资、要求高回报的投资人

B. 在扩张期，由于经营风险降低了，因此可以大量增加负债比例，获得杠杆利益

C. 在稳定期，企业权益投资人主要是大众投资者，公司多余的现金应该返还给股东

D. 在衰退期，企业不再增加筹资或投资

4. 以历史期实际经济活动及其预算为基础，结合预算期经济活动及相关影响因素的变动情况，通过调整历史期经济活动项目及金额形成预算的预算编制方法，称为（　　）。

A. 弹性预算法　　　B. 零基预算法　　　C. 增量预算法　　　D. 滚动预算法

5. 编制工作量较大，但可以不必经过计算即可找到与实际业务量相同或相近的

预算成本的弹性预算编制方法是（　　）。

A. 公式法　　　　B. 列表法　　　　C. 图示法　　　　D. 因素法

6. 某公司预计各季度的销售量分别为100件、120件、180件、200件。预计每季度末产成品存货为下一季度销售量的20%，则该公司第二季度预计生产量为（　　）件。

A. 156　　　　B. 132　　　　C. 136　　　　D. 120

7. 生产预算的编制依据是（　　）。

A. 现金预算　　B. 资本预算　　C. 成本预算　　D. 销售预算

8. 能够同时以实物量指标和价值量指标分别反映企业经营收支和相关现金收支的预算是（　　）。

A. 资金预算　　　　　　　　　B. 销售预算

C. 生产预算　　　　　　　　　D. 预计资产负债表

9. 零基预算在编制时，对于所有的预算费用支出均以（　　）为基底。

A. 可能需要　　B. 零字　　C. 现有费用支出　　D. 基期费用支出

10. 下列各项预算中，作为全面预算体系中最后环节的是（　　）。

A. 财务预算　　B. 日常业务预算　　C. 销售预算　　D. 特种决策预算

11. 在中期滚动预算法下，通常以（　　）作为预算滚动频率。

A. 年度　　　　　　　　　　　B. 季度

C. 月度　　　　　　　　　　　D. 季度和月度相结合

12. 某公司预计计划年度期初应付账款余额为200万元，1～3月采购金额分别为500万元、600万元和800万元，每月的采购款当月支付70%，次月支付30%。则预计一季度现金支出额是（　　）万元。

A. 2 100　　　B. 1 900　　　C. 1 860　　　D. 1 660

二、多项选择题

1. 财务战略的特征包括（　　）。

A. 全局性　　B. 长期性　　C. 预算性　　D. 导向性

2. 对财务战略具有重要影响的因素包括（　　）。

A. 产业政策　　B. 财政政策　　C. 税收政策　　D. 金融政策

3. 某公司是一家刚刚成立的多媒体产品研制和生产企业，产品还处于研发投入阶段，尚未形成收入和利润能力，但其市场前景被评估机构看好，针对这家公司，以下说法正确的有（　　）。

A. 该企业处于初创期

B. 该企业面临的经营风险比较小

C. 该企业财务战略的关键应是吸纳债务资本

D. 该企业的筹资战略应是筹集股权资本

4. 某公司是一家成立多年的交通运输企业，受政府政策支持，企业销售已经稳定增长，每年有大量且稳定的利润收入，但当地交通运输行业的竞争日益加剧，该企业可以考虑的财务战略包括（　　）。

A. 以更多低成本的债务资本替代高成本的股权资本

B. 实施较少的股利分配

C. 扩展新的相关旅游产品市场

D. 进行相关产品或业务的并购

5. 下列关于全面预算的表述中，正确的有（　　）。

A. 全面预算包括经营预算、专门决策预算和财务预算三部分

B. 资本支出预算属于辅助预算

C. 财务预算是经营预算的基础

D. 财务预算通常属于短期预算

6. 相对于固定预算法，弹性预算法的优点有（　　）。

A. 弹性预算的合理性不受市场变动趋势预测的准确性影响

B. 预算编制工作量小

C. 考虑了预算期可能的不同业务量水平

D. 更贴近企业经营管理实际情况

7. 现金预算的组成部分包括（　　）。

A. 现金收入　　　　　　　　　　B. 现金收支差额

C. 现金支出　　　　　　　　　　D. 资金筹集与运用

8. 下列有关预算编制方法的表述中，正确的有（　　）。

A. 以预算期内正常的、最可实现的某一业务量水平为固定基础，不考虑可能发生的变动的预算编制方法为静态预算法

B. 弹性预算的编制方法会使预算期与会计期间相脱节

C. 可以保持预算的连续性，并能克服传统定期预算缺点的预算方法是滚动预算法

D. 采用滚动预算法编制预算，短期滚动预算可以逐月滚动、逐季滚动或混合滚动，中期滚动预算可以逐年滚动

9. 产品成本预算的编制基础有（　　）。

A. 生产预算　　B. 直接材料预算　　C. 直接人工预算　　D. 制造费用预算

10. 下列各项预算中，与编制利润表预算直接相关的有（　　）。

A. 销售预算　　　　　　　　　　B. 生产预算

C. 产品成本预算　　　　　　　　D. 销售及管理费用预算

三、判断题

1. 财务战略属于局部性、长期性和导向性的重大谋划。（   ）
2. 财务战略的选择必须与宏观经济周期相适应。（   ）
3. 财务战略的选择必须与企业发展阶段相适应。（   ）
4. 在企业的衰退期，企业财务战略的关键是如何回收现有投资，并将退出的投资现金流返还给消费者。（   ）
5. 财务预算为总预算，其他预算为辅助预算或分预算。（   ）
6. 在编制零基预算时，应以企业现有的费用水平为基础。（   ）
7. 能够克服固定预算缺点的预算方法是滚动预算。（   ）
8. 销售管理费用预算是根据生产预算来编制的。（   ）
9. 预计资产负债表是以本期期初实际资产负债表各项目的数字为基础，作必要的调整来进行编制的。（   ）
10. 生产预算是日常业务预算中唯一仅以实物量作为计量单位的预算，不直接涉及现金收支。（   ）

四、简答题

1. 试说明 SWOT 分析法的原理及应用。
2. 如何根据企业发展周期、宏观经济周期阶段选择合适的财务战略？
3. 请说明预算编制的主要方法有哪些，以及每种方法的优缺点。

【实务自测】

1. 下表为某公司 2020 年的现金预算。假设期末现金最低余额为 4 000 元，银行借款起点为 1 000 元，贷款利率每年 6%，还本时付息，于每季初借入，每季末偿还。请将下表中（1）~（35）空缺补齐。

2020 年度现金预算　　　　　　　　　　　　　单位：元

项　目	第一季度	第二季度	第三季度	第四季度	全年合计
期初余额	4 000	（6）	（12）	4 561	（25）
加：现金收入	（1）	16 300	17 700	（17）	65 900
可动用现金合计	16 800	（7）	22 620	（18）	（26）
减：现金支出					
采购材料	4675	4 470	（13）	4 990	（27）
人工成本	6 780	7 380	7 980	（19）	30 660
费用	（2）	2 713	2 794	2 869	（28）

续表

项　目	第一季度	第二季度	第三季度	第四季度	全年合计
支付股息	1 000	—	—	—	(29)
购买设备	—	500	1 500	—	(30)
现金支出合计	(3)	15 063	(14)	(20)	(31)
现金收支差额	1713	(8)	5 606	(21)	(32)
银行借款	(4)	—	—	—	3 000
偿还借款	—	(9)	1 000	(22)	(33)
利息	—	(10)	(15)	(23)	(34)
期末余额	(5)	(11)	(16)	(24)	(35)

2. 某企业第四季度销售预算如下表所示。

销售预算　　　　　　　　　　　　　　　　　　　单位：元

项　目	预计销售金额	预期现金收入		
		10月	11月	12月
期初应收账款	52 500	(1)	(2)	
10月销售收入	100 000	(3)	(4)	(5)
11月销售收入	150 000		(6)	(7)
12月销售收入	170 000			(8)
期末应收账款	(9)			
合　计	(10)	(11)	(12)	(13)

假设该企业销售货款当月可收回50%，次月收回30%，第三个月收回余额。

期初应收账款52 500元，其中8月销售的应收账款为12 000元，9月销售的应收账款为40 500元。

要求：(1) 计算第四季度的预期现金收入，填入上表各栏。(2) 计算第四季度末应收账款。

【案例分析】

1. 华为技术有限公司成立于1987年，总部位于中国广东省深圳市龙岗区。华为是全球领先的信息与通信技术（ICT）解决方案供应商，专注于ICT领域。公司坚持稳健经营、持续创新、开放合作。2013年，华为首超全球第一大电信设备商爱立信，排名《财富》世界500强第315位。华为的产品和解决方案已经应用于全球170多个国家，服务全球运营商50强中的45家及全球1/3的人口。随着中美贸易摩擦升级，华为2019年在海外业务遭受重创，"华为风波"也被推至风口浪尖。

要求：根据上述资料，请查阅华为企业的相关信息，运用SWOT分析方法，对华为公司内部环境与外部环境进行简要分析。

2. 宁波杉杉股份有限公司成立于1992年，公司自1996年股票上市以来由国内第一家上市的服装企业转型为新能源上市企业，现有业务覆盖锂离子电池材料、锂离子电容、电池PACK、充电桩建设及新能源汽车运营和能源管理服务等新能源业务，以及服装、创投和融资租赁等非新能源业务，其中新能源成为公司主要的业绩来源及未来发展重点。

要求：请根据上述资料，查阅杉杉股份有限公司的发展规划及战略，以小组为单位完成以下任务。

（1）试说明杉杉股份有限公司在不同发展阶段采用的是何种企业战略及财务战略？

（2）简要评述杉杉股份有限公司的财务战略是否匹配企业的发展战略？是否存在改进的空间？

（3）在小组讨论基础上写出综合分析报告。

第 5 章　长期筹资方式

导入语

长期筹资是指企业按照经营活动、投资活动和调整资本结构等长期需要，通过长期筹资渠道和资本市场，运用长期筹资方式，经济有效地筹措和集中长期资本的活动。

任何企业的生存发展都离不开筹资，例如有些企业为了增加经营收入，提高利润水平，必须始终维持一定的资本水平。

同时，企业的对外投资活动也需要筹措资本，例如企业为了保证原材料供给，对原料供应商追加投资，从而获得供应商的控制权。

此外，由于企业所处的内外部环境是变化的，因而适时调整资本结构也需要筹集资本，例如企业负债比率过高，偿债压力大，就可以通过筹资来调整资本结构。

本章将对长期投资的几种方式进行介绍。

引导案例

阿里巴巴的融资历程[*]

阿里巴巴集团，作为全球领先的电子商务和互联网科技公司，其发展历程中融资策略的选择对于公司的成长和扩张起到了至关重要的作用。本案例通过阿里巴巴在不同发展阶段的融资方式选择，详细分析上市公司筹资方式的多样性和策略性。

1. 初创期（1999~2001 年）

在初创期，阿里巴巴面临着资金短缺的严峻挑战。尽管公司推出了英文全球贸易批发市场的阿里巴巴网站，但初始的 50 万元资金对于需要大量资金投入的互联网

---

[*] 资料来源：市值 4 700 亿美金的阿里巴巴 8 次融资历程、股权结构演变深度解［EB/OL］. https：//guba. sina. com. cn/? bid = 13015&s = thread&tid = 3094.

企业来说显得杯水车薪。公司运营仅八个月，资金便所剩无几。

筹资方式选择：风险投资

在资金极度紧张的情况下，马云坚持原则，拒绝了多家风险投资机构，最终接受了以高盛为首的数家投资机构所投资的500万美元。这一轮融资不仅解决了公司的燃眉之急，更为阿里巴巴带来了宝贵的行业资源和管理经验。高盛的投资不仅是对阿里巴巴商业模式的认可，也为公司后续融资奠定了坚实基础。

2. 成长期（2002~2003年）

随着业务的逐步扩展，阿里巴巴进入了成长期。此时，公司需要更多的资金来支持技术研发、市场推广和团队建设。

筹资方式选择：私募股权融资

在成长期，阿里巴巴通过私募股权融资的方式，吸引了包括软银在内的多家知名投资机构。其中，软银孙正义的投资尤为关键，他一次性向阿里巴巴注资2 000万美元，并在后续追加投资至数亿美元。这些资金极大地推动了阿里巴巴的技术研发和市场拓展，使其在全球电子商务领域崭露头角。

3. 快速扩张期（2004~2013年）

进入快速扩张期后，阿里巴巴的业务范围迅速扩大，涵盖了B2B、B2C、C2C等多个领域。为了支持这一阶段的快速发展，公司需要更大规模的资金支持。

筹资方式选择：多元化融资

在这一阶段，阿里巴巴采取了多元化的融资策略。一方面，公司通过多次增发和配股的方式，从资本市场筹集了大量资金。这些资金直接用于公司的技术研发、市场推广和业务拓展。另一方面，阿里巴巴还通过发行债券、引入战略投资者等方式，进一步丰富了融资渠道。例如，阿里巴巴与雅虎达成战略合作，雅虎向阿里巴巴投资10亿美元，并获得了阿里巴巴的部分股权。

4. 上市期（2013~2014年）

经过多年的快速发展，阿里巴巴的市值和影响力不断提升，最终于2014年在美国纽约证券交易所成功上市。

筹资方式选择：首次公开募股（IPO）

阿里巴巴的IPO是全球资本市场的一大盛事，公司成功融资数百亿美元，成为全球最大的IPO之一。这笔资金不仅极大地增强了阿里巴巴的财务实力，更为其未来的全球扩张和技术创新提供了强大支持。通过IPO，阿里巴巴不仅筹集到了大量资金，还提升了公司的知名度和品牌形象，吸引了更多投资者的关注和信任。

5. 成熟期（2014年至今）

进入成熟期后，阿里巴巴在保持业务稳定增长的同时，也积极探索新的增长点。为了支持这些新业务的发展，公司继续采取多元化的融资策略。

筹资方式选择：债券发行、可转换债券等

在成熟期，阿里巴巴通过发行债券、可转换债券等方式筹集资金。这些融资方式不仅为公司提供了稳定的资金来源，还降低了融资成本。例如，可转换债券在转股前属于债权融资，具有较低的融资成本；一旦转股成功，就会成为股权融资的一部分，有助于优化公司的资本结构。

6. 总结

阿里巴巴的融资历程充分展示了上市公司在筹资方式选择上的多样性和策略性。从初创期的风险投资到成长期的私募股权融资，再到快速扩张期的多元化融资和上市期的 IPO，阿里巴巴根据不同发展阶段的需求灵活选择筹资方式，为公司的快速发展提供了有力支持。

对于其他上市公司而言，阿里巴巴的融资案例具有重要的借鉴意义。首先，公司应根据自身的发展阶段和资金需求选择合适的筹资方式；其次，应充分利用资本市场的力量，通过多元化的融资渠道筹集资金；最后，应注重与投资者的沟通和合作，建立长期稳定的合作关系。只有这样，才能在激烈的市场竞争中保持竞争优势，实现可持续发展。

学习目标

本章主要讲授长期筹资方式，通过本章的学习，重点掌握以下内容。

1. 理解长期筹资的动机、原则、渠道和类型
2. 掌握股票的分类、股票发行定价的方法，理解普通股筹资的优缺点
3. 掌握长期借款的种类、银行借款的信用条件、企业对贷款银行的选择，理解长期借款筹资的优缺点
4. 掌握债券的种类、债券发行定价的方法、债券的信用评级，理解债券筹资的优缺点
5. 掌握租赁的种类，理解融资租赁筹资的优缺点
6. 掌握可转换债券的特性、转换期限、转换价格和转换比率，理解可转换债券筹资的优缺点
7. 理解优先股、认股权证的含义、特点和作用

5.1 长期筹资概述

长期筹资是企业筹资的主要方面。本节主要讲述企业长期筹资的意义、长期筹

资的动机、长期筹资的原则、长期筹资的渠道和长期筹资的类型，以便对企业长期筹资有一个总体的把握。

5.1.1 长期筹资的意义

长期筹资对于任何企业都是必要的。下面主要讲述企业长期筹资的概念和意义。

1. 长期筹资的概念

任何企业在创立和发展过程中都需要筹资。企业筹资活动是指企业作为筹资主体，根据经营活动、投资活动和资本结构调整等需要，通过一定的金融市场和筹资渠道，采用一定的筹资方式，经济有效地筹措和集中资本的活动。筹资活动是企业的一项重要财务活动，其相关的业务是企业的基本经济业务。

企业的筹资可以分为短期筹资和长期筹资。长期筹资是指企业通过长期筹资渠道和资本市场，运用长期筹资方式，经济有效地筹措和集中长期资本的活动。长期筹资是企业筹资的主要内容，短期筹资则归为营运资本管理的内容。

资本是企业经营和投资活动的一种基本要素，是企业创建和生存发展的一个必要条件。一个企业从创建到生存发展的整个过程都需要筹集资本。企业最初创建时就需要筹资，以获得设立一个企业所必需的初始资本。

企业要长期生存与发展，需要经常持有一定规模的长期资本。企业需要长期资本的原因主要有：购建固定资产，取得无形资产，开展长期投资等。企业的长期资本一般是通过投入资本、发行股票、发行债券、长期借款和融资租赁等筹资方式取得或形成的。

2. 长期筹资的意义

（1）任何企业在生存发展过程中，都需要始终维持一定的资本规模，由于生产经营活动的发展变化，往往需要追加筹资。例如，有的企业为了增加经营收入，降低成本费用，提高利润水平，需要根据市场需求的变化，扩大生产经营规模，调整生产经营结构，研制开发新产品，所有这些经营策略的实施通常都要求有一定的资本。

（2）企业为了稳定一定的供求关系并获得一定的投资收益，对外开展投资活动，往往也需要筹集资本。例如，有的企业为了保证其产品生产所必需的原材料供应，向供应商投资并获得控制权。

（3）企业根据内外部环境的变化，适时采取调整企业资本结构的策略，也需要及时筹集资本。例如，有的企业由于资本结构不合理，负债比率过高，偿债压力过大，财务风险过高，主动通过筹资来调整资本结构。企业持续的生产经营活动不断产生对资本的需求，需要筹措和集中资本；同时，企业因开展对外投资活动和调整资本结构，也需要筹措和集中资本。

5.1.2 长期筹资的动机

企业筹资的基本目的是维持自身的生存与发展。企业在持续的生存与发展中，其具体的筹资活动通常受特定的筹资动机所驱使。企业筹资的具体动机是多种多样的，例如，为购置设备、引进新技术、开发新产品而筹资；为对外投资、并购其他企业而筹资；为现金周转与调度而筹资；为偿付债务和调整资本结构而筹资；等等。在企业筹资的实际活动中，这些具体的筹资动机有时是单一的，有时是复合的，归纳起来有三种基本类型，即扩张性筹资动机、调整性筹资动机和混合性筹资动机。企业筹资的动机对筹资行为及其结果有直接影响。

1. 扩张性筹资动机

扩张性筹资动机是企业因扩大生产经营规模或增加对外投资的需要而产生的追加筹资动机。处于成长时期、具有良好发展前景的企业通常会产生这种筹资动机。例如，企业产品供不应求，需要增加市场供应；开发生产适销对路的新产品；追加有利的对外投资规模；开拓有发展前途的对外投资领域等，往往都需要追加筹资。扩张性筹资动机所产生的直接结果是企业资产总额和资本总额的增加。

例如，甲公司根据扩大生产经营和对外投资的需要，现追加筹资4 500万元。该企业扩张筹资前的资产和筹资规模如表5-1中的（A）栏所示。其中，追加长期借款2 500万元，追加企业所有者投入资本2 000万元，追加存货价值1 500万元，追加设备价值1 500万元，追加长期股权投资1 500万元，假定其他项目没有发生变动。在采取这种扩张筹资后，该公司的资产和资本总额如表5-1中的（B）栏所示。

表5-1　　　　　甲公司扩张筹资前后资产和资本总额变动表　　　　单位：万元

资产	扩张筹资前（A）	扩张筹资后（B）	资本	扩张筹资前（A）	扩张筹资后（B）
现金	500	500	应付账款	1 500	1 500
应收账款	2 500	2 500	短期借款	1 500	1 500
存货	2 000	3 500	长期借款	1 000	3 500
长期股权投资	1 000	2 500	应付债券	2 000	2 000
固定资产	4 000	5 500	股东权益	4 000	6 000
资产总额	10 000	14 500	资本总额	10 000	14 500

通过对表5-1中（A）栏、（B）栏的金额进行比较可以看出，该公司采取扩张筹资后，资产总额从10 000万元增至14 500万元，与此相应地，资本总额也从

10 000万元增至14 500万元，这是公司扩张筹资带来的直接结果。

2. 调整性筹资动机

企业的调整性筹资动机是企业因调整现有资本结构的需要而产生的筹资动机。简言之，资本结构是指企业各种筹资的构成及其比例关系，企业的资本结构是由企业采取的各种筹资方式组合而形成的。一个企业在不同时期由于筹资方式的不同组合会形成不尽相同的资本结构，随着相关情况的变化，现有的资本结构可能不再合理，需要相应地予以调整，使之趋于合理。

企业产生调整性筹资动机的原因有很多。例如，一个企业有些债务到期必须偿付，企业虽然具有足够的偿债能力偿付这些债务，但为了调整现有的资本结构，仍然举债，从而使资本结构更加合理。再如，一个企业由于客观情况的变化，现有的资本结构中债务筹资所占的比例过大，财务风险过高，偿债压力过大，需要降低债务筹资的比例，因而采取债转股等措施予以调整，使资本结构适应客观情况的变化而趋于合理。

例如，甲公司调整筹资前的资产和筹资规模如表5-2中的（A）栏所示。该公司经分析认为这种资本结构不再合理，需要采取债转股措施予以调整。调整筹资后的资产和资本情况见表5-2中的（B）栏。

表5-2　　　　甲公司调整筹资前后资产和资本总额变动表　　　单位：万元

资产	调整筹资前（A）	调整筹资后（B）	资本	调整筹资前（A）	调整筹资后（B）
现金	500	500	应付账款	2 000	2 000
应收账款	2 500	2 500	短期借款	1 000	1 000
存货	2 000	2 000	长期借款	4 000	2 000
长期股权投资	1 000	1 000	应付债券	1 000	1 000
固定资产	4 000	4 000	股东权益	2 000	4 000
资产总额	10 000	10 000	资本总额	10 000	10 000

甲公司调整筹资前的资本结构中债务筹资比例占80%，股权筹资比例占20%。调整筹资后的资本结构改变为债务筹资比例降至60%，股权筹资比例升至40%，该公司的资产和筹资规模并没有发生变化，纯粹是为调整资本结构而筹资。

3. 混合性筹资动机

企业既为扩大规模又为调整资本结构而产生的筹资动机，称为混合性筹资动机，即这种混合性筹资动机中兼容了扩张性筹资和调整性筹资两种筹资动机。在这种混合性筹资动机的驱使下，企业通过筹资，既扩大了资产和资本的规模，又调整了资本结构。

> **延伸思考**
>
> 企业为何要调整资本结构？如何寻找最佳的资本结构？

5.1.3 长期筹资的原则

长期筹资是企业的基本财务活动，是企业扩大生产经营规模和调整资本结构所必须采取的行为。为了经济有效地筹集长期资本，长期筹资必须遵循合法性、效益性、合理性和及时性等基本原则。

1. 合法性原则

企业的长期筹资活动影响社会资本及资源的流向和流量，涉及相关主体的经济权益，为此，必须遵守国家有关法律法规，依法履行约定的责任，维护有关各方的合法权益，避免非法筹资行为给企业本身及相关主体造成损失。

2. 效益性原则

企业的长期筹资与投资在效益上应当相互权衡。企业投资是决定企业是否要长期筹资的重要因素。投资收益与资本成本相比较的结果，决定是否要追加筹资；而一旦采纳某个投资项目，其投资数量就决定了所需长期筹资的数量。因此，企业在长期筹资活动中，一方面要认真分析投资机会，避免不顾投资效益的盲目筹资；另一方面，由于不同长期筹资方式的资本成本不同，也需要综合研究各种长期筹资方式，寻求最优的长期筹资组合，以降低资本成本，经济有效地筹集长期资本。

3. 合理性原则

长期筹资必须合理确定所需筹资的数量。企业的长期筹资不论通过哪些筹资渠道，运用哪些筹资方式，都要预先确定筹资的数量。企业筹资固然应当广开财路，但也必须有合理的限度，使所需筹资的数量与投资所需数量达到平衡，避免因筹资数量不足而影响投资活动，或因筹资数量过剩而影响投资效益。

企业的长期筹资还必须合理确定资本结构。合理确定企业的资本结构，主要有两方面的内容：一方面是合理确定股权资本与债务资本的结构，也就是合理确定企业的债务资本规模或比例，债务资本规模应当与股权资本规模和偿债能力的要求相适应。在这方面，既要避免债务资本过多，导致财务风险过高，偿债负担过重，又要有效利用债务资本经营，提高股权资本的收益水平。另一方面是合理确定长期资本与短期资本的比例，也就是合理确定企业全部资本的期限结构，使之与企业资产所需持有的期限相匹配。

4. 及时性原则

企业的长期筹资必须根据企业资本的投放时间安排来予以筹划，及时取得资本来源，使筹资与投资在时间上协调。企业投资一般都有投放时间的要求，尤其是证券投资，其投资的时间性要求非常重要，筹资必须与此相配合，避免筹资过早而造成投资前的资本闲置或筹资滞后而贻误投资的有利时机。

5.1.4 长期筹资的渠道

企业的长期筹资需要通过一定的长期筹资渠道和资本市场。不同的长期筹资渠道各有特点和适用性，需要加以分析研究。企业的筹资渠道是指企业筹集资本来源的方向与通道，体现资本的源泉和流量。筹资渠道主要由社会资本提供者的数量及分布决定。目前，我国社会资本提供者的数量众多，分布广泛，为企业筹资提供了广泛的资本来源。认识企业筹资渠道的种类及其特点和适用性，有利于企业充分开拓和利用筹资渠道，实现各种筹资渠道的合理组合，有效筹集长期资本。

企业的长期筹资渠道可以归纳为如下几种。

1. 政府财政资本

政府财政资本历来是国有企业筹资的主要来源，政策性很强，通常只有国有独资或国有控股企业才能利用。政府财政资本具有广阔的源泉和稳固的基础，并在国有企业资本金预算中安排，今后仍然是国有独资或国有控股企业股权资本筹资的重要渠道。

2. 银行信贷资本

银行信贷资本是各类企业筹资的重要来源。银行一般分为商业银行和政策性银行。在我国，商业银行主要有中国工商银行、中国农业银行、中国建设银行、中国银行等；政策性银行有国家开发银行、中国农业发展银行和中国进出口银行。商业银行可以为各类企业提供各种商业性贷款；政策性银行主要为特定企业提供一定的政策性贷款。银行信贷资本拥有居民储蓄、单位存款等经常性的资本来源，贷款方式灵活多样，可以适应各类企业长期债务资本筹集的需要。

3. 非银行金融机构资本

非银行金融机构资本也可以为一些企业提供一定的长期筹资来源。非银行金融机构是指除银行以外的各种金融机构及金融中介机构。在我国，非银行金融机构主要有租赁公司、保险公司、企业集团的财务公司以及信托投资公司、证券公司。它们有的集聚社会资本，融资融物；有的承销证券，提供信托服务，为一些企业直接筹集资本，或为一些公司发行证券筹资提供承销信托服务。这种筹资渠道的财力虽然比银行小，但具有广阔的发展前景。

4. 其他法人资本

其他法人资本有时亦可为筹资企业提供一定的长期筹资来源。在我国，法人可分为企业法人、事业单位法人和团体法人等。它们在日常资本运营中，有时也可能形成部分暂时闲置的资本，为了让其发挥一定的效益，也需要相互融通，这就为企业提供了一定的长期筹资来源。

5. 民间资本

民间资本可以为企业直接提供筹资来源。我国企业和事业单位的职工和广大城乡居民持有大量的货币资本，可以对一些企业直接进行投资，为企业筹资提供资本来源。

6. 企业内部资本

企业内部资本主要是指企业通过提取盈余公积和保留未分配利润形成的资本。这是企业内部形成的筹资渠道，比较便捷，有盈利的企业都可以加以利用。

7. 国外和我国港澳台地区资本

在改革开放的市场条件下，国外以及我国香港、澳门和台湾地区的投资者持有的资本，亦可加以吸收，从而形成外商投资企业的筹资渠道。

对我国企业而言，在上述各种长期筹资渠道中，政府财政资本、其他法人资本、民间资本、企业内部资本、国外和我国港澳台地区资本，可以成为特定企业股权资本的筹资渠道；银行信贷资本、非银行金融机构资本、其他法人资本、民间资本、国外和我国港澳台地区资本，可以成为特定企业债务资本的长期筹资渠道。

5.1.5　长期筹资的类型

由于筹资范围、筹资机制和资本属性不同，企业的长期筹资区分为各种不同类型。

1. 内部筹资与外部筹资

企业的长期筹资按资本来源的范围不同，可分为内部筹资和外部筹资两种类型。企业一般应在充分利用内部筹资来源之后，再考虑外部筹资问题。

（1）内部筹资。内部筹资是指企业在内部通过留用利润形成的资本来源。内部筹资是在企业内部自然形成的，因此被称为自动化的资本来源，一般无须花费筹资费用，其数量通常由企业可分配利润的规模和利润分配政策（或股利政策）决定。

（2）外部筹资。外部筹资是指企业在内部筹资不能满足需要时，向企业外部筹资而形成的资本来源。处于初创期的企业，内部筹资的可能性是有限的；处于成长期的企业，内部筹资往往难以满足需要。于是，企业就要广泛开展外部筹资。

企业外部筹资的方式很多，主要有投入资本筹资、发行股票筹资、长期借款筹资、发行债券筹资和融资租赁筹资等。企业外部筹资大多需要花费筹资费用。例如，发行股票、发行债券需支付发行费用；取得长期借款有时需支付一定的手续费。

2. 直接筹资与间接筹资

企业的筹资活动按其是否借助银行等金融机构，可分为直接筹资和间接筹资两种类型。

（1）直接筹资。直接筹资是指企业不借助银行等金融机构，直接与资本所有者协商融通资本的一种筹资活动。在直接筹资过程中，筹资企业无须借助银行等金融机构，而是直接与资本所有者协商，采用一定的筹资方式取得资本。在我国，随着宏观金融体制改革的深入，直接筹资得以不断发展。

具体而言，直接筹资主要有投入资本、发行股票、发行债券等方式。

（2）间接筹资。间接筹资是指企业借助银行等金融机构融通资本的筹资活动。这是一种传统的筹资类型。在间接筹资活动过程中，银行等金融机构发挥着中介作用。它们先集聚资本，然后提供给筹资企业。间接筹资的基本方式是银行借款和融资租赁。

直接筹资与间接筹资相比，两者有明显的区别，主要表现为以下几个方面。

一是筹资机制不同。直接筹资依赖于资本市场如证券交易所，以各种证券（如股票和债券）为媒介；而间接筹资既可运用市场机制，也可运用计划或行政手段。

二是筹资范围不同。直接筹资具有广阔的领域，可利用的筹资渠道和筹资方式比较多；而间接筹资的范围相对较窄，可利用的筹资渠道和筹资方式比较少。

三是筹资效率和筹资费用高低不同。直接筹资程序较为繁杂，准备时间较长，故筹资效率较低，筹资费用较高；而间接筹资过程简单，手续简便，故筹资效率较高，筹资费用较低。

四是筹资效应不同。直接筹资可使企业最大限度地筹集社会资本，有利于提高企业的知名度和资信度，改善企业的资本结构；而间接筹资主要是满足企业资本周转的需要。

3. 股权性筹资、债务性筹资与混合性筹资

按照资本属性的不同，长期筹资可以分为股权性筹资、债务性筹资和混合性筹资。

（1）股权性筹资。股权性筹资形成企业的股权资本，亦称权益资本，是企业依法取得并长期拥有，可自主调配运用的资本。根据我国有关法规制度规定，企业的股权资本由投入资本（或股本）、资本公积、盈余公积和未分配利润组成。按照国际惯例，股权资本通常包括实收资本（或股本）和留用利润（或保留盈余、留存收益）两大部分。股权性筹资具有下列特性：一是股权资本的所有权归属于企业的所有者。企业所有者依法凭其所有权参与企业的经营管理和利润分配，并对企业的债务承担有限或无限责任。二是企业对股权资本依法享有经营权。在企业存续期间，企业有权调配使用股权资本，企业所有者除了依法转让其所有权外，不得以任何方

式抽回其投入的资本,因而股权资本被视为企业的永久性资本。

我国企业的股权资本一般是通过政府财政资本、其他法人资本、民间资本、企业内部资本,以及国外和我国港澳台地区资本等筹资渠道,采用投入资本和发行股票等方式形成的。

(2)债务性筹资。债务性筹资形成企业的债务资本,亦称债务资本,是企业依法取得并依约运用、按期偿还的资本。债务性筹资具有下列特性:第一,债务资本体现企业与债权人的债务与债权关系。它是企业的债务,是债权人的债权。第二,企业的债权人有权按期索取债权本息,但无权参与企业的经营管理和利润分配,对企业的其他债务不承担责任。第三,企业对持有的债务资本在约定的期限内享有经营权,并承担按期还本付息的义务。

我国企业的债务资本一般是通过银行信贷资本、非银行金融机构资本、其他法人资本、民间资本、国外和我国港澳台地区资本等筹资渠道,采用长期借款、发行债券和融资租赁等方式取得或形成的。

企业的股权资本与债务资本具有一定的比例关系,合理安排股权资本与债务资本的比例关系即资本结构,是企业长期筹资的一个核心问题。

(3)混合性筹资。混合性筹资是指兼具股权性筹资和债务性筹资双重属性的长期筹资类型,主要包括发行优先股筹资和发行可转换债券筹资。从筹资企业的角度看,优先股股本属于企业的股权资本,但优先股股利同债券利率一样,通常是固定的,因此,优先股筹资归为混合性筹资。从筹资企业的角度看,可转换债券在其持有者将其转换为发行公司股票之前,属于债务性筹资;在其持有者将其转换为发行公司股票之后,则属于股权性筹资。可见,优先股筹资和可转换债券筹资都具有股权性筹资和债务性筹资双重属性,因此属于混合性筹资。

延伸思考

你认为股权性筹资、债务性筹资、混合性筹资中哪种方式更好?并说明其理由。

5.2 股权性筹资

企业的股权性筹资一般有投入资本筹资和发行普通股筹资,涉及企业的注册资本制度。因此,本节先介绍企业的注册资本制度,然后分别讲述投入资本筹资和发行普通股筹资。

5.2.1 注册资本制度

1. 注册资本的含义

一般而言,注册资本是企业法人资格存在的物质要件,是股东对企业承担有限责任的界限,也是股东行使股权的依据和标准。具体而言,注册资本是指企业在工商行政管理部门登记注册的资本总额。

根据《公司法》的规定,股份有限公司可以采取发起设立或者募集设立的方式。发起设立是指由发起人认购公司应发行的全部股份而设立公司。募集设立是指由发起人认购公司应发行股份的一部分,其余股份向社会公开募集或者向特定对象募集而设立公司。股份有限公司采取发起设立方式设立的,注册资本为在公司登记机关登记的全体发起人认购的股本总额;采取募集方式设立的,注册资本为在公司登记机关登记的实收股本总额。

有限责任公司的注册资本为在公司登记机关登记的全体股东认缴的出资额。

2. 注册资本制度的模式

从世界各国的情况来看,公司注册资本制度的模式主要有三种。

(1) 实缴资本制。实缴资本制又称实收资本制。这种注册资本制度规定公司的实收资本必须等于注册资本,否则公司不得设立。该制度由法国和德国首创,为多数大陆法系国家所采用,如欧洲大陆各国。实缴资本制一般规定公司注册资本的最低限额,并规定公司全体发起人或全体股东首次出资额的最低比例,其余部分限期缴足;有的还规定货币资本出资的最低比例。由此可见,实缴资本制对注册资本的规定比较严格,其宗旨是保护债权人的利益,维护公司经营的安全。

(2) 认缴资本制。认缴资本制又称授权资本制。它是指在公司设立时,在公司章程中确定资本总额,但不要求股东一次全部缴足,只要交付首次出资额,公司即可设立;其余部分可授权公司董事会根据需要随时发行。这种制度允许实收资本与注册资本不一致,公司增减资本比较灵活。认缴资本制由英国和美国创立,主要为英美法系的国家和地区所采用。

(3) 折中资本制。折中资本制是介于实缴资本制和认缴资本制之间的一种注册资本制度。这种注册资本制度一般规定公司在设立时应明确资本总额,并规定首次出资额或出资比例以及缴足资本的最长期限。由此可见,该制度吸收了实缴资本制和认缴资本制的优点:一方面允许公司根据实际需要发行资本,以适应公司的经营需要;另一方面规定缴足资本的期限,有利于降低公司的经营风险。

我国曾实行实缴资本制。2006年修改后的《公司法》取消了按照公司经营内容区分最低注册资本额的规定,将有限责任公司的最低注册资本从10万~50万元统一降至 3 万元，将股份有限公司的最低注册资本从原来的 1 000 万元降至 500 万元。同时，由于各种原因，虽然最终没有采纳认缴资本制，但允许两种公司的资本都可以分期缴纳，而不必一次性缴足，只是要求全体股东的首次出资额不得低于注册资本的 20%，其余部分必须在 2 年内缴足，投资公司可以在 5 年内缴足。

2014 年国务院批准《注册资本登记制度改革方案》，推进工商注册制度便利化，加快政府职能转变，创新政府监管方式，建立公平开放透明的市场规则，保障创业创新。实行注册资本登记制度改革，将注册资本实缴登记制改为认缴登记制。除法律、行政法规以及国务院决定对公司注册资本实缴有另行规定的以外，取消了关于公司股东（发起人）应自公司成立之日起 2 年内缴足出资，投资公司在 5 年内缴足出资的规定；取消了一人有限责任公司股东应一次足额缴纳出资的规定。采取公司股东（发起人）自主约定认缴出资额、出资方式、出资期限等，并记载于公司章程的方式。同时，放宽注册资本登记条件。除对公司注册资本最低限额有另行规定的以外，取消了有限责任公司、一人有限责任公司、股份有限公司最低注册资本分别应达 3 万元、10 万元、500 万元的限制；不再限制公司设立时股东（发起人）的首次出资比例和货币出资比例。此外，简化登记事项和登记文件。有限责任公司股东认缴出资额，公司实收资本不再作为登记事项。公司登记时，不需要提交验资报告。

5.2.2　投入资本筹资

投入资本筹资是非股份制企业筹集股权资本的基本方式。

1. 投入资本筹资的含义和主体

（1）投入资本筹资的含义。按照国际惯例，企业的全部资本按其所有权的归属，可以分为股权资本和债务资本。企业的股权资本一般由投入资本（或股本）和留用利润构成。根据我国有关财务制度的规定，企业的股权资本包括资本金、资本公积金、盈余公积金和未分配利润。

企业的资本金是企业所有者为创办和发展企业而投入的资本，是企业股权资本最基本的部分。企业资本金因企业组织形式的不同而有不同的表现形式，在股份制企业中称为股本，在非股份制企业中则称为投入资本。

投入资本筹资是指非股份制企业以协议等形式吸收国家、其他企业、个人和外商等直接投入的资本，形成企业投入资本的一种长期筹资方式。投入资本筹资不以股票为媒介，适用于非股份制企业。它是非股份制企业筹集股权资本的一种基本方式。

（2）投入资本筹资的主体。一般而言，投入资本筹资的主体是指进行投入资本筹资的企业。从法律上讲，现代企业主要有三种组织形式，即独资制、合伙制和公司制。在我国，公司制企业又分为股份有限公司和有限责任公司。采用投入资本筹资的主体只能是非股份制企业，包括个人独资企业、合伙制企业和有限责任公司（包括国有独资公司）。

2. 投入资本筹资的种类

（1）投入资本筹资按所形成股权资本的构成分类。筹集国家直接投资，主要是国家财政拨款，形成企业的国有资本；筹集其他企业、单位等法人的直接投资，形成企业的法人资本；筹集本企业内部职工和城乡居民的直接投资，形成企业的个人资本；筹集外国投资者和我国港澳台地区投资者的直接投资，形成企业的外商资本。

（2）投入资本筹资按投资者的出资形式分类。筹集现金投资是企业筹集投入资本所乐于采用的形式。企业有了现金，可用于购置资产、支付费用，比较灵活方便。因此，企业一般争取投资者以现金方式出资。各国法律法规大多对现金出资比例作出规定，或由筹资各方协商确定。筹集非现金投资主要有两类：一是筹集实物资产投资，即投资者以房屋、建筑物、设备等固定资产和材料、燃料、产品等流动资产作价投资；二是筹集无形资产投资，即投资者以专利权、商标权、商誉、非专利技术、土地使用权等无形资产作价投资。

3. 投入资本筹资的程序

企业投入资本筹资一般应依照如下程序进行。

（1）确定投入资本筹资的数量。企业新建或扩大规模而进行投入资本筹资时，应当合理确定所需投入资本筹资的数量。国有独资企业的增资需由国家授权投资的机构或国家授权的部门决定，合资或合营企业的增资需由出资各方协商决定。

（2）选择投入资本筹资的具体形式。企业面向哪些方向、采用何种具体形式进行投入资本筹资，需要由企业和投资者双向选择，协商确定。企业应根据其生产经营等活动的需要以及协议等规定，选择投入资本筹资的具体方向和形式。

（3）签署决定、合同或协议等文件。企业投入资本筹资，不论是为了新建还是为了增资，都应当由有关方面签署决定或协议等书面文件。对于国有企业，应由国家授权投资的机构签署创建或增资拨款决定；对于合资企业，应由合资各方共同签订合资或增资协议。

（4）取得资本来源。签署拨款决定或投资协议后，应按规定或计划取得资本来源。吸收国家以现金投资的，通常有拨款计划，确定拨款期限、每期数额及划拨方式，企业可按计划取得现金；吸收出资各方以实物资产和无形资产投资的，应结合具体情况，采用适当方法，进行合理估值，然后办理产权转移手续，取得资产。

4. 筹集非现金投资的估值

企业筹集的非现金投资主要指流动资产、固定资产和无形资产，应按照评估确定或合同、协议约定的金额计价。

（1）筹集流动资产的估值。企业筹集的流动资产投资包括材料、燃料、产成品、在产品、自制半成品、应收款项和有价证券等。

①对于材料、燃料、产成品等，可采用现行市价法或重置成本法进行估值。

②对于在产品、自制半成品，可先按完工程度折算为相当于产成品的约当量，再按产成品的估价方法进行估值。

③对于应收款项，应针对具体情况，采用合理的估值方法：能够立即收回的应收账款，可以其账面价值作为评估价值；能够立即贴现的应收票据，可以其贴现值作为评估价值；不能立即收回的应收账款，应合理估计其坏账损失，并以其账面价值扣除坏账损失后的金额作为评估价值；能够立即变现的带息票据和计息债券，可以其面额加上持有期间的利息作为评估价值。

（2）筹集固定资产的估值。筹集的固定资产投资主要是机器设备、房屋建筑物等。

①对于筹集的机器设备，一般采用重置成本法和现行市价法进行估值；对有独立生产能力的机器设备，亦可采用收益现值法估值。评估价值应包括机器设备的直接成本和间接成本。

②房屋建筑物价值的高低是由多方面因素决定的，主要受原投资额、地理位置、质量、新旧程度等因素的影响，可采用现行市价法并结合收益现值法进行估值。

（3）筹集无形资产的估值。企业筹集的无形资产投资主要有专利权、专有技术、商标权、商誉、土地使用权、特许经营权、租赁权、版权等。

①对于能够单独计算自创成本或外购成本的无形资产，如专利权、专有技术等，可以采用重置成本法估值。

②对于在现时市场上有交易参照物的无形资产，如专利权、租赁权、土地使用权等，可采用现行市价法进行估值。

③对于无法确定研制成本或购买成本，又不能在市场上找到交易参照物，但能为企业持续带来收益的无形资产，如特许经营权、商标权、商誉等，可采用收益现值法估值。

5. 投入资本筹资的优缺点

投入资本筹资是我国企业筹资中最早采用的一种方式，也曾经是我国国有企业、集体企业、合资或联营企业普遍采用的筹资方式。它既有优点，也有不足。

（1）投入资本筹资的优点。投入资本筹资所筹取的资本属于企业的股权资本，与债务资本相比，它能提高企业的资信和借款能力；投入资本筹资不仅可以筹取现金，而且能够直接获得所需的先进设备和技术，与仅筹取现金的筹资方式相比，它能尽快形成生产经营能力，投入资本筹资的财务风险较低。

（2）投入资本筹资的缺点。投入资本筹资通常资本成本较高；投入资本筹资未能以股票为媒介，产权关系有时不够明晰，也不便于进行产权交易。

5.2.3　发行普通股筹资

发行股票筹资是股份有限公司筹集股权资本的基本方式。本节阐述在股票主板市场上发行普通股筹资的实务操作。发行优先股筹资的特殊问题将在5.4节中介绍。

1. 股票的含义和种类

（1）股票的含义。股票是股份有限公司为筹措股权资本而发行的有价证券，是持股人拥有公司股份的凭证。它代表持股人在公司中拥有股份的所有权。股票持有人即为公司的股东。公司股东作为出资人按投入公司的资本额享有所有者的资产收益、公司重大决策和选择管理者的权利，并以其所持股份为限对公司承担责任。

（2）股票的种类。股份有限公司根据筹资者和投资者的需要，发行各种不同的股票。股票的种类很多，可按不同的标准进行分类。

①股票按股东的权利和义务，可分为普通股和优先股。

普通股是公司发行的代表股东享有平等的权利、义务，不加特别限制，股利不固定的股票。普通股是最基本的股票。通常情况下，股份有限公司只发行普通股。普通股在权利和义务方面的特点是：普通股股东享有公司的经营管理权；普通股股利分配在优先股之后进行，并依公司盈利情况而定；公司解散清算时，普通股股东对公司剩余财产的请求权位于优先股股东之后；公司增发新股时，普通股股东具有优先认购权，可以优先认购公司所发行的股票。

优先股是公司发行的优先于普通股股东分取股利和公司剩余财产的股票。多数国家的公司法规定，优先股可以在公司设立时发行，也可以在公司增发新股时发行。有些国家的法律则规定，优先股只有在特殊情况下，如公司增发新股或清理债务时才准许发行。

②股票按票面有无记名，可分为记名股票和无记名股票。

记名股票是在股票票面上记载股东的姓名或者名称的股票，股东姓名或名称要记入公司的股东名册。记名股票一律用股东本名，其转让、继承要办理过户手续。

无记名股票是在股票票面上不记载股东的姓名或名称的股票，股东姓名或名称也不记入公司的股东名册，公司只记载股票数量、编号及发行日期。公司对社会公众发行的股票可以为无记名股票。无记名股票的转让、继承无须办理过户手续即可实现股权转移。

③股票按票面是否标明金额，可分为有面额股票和无面额股票。

有面额股票是公司发行的票面标有金额的股票。持有这种股票的股东对公司享有权利和承担义务的大小，以其所拥有的全部股票的票面金额之和占公司发行在外股票总面额的比例大小来定。《公司法》规定，股票应当标明票面金额。

无面额股票不标明票面金额，只在股票上载明所占公司股本总额的比例或股份数，故也称分权股份或比例股。之所以采用无面额股票，是因为股票价值实际上是随公司财产的增减而变动的。发行无面额股票，有利于促使投资者在购买股票时，注意计算股票的实际价值。

④股票按投资主体的不同，可分为国家股、法人股、个人股和外资股。

国家股是有权代表国家投资的部门或机构以国有资产向公司投入而形成的股份。国家股由国务院授权的部门或机构持有，并向公司委派股权代表。法人股是指企业法人依法以其可支配的资产向公司投入而形成的股份，或具有法人资格的事业单位和社会团体以国家允许用于经营的资产向公司投入而形成的股份。个人股为社会个人或本公司职工以个人合法财产投入公司而形成的股份。外资股是指外国和我国港澳台地区投资者购买的我国上市公司股票。

⑤股票按发行时间的先后，可分为始发股和新股。

始发股是设立时发行的股票。新股是公司增资时发行的股票。始发股和新股的发行具体条件、目的、发行价格不尽相同，但股东的权利、义务是一致的。

⑥股票按发行对象和上市地区分类。

我国目前发行的股票按发行对象和上市地区分为 A 股、B 股、H 股、N 股和 S 股等。A 股是指供我国个人或法人，以及合格的境外机构投资者（QFII，2003 年 7 月起开放）买卖，以人民币标明票面价值并以人民币认购和交易的股票。B 股是指供外国和我国港澳台地区的投资者，以及我国境内个人投资者（2001 年 2 月起开放）买卖，以人民币标明面值但以外币认购和交易的股票。A 股、B 股在上海、深圳证券交易所上市。H 股、N 股、S 股是指公司注册地在我国内地，但上市地分别是我国香港联交所、美国纽约证券交易所和新加坡交易所的股票。目前，我国股票有 A 股主板、创业板、中小板和科创板。

2. 股票公开发行的要求

（1）股份有限公司的资本划分为股份，每一股金额相等。

（2）股份采取股票的形式，股票是公司签发的证明股东所持股份的凭证。

（3）股票的发行实行公平、公正的原则，同种类的每一股份应当具有同等权利。

（4）同次发行的同种类股票，每股的发行条件和价格应当相同；任何单位或者个人所认购的股份，每股应当支付相同金额。

（5）股票发行价格既可以按票面金额（平价）确定，也可以按超过票面金额（溢价）的价格确定，但不得按低于票面金额（折价）的价格确定。

知识拓展：
北京证券交易所来了
二维码链接
（素材 5-1）

3. 股票公开发行的一般条件

在全面实行股票发行注册制改革之后,境内企业申请首次公开发行股票并在沪深交易所上市,应当符合下列条件。

(1) 符合证券法、中国证监会规定的发行条件。

(2) 发行后股本总额不低于 5 000 万元。

(3) 公开发行的股份达到公司股份总数的 25% 以上;公司股本总额超过 4 亿元的,公开发行股份的比例为 10% 以上。

(4) 市值及财务指标符合交易所《上市规则》规定的标准。

(5) 交易所要求的其他条件。

4. 股票的发行程序

全面实行股票发行注册制改革之后,交易所发行上市审核的步骤有以下两个。

(1) 申请与受理。发行人申请股票首次发行上市,应按照规定聘请保荐人进行保荐,并委托保荐人通过交易所发行上市审核业务系统报送发行上市申请文件。发行上市申请文件的内容与格式应当符合中国证监会和交易所的相关规定。交易所收到发行上市申请文件后 5 个工作日内,对文件进行核对,作出是否受理的决定,告知发行人及其保荐人,并在交易所网站公示。

政策速递:
全面注册制改革
如何重塑资本
市场生态
二维码链接
(素材 5-2)

(2) 审核。交易所对发行上市申请文件进行审核,通过提出问题、回答问题等多种方式,督促发行人及其保荐人、证券服务机构完善信息披露,真实、准确、完整地披露信息,提高信息披露的针对性、有效性和可读性,提升信息披露质量。审核程序包括:审核机构审核,由交易所设立的发行上市审核机构,对发行人的发行上市申请文件进行审核,出具审核报告。上市委员会审议,由交易所上市委员会对发行上市审核机构出具的审核报告和发行上市申请文件进行审议,提出审议意见。向证监会报送审核意见,交易所审核通过的,向中国证监会报送发行人符合发行条件、上市条件和信息披露要求的审核意见、相关审核资料和发行人的发行上市申请文件。此外,审核还可能涉及会后事项、审核中止与终止、复审等程序。

5. 股票的发行价格

首次公开发行股票,可以通过向网下投资者询价的方式确定股票发行价格,也可以通过发行人与主承销商自主协商直接定价等其他合法可行的方式确定发行价格。实践中主要有三种方式:直接定价、初步询价后定价以及采用累计投标询价方式定价。

(1) 直接定价。部分企业采用该种定价方式。根据《证券发行与承销管理办法》(2023),首次公开发行股票数量在 2 000 万股(含)以下且无老股转让计划的,可以通过直接定价的方式确定发行价格。需要注意的是,发行人若尚未盈利,则不得采用直接定价方式。

(2) 初步询价后定价。网下投资者报价后,发行人和主承销商根据初步询价情况协商确定发行价格。

（3）累计投标询价。累计投标询价机制，即新股发行定价采用两段式询价。第一阶段：发行人和主承销商向网下投资者初步询价后确定价格区间。第二阶段：发行人和主承销商在初步询价确定的发行价格区间内向网下投资者通过累计投标询价确定价格。

6. 普通股筹资的优缺点

股份有限公司运用普通股筹集股权资本，与优先股、公司债券、长期借款等筹资方式相比，有其优点和缺点。

（1）普通股筹资的优点。

①普通股筹资没有固定的股利负担。公司有盈利，并认为适合分配股利，可以分给股东；公司盈利较少，或虽有盈利但资本短缺或有更有利的投资机会，也可以少支付或者不支付股利。但对于债券或借款的利息，无论企业是否盈利及盈利多少，都必须支付。

②普通股股本没有规定的到期日，无须偿还，它是公司的永久性资本，除非公司清算，才予以清偿。这对于保证公司对资本的最低需要额、促进公司持续稳定经营具有重要作用。

③利用普通股筹资的风险小。由于普通股股本没有固定的到期日，一般也不用支付固定的股利，不存在还本付息的风险。

④发行普通股筹集股权资本能提升公司的信誉。普通股股本以及由此产生的资本公积金和盈余公积金等，是公司筹措债务资本的基础。较多的股权资本有利于提高公司的信用价值，同时可为利用更多的债务资本筹资提供强有力的支持。

（2）普通股筹资的缺点。

①资本成本较高。一般而言，普通股筹资的成本要高于债务资本。这主要是普通股风险较大，相应要求较高的报酬，且股利要从所得税后利润中支付，而债务筹资方式的债权人风险较小，所支付的利息允许在税前扣除。此外，普通股发行成本也较高。一般来说，发行证券费用最高的是普通股，其次是优先股，再次是公司债券，最后是长期借款。

②利用普通股筹资，增加新股东时，一方面可能会分散公司的控制权；另一方面，新股东对公司已积累的盈余具有分享权，会降低普通股的每股收益，从而可能引起普通股股价的下跌。

延伸思考

除了首次公开发行股票（IPO）外，你还知道哪些其他的股票筹资方式？

5.3 债务性筹资

债务性筹资是指企业通过借款、发行债券和融资租赁等方式筹集的长期债务资本。本节介绍长期借款、发行债券和融资租赁三种长期债务性筹资方式。

5.3.1 长期借款筹资

长期借款筹资是各类企业通常采用的一种债务性筹资方式。

1. 长期借款的种类

长期借款是指企业向银行等金融机构以及向其他单位借入的、期限在 1 年以上的各种借款。长期借款有以下不同的种类。

（1）长期借款按提供贷款的机构，可分为政策性银行贷款、商业银行贷款和其他金融机构贷款。

①政策性银行贷款，是执行国家政策性贷款业务的银行（通称政策性银行）提供的贷款，通常为长期贷款。

②商业银行贷款，包括短期贷款和长期贷款。其中，长期贷款的期限长于 1 年；企业与银行之间要签订借款合同，含有对借款企业的具体限制条件；有规定的借款利率，可固定，亦可随基准利率的变动而变动；主要实行分期偿还方式，一般每期偿还金额相等，也可采用到期一次偿还方式。

③其他金融机构贷款。其他金融机构对企业的贷款一般较商业银行贷款的期限更长，要求的利率较高，对借款企业的信用要求和担保的选择也比较严格。

（2）长期借款按用途分为固定资产投资借款、更新改造借款、技术改造借款、基建借款、网点设施借款、科技开发和新产品试制借款等。

（3）长期借款按有无担保，分为信用贷款和担保贷款。

①信用贷款是指以借款人的信誉发放的贷款，借款人不需要提供担保。这种贷款方式风险较大，银行通常要对借款方的经济效益、经营管理水平、发展前景等情况进行详细考察，以降低风险。

②担保贷款是指银行在发放贷款时，要求借款人提供担保，以保障贷款债权的受偿。担保贷款按担保方式，可分为保证贷款、抵押贷款和质押贷款。

保证贷款，是指保证人和债权人约定，当债务人不履行债务时，保证人按照约定履行债务或者承担责任的贷款。具有代为清偿债务能力的法人、其他组织或者公民，可以作保证人。学校等以公益为目的的事业单位、社会团体不得为保证人；企业法人的分支机构、职能部门不得为保证人。

抵押贷款，是指债务人或者第三人不转移抵押财产，将该财产作为债权担保的贷款。可以抵押的财产主要有机器、交通运输工具、房屋和其他地上附着物等。

质押贷款，是指债务人或者第三人以其动产或权利作质押，将该动产或权利作为债权担保的贷款。质押的动产应移交债权人。可以质押的权利主要有汇票、支票、本票、债券、存款单、仓单、提单，依法可以转让的股份、股票，依法可以转让的商标专用权、专利权、著作权中的财产权。

2. 银行借款的信用条件

按照国际惯例，银行借款往往附加一些信用条件，主要有授信额度、周转授信协议、补偿性余额。

（1）授信额度。授信额度是借款企业与银行间正式或非正式协议规定的企业借款的最高限额。通常在授信额度内，企业可随时按需要向银行申请借款。例如，在正式协议下，约定某企业的授信额度为5 000万元，该企业已借用3 000万元且尚未偿还，则该企业仍可申请2 000万元。但在非正式协议下，银行并不承担按最高借款限额保证贷款的法律义务。

（2）周转授信协议。周转授信协议是一种经常被大公司使用的正式授信额度。与一般授信额度不同，银行对周转信用额度负有法律义务，有的向企业收取一定的承诺费用，按企业未使用授信额度的一定比例（2%左右）计算；有的不额外收费。

（3）补偿性余额。补偿性余额是银行要求借款企业保持按贷款限额或实际借款额的10%~20%的平均存款余额留存银行。银行通常都有这种要求，目的是降低银行贷款风险，提高贷款的有效利率，补偿银行的损失。例如，如果某企业需借款80 000元以清偿到期债务，贷款银行要求维持20%的补偿性余额，那么该企业为了获取80 000元必须借款100 000元。如果名义利率为8%，则实际利率为：

$$\frac{100\ 000 \times 8\%}{100\ 000 \times (1-20\%)} = 10\%$$

3. 企业对贷款银行的选择

借款企业除了考虑借款种类、借款成本等因素外，还要对贷款银行进行分析，作出选择。对贷款银行的选择，通常要考虑以下几个方面。

（1）银行对贷款风险的政策。有些银行倾向于保守政策，只愿承担较小的贷款风险；而有些银行则富有开拓性，敢于承担较大的风险。这与银行的实力和环境有关。

（2）银行与借款企业的关系。银行与借款企业的关系是由以往借贷业务形成的。一个企业可能与多家银行有业务往来，且这种关系的亲密程度不同。当借款企业面临财务困难时，有的银行可能大力支持，帮助企业渡过难关；而有的银行可能会施加更大的压力,迫使企业偿还贷款,或付出高昂的代价。

(3)银行是否为借款企业提供咨询与服务。有些银行会主动帮助借款企业分析潜在的财务问题,提出解决问题的建议和办法,为企业提供咨询与服务,这对借款企业具有重要的参考价值。

(4)银行对贷款专业化的区分。一般而言,大银行都设有不同部门来分别处理不同行业的贷款,如工业、商业、农业等。企业应根据专业化的区分选择相应的银行。

4. 长期借款的程序

(1)企业提出申请。企业申请借款必须符合贷款的基本条件:企业经营的合法性;企业经营的独立性;企业具有一定数量的自有资金;企业在银行开立基本账户;企业有按期还本付息的能力。

企业提出借款申请时,应陈述借款的原因、借款金额、用款时间与计划、还款期限与计划。

(2)银行进行审批。银行针对企业的借款申请,对借款企业进行审查,依据审批权限,核准企业申请的借款金额和用款计划。银行审查的内容包括:企业的财务状况;企业的信用情况;企业的盈利稳定性;企业的发展前景;借款投资项目的可行性等。

(3)签订借款合同。银行经审查批准后,可与借款企业进一步协商贷款的具体条件,签订正式的借款合同,明确贷款的数额、利率、期限和一些限制性条款。

(4)企业取得借款。借款合同生效后,银行可在核定的贷款指标范围内,根据用款计划和实际需要,一次或分次将贷款转入企业的存款结算户,以便企业支用借款。

(5)企业偿还借款。企业应按借款合同的规定按期还本付息。企业偿还贷款的方式通常有三种:①到期日一次偿还。在这种方式下,还款集中,借款企业须于贷款到期日前做好准备,以保证全部清偿到期贷款。②定期偿还相等份额的本金。即在到期日之前定期(如每年)偿还相同的金额,至贷款到期日还清全部本金。③分批偿还。每批金额不等,便于企业灵活安排。贷款到期经银行催收,如果借款企业不予偿付,银行可按合同规定,从借款企业的存款户中扣收贷款本息及加收的利息。借款企业如因暂时财务困难需延期偿还贷款,应向银行提交延期还贷计划,经银行审查核实,续签合同,但通常要加收利息。

5. 借款合同的内容

借款合同是规定借贷当事人各方权利和义务的契约。借款企业提出的借款申请经贷款银行审查认可后,双方即可在平等协商的基础上签订借款合同。借款合同依法签订后,即具有法律约束力,借贷当事人各方必须遵守合同条款,履行合同约定的义务。

（1）借款合同的基本条款。根据我国有关法规，借款合同应具备下列基本条款：借款种类；借款用途；借款金额；借款利率；借款期限；还款资金来源及还款方式；保证条款；违约责任等。

（2）借款合同的限制条款。由于长期贷款的期限长、风险较大，因此，除合同的基本条款以外，按照国际惯例，银行对借款企业通常都约定一些限制性条款，主要有如下三类：①一般性限制条款。主要包括：企业须持有一定额度的现金及其他流动资产，以保持其资产的合理流动性及支付能力；限制企业支付现金股利；限制企业资本支出的规模；限制企业借入其他长期资金等。②例行性限制条款。多数借款合同都有这类条款，一般包括：企业定期向银行报送财务报表；不能出售太多的资产；债务到期要及时偿付；禁止应收账款的转让等。③特殊性限制条款。例如，要求企业主要领导购买人身保险，规定借款的用途不得改变等。这类限制条款只在特殊情形下生效。

6. 长期借款筹资的优缺点

（1）长期借款的优点。

①借款筹资速度较快。企业利用长期借款筹资，一般所需时间较短，程序较为简单，可以快速获得现金。而发行股票、债券筹集长期资金，要做好发行前的各种工作，发行也需要一定时间，故程序复杂，耗时较长。

②借款资本成本较低。利用长期借款筹资，其利息可在所得税前列支，故可减少企业实际负担的成本，因此比股票筹资的成本要低得多；与债券相比，借款利率一般低于债券利率；此外，由于借款属于间接筹资，因此筹资费用极少。

③借款筹资弹性较大。在借款时，企业与银行直接商定贷款的时间、数额和利率等；在用款期间，企业如因财务状况发生某些变化，亦可与银行再行协商，变更借款数量和还款期限等。因此，对企业而言，长期借款筹资具有较大的灵活性。

④企业利用借款筹资，与债券筹资一样，可以发挥财务杠杆的作用。

（2）长期借款的缺点。

①借款筹资风险较大。借款通常有固定的利息负担和固定的偿付期限，故借款企业的筹资风险较大。

②借款筹资限制条件较多。这可能会影响企业以后的筹资和投资活动。

③借款筹资数量有限。一般不像股票、债券筹资那样可以一次筹集大笔资金。

延伸思考

一般来说，长期借款比短期借款利率更低，那为什么企业还需要短期借款？

5.3.2 发行债券筹资

债券是债务人为筹集债务资本而发行的、约定在一定期限内向债权人还本付息的有价证券。发行债券是企业筹集债务资本的重要方式。我国非公司企业发行的债券称为企业债券。按照《公司法》和国际惯例，股份有限公司和有限责任公司发行的债券称为公司债券，有时简称公司债。公司发行债券通常是为其大型投资项目一次性筹集大笔长期资本。

为与可转换债券进行区别，这里主要讲述公司债券的基本问题以及一般的或普通的债券筹资。

1. 债券的种类

（1）公司债券按有无记名分类，可分为记名债券与无记名债券。

①记名债券是指在券面上记载持券人的姓名或名称的债券。对于这种债券，公司只对记名人偿付本金，持券人凭印鉴支取利息。记名债券的转让由债券持有人以背书等方式进行，并由发行公司将受让人的姓名或名称载于公司债券存根簿。

②无记名债券是指在券面上不记载持券人的姓名或名称，还本付息以债券为凭据，一般实行剪票付息的债券。债券持有人将债券交付给受让人后即发挥转让效力。

（2）公司债券按有无抵押担保分类，可分为抵押债券与信用债券。

①抵押债券又称有担保债券，是指发行公司有特定财产作为担保品的债券。其按担保品的不同又可分为不动产抵押债券、动产抵押债券、信托抵押债券。信托抵押债券是指公司以其持有的有价证券为担保而发行的债券。

抵押债券还可按抵押品的先后担保顺序分为第一抵押债券和第二抵押债券。公司解散清算时，只有在第一抵押债券持有人的债权已获清偿后，第二抵押债券持有人才有权索偿剩余的财产，因此后者要求的利率相对较高。

②信用债券又称无担保债券，是指发行公司没有抵押品作为担保，完全凭信用发行的债券。这种债券通常由信誉良好的公司发行，利率一般略高于抵押债券。

（3）公司债券按利率是否变动分类，可分为固定利率债券与浮动利率债券。

①固定利率债券的利率在发行债券时即已确定并载于债券券面。

②浮动利率债券的利率在发行债券之初不固定，而是根据有关利率，如银行存贷款利率等加以确定。

（4）公司债券按是否参与利润分配，可分为参与债券与非参与债券。

①参与债券的持有人除可获得预先规定的利息外，还享有一定程度参与发行公司收益分配的权利，其参与利润分配的方式与比例必须事先规定。实践中这种债券

一般很少。

②非参与债券的持有人没有参与利润分配的权利。公司债券大多为非参与债券。

（5）公司债券按债券持有人的特定权益，可分为收益债券、可转换债券和附认股权债券。

①收益债券是指只有当发行公司有税后利润可供分配时才支付利息的一种公司债券。这种债券对发行公司而言，不必承担固定的利息负担；对投资者而言，风险较大，收益亦可能较高。

②可转换债券是指根据发行公司债券募集办法的规定，债券持有人可将其转换为发行公司的股票的债券。发行可转换债券的公司应规定转换办法，并按转换办法向债券持有人换发股票。债券持有人有权选择是否将其所持债券转换为股票。发行这种债券，既可为投资者增加灵活的投资机会，又可为发行公司调整资本结构或缓解财务压力提供便利。

③附认股权债券是指所发行的债券附带允许债券持有人按特定价格认购股票的一种长期选择权。这种认股权通常随债券发放，具有与可转换债券相类似的属性。附认股权债券的票面利率与可转换债券一样，通常低于一般的公司债券。

（6）公司债券按是否上市交易，可分为上市债券与非上市债券。按照国际惯例，公司债券与股票一样，也有上市与非上市之分。上市债券是经有关机构审批，可以在证券交易所买卖的债券。

债券上市对发行公司和投资者都有一定的好处：上市债券因其符合一定的标准，信用度较高，能卖较好的价格；债券上市有利于提高发行公司的知名度；上市债券成交速度快，变现能力强，更易吸引投资者；上市债券交易便利，成交价格比较合理，有利于公平筹资和投资。

发行公司欲使其债券上市，需要具备规定的条件，并提出申请，遵循一定的程序完成上市的各个环节。

2. 发行债券的资格与条件

（1）发行债券的资格。根据《公司法》的规定，股份有限公司、国有独资公司和两个以上的国有企业或者其他两个以上的国有投资主体投资设立的有限责任公司，具有发行公司债券的资格。

（2）发行债券的条件。按照国际惯例，发行债券需要符合规定的条件。一般包括发行债券最高限额、发行公司自有资本最低限额、公司盈利能力、债券利率水平等。

根据《公司法》《证券法》《公司债券发行试点办法》的规定，发行公司债券必须符合下列条件：股份有限公司的净资产额不低于人民币3 000万元，有限责任公司的净资产额不低于人民币6 000万元；累计债券总额不超过公司净资产的40%；

最近3年平均可分配利润足以支付公司债券一年的利息；筹集的资金投向符合国家产业政策；债券的利率不得超过国务院限定的利率水平；公司内部控制制度健全，内部控制制度的完整性、合理性和有效性不存在重大缺陷；经资信评级机构评级，债券信用级别良好；国务院规定的其他条件。

此外，发行公司债券所筹集的资本必须按审批机关批准的用途使用，不得用于弥补亏损和非生产性支出。如果发行可转换公司债券，还应当符合股票发行的条件。

发行公司发生下列情形之一的，不得再次发行公司债券：前一次发行的公司债券尚未募足的；对已发行的公司债券或者其他债务有违约或者延迟支付本息的事实，且仍处于继续状态的；违反有关规定，改变公开发行公司债券所募资金的用途；最近36个月内公司财务会计文件存在虚假记载，或公司存在其他重大违法行为；本次发行申请文件存在虚假记载、误导性陈述或者重大遗漏；严重损害投资者合法权益和社会公共利益的其他情形。

3. 债券的发行程序

公司发行债券需要遵循一定程序，办理有关手续。

（1）作出发行债券决议。公司在实际发行债券之前，必须作出发行债券的决议，具体决定公司债券发行总额、票面金额、发行价格、募集办法、债券利率、偿还日期及方式等内容。

我国股份有限公司、有限责任公司发行公司债券，由董事会制定方案，股东会作出决议；国有独资公司发行公司债券，应由国家授权投资的机构或者国家授权的部门作出决定。

（2）提出发行债券申请。公司发行债券需向主管部门提交申请，未经批准，公司不得发行债券。

公司申请发行债券由国务院证券管理部门批准。公司申请应提交公司登记证明、公司章程、公司债券募集办法、资产评估报告和验资报告。

（3）公告债券募集办法。发行公司债券的申请经批准后，公开向社会发行债券，应当向社会公告债券募集办法。根据《公司法》的规定，公司债券募集办法中应当载明的主要事项有：公司名称；债券募集资金的用途；债券总额和债券的票面金额；债券利率的确定方式；还本付息的期限和方式；债券担保情况；债券的发行价格、发行的起止日期；公司净资产额；已发行的尚未到期的公司债券总额；公司债券的承销机构。

公司若发行可转换公司债券，还应在债券募集办法中规定具体的转换办法。

（4）委托证券机构发售。公司债券的发行方式一般有私募发行和公募发行两种。①私募发行是指由发行公司将债券直接发售给投资者的一种发行方式。这种发行方式因受限制，极少采用。②公募发行是指发行公司通过承销团向社会发售债券的一种发行方式。在这种发行方式下，发行公司要与承销团签订承销协议。承销团由数家证券公司或投资银行组成。承销团的承销方式有代销和包销。代销是指由承销机构代为推销债券，在约定期限内未售出的余额将退还发行公司，承销机构不承担发行风险。包销是由承销团先购入发行公司拟发行的全部债券，然后再出售给社会上的投资者，如果在约定期限内未能全部售出，余额要由承销团负责认购。

公募发行是世界各国通常采用的债券发行方式，美国甚至强制要求对某些债券（如电力、制造业公司债券）必须采用公募发行方式，我国有关法律、法规亦要求公募发行债券。

（5）交付债券，收缴债券款，登记债券存根簿。发行公司公募发行公司债券，由证券承销机构发售时，投资者直接向承销机构付款购买，承销机构代理收取债券款，交付债券；然后，发行公司向承销机构收缴债券款并结算预付的债券款。

根据《公司法》的规定，公司发行的公司债券必须在债券上载明公司名称、债券票面金额、利率、偿还期限等事项，并由法定代表人签名，公司盖章。

公司发行的债券还应在置备的公司债券存根簿中登记。对于记名公司债券，应载明的事项包括：债券持有人的姓名或者名称及住所；债券持有人取得债券的日期及债券的编号；债券总额、债券票面金额、债券利率、债券还本付息的期限与方式；债券的发行日期。

对于无记名债券，应在债券存根簿上载明债券总额、利率、偿还期限与方式、发行日期及债券的编号等事项。

4. 债券的发行价格

公司债券的发行价格是发行公司（或其承销机构代理，下同）发行债券时所使用的价格，亦即债券投资者向发行公司认购其所发行债券时实际支付的价格。公司在发行债券之前，必须依据有关因素，运用一定的方法，确定债券的发行价格。

（1）决定债券发行价格的因素。公司债券发行价格的高低主要取决于以下四个因素。

①债券面额。债券的票面金额是决定债券发行价格的最基本因素。债券发行价格的高低从根本上取决于债券面额的大小。一般而言，债券面额越大，发行价格越高。但是，如果不考虑利息因素，债券面额是债券的到期价值，即债券的未来价值，而不是债券的现在价值，即发行价格。

②票面利率。债券的票面利率是债券的名义利率，通常在发行债券之前即已确定，并在债券票面上注明。一般而言，债券的票面利率越高，发行价格越高；反之，发行价格越低。

③市场利率。债券发行时的市场利率是衡量债券票面利率高低的参照系，两者

往往不一致，因此共同影响债券的发行价格。一般而言，债券发行时的市场利率越高，债券的发行价格越低；反之，发行价格越高。

④债券期限。同银行借款一样，债券的期限越长，债权人的风险越大，要求的利息报酬越高，债券的发行价格就可能较低；反之，发行价格可能较高。

债券的发行价格是上述四项因素综合作用的结果。

(2) 确定债券发行价格的方法。理论上，公司债券的发行价格通常有三种情况，即平价、溢价和折价。

平价是指以债券的票面金额作为发行价格。多数公司债券采用平价发行。溢价是指按高于债券面额的价格发行债券；折价是指按低于债券面额的价格发行债券。

结合上述四项因素，根据货币时间价值的原理，债券发行价格由两部分构成：一部分是债券面额以市场利率作为折现率折算的现值；另一部分是各期利息（通常表现为年金形式）以市场利率作为折现率折算的现值。由此，债券的发行价格可按下列公式测算：

$$债券发行价格 = \frac{F}{(1+R_M)^n} + \sum_{t=1}^{n} \frac{I}{(1+R_M)^t}$$

式中，F 表示债券面额，即债券到期偿付的本金；I 表示债券年利息，即债券面额与债券票面年利率的乘积；R_M 表示债券发售时的市场利率；n 表示债券期限；t 表示债券付息期数。

延伸思考

如何理解债券的票面利率与市场利率？两者是否一致？

【例 5-1】某公司发行面额为 100 元、票面利率 10%、期限 10 年的债券，每年末付息一次。其发行价格可分下列三种情况来分析测算。

(1) 如果市场利率为 10%，与票面利率一致，该债券属于平价发行。其发行价格为：

$$\frac{100}{(1+10\%)^{10}} + \sum_{t=1}^{10} \frac{10}{(1+10\%)^t} = 100(元)$$

(2) 如果市场利率为 8%，低于票面利率，该债券属于溢价发行。其发行价格为：

$$\frac{100}{(1+8\%)^{10}} + \sum_{t=1}^{10} \frac{10}{(1+8\%)^t} = 113.4(元)$$

(3) 如果市场利率为12%，高于票面利率，该债券属于折价发行。其发行价格为：

$$\frac{100}{(1+12\%)^{10}} + \sum_{t=1}^{10}\frac{10}{(1+12\%)^t} = 88.7(元)$$

由此可见，在债券的票面金额、票面利率和期限一定的情况下，发行价格因市场利率不同而有所不同。

在实务中，根据中国证监会发布的《公司债券发行试点办法》等有关规定，公司债券发行可以采取向上市公司股东配售、网下发行、网上资金申购、网上分销等方式中的一种或几种方式的组合，发行利率或发行价格通过询价方式确定。

5. 债券的信用评级

根据《证券法》和《上市公司债券发行管理办法》的规定，公司发行债券，应当委托具有资格的资信评级机构进行信用评级和跟踪评级。

(1) 债券信用评级的意义。公司公开发行债券通常由债券评信机构评定等级，债券的信用评级对于发行公司和债券投资者都有重要意义。

对于发行债券的公司而言，债券的信用等级影响债券发行的效果。信用等级较高的债券，能以较低的利率发行，降低债券筹资的成本；信用等级较低的债券，表示风险较大，需以较高的利率发行。

对于债券投资者而言，债券的信用等级便于债券投资者进行债券投资的选择。信用等级较高的债券，较易得到债券投资者的信任；信用等级较低的债券，表示风险较大，投资者一般会谨慎选择投资。

(2) 债券的信用等级。债券的信用等级表示债券质量的优劣，反映债券还本付息能力的强弱和债券投资风险的高低。

公司债券等级一般分为3等9级。这是由美国信用评定机构标准普尔公司和穆迪投资者服务公司（以下简称穆迪公司）分别采用的，如表5-3所示。

表5-3　　　　　　　　　　　债券信用等级表

标准普尔公司		穆迪公司	
AAA	最高级	Aaa	最高质量
AA	高级	Aa	高质量
A	上中级	A	上中质量
BBB	中级	Baa	下中质量
BB	中下级	Ba	具有投机因素
B	投机级	B	通常不值得投资
CCC	完全投机级	Caa	可能违约

续表

标准普尔公司		穆迪公司	
CC	最大投机级	Ca	高投机性，经常违约
C	规定盈利付息但未能盈利付息	C	最低级

现以表5-3中标准普尔公司评定债券的信用等级为例，说明其表示的具体含义。

AAA，表示最高级债券，其还本付息能力最强，投资风险最小；AA，表示高级债券，有很强的还本付息能力，但保证程度略低于AAA级，投资风险略大于AAA级；A，表示有较强的还本付息能力，但可能受环境和经济条件的不利影响；BBB，表示有足够的还本付息能力，但经济条件或环境的不利变化可能导致偿付能力削弱；BB，表示债券本息的支付能力有限，具有一定的投资风险；B，表示投机性债券，风险较大；CCC，表示完全投机性债券，风险很大；CC，表示投机性最大的债券，风险最大；C，表示最低级债券，一般用于表示未能付息的收益债券。

一般认为，只有前三个级别的债券是值得进行投资的债券。

根据美国标准普尔公司和穆迪公司的经验，各国、各地区结合自己的实际情况制定债券等级标准。这些标准在很大程度上完全相同。

标准普尔公司和穆迪公司还使用修正符号进一步区别AAA（或Aaa）级以下的各级债券，以便更为具体地识别债券的质量。标准普尔公司用"+""-"号区别同级债券质量的高低。例如，A+代表质优的A级债券，A-代表质劣的A级债券。穆迪公司在表示债券级别的英文字母后再加注1、2、3，分别代表同级债券质量的优、中、差。

（3）债券的评级方法。债券评级机构在评定债券等级时，需要进行分析判断，采用定性分析和定量分析相结合的方法，一般针对以下几个方面进行分析判断。

①公司发展前景。包括分析判断债券发行公司所处行业的状况，如行业是朝阳产业还是夕阳产业；分析评级公司的发展前景、竞争能力、资源供应的可靠性等。

②公司的财务状况。包括分析评价公司的债务状况、偿债能力、盈利能力、周转能力、财务弹性及其持续的稳定性和发展变化趋势。

③公司债券的约定条件。包括分析评价公司发行债券有无担保及其他限制条件、债券期限、还本付息方式等。

此外，对在外国或国际证券市场上发行的债券，还要进行国际风险分析，主要是进行政治、社会、经济的风险分析，从而作出定性判断。

我国一些省份的评信机构对企业债券按行业分为工业企业债券和商业企业债券，按筹资用途分为用于技改项目的债券和用于新建项目的债券。在企业债券信用评级工作中，一般主要考察企业概况、企业素质、财务质量、项目状况、项目前景和偿债能力。其中，企业概况只作参考，不计入总分。其余五个方面是：企业素质，主要考察企业领导群体素质、经营管理状况与竞争能力，占总分的10%；财务质量，一般包括资金实力、资金信用、周转能力、经济效益等内容，采用若干具体指标来测算、计分，占总分的35%，影响最大；项目状况，主要考察项目的必要性和可行性，计分一般占总分的15%左右；项目前景，包括项目在行业中的地位、作用和市场竞争能力、主要经济指标增长前景预测等，计分最高占总分的10%；偿债能力，主要分析债券到期时偿还资金来源的偿债能力，包括分析偿债资金来源占全部到期债券的比例和偿债资金来源占已发行全部到期债券的比例，计分一般占总分的30%左右。在评估中，财务质量以定量分析为主；其余四个方面尚缺乏具体的定量指标，仍以定性分析为主，在操作中很大程度上依赖于评估人员的经验与水平，弹性很大。

6. 债券筹资的优缺点

发行债券筹集长期债务资本，对发行公司既有利也有弊，应加以识别和权衡，以便抉择。

（1）债券筹资的优点。债券筹资的优点主要有：①债券筹资成本较低。与股票的股利相比，债券的利息允许在所得税前扣除，公司可享受节税利益，故公司实际负担的债券成本一般低于股票成本。②债券筹资能够发挥财务杠杆的作用。无论发行公司的盈利多少，债券持有人一般只收取固定的利息，而更多的利润可分配给股东或留用公司经营，从而增加股东和公司的财富。③债券筹资能够保障股东的控制权。债券持有人无权参与发行公司的管理决策，因此，公司发行债券不像增发新股那样可能会分散股东对公司的控制权。④债券筹资便于调整公司的资本结构。在公司发行可转换债券以及可提前赎回债券的情况下，便于公司主动合理地调整资本结构。

（2）债券筹资的缺点。利用债券筹集长期资本，虽有上述优点，但也有明显的不足：①债券筹资的财务风险较大。债券有固定的到期日，并须定期支付利息，发行公司必须承担按期还本付息的义务。在公司经营不景气时，亦须向债券持有人还本付息，这会给公司带来更大的财务困难，甚至导致破产。②债券筹资的限制条件较多。发行债券的限制条件一般要比长期借款、租赁筹资的限制条件多且严格，从而限制了公司对债券筹资方式的使用，甚至会影响公司以后的筹资能力。③债券筹资的数量有限。公司利用债券筹资一般受一定额度的限制。多数国家对此都有限定。我国《公司债券发行试点办法》规定，发行公司流通在外的债券累计总额不得超过公司净资产的40%。

5.3.3 融资租赁筹资

融资租赁筹资是一种特殊的筹资方式,适用于各类企业。

1. 租赁的含义

租赁是出租人以收取租金为条件,在契约或合同规定的期限内,将资产租借给承租人使用的一种经济行为。租赁行为在实质上具有借贷属性,但其直接涉及的是物而不是钱。在租赁业务中,出租人主要是各种专业租赁公司,承租人主要是其他各类企业,租赁物大多为设备等固定资产。

租赁活动由来已久。现代租赁已经成为企业筹集资产的一种方式,用于补充或部分替代其他筹资方式。在租赁业务发达的条件下,它为企业所普遍采用,是企业筹资的一种特殊方式。

2. 租赁的种类及特点

现代租赁的种类很多,通常按经营和财务性质分为经营租赁和融资租赁两大类。

(1) 经营租赁。经营租赁又称营运租赁、服务租赁,是由出租人向承租企业提供租赁设备,并提供设备维修保养和人员培训等的服务性业务。经营租赁通常为短期租赁。承租企业采用经营租赁的主要目的不是融通资本,而是获得设备的短期使用以及出租人提供的专门技术服务。从承租企业无须先筹资再购买设备即可享有设备使用权的角度来看,经营租赁也有短期筹资的功效。

经营租赁的特点主要有:承租企业根据需要可随时向出租人提出租赁资产;租赁期较短,不涉及长期而固定的义务;在设备租赁期内,如有新设备出现或不需租入设备时,承租企业可按规定提前解除租赁合同,这对承租企业比较有利;出租人提供专门服务;租赁期满或合同中止时,租赁设备由出租人收回。

(2) 融资租赁。融资租赁又称资本租赁、财务租赁,是由租赁公司按照承租企业的要求融资购买设备,并在契约或合同规定的较长期限内提供给承租企业使用的信用性业务,是现代租赁的主要类型。承租企业采用融资的主要目的是融通资本。一般融资的对象是资本,而融资租赁集融资与融物于一体,具有借贷的性质,是承租企业筹集长期借入资本的一种特殊方式。

融资租赁通常为长期租赁,可满足承租企业对设备的长期需求,故有时也称为资本租赁。主要特点有:一般由承租企业向租赁公司提出正式申请,由租赁公司融资购进设备租给承租企业使用;租赁期限较长,大多为设备使用年限的一半以上;租赁合同比较稳定,在规定的租期内非经双方同意,任何一方不得中途解约,有利于维护双方的权益;由承租企业负责设备的维修保养和投保事宜,但无权自行拆卸改装;租赁期满时,按事先约定的办法处置设备,一般有续租、留购或退还三种选择，通常由承租企业留购。

3. 融资租赁的方式

融资租赁按其业务的不同特点，可细分为三种具体方式。

（1）直接租赁。直接租赁是融资租赁的典型形式，通常所说的融资租赁是指直接租赁形式。

（2）售后租回。在这种形式下，制造企业按照协议先将其资产卖给租赁公司，再作为承租企业将所售资产租回使用，并按期向租赁公司支付租金。采用这种融资租赁形式，承租企业因出售资产而获得了一笔现金，同时因将其租回而保留了资产的使用权。这与抵押贷款有些相似。

（3）杠杆租赁。杠杆租赁是国际上比较流行的一种融资租赁形式。它一般要涉及承租人、出租人和贷款人三方当事人。从承租人的角度来看，它与其他融资租赁形式并无区别，同样是按合同的规定，在租期内获得资产的使用权，按期支付租金。但对出租人而言，出租人只垫支购买资产所需现金的一部分（一般为20%~40%），其余部分（为60%~80%）则以该资产为担保向贷款人借款支付。因此，在这种情况下，租赁公司既是出租人又是借款人，既要收取租金又要偿还借款。这种融资租赁形式由于租赁收益一般大于借款成本支出，出租人可获得财务杠杆利益，故被称为杠杆租赁。

4. 融资租赁的程序

（1）选择租赁公司。企业决定采用租赁方式筹取某项设备时，需了解各租赁公司的经营范围、业务能力、资信情况，以及与金融机构（如银行）的关系，取得租赁公司的融资条件和租赁费率等资料，加以分析比较，择优选择。

（2）办理租赁委托。企业选定租赁公司后，便可向其提出申请，办理委托。这时，承租企业需填写租赁申请书，说明所需设备的具体要求，同时还要向租赁公司提供财务状况文件，包括资产负债表、利润表和现金流量表等资料。

（3）签订购货协议。由承租企业与租赁公司的一方或双方合作组织选定设备供应商，并与其进行技术和商务谈判，在此基础上签订购货协议。

（4）签订租赁合同。租赁合同系由承租企业与租赁公司签订。它是租赁业务的重要文件，具有法律效力。融资租赁合同的内容可分为一般条款和特殊条款两部分。

一般条款主要包括：①合同说明。主要明确合同的性质、当事人身份、合同签订的日期等。②名词释义。解释合同中使用的重要名词，以避免歧义。③租赁设备条款。详细列明设备的名称、规格型号、数量、技术性能、交货地点及使用地点等，这些内容亦应附表详列。④租赁设备交货、验收、使用条款。⑤租赁期限及起租日期条款。⑥租金支付条款。规定租金的构成、支付方式和货币名称，这些内容通常以附表的形式列为合同附件。

特殊条款主要规定：①购货协议与租赁合同的关系；②租赁设备的产权归属；③租赁期间不得退租；④对出租人和承租人的保障；⑤承租人违约责任及对出租人的补偿；⑥设备的使用和保管、维修、保障责任；⑦保险条款；⑧租赁保证金和担保条款；⑨租赁期满时对设备的处理条款等。

（5）办理验货、付款与保险。承租企业按购货协议收到租赁设备时，要进行验收，验收合格后签发交货及验收证书，并提交租赁公司，租赁公司据以向供应商支付设备价款。同时，承租企业向保险公司办理投保事宜。

（6）支付租金。承租企业在租期内按合同规定的租金数额、支付方式等，向租赁公司支付租金。

（7）合同期满处置设备。融资租赁合同期满时，承租企业根据合同约定，对设备采取续租、退还或留购的处置方式。

5. 融资租赁筹资的优缺点

对承租企业而言，融资租赁是一种特殊的筹资方式。通过融资租赁，企业不必预先筹措一笔相当于设备价款的现金，即可获得需用的设备。因此，与其他筹资方式相比，融资租赁筹资有其特有的优缺点。

（1）融资租赁筹资的优点。

①融资租赁能够迅速获得所需资产。融资租赁集融资与融物于一体，一般要比先筹措现金再购置设备来得更快，可使企业尽快形成生产经营能力。

②融资租赁的限制条件较少。企业运用股票、债券、长期借款等筹资方式，都受到相当多的资格条件的限制，相比之下，租赁筹资的限制条件很少。

③融资租赁可以免遭设备陈旧过时的风险。随着科学技术的不断进步，设备陈旧过时的风险很大，而多数租赁协议规定这种风险由出租人承担，承租企业不必承担。

④融资租赁的全部租金通常在整个租期内分期支付，可以适当降低不能偿付的风险。

⑤融资租赁的租金费用允许在所得税前扣除，承租企业能够享受节税利益。

（2）融资租赁筹资的缺点。融资租赁筹资也有其不足之处，主要是：租赁筹资的成本较高，租金总额通常要比设备价值高出 30%；承租企业在财务困难时期，支付固定的租金也将成为一项沉重的负担；另外，采用租赁筹资方式如不能享有设备残值，也可视为承租企业的一种机会成本。

知识拓展：
新租赁准则对
我国公司财务
报表影响分析
二维码链接
（素材 5-3）

5.4 混合性筹资

前面分别介绍了股权性筹资和债务性筹资，本节讲述混合性筹资。混合性筹资通常包括发行优先股筹资、发行可转换债券筹资和发行永续债券筹资。此外，本节附带介绍发行认股权证筹资。

5.4.1 发行优先股筹资

根据党的十八届三中全会关于全面推进金融改革、完善金融市场体系的精神，国务院于 2013 年 11 月 30 日发布《关于开展优先股试点的指导意见》，证监会于 2014 年 3 月 21 日发布《优先股试点管理办法》，于 2014 年 4 月 3 日印发《关于商业银行发行优先股补充一级资本的指导意见》，对公司发行优先股作出规范。按照证监会的《优先股试点管理办法》，上市公司可以公开发行优先股，非上市公司可以非公开发行优先股。截至 2019 年 3 月，沪深两市已有 26 家上市公司发行优先股，累计筹资 6 199 亿元。

1. 优先股的特点

优先股是相对普通股而言的，是较普通股具有某些优先权利，同时也受到一定限制的股票。优先股的含义主要体现在优先权利上，包括优先分配股利和优先分配公司剩余财产。具体的优先条件须由公司章程予以明确规定。

优先股与普通股具有某些共性，如优先股亦无到期日，公司运用优先股所筹资本亦属股权资本。但是，它又具有公司债券的某些特征。因此，优先股被视为集股债于一身的一种混合性证券。

与普通股相比，优先股主要具有如下特点。

（1）优先分配固定的股利。优先股股东通常优先于普通股股东分配股利，且其股利一般是固定的，受公司经营状况和盈利水平的影响较小。所以，优先股类似固定利息的债券。

（2）优先分配公司的剩余财产。当公司因解散、破产等进行清算时，优先股股东将优先于普通股股东分配公司的剩余财产。

（3）优先股股东一般无表决权。在公司股东大会上，优先股股东一般没有表决权，通常也无权参与公司的经营管理，仅在涉及优先股股东权益问题时享有表决权。因此，优先股股东不大可能控制整个公司。

（4）优先股可由公司赎回。发行优先股的公司按照公司章程的有关规定，根据公司的需要，可以一定的方式将所发行的优先股购回，以调整公司的资本结构。

2. 优先股的种类

优先股按其具体的权利不同，还可进一步分类。

（1）优先股按股利是否累积支付，可分为累积优先股和非累积优先股。累积优先股是指公司过去年度未支付股利可以累积计算由以后年度的利润补足付清。非累积优先股则没有这种需求补付的权利。累积优先股比非累积优先股具有更大的吸引力，其发行也较为广泛。

(2) 优先股按股利是否分配额外股利，可分为参与优先股和非参与优先股。当公司利润在按规定分配给优先股和普通股后仍有剩余利润可供分配股利时，能够与普通股一起参与分配额外股利的优先股，即为参与优先股；否则为非参与优先股。参与优先股的持有人可按规定的条件和比例将其转换为公司的普通股或公司债券。这种参与优先股能够增加筹资和投资双方的灵活性，在国外比较流行。不具有这种转换权的优先股，则属于非参与优先股。

(3) 优先股按公司可否赎回，可分为可赎回优先股和不可赎回优先股。可赎回优先股是指股份有限公司出于减轻股利负担的目的，可按规定以原价购回的优先股。公司不能购回的优先股，则属于不可赎回优先股。

3. 优先股筹资的优缺点

公司利用优先股筹集长期资本，与普通股和其他筹资方式相比有其优点，也有一定的缺点。

(1) 优先股筹资的优点。

①优先股一般没有固定的到期日，不用偿付本金。发行优先股筹集资本，实际上相当于得到一笔无限期的长期贷款，公司不承担还本义务，也无须再做筹资计划。对可赎回优先股，公司可在需要时按一定价格购回，这就使得利用这部分资本更具有弹性。在财务状况较差时发行优先股，又在财务状况转好时购回，有利于结合资本需求加以调剂，同时也便于掌握公司的资本结构。

②优先股的股利既有固定性，又有一定的灵活性。一般而言，优先股都采用固定股利，但对固定股利的支付并不构成公司的法定义务。如果公司财务状况不佳，可以暂时不支付优先股股利，即使如此，优先股持有者也不能像公司债权人那样迫使公司破产。

③保持普通股股东对公司的控制权。当公司既想向社会增加筹集股权资本，又想保持原有普通股股东的控制权时，利用优先股筹资尤为恰当。

④从法律上讲，优先股股本属于股权资本，发行优先股筹资能够增强公司的股权资本基础，提高公司的举债能力。

(2) 优先股筹资的缺点。

①优先股的资本成本虽低于普通股，但一般高于债券。

②优先股筹资的制约因素较多。例如，为了保证优先股的固定股利，当企业盈利不多时，普通股就可能分不到股利。

③可能形成较重的财务负担。优先股要求支付固定股利，但不能在税前扣除，当盈利下降时，优先股的股利可能会成为公司一项较重的财务负担，有时不得不延

期支付,从而影响公司的形象。

> **延伸思考**
> 优先股的股利是税(企业所得税)前支付还是税后支付?

5.4.2 发行可转换债券筹资

1. 可转换债券的特性

可转换债券有时简称为可转债,是指由公司发行并规定债券持有人在一定期限内按约定的条件可将其转换为发行公司普通股的债券。

从筹资公司的角度看,发行可转换债券具有债务与股权筹资的双重属性,属于一种混合性筹资。利用可转换债券筹资,发行公司赋予可转换债券的持有人可将其转换为该公司股票的权利。因而,对发行公司而言,在可转换债券转换之前需要定期向持有人支付利息。如果在规定的转换期限内,持有人未将可转换债券转换为股票,发行公司还需要到期偿付债券本金,在这种情形下,可转换债券筹资与普通债券筹资相似,具有债务筹资的属性。如果在规定的转换期限内,持有人将可转换债券转换为股票,则发行公司将债券负债转化为股东权益,从而具有股权筹资的属性。

2. 可转换债券的发行条件

根据《上市公司证券发行管理办法》规定,上市公司发行可转换债券,除了满足发行债券的一般条件外,还应符合下列条件:

(1) 最近3年连续盈利,且最近3年加权平均净资产收益率平均不低于百分之六;

(2) 可转换公司债券发行后,资产负债率不高于70%;

(3) 累计债券余额不超过公司净资产额的40%;

(4) 募集资金的投向符合国家产业政策;

(5) 可转换公司债券的利率不超过银行同期存款的利率水平;

(6) 国务院证券委员会规定的其他条件。

3. 可转换债券的要素

(1) 有效期限和转换期限。就可转换债券而言,其有效期限与一般债券相同,指债券从发行之日起至偿清本息之日止的存续期间。转换期限是指可转换债券转换为普通股票的起始日至结束日的期间。大多数情况下,发行人都规定一个特定的转换期限,在该期限内,允许可转换债券的持有人按转换比例或转换价格转换成发行人的股票。我国《上市公司证券发行管理办法》规定，可转换公司债券的期限最短为1年，最长为6年，自发行结束之日起6个月方可转换为公司股票。

（2）股票利率或股息率。可转换公司债券的票面利率（或可转换优先股票的股息率）是指可转换债券作为一种债券时的票面利率（或优先股股息率），发行人根据当前市场利率水平、公司债券资信等级和发行条款确定，一般低于相同条件的不可转换债券（或不可转换优先股票）。可转换公司债券应半年或1年付息1次，到期后5个工作日内应偿还未转股债券的本金及最后1期利息。

（3）转换比例或转换价格。转换比例是指一定面额可转换债券可转换成普通股票的股数。用公式表示为：

$$转换比例 = 可转换债券面值/转换价格$$

转换价格是指可转换债券转换为每股普通股份所支付的价格。用公式表示为：

$$转换价格 = 可转换债券面值/转换比例$$

（4）赎回条款与回售条款。赎回是指发行人在发行一段时间后，可以提前赎回未到期的发行在外的可转换公司债券。

赎回条件一般是当公司股票在一段时间内连续高于转换价格达到一定幅度时，公司可按照事先约定的赎回价格买回发行在外尚未转股的可转换公司债券。

回售是指公司股票在一段时间内连续低于转换价格达到某一幅度时，可转换公司债券持有人按事先约定的价格将所持可转换债券卖给发行人的行为。

赎回条款和回售条款是可转换债券在发行时规定的赎回行为和回售行为发生的具体市场条件。

（5）转换价格修正条款。转换价格修正是指发行公司在发行可转换债券后，由于公司送股、配股、增发股票、分立、合并、拆细及其他原因导致发行人股份发生变动，引起公司股票名义价格下降时而对转换价格所做的必要调整。

4. 可转换债券筹资的优缺点

（1）可转换债券筹资的优点。

①有利于降低资本成本。可转换债券的利率通常低于普通债券，故在转换前，可转换债券的资本成本低于普通债券；转换为股票后，又可节省股票的发行成本，从而降低了股票的资本成本。

②有利于筹集更多资本。可转换债券的转换价格通常高于发行时的股票价格，因此，可转换债券转换后，其筹资额大于当时发行股票的筹资额；另外也有利于稳定公司的股价。

③有利于调整资本结构。可转换债券是一种兼具债务筹资和股权筹资双重性质的筹资方式。可转换债券在转换前属于发行公司的一种债务，若发行公司希望可转

换债券持有人转股，还可以借助诱导，促其转换，借以调整资本结构。

④有利于避免筹资损失。当公司的股票价格在一段时期内连续高于转换价格超过某一幅度时，发行公司可按赎回条款中事先约定的价格赎回未转换的可转换债券，从而避免筹资损失。

（2）可转换债券筹资的缺点。

①转股后可转换债券筹资将失去利率较低的好处。

②若确需股票筹资，但股价并未上升，可转换债券持有人不愿转股时，发行公司将承受偿债压力。

③若可转换债券转股时股价高于转换价格，则发行公司将遭受筹资损失。

④回售条款的规定可能使发行公司遭受损失。当公司的股票价格在一段时期内连续低于转换价格并达到一定幅度时，可转换债券持有人可按事先约定的价格将所持债券回售公司，从而使发行公司受损。

5.4.3 发行永续债券筹资

1. 永续债券的特点

永续债券，又称无期债券，是不规定到期期限，只需付息而不需还本的债券。永续债券被视为债券中的股票，是一种兼具债权和股权属性的混合性筹资方式。永续债券的期限为永续或极长，不规定到期期限，持有人也不能要求清偿本金，但可以按期取得利息。永续债券的特点如下：永续债券的发行人有赎回的选择权，即续期选择权；永续债券的利率通常具有调整机制，也就是说如果在一定时间内公司选择不赎回永续债券，其利率就会相应上升以补偿投资者的潜在风险和损失；永续债券的发行人有权决定是否付息，即原则上永续债券的利息可以无限次递延，前提是公司在支付利息之前不可分配股利。

2. 永续债券的发行动机

发行永续债券筹资的动机主要有三点：银行等金融机构为了满足新资本管理办法的规定，发行永续债券以补充资本金；企业发行永续债券用于投资项目的资本金；财务杠杆率高的企业发行永续债券，以突破借款举债的空间限制。

3. 永续债券的发行情况

在国际资本市场上，永续债券是比较成熟的筹资工具。在海外资本市场上，主要是金融机构发行永续债券，发行动机多为以债代股。

在我国，永续债券处于探索中。目前资本市场上所称的永续债，主要包括国家发展改革委审批的可续期债券和中国交易商协会注册的长期限含权中期票据两种。武汉地铁2003年在国内首单发行"13武汉地铁可续期债"，发行总额23亿元，采用浮动利率计息，规定本期债券在每 5 个计息年度末，发行人有权选择本期债券期限延续 5 年，或选择在该计息年度末到期全额兑付本期债券。这种债券被认为是一种变相的永续债券。国电电力 2013 年在国内首单发行"永续中票"，筹集资本 10 亿元，前 5 个计息年度的票面利率为 6.6%，不设定到期时间、发行人赎回权利、利息递延支付等条款，认为是继企业债、公司债之后的第三个中长期信用债品种，是银行间债券市场的一项创新性债务融资工具。2014 年国电电力发行"二期永续中票"，筹集资本 17 亿元，以簿记建档（是一种系统化、市场化的发行定价方式，包括前期的预路演、路演等推介活动和后期的簿记定价、配售等环节）方式确定前 5 个计息年度的票面利率为 5.45%。[1]

5.4.4 发行认股权证筹资

发行认股权证是上市公司的一种特殊筹资手段，其主要功能是辅助公司的股权性筹资，并可直接筹措现金。

1. 认股权证的特点

认股权证是由股份有限公司发行的可认购其股票的一种买入期权。它赋予持有者在一定期限内以事先约定的价格购买发行公司一定股份的权利。

对于筹资公司而言，发行认股权证是一种特殊的筹资手段。认股权证本身含有期权条款，其持有者在认购股份之前，对发行公司既不拥有债权也不拥有股权，而是只拥有股票认购权。尽管如此，发行公司仍然可以通过发行认股权证筹取现金，还可用于公司成立时对承销商的一种补偿。

2. 认股权证的作用

在公司的筹资实务中，认股权证的运用十分灵活，对发行公司具有一定的作用。

（1）为公司筹集额外的现金。认股权证不论是单独发行还是附带发行，大多可为发行公司筹取一笔额外现金，增强公司的资本实力和运营能力。

（2）促进其他筹资方式的运用。单独发行的认股权证有利于将来发售股票。附带发行的认股权证可促进其所依附证券发行的效率。例如，认股权证依附于债券发行，用以促进债券的发售。

3. 认股权证的种类

在国内外的公司筹资实务中，认股权证的形式多种多样，可分为不同种类。

（1）长期与短期的认股权证。认股权证按允许认股的期限可分为长期认股权证

---

[1] 资料来源：国内首创武汉地铁可续期公司债券成功获批发行 [EB/OL].（2013 - 10 - 31）. https：// fgw. hubei. gov. cn/fbjd/xxgkml/jgzn/nsjg/cmc/gzdt/201311/t20131128_407963. shtml；2013 年度中央企业债券融资情况分析报告 [EB/OL].（2025 - 02 - 17）. https：// chuangshi. qq. com/read/25793603/8.

和短期认股权证。长期认股权证的认股期限通常持续几年,有的是永久性的。短期认股权证的认股期限比较短,一般在90天以内。

(2) 单独发行与附带发行的认股权证。认股权证按发行方式可分为单独发行的认股权证和附带发行的认股权证。单独发行的认股权证是指不依附于其他证券而独立发行的认股权证。附带发行的认股权证是指依附于债券、优先股、普通股或短期票据发行的认股权证。

(3) 备兑认股权证与配股权证。备兑认股权证是每份备兑权证按一定比例含有几家公司的若干股份。配股权证是确认股东配股权的证书,它按股东的持股比例定向派发,赋予股东以优惠的价格认购发行公司一定份数新股的权利。

延伸思考

可转换债券与认股权证有何相似点与不同点?

微案例分析:
DG 机械的
筹资之路
二维码链接
(素材 5-4)

【本章小结】

1. 本章重点回顾

(1) 企业在经营发展过程中,离不开资金的支持。企业筹措资金的主要方式有权益性筹资、债务性筹资、混合性筹资。选择合适的筹资方式才利于企业更好发展。

(2) 长期筹资是筹集和管理可供企业长期(一般1年以上)使用的资本。

(3) 股权性筹资包括投入资本筹资、发行普通股筹资,各自特点不同,优缺点不同。

(4) 债务性筹资包括长期借款、发行债券、融资租赁等,各自特点不同,优缺点不同。

(5) 混合性筹资包括发行优先股、发行可转换债券、发行永续债券、发行认股权证等,各自特点不同,优缺点不同。

(6) 根据不同筹资方式的概念、种类、特点、作用、发行条件等,结合不同企业特点对各种长期筹资方式进行合理组合,达到企业最佳资本结构。

2. 本章关键术语

扩张性筹资动机　调整性筹资动机　混合性筹资动机　投入资本　普通股　长期借款　发行债券　信用评级　融资租赁　优先股　可转换债券　永续债券　认股权证

3. 本章知识图谱

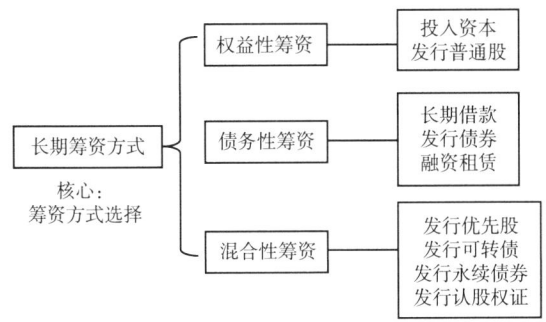

4. 财务总监分享管理实战故事（见本页二维码）

【理论自测】

NBGD 的融资方式选择案例二维码链接（素材 5-5）

宁波城投长期融资案例二维码链接（素材 5-6）

一、单项选择题

1. 以下说法中正确的是（　　）。
A. 长期筹资成本比短期负债的筹资成本低
B. 对于投资者而言，购买股票的风险低于购买债券
C. 长期借款按照有无担保，分为信用贷款和商业银行贷款
D. 发行债券的筹资成本低于发行股票的筹资成本
2. 发行公司流通在外的债券累计总额不得超过公司净资产的（　　）。
A. 20%　　　　　B. 30%　　　　　C. 40%　　　　　D. 50%
3. 债券面值、（　　）、债券期限是确定债券发行价格的主要因素。
A. 市场利率、贴现率　　　　　B. 票面利息率
C. 票面利率、市场利率　　　　D. 市场利率
4. 普通股筹资不具有的优点是（　　）。
A. 成本低　　　　　　　　　　B. 增强公司信誉
C. 不需承担固定的股利　　　　D. 不需偿还
5. 下列需要贷款者参与的租赁形式是（　　）。
A. 经营租赁　　B. 杠杆租赁　　C. 直接租赁　　D. 售后租回
6. 下列关于经营租赁特征的说法不正确的是（　　）。
A. 租赁资产报酬和风险由承租人承受
B. 租赁的期限较短
C. 由出租人提供租赁设备的维修保养
D. 租赁合同灵活

7. 相对于发行债券和银行借款购买设备而言，通过融资租赁方式取得设备的主要缺点是（　　）。

　　A. 限制条件多　　B. 筹资速度慢　　C. 资本成本高　　D. 财务风险大

8. 我国《公司法》规定，向发起人、国家授权投资的机构、法人发行的股票，应为（　　）。

　　A. 记名股票　　B. 不记名股票　　C. 无面值股票　　D. 优先股

9. 根据我国的相关规定，不具备债券发行资格和条件的是（　　）。

　　A. 股份有限公司

　　B. 国有独资公司

　　C. 一个以上的国有企业投资设立的有限责任公司

　　D. 外商投资企业

10. 下列有关优先股的说法不正确的是（　　）。

　　A. 优先股一般没有表决权

　　B. 优先股分配固定的股利

　　C. 支付的优先股股息可以在税前扣除

　　D. 优先分配公司剩余财产

11. 银行对企业借款通常都约定一些限制性条款，其中不包括（　　）。

　　A. 一般性限制条款　　　　　　B. 例行性限制条款

　　C. 附加条款　　　　　　　　　D. 特殊性限制条款

12. 采用投入资本方式筹集资金的企业不应该是（　　）。

　　A. 国有企业　　B. 外商投资企业　　C. 民营企业　　D. 股份制企业

13. 根据我国有关规定，我国市场上的股票不包括（　　）。

　　A. 不记名股票　　B. 国家股　　C. 无面额股票　　D. 法人股

二、多项选择题

1. 公司债券筹资与普通股筹资相比较，（　　）。

　　A. 普通股筹资的风险相对较低

　　B. 公司债券筹资的资本成本相对较高

　　C. 普通股筹资可以利用财务杠杆的作用

　　D. 公司债券利息可以税前列支，普通股股利必须是税后支付

2. 根据我国《公司法》，股票发行价格可以按（　　）。

　　A. 票面金额发行　　B. 溢价发行　　C. 折价发行　　D. 市价发行

3. 股份公司申请股票上市，一般出于（　　）。

　　A. 使资本大众化，分散风险

　　B. 便于筹措新资金

C. 提高公司知名度、吸引更多顾客

D. 便于确定公司价值

4. 关于债券的特征，下列说法中正确的有（　　）。

A. 债券具有分配上的优先权

B. 债券代表着一种债权债务关系

C. 债券不能折价发行

D. 债券持有人无权参与企业决策

5. 股票按发行对象和上市地点不同，可以分为（　　）。

A. ST 股　　　　B. H 股　　　　C. N 股　　　　D. A 股

6. 融资租赁按照租赁手段，可分为（　　）。

A. 直接租赁　　B. 经营租赁　　C. 杠杆租赁　　D. 售后租回

7. 下列各项中，属于"投入资本"与"发行普通股"筹资方式所共有的缺点有（　　）。

A. 限制条件多　　B. 财务风险大　　C. 控制权分散　　D. 资本成本高

三、判断题

1. 中国允许股份公司自己发行股票，当发起人向社会公开募集股份时，应当由证券经营机构承销股票。（　　）

2. 按时价或中间价发行股票，股票发行价格会高于或低于其面额。（　　）

3. 对于股东而言，优先股比普通股有更优厚的回报，有更大的吸引力。（　　）

4. 一旦企业与银行签周转信贷协议，则在协议的有效期内，只要企业的借款总额不超过最高限额，银行必须满足企业借款要求。（　　）

5. 某企业按年利率 10% 向银行借款，银行要求维持借款额的 15% 作为补偿性余额，则该项借款的实际利率为 12.5%。（　　）

6. 对公司而言，发行债券的风险高，对投资者而言，购买股票的风险高。（　　）

7. 与流动负债融资相比，长期负债融资的期限长、成本高，其偿债风险也相对较大。（　　）

8. 在其他条件确定的前提下，发行股票比长期借款的筹资成本更高。（　　）

9. 我国《公司法》规定，有资格发行公司债券的公司，其累计债券总额不超过公司净资产额的 40%。（　　）

10. 对借款企业来讲，若预测市场利率上升，应与银行签订浮动利率合同。（　　）

四、简答题

1. 试说明投入资本筹资的主体、条件、要求以及优缺点。

2. 试分析股票上市对公司的利弊。
3. 试说明发行普通股、发行债券、长期借款、优先股等筹资方式各自的优缺点。
4. 企业应如何考虑对贷款银行进行选择？

【实务自测】

1. 七星公司按年利率5%向银行借款100万元，期限3年；根据公司与银行签订的贷款协议，银行要求保持贷款总额的15%的补偿性余额，不按复利计息。

要求：试计算七星公司（1）实际可用的借款额；（2）实际负担的年利率。

2. 八方公司拟发行面额1 000元，票面利率6%，5年期债券一批，每年年末付息一次。

要求：试分别测算该债券在市场利率下的发行价格。（1）市场利率为5%；（2）市场利率为6%；（3）市场利率为7%。

【案例分析】

某航空公司于2000年实行杠杆式收购后，负债比率一直居高不下。直至2005年底，公司的负债比率仍然很高，有近15亿元的债务将于2008年到期。为此，需要采用适当的筹资方式追加筹资，降低负债比率。

2006年初，公司董事长和总经理正在研究公司的筹资方式的选择问题。董事长和总经理两人都是主要持股人，也都是财务专家。他们考虑了包括增发普通股等筹资方式，并开始向投资银行咨询。

起初，投资银行认为，可按每股20元的价格增发普通股。但经分析得知，这是不切实际的，因为投资者对公司有关机票打折策略和现役服役机龄老化等问题顾虑重重，如此高价位发行，成功概率不大。最后，投资银行建议，公司可按每股13元的价格增发普通股2 000万股，以提升股权资本比重，降低负债比率，改善财务状况。

某航空公司2005年底和2006年初增发普通股后（如果接受投资银行的咨询建议）筹资方式组合如下表所示。

航空公司长期筹资方式情况

长期筹资方式	2005年末实际数		2006年初估计数	
	金额（亿元）	百分比（%）	金额（亿元）	百分比（%）
长期债券	49.66	70.9	48.63	68.1
融资租赁	2.45	3.5	2.45	3.4

续表

长期筹资方式	2005年末实际数		2006年初估计数	
	金额（亿元）	百分比（%）	金额（亿元）	百分比（%）
优先股	6.51	9.3	6.51	9.1
普通股	11.43	16.3	13.86	19.4
总计	70.05	100	71.45	100

假如你是该航空公司的财务总监（CFO），请分析：

（1）请说明股票筹资方式的优缺点。

（2）你如何评价投资银行对公司的咨询建议？

（3）你将对公司提出怎样的筹资方式建议？

第6章 资本结构决策

导入语

企业对债务资金的利用既有艺术性的一面,更有科学理性的一面。如何合理安排企业债务性资金和权益性资金的比重是企业资本结构决策的核心。

引导案例

高负债危机下的盾安集团*

2018年5月盾安集团爆发450亿元的债务危机,引发市场高度关注。

浙江省金融办5月2日召开盾安集团债务协调会,商讨盾安集团债券融资及银行贷款等问题。而早在4月28日,盾安集团就向相关省领导呈交了一份《关于盾安集团债务危机情况的紧急报告》。报告显示,盾安集团目前有息负债超450亿元,除了120亿元的待偿债券外,绝大部分银行和非银行金融机构的贷款都集中在浙江省。盾安集团针对自身的流动性危机,与相关债权人初步达成三项解决方案:

一是由浙商银行出面,增加临时流动性支持,包括提供供应链金融和区块链产品等;

二是浙商银行、浙商产融等尽快启动"凤凰行动"专项基金,收购盾安所持有的优质项目,以激活现金流,置换债务;

三是托管盾安光伏(多晶硅)、华创风能(风力发电设备)等项目,减轻债务压力。

450亿元有息债务,这应该是改革开放40年来单一民企出现的最大规模债务危机。浙江盾安集团当时是国内空调制冷配件龙头企业,拥有自主创新的核心级空调

---

* 资料来源:刀锋上的实业——浙江盾安集团450亿债务危机简史 [EB/OL]. http://finance.sina.com.cn/money/bond/wemedia/2018-05-08/doc-ihacuuvv1191961.shtml.

技术。旗下拥有两家 A 股主板上市公司；还拥有新能源板块、房地产板块，年收入超过 500 亿元，位列浙江 500 强第 27 位，中国企业 500 强第 283 位，但在这些绚丽的光环下，盾安集团最近发现资金如凝固了一般，450 亿元有息债务处于违约的边缘。

其背后深层原因主要是企业盈利能力下滑，导致偿债能力减弱。纵观盾安集团过去三年的财报，500 多亿元的年收入，净利润仅 12 亿元，2017 年盾安集团实现收入 586.1 亿元，利润总额是 17.6 亿元，也就是每 100 元的收入中，净利润不到 3 元。这样的利润水平意味着什么呢？且不论原材料成本、工资成本，单单原材料预付账款增加一点，下游的应收账款的账期拉长一些，企业就会瞬间陷入窘境。如果不幸叠加了严厉的宏观环境，比如资金收紧一点，那制造业企业的苦日子说来就来。上述报告中，盾安集团称，其出现的流动性困难源于"去年下半年以来，防风险去杠杆，市场资金迅速抽紧，致使类似盾安集团较大规模利用债券融资的企业出现了发行难、融资成本不断提高等问题，企业消耗了大量自有资金"。

盾安集团在报送浙江省政府的紧急报告中特别强调，计划在"十三五"期间（2016～2020 年）完成十个业务板块上市，百亿元年利税和千亿元年销售收入。具体的措施是：

（1）2018 年 3 月，完成新能源发电业务注入旗下上市公司江南化工的重大资产重组；

（2）2018 年 5 月，计划启动国内高端阀门领军企业——浙江盾安智控科技股份有限公司 IPO 的上市申报工作；

（3）2018 年下半年，计划启动国内最大的三文鱼养殖企业——青海民泽龙羊峡生态水殖有限公司的股份制改造，计划在 2020 年上半年申报上市材料；

（4）2019 年上半年，计划启动国内休闲食品知名品牌——杭州姚生记食品有限公司（休闲食品）的股份制改造并申报上市。

5 月 3 日下午，浙江当地一位机构人士就此评价：盾安的核心问题在于"去杠杆"，"这一波去杠杆，一些龙头民企接连出事，把投资人对企业的信任感都搞没了，然后民企就融不到钱，给其带来很大压力。"

总之，高负债对企业各方面都会产生影响，负债率高肯定会影响融资。据《21 世纪经济报道》2015 年报道，北京一位股份制商业银行的信贷人士表示，"虽然上市公司的信用状况比未上市企业好些，但是财务指标不能太差。对我们来说，负债率超过 70% 的是绝对不能贷款的，最好控制在 50% 以内。"

所以一个良性循环的公司需要有好的资本结构，根据企业的经营状况和所在行业制定恰当的资本结构，才能使企业健康稳定地发展。本章将介绍资本成本和资本结构优化的相关理论和方法。

学习目标

本章主要讲授资本成本、杠杆利益与风险、资本结构理论和资本结构决策理论和方法,通过本章的学习,重点掌握以下内容。

1. 理解资本成本的含义和作用
2. 掌握个别资本成本的计算和综合资本成本的计算
3. 理解营业杠杆、财务杠杆、总杠杆的含义和计算方法及其应用
4. 了解资本结构的主要理论观点
5. 掌握资本结构决策的主要方法,包括资本结构比较法、每股盈余分析法以及公司价值比较法的原理及其应用

6.1 资本成本概述及指标计算

6.1.1 资本成本概述

1. 资本成本含义

使用代价理论认为资本成本指企业为筹集和使用资金而付出的代价。资本成本包括资金筹集费和资金使用费两部分。广义讲企业筹集和使用任何资金,不论短期的还是长期的,都要付出代价。狭义的资本成本仅指筹集和使用长期资金(包括自有资本和借入长期资金)的成本。由于长期资金也被称为资本,所以长期资金的成本也称为资本成本。

资金筹集费是指在资金筹集过程中支付的各项费用,如发行股票、债券支付的印刷费、发行手续费、律师费、资信评估费、公证费、担保费、广告费等;资金使用费是指占用资金支付的各项费用,如股票的股息、银行借款的利息、发行债券的利息,等等。

资本成本可用多种计量形式。在比较各种筹资方式中,使用个别资本成本,包括普通股成本、留存收益成本、长期借款成本、债券成本;在进行资本结构决策时,使用加权平均资本成本;在进行追加筹资决策时,则使用边际资本成本。

2. 资本成本的表示方法

资本成本的表示方法有两种,即绝对数表示方法和相对数表示方法。绝对数表示方法是指为筹集和使用资本到底花了多少费用。相对数表示方法则是通过资本成本率指标来表示的。通常情况下人们更习惯用后一种表示方法。资本成本率也常简

称为资本成本，在不考虑时间价值的情况下，指资金的年使用费用占筹资净额的比率。其公式为：

$$资本成本 = \frac{资金使用费用}{筹资总额 - 筹资费} = \frac{资金使用费用}{筹资费 \times (1 - 筹资费率)}$$

在考虑时间价值的情况下，资本成本是指公司取得资金的净额的现值与各期支付的使用费用现值相等时的折现率。

该折现率是一种机会成本，即符合投资人期望的最小收益率，或称最低可接受的收益率，这种理解是从最低收益理论阐释的一种观点，即从投资者的角度来定义资本成本的，认为资本成本是投资者要求的必要收益率或最低期望收益率。这一观点被西方财务理论界普遍认同。可进行如下计算：

$$P_0(1-f) = \frac{CF_1}{1+K} + \frac{CF_2}{(1+K)^2} + \frac{CF_3}{(1+K)^3} + \cdots + \frac{CF_n}{(1+K)^n}$$

式中，P_0 表示企业取得的资金总额；f 表示筹资费用与筹资总额的比率；CF_n 表示第 n 期支付的使用费用；K 表示资本成本率。

上述公式之所以用资本净额，其原因在于公司的筹资总额并不是公司真正可使用的资金。公司取得筹资总额后，应将先前支付的筹资费用进行补偿性扣除，其剩余部分才是公司可使用的资金数额。筹资费用一般情况下属于一次性支出，它和经常性的资金使用费用的支出有着本质的不同。以资本净额计算资本成本率，从一个方面证明了资本成本率与利息率和股息率在内涵和数值方面的不同。

3. 资本成本的作用

资本成本的概念广泛运用于企业财务管理许多方面。主要用于公司的筹资决策和投资决策。

（1）资本成本是选择筹资方式，拟定筹资方案的依据。公司可以从不同的来源渠道取得资金，不同的筹资方式其资本成本是不同的。不同的筹资组合，资本成本也不相同。尽管资本成本不是公司确定筹资方案的唯一标准，但从经济角度考虑，公司还是应当选择资本成本较低的方案，这样既可以降低筹资成本，也可以减轻投资阶段的压力，并使公司获得尽可能多的投资收益。

（2）资本成本是评价投资项目、决定投资取舍的重要标准。投资项目只有在其投资收益率高于资本成本时才是可接受的，否则，投资项目则不应予以考虑。

（3）资本成本是评价公司经营成果的尺度。从资本成本的构成可以看出，它实际就是投资者和资本市场的中介人应得的收益。而这部分收益能否实现，取决于资本使用者运用资本获取的收益多少以及如何进行分配。资本使用者要想满足投资者和中介人的收益要求，就必须保证资本收益大于资本成本，即经营利润率应高于资本成本，否则表明经营不利，业绩欠佳。

4. 资本成本率的种类

在企业资本筹资实务中，通常运用资本成本的相对数，即资本成本率。资本成本率在实际应用中主要有以下几类。

（1）个别资本成本率。个别资本成本率是指企业各种长期资本的成本率，如股票资本成本率、债券资本成本率、长期借款资本成本率。企业在比较各种筹资方式时，需要使用个别资本成本率。

（2）综合资本成本率。综合资本成本率是指企业全部长期资本的成本率，企业在进行长期资本结构决策时，可以利用综合资本成本。

（3）边际资本成本率。边际资本成本率是指企业追加长期资本的成本率。企业在追加筹资方案的选择中，需要运用边际资本成本率。

6.1.2 个别资本成本率

1. 长期借款资本成本率

长期借款的资本成本主要是指借款利息和筹资费用。借款利息应计入税前成本费用，可以起到抵税的作用，应以税后的债务成本为计算依据。其公式：

$$K_l = \frac{I_l(1-T)}{L(1-F_l)} = \frac{R_l \times L \times (1-T)}{L(1-F_l)} = \frac{R_l(1-T)}{1-F_l}$$

式中，K_l 表示长期借款资本成本率，I_l 表示长期借款年利息额，R_l 表示长期借款年利息率，F_l 表示长期借款的筹资费用率，L 表示长期借款筹资额（借款本金），T 表示所得税率。

当长期借款筹资费很小时，也可以忽略不计。即：

$$K_l = R_l(1-T)$$

【例 6-1】某企业取得长期借款 200 万元，年利率 11%，期限 5 年，每年付息一次，到期一次还本。筹措这笔借款的费用率为 0.5%，企业所得税率为 25%，其该笔资金的成本率为：

$$\frac{200 \times 11\% \times (1-25\%)}{200 \times (1-0.5\%)} = \frac{11\% \times (1-25\%)}{(1-0.5\%)} = 8.29\%$$

上述计算长期借款资本成本的方法比较简单，但缺点在于没有考虑货币的时间价值，因而这种方法的计算结果不是十分精确。如果对资本成本计算结果的精度要求较高，可采用时间价值的公式计算，根据现金流量计算长期借款资本成本率的公式：

$$L(1-F_l) = \sum_{t=1}^{n} \frac{I(1-T)}{(1+K_l)^t} + \frac{L}{(1+K_l)^n}$$

采用插值法求 K_l。

【例 6-2】 以〖例 6-1〗的资料，计算该项借款的资本成本。

计算税前借款资本成本率：

$$200 \times (1-0.5\%) = \sum_{t=1}^{5} \frac{22 \times (1-25\%)}{(1+K_l)^t} + \frac{200}{(1+K_l)^5}$$

整理得：

$200 \times (1-0.5\%) = 22 \times (1-25\%)(P/A, K_l, 5) + 200 \times (P/F, K_l, 5)$

采用插值法逐步测试求得，$K_l = 8.37\%$。

2. 债券资本成本率

发行债券的成本主要指债券利息和筹资费用。债券利息应计入税前成本费用，可以起到抵税的作用，应以税后的债务成本为计算依据。

债券的筹资费用一般较高，不可在计算资本成本率时省略。债券资本成本率的计算公式为：

$$K_b = \frac{I_b(1-T)}{B_0(1-F_b)} = \frac{B \times i \times (1-T)}{B_0(1-F_b)}$$

式中，K_b 表示债券资本成本率，I_b 表示借款年利息额，T 表示所得税率，B 表示债券面值，B_0 表示债券筹资额，F_b 表示债券的筹资费率，i 表示债券的票面年利息率。

【例 6-3】 某公司发行总面额为 500 万元 10 年期债券，票面利率为 12%，发行费率为 5%，公司所得税税率为 25%。则该债券成本为：

$$K_b = \frac{500 \times 12\% \times (1-25\%)}{500 \times (1-5\%)} = 9.47\%$$

若债券溢价或折价发行，为更精确地计算资本成本，应以实际发行价格作为债券筹资额。

【例 6-4】 假定上述公司发行面额为 500 万元 10 年期债券，票面利率为 12%，发行费率为 5%，发行价格为 600 万元，公司所得税税率为 25%。则该债券成本为：

$$K_b = \frac{500 \times 12\% \times (1-25\%)}{600 \times (1-5\%)} = 7.89\%$$

若将货币时间价值考虑在内，债券成本率的计算与长期借款成本率的计算一样。其公式为：

$$B_0(1-F_b) = \sum_{t=1}^{n} \frac{I(1-T)}{(1+K_b)^t} + \frac{B}{(1+K_b)^n}$$

采用插值法求 K_b。

【例 6-5】沿用〖例 6-4〗资料，计算该债券的成本。

$$600 \times (1-5\%) = \sum_{t=1}^{10} \frac{500 \times 12\% \times (1-25\%)}{(1+K_b)^t} + \frac{500}{(1+K_b)^{10}}$$

$600 \times (1-5\%) = 500 \times 12\% \times (1-25\%)(P/A, K_b, 10) + 500 \times (P/F, K_b, 10)$

整理得：

$570 = 60 \times (1-25\%) \times (P/A, K_b, 10) + 500 \times (P/F, K_b, 10)$

按插值法计算，得：$K_b = 7\%$。

延伸思考

从计算公式看出，债务资本成本与利息率之间存在什么差异？二者在什么情况下结果会一致？举例说明。

3. 优先股资本成本率

优先股的股息是固定的，且股息由税后净利润支付，不具有所得税的抵减作用。发行时要支付发行费用，根据股息固定的股票股价公式，优先股资本成本率计算公式为：

$$K_p = \frac{D_p}{P_p(1-F_p)}$$

式中，K_p 表示优先股资本成本，D_p 表示年支付优先股股利，P_p 表示优先股股票价格，F_p 表示优先股发行费率。

【例 6-6】某公司发行的优先股，每股发行价格为 100 元，年股息为 12%，发行费率为发行价格的 2.5%，求优先股资本成本。

$$K_p = \frac{100 \times 12\%}{100 \times (1-2.5\%)} = 12.31\%$$

如果公司发行优先股是折价或溢价发行，则计算公式中的分母应作相应的调整，以准确计算公司的筹资额。

【例 6-7】沿用〖例 6-6〗资料，若公司以高出面值 10% 的价格发行优先股股票，则优先股资本成本为：

$$K_p = \frac{100 \times 12\%}{110 \times (1-2.5\%)} = 11.19\%$$

4. 普通股资本成本率

普通股可通过两种方式取得，一是将未分配净收益转为股本，二是发行新的普通股票。计算普通股成本时，既要计算新增普通股的成本，也要考虑留存收益的资本成本。

为什么对留存收益也要考虑其资本成本？因为留存收益是公司本应发放给股东而没有分配的股利，应归属于公司普通股股东。公司普通股股东因此而放弃了应属于自己的投资机会，如果将这些未分配净收益分配给股东，股东可以把它们投到别的能够获取报酬的地方，股东对这部分留存收益也要求给予其应得的报酬，所以来源于留存收益的资本成本应该是股东的机会成本。它的计算方法与普通股成本的计算方法相同，但无发行费用。

普通股股东所承担的风险较大，普通股股东们所要求的报酬也较高。普通股报酬随企业生产经营状况的变化而变化，所以，普通股收益不固定。与负债成本和优先股成本的估算相比，普通股成本的估算较为复杂，仅靠某一种方法难以作出较为准确的估算。在计算普通股成本时，其测算方法一般有三种。

（1）股利折现模型。

股利折现模型的基本形式是：

$$P_0 = \sum_{t=1}^{n} \frac{D_t}{(1+K_C)^t}$$

若给定该股票的市场价格 P_0 和期望的股利 D，就可求出普通股的期望收益率 K_C，如果该股票的预期股利是按某一固定的比率 g 增长，则上式可改写为：

$$P_0 = \frac{D_1}{K_C - g}$$

其推导过程如下：

$$P_0 = \sum_{t=1}^{\infty} \frac{D_t}{(1+K)^t} = \frac{D_1}{1+K} + \frac{D_2}{(1+K)^2} + \cdots + \frac{D_n}{(1+K)^n}$$

D_0

$D_1 = D_0(1+g)$

$D_2 = D_1(1+g) = D_0(1+g)^2$

……

$D_n = D_0(1+g)^n$

$$P_0 = \sum_{t=1}^{\infty} \frac{D_t}{(1+K)^t} = \frac{D_0(1+g)}{1+K} + \frac{D_0(1+g)^2}{(1+K)^2} + \cdots + \frac{D_0(1+g)^n}{(1+K)^n}$$

n 无穷大，$P_0 = \dfrac{D_1}{K-g}$

故：$K_C = \dfrac{D_1}{P_0} + g$

其中，K_C 表示普通股资本成本率，D_1 表示预期年股利额，P_0 表示普通股市价，g 表示普通股利年增长率。

运用股利折现法估算 K 时，P_0 和 D_1 较易确定，而未来较长时期的股利增长率 g 却难以准确预测。因此，用这种方法计算的 K_C 也不是一个精确的值，仅是一个估算的范围。

企业留存收益的资本成本不存在发行费用，可直接用上述公式计算，而对于新发行的普通股由于发生了发行成本，其资本成本的计算要考虑发行成本 f，新增普通股资本成本的计算公式为：

$$K_C = \dfrac{D_1}{P_0 - f} + g$$

【例6-8】某公司准备增发普通股，每股发行价为20元，发行费为每股2元，估计每年股利增长率为5%，本年公司发放现金股利为1元，则该普通股筹资成本率为：

$D_1 = 1 \times (1 + 5\%) = 1.05$（元）

$K_C = 1.05/(20 - 2) + 5\% = 10.83\%$

(2) 资本资产定价模型。

根据资本资产定价模型，假定普通股股东的相关风险只是市场风险，那么投资者所期望的风险报酬率就取决于股票的 β 系数和市场风险报酬，普通股股东对某种股票的期望收益率 K_C 可用以下公式表示：

$$K_C = R_F + \beta(R_m - R_F)$$

式中，R_F 表示无风险报酬率，β 表示股票的贝塔系数，R_m 表示平均风险股票必要报酬率。

【例6-9】某期间市场无风险报酬率为10%，平均风险股票必要报酬率为14%，某公司普通股 β 为1.2，留存收益的成本为：

$K_C = 10\% + 1.2 \times (14\% - 10\%) = 14.8\%$

(3) 风险溢价法。

根据投资"风险越大，要求的报酬率越高"的原理，普通股股东对企业的投资风险大于债券投资者，因而会在债券投资者要求的收益率上再要求一定的风险溢价，依据这一理论，股票的资本成本率可采用以下公式：

$$K_C = K_b + RP_c$$

式中，K_b 表示债务资本成本，RP_c 表示股东所要求的风险溢价。

式中的 K_b 比较容易估算，因此，估算 K_c 的关键是估计风险溢价 RP_c，但 RP_c 并无直接的计算方法，只能从经验中获得信息。资本市场经验表明，公司普通股的风险溢价对公司自己的债券来讲，绝大部分在3%~5%。

风险溢价法在概念上与资本资产定价法极为相似，它们都考虑股东要求的风险报酬。这两种方法的差别在于采用的起点不同：资本资产定价法以无风险报酬率为起点，而风险溢价法则以债券投资者要求的收益为起点。这两种方法在估计风险溢价时都带有一定的主观色彩。资本资产定价法的理论基础比较完善，风险溢价法则在应用上更加简单便捷。

小资料

如何降低贷款成本？

如果要做到贷款逍遥游，作为企业的老板就必须掌握必要的知识和技巧，以直接减少利息支出，从而降低企业的经营成本。

我们建议中小企业应该审时度势，争取获得银行最低的贷款利率，直接降低贷款利息成本。即哪家银行的贷款利率低，就到哪家贷款。

银行贷款分为短期贷款（贷款期限不超过1年）和中长期贷款（贷款期限超过1年）。对于资金周转较快、周转期短的企业，应尽量选择短期贷款；对于融资渠道广、与银行建立了较密切合作关系的企业，也不妨将长期贷款化为短期贷款。这是因为短期贷款的利率比长期贷款的利率要低，这样做可以降低贷款利息成本。

此外，企业向银行贷款时，应首选最高额抵押贷款方式，其优点在于降低资本成本支出，在偿还贷款上保持主动，便于融资资金的计划和管理。最高额抵押贷款，是指借款人与贷款人协议，在最高贷款额度内，以抵押物对这一期间内连续发生的贷款债权作担保。最高额抵押贷款不同于普通抵押贷款，它是一种较为灵活的抵押贷款形式。其灵活性在于，在企业和银行约定的时期内，企业可以用同一个贷款合同，连续发生多次借款和还款。而普通的抵押贷款形式不具有这种灵活性，一旦贷款全部偿还，银行和企业贷款合同的权利和义务就随即失效，企业若想续借，则要重新办理全部的贷款手续。

总之，采用不同的贷款种类，会有不同的贷款成本支出，中小企业在贷款时要精打细算，根据自己的特点，征询行家的意见后，选择一种成本最低、效率最高的贷款形式。

6.1.3 加权平均资本成本的估算

加权资本成本又称综合资本成本，是企业全部长期资金的总成本。综合资本成本一般是以各种资金占全部资金的比重为权数，对个别资本成本进行加权平均确定的，其计算公式为：

$$K_w = \sum K_j W_j$$

式中，K_w 表示综合资本成本，K_j 表示第 j 种个别资本成本，W_j 表示第 j 种个别资本占全部资本的比重（权数）。

【例 6-10】 某企业账面反映的长期资金共 500 万元，其中长期借款 100 万元，应付长期债券 50 万元，普通股 250 万元，保留盈余 100 万元，其成本分别为 6.7%、9.17%、11.26%、11%。该企业的加权平均资本成本为：

$$K_w = 6.7\% \times \frac{100}{500} + 9.17\% \times \frac{50}{500} + 11.26\% \times \frac{250}{500} + 11\% \times \frac{100}{500}$$
$$= 10.09\%$$

计算个别资金占全部资金的比重时，可分别选用账面价值、市场价值、目标价值为权数来计算。

账面价值权数易取得，但与市场价值差别较大。如果股票、债券的市场价格发生较大变动，计算结果会与实际有较大的差异，从而贻误筹资决策。

市场价值权数是以股票、债券的市场价格作为计算权数的依据，这样计算的加权平均资本成本能反映企业目前的实际情况。同时，为弥补证券市场的价格变动频繁的不便，也可选用一定时期的平均价格。

目标价值权数是指股票、债券以未来预计的目标市场价值确定权数。这种权数能体现期望的资本结构，而不是像账面价值权数和市场价值权数那样只反映过去和现在的资本结构，所以按目标价值权数计算的加权平均资本成本更适用于企业筹措新资金。然而，企业很难客观合理确定证券的目标价值，使得这种计算方法不宜推广。

6.1.4 边际资本成本

1. 概念及用途

边际资本成本是指资金每增加一个单位而增加的成本。边际资本成本也是按加权平均法计算的，是追加筹资时所使用的加权平均成本率。

企业无法以某一固定资本成本来筹措无限的资金，当其筹集的资金超过一定限度时，原来的资本成本就会增加。在企业追加筹资时，企业需要知道筹资额在什么数额上便会引起资本成本怎样的变化，这时就需要应用边际资本成本率来规划并进行决策。

2. 边际资本成本率规划的编制方法

在筹措新增资金时，首先要明确企业理想的资本结构即目标资本结构，并了解不同来源资金随筹资额的增加其资本成本率变化量，从而为进行筹资成本规划提供基本的计算依据。在此基础上其编制步骤有以下两个。

（1）计算筹资突破点。

筹资突破点是指在保持某资本成本率的条件下，可以筹集到的资金总限度。在筹资突破点范围内筹资，原来的资本成本率不会改变；一旦筹资额超过筹资突破点，即使维持现有的资本结构，其资本成本率也会增加。

筹资突破点的计算公式为：

$$筹资突破点 = \frac{可用某一特定成本率筹集到的某种资金额}{该种资金在资本结构中所占的比重}$$

（2）计算不同筹资总额范围的边际资本成本率。

根据计算出的突破点，可得出若干组新的筹资范围，对各筹资范围分别计算加权平均资本成本，即可得到各种筹资范围的边际资本成本率。

【例6-11】某企业拥有长期资金400万元，其中长期借款60万元，长期债券100万元，普通股240万元。由于扩大经营规模的需要，拟筹集新资金。经过分析，认为筹集新资金后仍应保持末期的资本结构，即长期借款占15%，长期债券占25%，普通股占60%，并测算出了随筹资的增加各种资本成本的变化，见表6-1。

表6-1　　　　　筹资额增加后各种资本成本的变化

资金种类	目标资本结构	新筹资额的范围	资本成本
长期借款	15%	45 000元内	3%
		45 000~90 000元	5%
		90 000元以上	7%
长期债券	25%	200 000元内	10%
		200 000~400 000元	11%
		400 000元以上	12%
普通股	60%	300 000元内	13%
		300 000~600 000元	14%
		600 000元以上	15%

① 计算筹资总额分界点，见表 6-2。

表 6-2　　　　　　　　　　　　　筹资分界点计算表

资金种类	资本结构	资本成本	新筹资额范围	筹资总额分界点（万元）	筹资总额的范围
长期借款	15%	3%	4.5 万元	4.5/15% = 30	30 万元以内
		5%	4.5 万~9 万元	9/15% = 60	30 万~60 万元
		7%	9 万元以上		60 万元以上
长期债券	25%	10%	20 万元内	20/25% = 80	80 万元以内
		11%	20 万~40 万元	40/25% = 160	80 万~160 万元
		12%	40 万元以上		160 万元以上
普通股	60%	13%	30 万元内	30/60% = 50	50 万元以内
		14%	30 万~60 万元	60/60% = 100	50 万~100 万元
		15%	60 万元以上		100 万元以上

该表表明了特定筹资种类成本变化的分界点。例如，长期借款在 4.5 万元以内时，其成本在 3%，而在目标资本结构中，长期借款的比重为 15%，这表明在借款成本由 3% 上升到 5% 之前，企业可筹集 30 万元资本。当筹资总额多于 30 万元时，借款成本就要上升到 5%。

② 计算边际资本成本。根据上一步计算的分界点可得出下列 7 组筹资总范围：30 万元以内；30 万~50 万元；50 万~60 万元；60 万~80 万元；80 万~100 万元；100 万~160 万元；160 万元以上。对以上 7 组筹资范围分别计算加权平均资本成本，即可得到各种筹资范围的加权平均资本成本，见表 6-3。

表 6-3　　　　　　　　　各筹资范围的加权平均资本成本计算表

筹资总额范围	资金种类	目标资本结构	资本成本	加权平均资本成本
30 万元以内	长期借款	15%	3%	3% × 15% = 0.45%
	长期债券	25%	10%	10% × 25% = 2.5%
	普通股	60%	13%	13% × 60% = 7.8%
	合计			10.75%
30 万~50 万元	长期借款	15%	5%	5% × 15% = 0.75%
	长期债券	25%	10%	10 × 25% = 2.5%
	普通股	60%	13%	13% × 60% = 7.8%
	合计			11.05%
50 万~60 万元	长期借款	15%	5%	5% × 15% = 0.75%
	长期债券	25%	10%	10% × 25% = 2.5%

续表

筹资总额范围	资金种类	目标资本结构	资本成本	加权平均资本成本
50万~60万元	普通股	60%	14%	14%×60%=8.4%
	合计			11.65%
60万~80万元	长期借款	15%	7%	7%×15%=1.05%
	长期债券	25%	10%	10%×25%=2.5%
	普通股	60%	14%	14%×60%=8.4%
	合计			11.95%
80万~100万元	长期借款	15%	7%	7%×15%=1.05%
	长期债券	25%	11%	11%×25%=2.75%
	普通股	60%	14%	14%×60%=8.4%
	合计			12.2%
100万~160万元	长期借款	15%	7%	7%×15%=1.05%
	长期债券	25%	11%	11%×25%=2.75%
	普通股	60%	15%	15%×60%=9%
	合计			12.8%
160万元以上	长期借款	15%	7%	7%×15%=1.05%
	长期债券	25%	12%	12%×25%=3%
	普通股	60%	15%	15%×60%=9%
	合计			13.05%

从表6-3看出，随资金量的增大，各类资本成本在增加，其原因是随着新资本增加，企业经营规模扩大，经营风险增加，若企业的债务在原有规模上不断增加，新债权人考虑到风险，必定会提高贷款或债券的利率，使债务成本增加。同样，股东也会考虑到风险，要求提高投资报酬率，以此来补偿增加的风险，股本成本也会上升。

由于企业筹集新资本都按一定的数量批量进行，企业在追加筹资时，需要知道在什么数额上便会引起资本成本的变化。因此，企业在追加筹资的决策中，必须预先测算边际资本成本率随着追加筹资总额及其资本结构的变化而变化情况。这样，在确定追加筹资总额及其资本结构时，就能充分利用边际资本成本突破点前的充裕量，尽量避免边际资本成本恰好越过突破点。

6.2 杠杆原理

企业在确定最优资金结构时，不仅要考虑资本成本，还要考虑筹资风险，杠杆原理就是用来帮助确定筹资风险的。自然科学的杠杆原理是指通过杠杆的使用，只用一个较小的力量便可以产生较大的效果。财务管理中的杠杆效应表现为：由于特定费用（如固定生产经营成本或固定的财务费用）的存在而导致的，当某一财务变量以较小幅度变动时，另一相关变量会以较大幅度变动。

所谓特定费用一般包括两类：一是固定生产经营成本；二是固定的财务费用。

两种最基本的杠杆：一种是存在固定生产经营成本而形成的经营杠杆；还有一种是存在固定的财务费用而引起的财务杠杆。在企业经营和理财活动中，杠杆效应是指通过利用固定成本来增加获利能力。本节分别讨论经营杠杆、财务杠杆和总杠杆。

6.2.1 基本概念

1. 成本习性

成本习性是指成本总额与业务量之间在数量上的依存关系。

根据成本习性的不同，可以把企业的整个成本分成三类。

（1）固定成本。

固定成本是指总额在一定时期和一定业务量范围内不随业务量发生任何变动的那部分成本。对于固定成本来说，成本总额是不变的，但单位固定成本随业务量的增加而逐渐下降。如折旧费是固定的，某企业一年折旧费有10万元，如果企业一年只生产一件产品，单件所承担的折旧是10万元，如果企业生产10万件产品，单件产品成本就是1元。

（2）变动成本。

变动成本是指在一定时期和一定业务量范围内随着业务量变动而成正比例变动的那部分成本。无论是固定成本还是变动成本都强调一个相关业务量范围，一旦超过这个范围，单位的变动成本可能改变，固定成本总额也可能改变。

值得一提的是固定成本总额只是在一定时期和业务量的一定范围内保持不变。与固定成本相同，变动成本也要研究相关范围问题，也是要讨论特定的时间、特定业务量范围，这样才能保证单位的变动成本不变，成本总额是随着业务量成正比例变动。

（3）混合成本。

混合成本虽然随着业务量变动而变动，但不成同比例变动，可分解为固定成本和变动成本。

①半变动成本。

半变动成本，通常有一个初始量，类似于固定成本，在这个初始量的基础上随产量的增长而增长,又类似于变动成本。例如电话费,比如这个月一次电话都没打,这个月也要交基本电话费,在基本电话费的基础上,每打一分钟电话就交一分钟的钱。半变动成本示意图如图6-1所示。

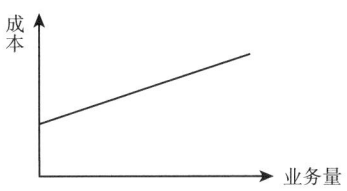

图6-1 半变动成本示意图

②半固定成本。

这类成本随产量的变动而呈阶梯型增长。产量在一定限度内,这种成本不变,但增长到一定限度后,就变了。例如化验员、质检员的工资一般都属于这种成本。假如质检员检查产品数量在1 000件以内,工资是1 000元,一旦突破这个范围,在1 000~2 000件范围之内,工资增加100元。半固定成本示意图如图6-2所示。

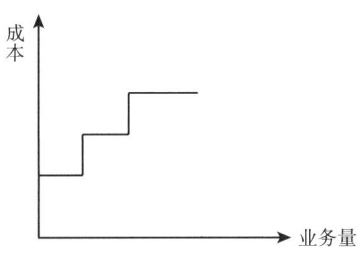

图6-2 半固定成本示意图

混合成本是一种过渡性的分类,最终分解成固定成本和变动成本两部分,所以企业所有的成本都可以分成两部分,包括固定成本和变动成本。

因此成本总额直线方程:

$$y = a + bQ$$

式中,y为总成本,a为固定成本,b为单位变动成本,Q为产销量。

2. 边际贡献

边际贡献是指销售收入减去变动成本后的差额。边际贡献也是一种利润。

$$利润 = 收入 - 成本$$
$$边际贡献 = 销售收入 - 变动成本$$
$$M = pQ - vQ = (p-v)Q = m \cdot Q$$

式中，M 为边际贡献，p 为销售单价，v 为单位变动成本，Q 为产销量，m 为单位边际贡献。

3. 息税前利润

息税前利润是不扣利息和所得税之前的利润。

$$息税前利润 = 销售收入 - 变动成本 - 固定生产经营成本$$

一般固定的生产经营成本简称为固定成本。

$$息税前利润 = 边际贡献 - 固定成本$$
$$EBIT = pQ - vQ - F = (p-v)Q - F = M - F$$

式中，$EBIT$ 为息税前利润，F 为固定成本。

6.2.2 经营风险和经营杠杆

1. 经营风险

企业经营面临各种风险，可划分为经营风险和财务风险。

经营风险是指企业因经营上的原因而导致利润变动的风险。即未来息税前利润（EBIT）的不确定性。经营风险大小会受到产品需求、产品售价、产品成本、调整价格的能力、固定成本的比重等因素的影响。

2. 经营杠杆系数

在上述影响因素中，固定成本比重对经营风险的影响很重要，在其他条件不变的情况下，产销量的增加虽然不会改变固定成本总额，但会降低单位固定成本，从而提高单位利润，使息税前利润增长率大于产销量的增长率，反之，产销量的减少会提高单位固定成本，降低单位利润，使息税前利润下降率也大于产销量下降率。如果不存在固定成本，所有成本都是变动的，那么，边际贡献就是息税前利润，这使得息税前利润与产销量变动率完全一致。这种由于固定成本的存在而导致息税前利润变动率大于产销量变动率的杠杆效应，称为经营杠杆。经营杠杆的大小一般用经营杠杆系数表示，它是企业计算息税前利润的变动率与销售额变动率之间的比率。其计算公式为：

$$DOL = \frac{\frac{\Delta EBIT}{EBIT}}{\frac{\Delta Q}{Q}}$$

式中，DOL 表示经营杠杆系数，$\Delta EBIT = \Delta Q(P-V)$ 即息前税前利润变动额，$EBIT = Q(P-V) - F$ 即变动前的息税前利润，P 表示产品单位销售价格，V 表示单位产品变动成本，F 表示固定成本总额，ΔQ 表示销售变动量，Q 表示变动前销售量。

为了便于应用，经营杠杆系数可通过销售额和成本来表示。其又有两个公式：

公式一：

$$DOL_Q = \frac{Q(P-V)}{Q(P-V)-F}$$

式中，DOL_Q 表示销售量为 Q 时的经营杠杆系数。

公式二：

$$DOL_S = \frac{S-VC}{S-VC-F}$$

式中，DOL_S 表示销售额为 S 时的经营杠杆系数，S 表示销售额，VC 表示变动成本总额。

公式一是通过销售量反映的经营杠杆系数；公式二是通过销售额反映的经营杠杆系数。二者表明的意义一样：分子都表示基期的边际贡献，分母都是基期的边际贡献减固定成本即基期的息税前利润。在实际运用中，公式一只能用于计算单一产品经营杠杆系数；公式二除了用于单一产品外，还可用于计算多种产品的经营杠杆系数。

【例 6-12】某企业生产 A 产品，固定成本为 60 万元，变动成本率为 40%，当企业的销售额分别为 400 万元、200 万元、100 万元时，经营杠杆系数分别为：

解：

$$DOL_{(1)} = \frac{400 - 400 \times 40\%}{400 - 400 \times 40\% - 60} = 1.33$$

$$DOL_{(2)} = \frac{200 - 200 \times 40\%}{200 - 200 \times 40\% - 60} = 2$$

$$DOL_{(3)} = \frac{100 - 100 \times 40\%}{100 - 100 \times 40\% - 60} \to \infty$$

$DOL_{(1)}$ 结果表明了当销售额增减 100%，息税前利润将增减 133%；$DOL_{(2)}$ 结果表明当销售额增减 100%，息税前利润将增减 200%。即随销售额下降，经营风险增加。$DOL_{(3)}$ 结果表明当销售额在盈亏平衡点时，经营风险无穷大。

3. 经营杠杆系数的含义和有关因素的关系

（1）在固定成本不变的情况下，经营杠杆系数说明了销售额增长（减少）所引起利润增长（减少）的幅度。

（2）在固定成本不变的情况下，销售额越大，经营杠杆系数越小，经营风险也就越小；反之，销售额越小，经营杠杆系数越大，经营风险也就越大。

（3）当销售额达到盈亏临界点时，经营杠杆系数趋近于无穷大。此时企业经营只能保本，若销售额稍有减少，便会发生亏损。

4. 控制经营杠杆的途径

企业一般可以通过增加销售金额、降低产品单位变动成本、降低固定成本比重等措施使经营杠杆系数下降，降低经营风险。

延伸思考

从 DOL 的定义公式化简为 DOL_Q、DOL_S 过程中何因素是假设不变的？

6.2.3 财务风险与财务杠杆

1. 财务风险

财务风险指全部资本中债务资本比率的变化带来的风险。

企业负债经营，无论利润多少，债务利息是固定不变的，因此，当全部资本的投资报酬率高于债务的利息率时，债务比率越高就能给所有者带来更大的额外收益；相反，当全部的投资报酬率低于债务的利息率时，债务比率越高，所有者就需拿出越多的收益来补偿债务利息。所以在资本结构中，债务资本的比率越高，企业的财务风险越大。

2. 财务杠杆的含义

在资本总额及其结构既定的情况下，企业需要从息税前利润中支付的债务利息通常都是固定的。当息税前利润增大时，每一元利润所负担的固定财务费用（如利息、融资租赁租金等）就会相对减少，就能给普通股股东带来更多的利润；反之，每一元利润所负担的固定财务费用就会相对增加，就会大幅度减少普通股的利润。这种由于固定财务费用的存在而导致普通股每股收益变动率大于息税前利润变动率的杠杆效应，称作财务杠杆。

财务杠杆的大小一般用财务杠杆系数表示，它是企业每股利润的变动率与息税前利润变动率之间的比率。其计算公式为：

$$DFL = \frac{\frac{\Delta EPS}{EPS}}{\frac{\Delta EBIT}{EBIT}}$$

式中，DFL 表示财务杠杆系数；$EPS = (EBIT - I)(1 - T)/N$，为基期每股利润；$\Delta EPS = \Delta EBIT(1 - T)/N$，为每股利润变动额；$EBIT$ 为基期息税前利润；$\Delta EBIT$ 为息税前利润变动额；I 为负债利息额；T 为所得税率。

上述公式在所得税率、利息额、股数不变的假设下还可以推导为：

$$DFL = \frac{EBIT}{EBIT - I}$$

式中，I 表示债务利息。

从公式看正常情况下分子大于分母，DFL＞1。当利息 I＝0 时，DFL＝1，说明息税前利润增减 1 倍，每股利润（EPS）增减变动 1 倍，这时不存在财务杠杆放大效应。而只要利息 I≠0（存在有息负债），则必有 DFL＞1。

【例 6-13】某企业全部资本为 150 万元，负债比率为 45%，负债利率 12%，当销售额为 100 万元，息税前利润为 20 万元时，则财务杠杆系数为：

$$DFL = \frac{EBIT}{EBIT - I} = \frac{20}{20 - (150 \times 0.45 \times 0.12)} = 1.68$$

从计算表明，当该企业的息税前利润增加 1 倍时，每股利润将增加 1.68 倍。

3. 财务杠杆系数说明的问题

（1）财务杠杆系数越大，表示财务杠杆作用越大，财务风险也就越大；财务杠杆系数越小，表明财务杠杆作用越小，财务风险也就越小。

（2）财务杠杆系数表明息税前利润增长引起的每股利润的增长幅度。

（3）在资本总额、息税前利润相同的情况下，负债比率越高，财务杠杆系数越高，财务风险越大，但财务风险越高，预期每股利润（投资者收益）也越大。

4. 控制财务杠杆的途径

负债比率是可以控制的。企业可以通过合理安排资本结构，适度负债，使财务杠杆利益抵消风险增大所带来的不利影响。也就是在风险与收益之间作出权衡，找出一个最佳结合点。

延伸思考

从 DFL 的定义公式化简为 $\frac{EBIT}{EBIT - I}$ 过程中何因素是假设不变的？

6.2.4 总杠杆（复合杠杆）系数

通常把经营杠杆和财务杠杆的连锁作用称为总杠杆（也称为复合杠杆）作用。总杠杆的作用程度，可用总杠杆系数（DCL）表示，它是每股利润变动率与销售变动率的比率。

$$DCL = \frac{\frac{\Delta EPS}{EPS}}{\frac{\Delta S}{S}}$$

或它是经营杠杆系数和财务杠杆系数的乘积,其计算公式为:$DCL = DOL \times DFL$

通过将经营杠杆系数与财务杠杆系数公式结合,总杠杆系数公式可转化为以下两个公式:

$$DCL = \frac{Q(P-V)}{Q(P-V) - F - I}$$

或

$$DCL = \frac{S - VC}{S - VC - F - I}$$

在公式中,分子是基期边际贡献,分母是基期税前利润。

【例6-14】某公司年销售额为1 000万元,变动成本率60%,息税前利润为250万元。全部资本500万元,负债比率40%,负债平均利率10%。

要求:(1)计算该企业的经营杠杆系数、财务杠杆系数和总杠杆系数。

(2)如果预测期该企业的销售额将增长10%,计算息税前利润及每股收益的增长幅度。

解:(1)计算经营杠杆系数、财务杠杆系数和总杠杆系数。

$$DOL = \frac{S - VC}{S - VC - F} = \frac{1\,000 - 1\,000 \times 60\%}{250} = 1.6$$

$$DFL = \frac{EBIT}{EBIT - I} = \frac{250}{250 - (500 \times 40\% \times 10\%)} = 1.087$$

$DCL = DOL \times DFL = 1.6 \times 1.087 = 1.7392$

(2)计算息税前利润及每股收益的增长幅度。

息税前利润增长幅度 = $1.6 \times 10\% = 16\%$

每股收益增长幅度 = $1.7392 \times 10\% = 17.39\%$

总杠杆作用的意义:首先,从中能够估计出销售额变动对每股利润造成的影响。其次,可看到经营杠杆与财务杠杆之间的相互关系,即为了达到某一总杠杆系数,经营杠杆和财务杠杆可以有很多不同的组合。

一般来说,经营风险大的企业,应采用低负债比率,以降低财务风险,使风险程度不至于太大。

6.3 资本结构理论

资本结构是当代财务理论的核心内容之一,通常情况下,企业的资本由长期债务资本和权益资本构成。资本结构是指企业各种长期资金筹集来源的构成和比例关系。短期资金的需要量和筹集是经常变化的，且在整个资金总量中所占的比重不稳定，因此不列入资本结构管理范围，而作为营运资金管理。

人们对资本结构有着不同的认识。20 世纪 50 年代前的资本结构理论被美国财务学者归纳为早期资本结构理论，50 年代后以 MM 理论为代表的资本结构理论则被称为现代资本结构理论。

1. 早期资本结构理论

（1）净收益理论。

该理论认为，利用债务可以降低企业的综合资本成本。由于债权的投资报酬率固定，债权人有优先求偿权，所以债权投资的风险低于股权投资风险，债权资本成本率一般低于股权资本成本率。因此，负债程度越高，加权平均成本就越低。当负债比率达到 100% 时，企业价值将达到最大（见图 6-3）。

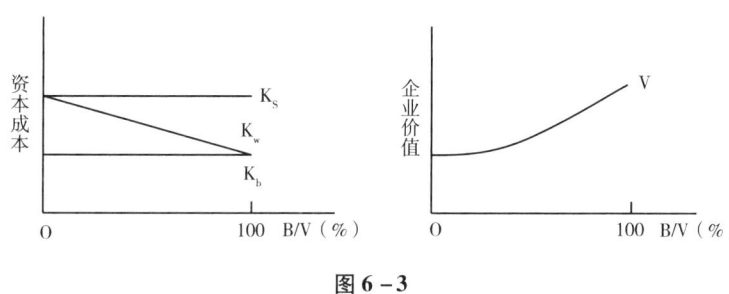

图 6-3

这是一种极端的资本结构理论观点。这种观点虽然考虑到财务杠杆利益，但忽略了财务风险。显然，如果公司的债权资金比例过高，财务风险就会很高，公司的加权平均资本成本率就会上升，公司的价值反而会下降。

（2）净营业收益理论。

该理论认为，资本结构与企业的价值无关，决定企业价值高低的关键要素是企业的净营业收益。如果企业增加成本较低的债务资金，即使债务成本本身不变，但由于加大了企业的风险，导致权益资本成本的提高，这一升一降，相互抵销，企业的加权平均成本仍然保持不变。因而企业不存在最佳资本结构（见图 6-4）。

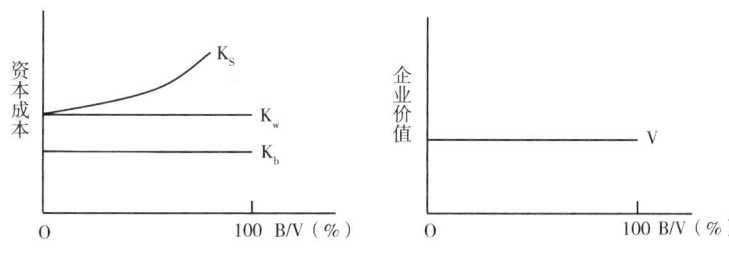

图 6-4

这是另一种极端的资本结构理论观点。这种观点虽然认识到债权资金比例的变动会产生财务风险，也可能影响公司的股权资本成本率，但实际上公司的加权平均资本成本不可能是一个常数。公司净营业收益的确会影响公司的价值，但公司价值不仅仅取决于公司净营业收益的多少。

（3）传统理论。

该理论认为，企业负债在一定程度以内时，股本和负债的风险都不会显著增加，权益资本成本率和负债资本成本率相对稳定，而负债一旦超过该限度，风险便会加大，权益资本成本和负债资本成本率都将上升。由此可以推断：负债比率低于100%的某种资本结构可使企业价值最大，即存在最佳资本结构（见图6-5）。

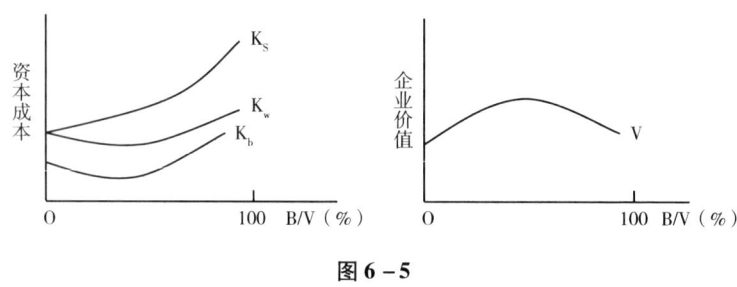

图 6-5

上述早期资本结构理论是对资本结构理论的一些初级认识，有其片面性和缺陷性，还没有形成系统的资本结构理论。

2. 现代资本结构理论

（1）MM 理论。

MM 资本结构理论是莫迪格莱尼和米勒两位财务学者所开创的资本结构理论的简称。1958 年，美国的莫迪格莱尼和米勒两位教授合作发表了《资本成本、公司价值与投资理论》一文。该文深入探讨了公司资本结构与公司价值的关系，创立了MM 资本结构理论，并开创了现代资本结构理论的研究，这两位作者也因此荣获诺贝尔经济学奖。自 MM 理论创立以来，迄今为止几乎所有的资本结构理论研究都是围绕它进行的。MM 理论包括无公司税的 MM 理论和有公司税的 MM 理论。

早期理论不考虑所得税因素，也就不存在负债筹资利息抵税的作用，此时，权益资金和负债资金的筹集也就是一样的；即，早期理论认为在不考虑公司所得税和个人所得税的前提条件下，资本结构与企业价值没有关系，公司是不存在最优资本结构的，是典型的无关论。

后期理论，考虑了所得税因素，负债程度越高，负债利息抵减的所得税就越多。因此，引入所得税后资本结构与企业价值不是无关而是有关，使 MM 理论变成了相关论。

MM 理论认为在考虑所得税的情况下，由于存在税额庇护利益，企业价值会随负债程度的提高而增加,股东也可获得更多好处。于是,负债越多,企业价值也会越大。该结论与净收益理论相同。

MM理论之所以作为现代资本结构理论的开端,因为它成功地利用了数学模型,揭示了资本结构中负债的意义,在逻辑上是甚为严密的。因此,对财务理论的贡献具有划时代的意义。但MM理论的有效性难以得到实践的验证,因它建立的理论假设不符合实际,如假设不论举债多少,公司或个人负债均无风险;假设公司预期的营业利润EBIT是不变的,以及该模型未考虑财务拮据成本和代理成本等,因此在理论上还是不完善的。

(2)权衡理论。

权衡理论是在MM理论的基础上,充分考虑财务拮据成本和代理成本两因素来研究资本结构的理论。权衡理论说明了当减税利益与负债的财务拮据成本和代理成本相互平衡时的资本结构为最优资本结构,这样可使企业的价值最大。

财务危机成本是指与破产和财务困难有关的直接与间接成本总和。直接财务危机成本是指有关清算或重组的法律和管理成本,如财产托管费、法律费用及重组或破产费用,这些费用都是要在向投资者作出回报之前予以扣除。间接财务危机成本是指在破产期间锁定资金的机会成本。如破产预期引起的销售利润的减少,在破产期间对生产的干扰,丧失投资机会,失去客户等。

代理成本指在企业财务危机发生时股东和债权人之间利益冲突日益激化产生的成本。股东可能作出损伤债权人的利益的行为,债权人则为确保自身利益对企业提出更苛刻的条件,在贷款合同中加入许多保护性条款约束其经营行为,使企业经营的灵活性减少,效率降低,以及因监督费用所构成的代理成本的增加,进而提高了负债成本,从而降低了负债给企业价值带来的增值。

在有负债的情况下企业的价值为:

$$V'_L = V_U + TB - FA$$

式中,V_U是无债务资本的企业价值,TB是债务利息免税现值,FA是财务危机成本和代理成本的现值。

由图6-6可见,当企业负债率达到D_1点时,负债的边际利益与边际成本达到均衡,负债总净利益达到最大,因此,D_1点即为最佳资本结构点。当企业负债率达到D_2点时,负债的利益与成本正好相抵,亦即负债总的净利益为零,如果负债超过D_2点,负债将给企业带来净损失。

因此,D_2点即为企业负债区间的上限。在D_2点上,负债对企业价值的影响为零,亦即在D_2点上,$V'_L = V_U$。当负债率超过D_2点时,就会出现$V'_L < V_U$。

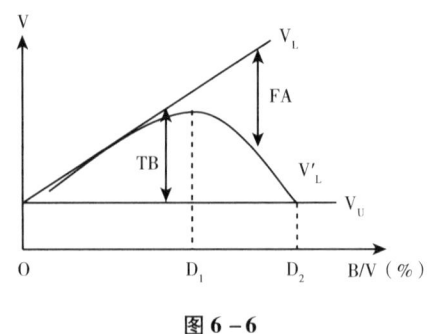

图 6-6

该理论证明当资本结构在 D_1 时企业价值最大,此时的企业加权平均资本成本最低。必须指出的是,权衡模型中反映的经修正的负债企业价值只是示意性的,也正因为如此,D_1 点和 D_2 点的确切位置不得而知。

权衡理论虽不能确切地测定最佳资本结构,但它所揭示的基本思想至少给我们提供了以下几点启示:①经营风险低的企业可以更多地负债。因为经营风险越小,发生财务拮据的概率也越小。②无形资产较少而实体资产较多的企业可以更多地负债。这是因为,企业发生财务拮据时,无形资产比有形资产更容易发生贬值。③公司税率高的企业可以更多地负债。这是因为,公司税率越高,负债减税利益就越大,最佳资本结构点 D_1 和可行负债率区间上限 D_2 的出现就越迟。

(3) 代理理论。

代理理论最初是由詹森(Jensen)和麦克林(Meckling)于 1976 年提出的。他们认为企业资本结构影响经理人员的工作水平和其他行为选择,从而影响企业未来现金流入和企业市场价值。该理论认为,公司债务的违约风险是财务杠杆系数的增函数,随着公司债务资本的增加,债权人的监督成本随之上升,债权人会要求更高的利率。这种代理成本最终要由股东承担。公司资本结构中债权比率过高会导致股东价值的降低。均衡的企业所有权结构是由股权代理成本和债权代理成本之间的平衡关系来决定的,债权资本适度的资本结构会增加股东的价值。除债务的代理成本之外,还有一些代理成本涉及公司雇员、消费者和社会等,在资本结构决策中也应予以考虑。

(4) 融资优序理论。

融资优序理论放宽 MM 理论完全信息的假定,以不对称信息理论为基础,并考虑交易成本的存在,认为权益融资会传递企业经营的负面信息,而且外部融资要多支付各种成本,因而企业融资一般会遵循内源融资、债务融资、权益融资这样的先后顺序。迈尔斯和马吉洛夫的研究表明,当股票价格高估时,企业管理者会利用其内部信息发行新股。投资者会意识到信息不对称的问题,因此当企业宣布发行股票时，投资者会调低对现有股票和新发股票的估价，导致股票价格下降、企业市场价值降低。内源融资主要来源于企业内部自然形成的现金流，它等于净利润加上折旧减去股利。由于内源融资不需要与投资者签订契约，也无须支付各种费用，所受限制少，因而是首选的融资方式，其次是低风险债券，其信息不对称的成本可以忽略，再次是高风险债券，最后在不得已的情况下才发行股票。融资优序理论的两个中心思想是：偏好内部融资；如果需要外部融资，则偏好债务融资。该理论对于新兴证券市场未必如此。

各种各样的资本结构理论为企业融资决策提供了有价值的参考，可以指导决策行为。但是也应指出，由于融资活动本身和外部环境的复杂性，目前仍难以准确地显示出存在财务杠杆、每股收益、资本成本及企业价值之间的关系。所以，在一定程度上，融资决策还要依靠有关人员的经验和主观判断。

6.4 资本结构决策方法

6.4.1 融资的每股收益分析

资本结构是否合理，可以通过分析每股利润的变化来衡量，即能提高每股利润的资本结构是合理的，反之则不够合理。但每股利润的高低不仅受资本结构的影响，还受到销售水平的影响。处理以上三者的关系，可以运用融资的每股盈余分析的方法，又称每股收益无差别点法。

每股收益分析是利用每股收益的无差别点进行的。所谓每股收益无差别点，是指每股收益不受融资方式影响的销售水平。根据每股收益无差别点，可以分析判断在什么样的销售水平下或 EBIT 水平下适于采用何种资本结构。

每股利润 EPS 的计算公式为：

$$EPS = \frac{(S - VC - F - I)(1 - T)}{N}$$

$$= \frac{(EBIT - I)(1 - T)}{N}$$

根据每股利润无差别点的定义，能够满足下列条件的销售额或息前税前利润的就是每股利润无差别点。

若以 EPS_1 代表负债融资情况下的每股收益，EPS_2 代表无负债融资情况下的每股收益。

当 $EPS_1 = EPS_2$ 时：

$$\frac{(S_1 - VC_1 - F_1 - I_1)(1 - T)}{N_1} = \frac{(S_2 - VC_2 - F_2 - I_2)(1 - T)}{N_2}$$

则在每股收益无差别点上，$S_1 = S_2$。

$$\frac{(S - VC_1 - F_1 - I_1)(1 - T)}{N_1} = \frac{(S - VC_2 - F_2 - I_2)(1 - T)}{N_2}$$

即能使上述条件成立的销售额（S）为每股收益无差别点销售额。

或

当 $EPS_1 = EPS_2$ 时：

$$\frac{(\overline{EBIT} - I_1)(1 - T)}{N_1} = \frac{(\overline{EBIT} - I_2)(1 - T)}{N_2}$$

则：能使上述条件成立时的息税前利润（$\overline{EBIT}$）为每股收益无差别点的息税前利润。

【例6-15】ABC公司目前拥有长期债务资本400万元，年利率12%；普通股权益资本600万元（发行普通股60万股，每股10元）。现准备追加筹资300万元，有两种筹资方案：

（1）全部发行普通股：增发30万股，每股面值10元；

（2）全部筹措长期债务：新增债务利率上升为13%。

企业的变动成本率为70%，固定成本为300万元。公司处于免税期。要求计算每股盈余无差别点及无差别点的每股盈余额，并作简要分析说明。

$$\frac{(S_1 - VC_1 - F_1 - I_1)(1 - T)}{N_1} = \frac{(S_2 - VC_2 - F_2 - I_2)(1 - T)}{N_2}$$

$$\frac{S \times (1 - 70\%) - 300 - 400 \times 12\%}{60 + 30} =$$

$$\frac{S \times (1 - 70\%) - 300 - (400 \times 12\% + 300 \times 13\%)}{60}$$

解得：S = 1 550（万元）

$$EPS = \frac{1\ 550 \times (1 - 70\%) - 300 - 400 \times 12\%}{60 + 30} = 1.3(元／股)$$

如果销售额预计将超过1 550万元，则应采用方案（2），即全部筹措长期债务；反之则应采用方案（1），即全部发行普通股。

在融资分析时，当销售额大于每股利润无差别点的销售额时，运用负债筹资可获得较高的每股利润；反之，当销售额低于每股利润无差别点的销售额时，运用权益筹资可获得较高的每股利润。

【例6-16】N公司目前拥有长期债务资本400万元，年利率12%；普通股权益资本600万元（发行普通股60万股，每股10元）。现在准备追加筹资300万元，有两种筹资方案：

（1）全部发行普通股：增发30万股，每股面值10元；

（2）全部筹措长期债务：新增债务利率上升为13%。公司所得税为30%。要求计算每股盈余无差别点的息税前利润，并作简要分析说明。

$$\frac{(\overline{EBIT} - I_1)(1 - T)}{N_1} = \frac{(\overline{EBIT} - I_2)(1 - T)}{N_2}$$

$$\frac{(\overline{EBIT} - 400 \times 12\%)(1 - 30\%)}{60 + 30} =$$

$$\frac{[\overline{EBIT} - (400 \times 12\% + 300 \times 13\%)](1 - 30\%)}{60}$$

解得：

$$21 \times \overline{EBIT} = 3465$$

$$\overline{EBIT} = 165(万元)$$

$$EPS_1 = \frac{(165 - 400 \times 12\%)(1 - 30\%)}{90} = 0.91(元/股)$$

$$EPS_2 = \frac{(165 - 400 \times 12\% - 300 \times 13\%)(1 - 30\%)}{60} = 0.91(元/股)$$

如果该公司息税前利润高于165万元时应采用方案（2），即全部筹措长期债务；反之则应采用方案（1），即全部发行普通股。

每股利润无差别分析见图6-7。

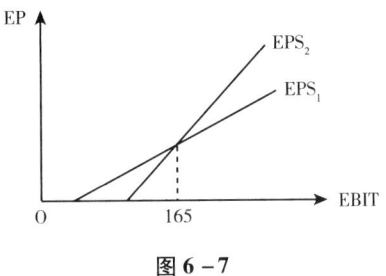

图6-7

从该案例分析可见，当该公司的息税前利润大于每股利润无差别点的息税前利润时，运用负债筹资可获得较高的每股利润；反之，当息税前利润低于每股利润无差别点的息税前利润时，应运用权益筹资可获得较高的每股利润。

6.4.2 比较资本成本法

该方法的基本思路是：决策前先拟订若干个备选方案，分别计算各方案的加权平均资本成本,并根据加权平均资本成本的高低来确定资本结构。

【例 6-17】某公司在初创时需资本 5 000 万元,如有三个筹资组合方案可供选择,有关资料如表 6-4 所示。

表 6-4　　　　　　　某公司初始筹资组合方案资料测算表　　　　　　金额单位：万元

筹资方式	初始筹资额	筹资方案Ⅰ资本成本率	初始筹资额	筹资方案Ⅱ资本成本率	初始筹资额	筹资方案Ⅲ资本成本率
长期借款	400	6%	500	6.5%	800	7%
长期债券	1 000	7%	1 500	8%	1 200	7.5%
优先股	600	12%	1 000	12%	500	12%
普通股	3 000	15%	2 000	15%	2 500	15%
合计	5 000	—	5 000	—	5 000	—

方案Ⅰ的综合资本成本率：

$$6\% \times \frac{400}{5\ 000} + 7\% \times \frac{1\ 000}{5\ 000} + 12\% \times \frac{600}{5\ 000} + 15\% \times \frac{3\ 000}{5\ 000} = 12.32\%$$

方案Ⅱ的综合资本成本率：

$$6.5\% \times \frac{500}{5\ 000} + 8\% \times \frac{1\ 500}{5\ 000} + 12\% \times \frac{1\ 000}{5\ 000} + 15\% \times \frac{2\ 000}{5\ 000} = 11.45\%$$

方案Ⅲ的综合资本成本率：

$$7\% \times \frac{800}{5\ 000} + 7.5\% \times \frac{1\ 200}{5\ 000} + 12\% \times \frac{500}{5\ 000} + 15\% \times \frac{2\ 500}{5\ 000} = 11.62\%$$

通过比较,方案Ⅱ的综合资本成本率最低,在三者中方案Ⅱ的资本结构可确定为最佳资本结构。

延伸思考

上述每股收益分析法和比较资本成本法考虑了筹资风险吗？请你对上述两种方法作出评价。

6.4.3　最佳资本结构

公司的最佳资本结构应当是可使公司的总价值最高,而不一定是每股利润最大的资本结构。同时,在公司总价值最大的资本结构下公司的资本成本也一定是最低的。该分析方法也称公司价值分析法。

公司的市场总价值 V 应该等于其股票的总价值 S 加上债券的价值 B,即：

$$V = S + B$$

为简化起见,假设债券的市场价值等于它的面值。

股票市场价值则用下列公式计算:

$$S = \frac{(EBIT - I)(1 - T)}{K_S}$$

式中,K_S 为权益资本成本。

K_S 的计算公式采用资本资产定价模型计算:

$$K_S = R_S = R_F + \beta(R_m - R_F)$$

公司的加权平均资本成本用 K_W 来表示,其计算公式为:

$$K_W = K_b(B/V)(1 - T) + K_S(S/V)$$

其中,K_b 是税前的债务资本成本率。

通过上述公式的计算,以得出不同资本结构下的企业价值和资本成本,找出使企业价值最大,同时使资本成本最低的资本结构即最佳资本结构。

【例6-18】某公司全部资本均为股票资本(无优先股和债券),账面价值2 000万元。该公司认为目前资本结构不合理,拟举债购回部分股票予以调整。公司预计年息税前利润为500万元,所得税税率25%。经预算,目前的债务利率和股票资本成本情况见表6-5。

表6-5　　　　　　　　　债务利率和股票资本成本情况表

B(万元)	K_b(%)	β	R_F(%)	R_m(%)	K_S(%)
0	—	1.2	10	14	14.8
200	10	1.25	10	14	15.0
400	10	1.30	10	14	15.2
600	12	1.40	10	14	15.6
800	14	1.55	10	14	16.2
1 000	16	2.10	10	14	18.4

表中的 K_S 是计算得到的。

如第二行的 K_S = 10% + 1.25 × (14% - 10%) = 15.0%

运用前述原理即可测算不同债务规模的公司价值和综合资本成本,据以判断最佳资本结构,见表6-6。

表6-6 不同规模下的公司价值和综合资本成本测算表

B（万元）	S（万元）	V（万元）	K_b（%）	K_S（%）	K_W（%）
0	2 534	2 534	—	14.8	14.80
200	2 400	2 600	10	15.0	14.42
400	2 270	2 670	10	15.2	14.05
600	2 058	2 658	12	15.6	14.11
800	1 796	2 596	14	16.2	14.44
1 000	1 386	2 386	16	18.4	15.72

当 $B=200$ 万元时，已知 $EBIT=500$ 万元，$T=25\%$ 时，则：

$$S = \frac{(EBIT-I)(1-T)}{K_s} = \frac{(500-200\times10\%)(1-25\%)}{15.0\%} = 2\,400（万元）$$

$V = 200 + 2\,400 = 2\,600$ （万元）

$K_W = 10\% \times (200/2\,600) \times (1-25\%) + 15.0\% \times (2\,400/2\,600) = 14.42\%$

其余同理计算。

从计算分析表可以看出在没有债务的情况下，公司价值就是其原有股票的价值，即 $V=S$。当公司用债务资本部分地替换股票资本时，公司的价值开始上升，综合资本成本开始下降。当债务资本达到400万元时，公司的价值最大（2 670万元），综合资本成本最低（14.05%）。当债务超过400万元后，公司的成本又开始上升，因此，可以判断该公司债务资本为400万元时的资本结构为最佳资本结构。

小资料

国有企业如何去杠杆？*

债务问题一旦爆发，会导致金融系统的资金链断裂，极有可能引发巨大的金融风险，2008年美国次贷危机、2009年欧债危机以及频发于南美的债务危机都是债务问题导致金融危机的典型代表，因此，我们要把债务控制在适当的范围内。

国有企业的去杠杆问题已经成为防范金融风险的重中之重，主要可以通过三种方式来解决，分别是混合所有制改革、破产重组和债转股。

第一种是混合所有制改革，联通是混改的典型代表。我国当前正处于第二轮混合所有制改革的关键期，第一轮是20世纪90年代中期至2013年之前，本轮混改从2013年开始。上一轮的混改为本轮混改提供了诸多经验，目前的混合所有制改革是

---

* 资料来源：http://finance.jrj.com.cn/2018/07/31153324885086.shtml。

与分类改革紧密结合的。对于处于充分竞争性行业的商业类国有企业引入社会资本，采取非国有资本参股或控股的形式；对于处于重要行业和关键领域的商业类国有企业，保证国有控股，支持非国有资本参股；对于公益类国有企业，引导社会资本参与经营。中国联通就是通过定向增发扩股和转让旧股的方式进行的混合所有制改革，实现了股权多元化，第一大股东联通集团的持股比例从63%下降到38%，不再绝对控股，引入了互联网公司BAT、京东、苏宁等战略投资者。联通混改使联通的杠杆率明显降低，市场竞争力增强。

第二种方式是破产重组，典型代表是东北特钢重组。东北特钢在2016年3月首次出现了严重的债务违约，总额达40亿元，其后多次出现了债务违约现象，甚至资不抵债，于是在地方政府的主导下，对东北特钢开始进行破产重组。普通债权人每家50万元以下的部分将根据债权人意愿100%清偿；超出50万元的部分，经营类普通债权人（东北特钢的应付账款客户）和债券类普通债权人可选择现金按比例清偿或债转股，金融类普通债权人（债权银行）将全部进行债转股。通过这种破产重组的方式降低东北特钢的杠杆率。

第三种方式是债转股。债转股主要是国家或地方组建金融资产管理公司，收购银行不良资产，将原来银行与企业的债权、债务关系变为资产管理公司与企业的股权关系。我国的四大资产管理公司就是为解决亚洲金融危机后巨额的银行不良资产而设立的，其向四大行收购了1.4万亿元不良资产，取得了良好成效，也为债转股积累了丰富的经验。债转股除了通过国家设立资产管理公司之外，还可以通过地方设立资产管理公司、银行设立资产管理子公司等形式进行，无论如何，都要关注选择哪些企业进行债转股的问题，不能选择那些僵尸企业作为债转股的标的，必须选择有一定发展前景的企业，才能真正发挥债转股的作用。

当然，国有企业去杠杆有很多需要注意的问题。第一，在进行混合所有制改革过程中，处于不同行业的国有企业必须分别对待，不同行业和领域进行混合所有制改革的程度不同，对于关乎国家命脉和国计民生的重点领域和重要行业，要实行国有独资或者少部分适当引入社会资本。对于处于充分竞争性行业的国有企业，可以较大幅度引入社会资本，甚至可以是民营资本绝对控股，这些行业和领域是通过混改去杠杆的重点领域。第二，在国企破产重组的过程中，要做好职工安置工作，去产能、去冗员是很多国企破产重组面临的问题。针对于此，在东部发达省份，可以通过行业疏散的形式做好职工安置，也就是将职工向本地区的服务业等行业进行疏散。在中西部欠发达省份，由于其服务业等吸纳就业能力不足，尤其是一些依托矿区发展出来的小镇等，要进行区域疏散，向附近的发达城镇转移劳动力，从而解决好职工下岗就业问题。第三，在进行债转股的过程中，要注意相关法律问题。我国《商业银行法》第四十三条明确规定"不得向非自用不动产投资或者向非银行金融机构和企业投资，但国家另有规定的除外。"明确银行本身进行债转股的界限在哪里，以及银行的债转股过程中，采取什么样的价格打包不良资产，既要防止过度的金融创新，又要防止国有资产流失。

【本章回顾】

1. 本章重点回顾

资本成本和资本结构是指导筹资活动的重要筹资理论，本章重点介绍了如下内容。

（1）资本成本的计算分析。包括个别资本成本的计算、综合资本成本的计算和边际资本规划。个别资本成本如长期借款资本成本、债券资本成本、普通股资本成本、优先股资本成本、留存收益资本成本等，是计算综合资本成本和边际资本成本规划的基础。综合资本成本是已筹集资本的加权平均资本成本。边际成本规划是对增资过程中确定不同筹资规模的资金综合成本。

（2）杠杆效应及其计算。当企业存在固定成本时，就存在经营杠杆效应；在固定成本不变的情况下，经营杠杆系数说明了销售增加（或减少）所引起息税前利润增加（或减少）的幅度。在其他因素不变的情况下，固定成本越大，经营杠杆系数越大，经营风险也越大，反之越小。财务杠杆系数是企业息税前利润增长对每股收益的影响程度；在资本总额、息税前利润相同的情况下，负债比率越高，财务杠杆系数越高，财务风险越大。当企业同时存在固定成本和利息等固定费用支出时，就存在复合杠杆效应。复合杠杆系数越大，复合风险越大，反之越小。

（3）资本结构理论及其最佳资本结构的确定。资本结构理论主要有净收益理论、净营业收益理论、传统理论、MM理论、权衡理论、代理理论、信号传递理论、啄食顺序理论等，这些理论在资本结构与公司价值关系方面存在两种观点即资本结构与公司价值有关和资本结构与公司价值无关。现代资本结构理论主要观点是资本结构与公司价值有关，但表述的角度存在差异。总之，各种各样的资本结构理论为企业融资决策提供了有价值的参考，可以指导决策行为。但是也应指出，由于融资活动本身和外部环境的复杂性，目前仍难以准确地显示出存在于财务杠杆、每股收益、资本成本及企业价值之间的关系。

确定最佳资本结构的方法有：每股收益分析法、比较资本成本法和公司价值分析法。每股收益分析法认为当预计的息税前利润大于每股收益无差别点的息税前利润时，运用负债筹资可获得较高的每股收益，反之，运用权益筹资可获得较高的每股收益；比较资本成本法认为，通过计算各方案的加权平均资本成本，选择加权平均资本成本最低的方案为最优方案；公司价值分析法认为，在充分反映公司财务风险的前提下，以公司价值的大小为标准，经过测算确定公司最佳资本结构。

2. 本章关键术语

资本成本　综合资本成本　边际资本成本　成本习性　固定成本　变动成本　混合成本　经营风险　经营杠杆系数　财务风险　财务杠杆系数　总杠杆系数　资本结构　每股收益分析法　比较资本成本法　公司价值分析法

3. 本章知识图谱

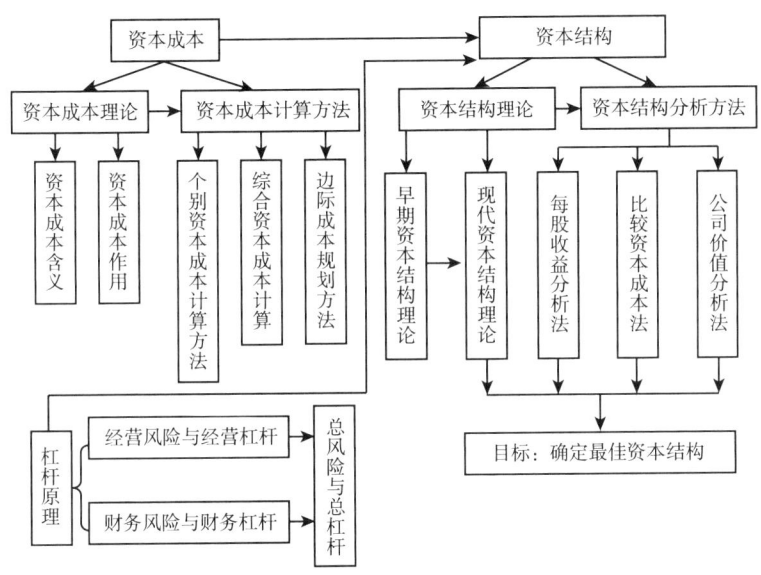

4. 财务总监分享管理实战故事（见本页二维码）

【理论自测】

资本结构重构
实践案例
二维码链接
（素材6-1）

一、单项选择题

1. 某公司财务杠杆系数等于1，这表明该公司当期（　　）。

A. 利息与优先股股息为零

B. 利息为零，而有无优先股股息不好确定

C. 利息与息税前利润为零

D. 利息与固定成本为零

2. 只要企业存在固定成本，则经营杠杆系数必（　　）。

A. 与销售量成正比　　　　　　　B. 与固定成本成反比

C. 恒大于1　　　　　　　　　　D. 与风险成反比

3. 某企业取得3年期长期借款300万元，年利率为10%，每年付息一次，到期

一次还本，筹资费用率为0.5%，企业所得税税率为33%。则该项长期借款的资本成本为（　　）。

　　A. 10.5%　　　　　B. 7.4%　　　　　C. 6%　　　　　D. 6.7%

4. 财务杠杆系数影响企业的（　　）。

　　A. 税前利润　　B. 息税前利润　　C. 税后利润　　D. 财务费用

5. 某公司全部资本为150万元，负债比率为40%，负债利率为10%，当销售额为130万元时，息税前利润为25万元，则该公司的财务杠杆系数为（　　）。

　　A. 1.32　　　　　B. 1.26　　　　　C. 1.5　　　　　D. 1.56

6. 某公司的经营杠杆系数为1.8，财务杠杆系数为1.5，则该公司销售额每增长1倍，就会造成每股利润增加（　　）倍。

　　A. 1.2　　　　　B. 1.5　　　　　C. 0.3　　　　　D. 2.7

7. 某公司年营业收入为500万元，变动成本为200万元，经营杠杆系数为1.5，财务杠杆系数为2。如果固定成本增加50万元，那么，复合杠杆系数将变为（　　）。

　　A. 2.4　　　　　B. 6　　　　　C. 3　　　　　D. 8

8. 企业在追加筹资时需要计算（　　）。

　　A. 加权平均资本成本　　　　　B. 边际资本成本
　　C. 个别资本成本　　　　　　　D. 机会成本

9. 某企业发行普通股1 000万股，每股面值1元，发行价格为每股5元，筹资费率为4%，每年股利固定，为每股0.20元，则该普通股成本为（　　）。

　　A. 4%　　　　　B. 4.17%　　　　　C. 16.17%　　　　　D. 20%

10. 某企业本年的息税前利润为5 000万元，本年利息为500万元，优先股股利为400万元，所得税税率为20%，则该企业下年度财务杠杆系数为（　　）。

　　A. 1　　　　　B. 1.11　　　　　C. 1.22　　　　　D. 1.25

11. 进行资本结构决策时，使用（　　）。

　　A. 个别资本成本　　　　　　　B. 加权平均资本成本
　　C. 边际资本成本　　　　　　　D. 完全成本

12. 在比较各种筹资方式中，使用（　　）。

　　A. 个别资本成本　　　　　　　B. 加权平均资本成本
　　C. 边际资本成本　　　　　　　D. 完全成本

13. 在计算个别资本成本时，既不考虑所得税的抵税作用，又不考虑筹资费用的是（　　）。

　　A. 长期借款成本　　B. 债券成本　　C. 普通股成本　　D. 留存收益成本

14. 关于留存收益成本，下列说法错误的是（　　）。

　　A. 它是一种机会成本　　　　　B. 计算时不必考虑筹资费用

C. 实质上是股东对企业追加投资　　　D. 它的计算与普通股成本完全相同

15. 已知某企业目标资金结构中长期债务的比重为20%，债务资金的增加额在0~10 000元范围内，其利率维持5%不变。该企业与此相关的筹资总额分界点为（　　）。

　　A. 5 000　　　　B. 20 000　　　　C. 50 000　　　　D. 200 000

16. 降低经营杠杆系数，从而降低企业经营风险的途径是（　　）。

　　A. 提高资产负债率　　　　　　　B. 提高权益乘数
　　C. 减少产品销售量　　　　　　　D. 节约固定成本开支

17. 某公司销售收入为400万元，变动成本率为65%，固定成本为70万元，其中利息25万元，则经营杠杆系数为（　　）。

　　A. 1.21　　　　B. 1.37　　　　C. 2　　　　D. 1.47

18. 某企业2010年的经营杠杆系数为2，财务杠杆系数为1.5，普通股每股收益（EPS）的预期增长率为60%，假定其他因素不变，则该年预期的销售增长率为（　　）。

　　A. 40%　　　　B. 50%　　　　C. 20%　　　　D. 25%

19. 只要企业存在固定成本，当企业息税前利润大于零时，那么经营杠杆系数必（　　）。

　　A. 恒大于1　　　　　　　　　　B. 与销售量成正比
　　C. 与固定成本成反比　　　　　　D. 与风险成反比

20. 如果企业一定期间内的固定经营成本和固定性融资成本均不为零，则由上述因素共同作用而导致的杠杆效应属于（　　）。

　　A. 经营杠杆效应　　B. 财务杠杆效应　　C. 总杠杆效应　　D. 风险杠杆效应

21. 某公司全部资产120万元，有息负债比率为40%，负债平均利率为10%，当息税前经营利润为20万元，则财务杠杆系数为（　　）。

　　A. 1.25　　　　B. 1.32　　　　C. 1.43　　　　D. 1.56

22. 某公司生产A产品，销售单价为60元，单位变动成本为24元，固定成本总额为90 000元。则盈亏平衡点为（　　）件。

　　A. 2 500　　　　B. 1 500　　　　C. 3 750　　　　D. 1 071

23. 最佳资本结构是（　　）。

　　A. 使企业筹资能力最强的资本结构
　　B. 使加权平均资本成本最低，企业价值最大的资本结构
　　C. 每股收益最高的资本结构
　　D. 财务风险最小的资本结构

24. 某企业固定成本为20万元，全部资本均为自有资本，其中优先股占15%，

则该企业（　　）。

　　A. 只存在经营杠杆效应

　　B. 只存在财务杠杆效应

　　C. 存在经营杠杆效应和财务杠杆效应

　　D. 经营杠杆效应和财务杠杆效应可以相互抵销

25. 在影响经营风险的诸因素中，最基本的一个是（　　）。

　　A. 调整价格的能力　　　　　　　　B. 固定性经营成本

　　C. 产品售价的波动性　　　　　　　D. 产品需求的波动性

26. 某公司没有发行优先股，当前的利息保障倍数为5，则财务杠杆系数为（　　）。

　　A. 2.5　　　　B. 1.5　　　　C. 1.25　　　　D. 0.2

27. 某公司本年销售额100万元，税后净利润12万元，固定营业成本24万元，财务杠杆系数1.5，所得税税率40%。据此，计算得出该公司的总杠杆系数为（　　）。

　　A. 1.8　　　　B. 1.95　　　　C. 2.65　　　　D. 2.7

28. 某企业本期财务杠杆系数为1.5，上期息税前经营利润为450万元，在无优先股的情形下，则上期实际利息费用为（　　）万元。

　　A. 100　　　　B. 675　　　　C. 300　　　　D. 150

29. 下列关于资本结构和财务结构的表述中，不正确的是（　　）。

　　A. 资本结构一般只考虑长期资本的来源、组成及相互关系

　　B. 财务结构考虑的是所有资金的来源、组成及相互关系

　　C. 财务结构考虑的是资产负债表负债与所有者权益所有内容的组织结构

　　D. 资本结构是指企业各种资本来源的构成和比例关系

30. 已知经营杠杆系数为2，固定成本为5万元，利息费用为2万元，则利息保障倍数为（　　）。

　　A. 2　　　　B. 2.5　　　　C. 1.5　　　　D. 1

31. 财务杠杆的意义在于当公司息税前利润较多、增长幅度较大时，适当增加负债资金可以（　　）。

　　A. 使财务风险降低　　　　　　　　B. 使利息支出减少

　　C. 使每股收益增加　　　　　　　　D. 使经营风险降低

32. 根据本量利分析原理，下列各项不会影响盈亏平衡点的是（　　）。

　　A. 单价　　　B. 利息费用　　　C. 单位变动成本　　　D. 固定成本

33. 通过企业资本结构的调整，可以（　　）。

　　A. 降低经营风险　　　　　　　　B. 影响财务风险

　　C. 提高经营风险　　　　　　　　D. 不影响财务风险

34. 当边际贡献超过固定成本后，下列措施有利于降低总杠杆系数，从而降低企业总风险的是（ ）。
   A. 降低产品销售单价   B. 提高资产负债率
   C. 节约固定成本支出   D. 减少产品销售量

35. 某公司的经营杠杆系数为1.8，财务杠杆系数为1.5，则该公司销售额每增长1倍，就会造成每股收益增加（ ）倍。
   A. 1.2   B. 1.5   C. 0.3   D. 2.7

36. 某公司本年息税前利润5 000万元，测定的经营杠杆系数为1.5，预计明年销售增长率为5%，则预计明年的息税前利润为（ ）万元。
   A. 5 250   B. 7 500   C. 375   D. 5 375

37. 若某公司无杠杆资本成本为12%，负债与企业价值的比为40%，负债利息率为6%，所得税税率为25%，则考虑所得税影响的加权平均资本成本是（ ）。
   A. 9.6%   B. 9%   C. 12.8%   D. 11.4%

38. 某公司在未来的10年内每年要支付100万元的利息，第10年末要偿还2 000万元的本金，这些支付都是无风险的。企业所得税税率为25%，无风险利率为5%。则利息抵税可以使公司的价值增加（ ）万元。
   A. 125   B. 142   C. 25   D. 193

二、多项选择题

1. 复合杠杆系数的作用在于（ ）。
   A. 估计销售额变动时税息前利润的影响
   B. 估计销售额变动对每股盈余造成的影响
   C. 揭示企业面临的风险对企业投资的影响
   D. 揭示经营杠杆与财务杠杆之间的相互关系

2. 利用每股利润无差异点进行企业资金结构分析时，（ ）。
   A. 当预计息税前利润等于每股利润无差异点时，采用权益筹资方式和采用负债筹资方式的报酬率相同
   B. 当预计息税前利润高于每股利润无差异点时，采用负债筹资方式比采用权益筹资方式有利
   C. 当预计息税前利润低于每股利润无差异点时，采用权益筹资方式比采用负债筹资方式有利
   D. 当预计息税前利润低于每股利润无差异点时，采用负债筹资方式比采用权益筹资方式有利

3. 下列哪项属于权益性资本成本（ ）。
   A. 优先股成本   B. 银行借款成本   C. 普通股成本   D. 留存收益成本

4. 资本成本包括（　　）。
   A. 资金筹集费　　　B. 财务费用　　　C. 资金占用费　　　D. 资金费用
5. 负债资金在资金结构中产生的影响有（　　）。
   A. 降低企业资本成本　　　　　　B. 加大企业财务风险
   C. 具有财务杠杆作用　　　　　　D. 分散股东控制权
6. 下列各项中影响综合杠杆系数变动的因素有（　　）。
   A. 固定成本　　　B. 单位边际贡献　　　C. 产销量　　　D. 固定利息
7. 下列各项中，影响财务杠杆系数的因素有（　　）。
   A. 产品边际贡献总额　　　　　　B. 所得税税率
   C. 固定成本　　　　　　　　　　D. 财务费用
8. 下列项目中，同综合杠杆系数成正比例变动的有（　　）。
   A. 每股利润变动率　　B. 产销量变动率　　C. 经营杠杆系数　　D. 财务杠杆系数
9. 影响优先股成本的主要因素有（　　）。
   A. 优先股股利　　　　　　　　　B. 优先股总额
   C. 优先股筹资费率　　　　　　　D. 企业所得税税率
10. 影响企业加权平均资本成本的因素有（　　）。
    A. 资金结构　　　　　　　　　　B. 个别资本成本高低
    C. 筹集资金总额　　　　　　　　D. 筹资期限长短
11. 在计算以下（　　）项个别资本成本时，应考虑抵税作用。
    A. 普通股成本　　　B. 留存收益成本　　　C. 长期借款成本　　　D. 债券成本
12. 下列各项中影响企业经营风险的因素有（　　）。
    A. 调整价格的能力　　　　　　　B. 产品售价的波动性
    C. 产品成本的波动性　　　　　　D. 固定成本的比重
13. 下列因素中影响经营杠杆系数的有（　　）。
    A. 息税前利润变动额　　　　　　B. 利息费用变动额
    C. 产品单位销售价格　　　　　　D. 产品单位变动成本
14. 确定企业资本结构时，（　　）。
    A. 如果企业的销售不稳定，则可较多地筹措负债资金
    B. 为了保证原有股东的绝对控制权，一般应尽量避免普通股筹资
    C. 若预期市场利率会上升，企业应尽量利用短期负债
    D. 一般而言，收益与现金流量波动较大的企业要比现金流量较稳定的类似企业的负债水平低
15. 关于资本结构理论，以下表述中正确的有（　　）。
    A. 扩展的权衡理论认为，有负债企业的总价值＝无负债企业的价值＋利息抵税

的现值－财务困境成本的现值－债务的代理成本＋债务的代理收益

B. 优序融资理论认为，内部融资优于外部债券融资，外部债券融资优于外部股权融资

C. MM理论认为无论负债程度如何，加权平均资本成本不变，企业价值也不变

D. 有税市场下的MM理论认为负债程度越高，加权平均资本成本越低，企业价值也就越大

16. 下列各项属于影响资本结构的外部因素有（　　）。

A. 税率　　　　　B. 利率　　　　　C. 资本市场　　　　D. 管理层偏好

17. 以下各项资本结构理论中，认为资本结构决策与企业价值有关的有（　　）。

A. 有税市场下的MM理论　　　　B. 完美资本市场下的MM理论

C. 排序理论　　　　　　　　　　D. 权衡理论

18. 下列说法中，正确的有（　　）。

A. 在固定成本不变的情况下，经营杠杆系数说明销售额增长（减少）所引起的息税前利润增长（减少）的程度

B. 当销售额达到盈亏临界点时，经营杠杆系数趋近于无穷大

C. 财务杠杆表明债务对投资者收益的影响

D. 财务杠杆系数表明息税前盈余增长所引起的每股盈余的增长幅度

E. 经营杠杆程度较高的公司不宜在较低的程度上使用财务杠杆

19. 下列关于财务杠杆的表述中，正确的有（　　）。

A. 财务杠杆越高，利息抵税的价值越高

B. 如果企业的融资结构中包括负债和普通股，则在其他条件不变的情况下，提高公司所得税税率，财务杠杆系数不变

C. 企业对财务杠杆的控制力要弱于对经营杠杆的控制力

D. 资本结构发生变动通常会改变企业的财务杠杆系数

20. 下列有关总杠杆系数的说法中正确的有（　　）。

A. 总杠杆系数是指息税前利润变动率相当于产销量变动率的倍数

B. 总杠杆系数越大，公司风险越大

C. 财务杠杆和经营杠杆综合作用的效果就是复合杠杆

D. 总杠杆系数越大，企业财务风险越大

21. 以下关于资本成本比较法特点的描述中，正确的有（　　）。

A. 资本成本比较法确定最优资本结构的原则是加权平均资本成本最大

B. 资本成本比较法是一种比较便捷的方法

C. 资本成本比较法难以区别不同的融资方案之间的财务风险因素差异

D. 资本成本比较法在实际计算中任何时候都容易确定各种融资方式的资本成本

22. 筹资决策中的总杠杆具有如下性质（   ）。

A. 总杠杆能够起到财务杠杆和经营杠杆的综合作用

B. 在无优先股的情况下，总杠杆能够表达企业边际贡献与税前利润的比率

C. 总杠杆能够估计出销售额变动对每股收益的影响

D. 总杠杆系数越大，企业经营风险越大

23. 某公司经营杠杆系数为3，财务杠杆系数为2，则下列说法成立的有（   ）。

A. 如果销售量增加5%，息税前利润将增加15%

B. 如果息税前利润增加10%，每股收益将增加20%

C. 如果销售量增加10%，每股收益将增加30%

D. 如果每股收益增加36%，销售量需要增加10%

24. MM的资本结构理论依据的直接及隐含的假设条件有（   ）。

A. 经营风险可以用息税前利润的方差来衡量

B. 投资者等市场参与者对公司未来的收益与风险的预期是相同的

C. 在股票与债券进行交易的市场中没有交易成本，且个人与机构投资者的借款利率与公司相同

D. 公司或个人投资者的所有债务利率均为无风险利率，与债务数量无关

25. 企业降低经营风险的途径一般有（   ）。

A. 增加销售量　　　　　　　　　B. 增加自有资本

C. 降低变动成本　　　　　　　　D. 增加固定成本比例

E. 提高产品售价

26. 下列属于导致企业经营风险的因素包括（   ）。

A. 市场销售带来的风险

B. 生产成本因素产生的风险

C. 原材料供应地的政治经济情况变动带来的风险

D. 生产组织不合理带来的风险

27. 决定财务困境成本现值的定量因素有（   ）。

A. 发生财务困境的概率　　　　　　B. 企业破产成本的大小

C. 企业遭遇财务困境的成本大小　　D. 企业加权平均资本成本的大小

28. 下列有关优序融资理论的说法中正确的有（   ）。

A. 优序融资理论的观点认为管理者偏好首选留存收益筹资，然后是债务筹资，最后才是发行新股筹资

B. 如果企业尽可能地使用留存收益为投资项目筹资，就能够完全避免股权和债务的价值被低估

C. 当管理者认为企业股价被低估时，将会偏好使用股票筹资
D. 当管理者认为企业股价被低估时，将会偏好使用留存收益或债务筹资

29. 关于财务杠杆系数的表述，正确的有（　　）。
A. 财务杠杆系数是由企业资本结构决定，在其他条件不变时，债务资本比率越高时，财务杠杆系数越大
B. 财务杠杆系数反映财务风险，即财务杠杆系数越大，财务风险也就越大
C. 财务杠杆系数可以反映息税前盈余随着每股盈余的变动而变动的幅度
D. 财务杠杆系数可以反映息税前盈余随着销量的变动而变动的幅度

30. 下列有关企业资本结构的说法正确的有（　　）。
A. 拥有大量固定资产的企业主要通过长期债务资本和权益资本筹资
B. 少数股东为了避免控制权旁落他人，更倾向负债筹资
C. 企业适用的所得税税率越高，越偏好负债筹资
D. 如果预计未来利率水平上升，则企业应选择长期资本的筹集

31. 下列有关描述中正确的有（　　）。
A. "投资不足问题"所引起的代理成本最终要由股东来承担
B. "过度投资问题"所引起的代理成本最终要由债权人来承担
C. 假设不考虑代理成本与代理收益，当财务困境成本的现值大于利息抵税收益的现值时，有杠杆的企业价值低于无杠杆的企业价值
D. 权衡理论认为债务越高，企业价值越大

32. 在边际贡献大于固定成本的情况下，下列措施中有利于降低企业总风险的有（　　）。
A. 增加产品销量　　　　　　B. 提高产品单价
C. 提高资产负债率　　　　　D. 节约固定成本支出

33. 公司债券筹资与普通股筹资相比较，（　　）。
A. 普通股筹资的风险相对较高
B. 公司债券筹资的资本成本相对较低
C. 普通股筹资不可以利用财务杠杆的作用
D. 公司债券利息可以税前列支，普通股股利必须是税后支付

34. 下列对财务杠杆的论述正确的有（　　）。
A. 财务杠杆系数越高，每股盈余也越高
B. 财务杠杆效益指利用债务筹资给企业自有资金带来的额外收益
C. 与财务风险无关
D. 财务杠杆系数越大，财务风险越大

35. 下列表述中正确的有（   ）。

A. 通过每股收益无差别点分析，我们可以准确地确定一个公司业已存在的财务杠杆、每股收益、资本成本与企业价值之间的关系

B. 每股收益无差别点分析不能用于确定最优资本结构

C. 经营杠杆并不是经营风险的来源，而只是放大了经营风险

D. 经营风险指企业未使用债务时经营的内在风险，它是企业投资决策的结果，表现在资产息税前利润率的变动上

36. 下列表述正确的有（   ）。

A. 从某种意义上讲，一项资产或新项目是没有财务风险的，只有企业自身才有财务风险

B. 在经营杠杆系数一定的条件下，权益乘数与总杠杆系数成反比

C. 当经营杠杆系数趋近于无穷大时，企业的营业利润率为零

D. 当财务杠杆系数为1时，企业没有固定性融资费用

三、判断题

1. 当预计的息税前利润大于每股利润无差别的息税前利润时，负债筹资的普通股每股利润大。（   ）

2. 在其他因素不变的情况下，固定成本越大，经营杠杆系数也就越大，经营风险则越大。（   ）

3. 如果企业的债务资金为零，则财务杠杆系数必等于1。（   ）

4. 一个企业的经营杠杆系数和财务杠杆系数都有可能等于1。（   ）

5. 企业负债比例越高，财务风险越大，因此负债对企业总是不利的。（   ）

6. 在个别资本成本一定的情况下，企业综合资本成本的高低取决于资金总额。（   ）

7. 在优化资本结构的过程中，综合资本成本最小的方案一定是普通股每股利润最大的方案。（   ）

8. 资本成本包括用资费用和筹资费用两部分，一般使用相对数表示，即表示为筹资费用和用资费用之和与筹资额的比率。（   ）

9. 在所有资金来源中，一般来说，普通股的资本成本最高。（   ）

10. 某企业发行股利固定增长的普通股，市价为10元/股，预计第一年的股利为2元，筹资费率4%，已知该股票资本成本为23.83%，则股利的年增长率为2.5%。（   ）

11. 资本的边际成本需要采用加权平均法计算，其权数应为账面价值权数，不应使用市场价值权数。（   ）

12. 如果企业的财务管理人员认为目前的利率较低，未来有可能上升，便会大量发行短期债券。（   ）

13. 净收益理论认为资金结构不影响企业价值，企业不存在最佳资金结构。（   ）

14. MM 理论认为企业价值不受有无负债以及负债程度的影响。（   ）

15. 从成熟的证券市场来看，企业的筹资优序模式首先是内部筹资，其次是借款、发行债券、可转换债券，最后是发行新股筹资。（   ）

16. 使用每股利润无差别点法进行最佳资金结构的判断时考虑了风险的因素。（   ）

四、简答题

1. 试分析资本成本中筹资费用和用资费用的不同特性。
2. 试分析资本成本在企业财务管理中的作用。
3. 试说明普通股资本成本计算为何比其他长期债券和优先股成本计算复杂？
4. 试说明经营杠杆、财务杠杆、总杠杆计算的含义及三者之间的联系。
5. 三种早期资本结构理论是如何解释负债、企业价值和资本成本之间的关系的？
6. 权衡理论对我们分析企业资本结构有何启示？
7. 试说明每股收益分析法的基本原理和决策标准。
8. 试说明资本成本比较法的基本原理和决策标准。
9. 试说明公司价值比较法的基本原理和决策标准。

【实务自测】

1. 某公司拟筹资 5 000 万元，其中包括：1 200 万元债券（按面值发行），该债券票面利率为 10%，筹资费率为 2%；800 万元优先股按面值发行，股利率为 12%，筹资费率为 3%；其余全部为普通股，该普通股筹资费率为 4%，预计第一年股利率为 13%，以后年度保持第一年的水平，该公司所得税税率为 25%。要求：（1）计算债券成本；（2）计算优先股成本；（3）计算普通股成本；（4）计算加权平均资本成本。

2. 某企业目前拥有长期资金 100 万元，其中长期借款 20 万元，长期债券 20 万元，普通股 60 万元。经分析，企业目前的资本结构为最佳资本结构，并认为筹资新资金后仍应保持目前的资本结构。企业拟考虑扩大经营，筹集新资金，经测算随筹资额的增加，各种来源的个别资本成本将发生下列的变动。

资金来源	新筹资的数量范围	资本成本
长期借款	50 000 元内	5%
	50 000 元以上	6%
长期债券	100 000 元内	8%
	100 000 元以上	10%
普通股	150 000 元内	12%
	150 000 元以上	14%

要求：试计算该企业新筹资总额的分界点，及编制边际资本成本规划表。

3. 某公司计划筹集资金 500 万元。所得税税率 25%。有关资料如下：

（1）向银行借款 75 万元，年利率为 10%，手续费 2%；

（2）按溢价发行债券，债券面值 90 万元，票面利率 12%，溢价发行价格为 100 万元，每年支付利息，筹资费率 3%；

（3）发行优先股 125 万元，年股息率 13%，筹资费率 5%；

（4）发行普通股票 15 万股，每股发行价格 10 元，筹资费率 6%。预计第一年每股股利 1.4 元，以后每年按 7% 递增。其余所需资金通过留存收益取得。

要求：（1）计算个别资本成本；（2）计算该公司加权平均资本成本。

4. 天渊公司有关资料如下：

（1）现全部资本均为股票资本，账面价值为 1 000 万元，该公司认为目前的资本结构不合理，打算举债购回部分股票予以调整。

（2）公司预计年息税前利润为 300 万元，所得税税率假定为 25%。

（3）经测算，目前的债务利率和股票资本成本见下表。

B（万元）	K_B（%）	β	R_F（%）	R_M（%）	K_S（%）
0	—	1.20	10	15	16
100	8	1.40	10	15	17
200	10	1.60	10	15	18
300	12	1.80	10	15	19
400	14	2.00	10	15	20
500	16	2.20	10	15	21

要求：试测算不同债务规模下公司价值，据以判断公司最佳资本结构。

5. 某公司目前的资金结构为：资金总量为 1 000 万元，其中，债务 400 万元，年平均利率 10%；普通股 600 万元（每股面值 10 元）。目前市场无风险报酬率 7%，市场风险股票的必要收益率 13%，该股票的贝塔系数 1.5。该公司年息税前利润 240

万元，所得税税率25%。要求根据以上资料：(1) 计算现有条件下该公司的市场总价值和加权平均资本成本（以市场价值为权数）；(2) 该公司计划追加筹资500万元，有两种方式可供选择：发行债券500万元，年利率12%；发行普通股500万元，每股面值10元。

要求：计算两种筹资方案的每股利润无差别点。

6. 某公司去年的销售额为4 000万元，变动成本率为60%，固定成本1 000万元，全部资本5 000万元，负债比率40%，负债平均利率10%。每年发放优先股利60万元，所得税税率25%。

要求：(1) 计算公司的经营杠杆系数；(2) 计算公司的财务杠杆系数；(3) 计算公司的复合杠杆系数；(4) 若今年销售收入增长30%，息税前利润与普通股每股利润增长的百分比是多少？

【案例分析】

猛狮科技"失血"过多：账户冻结、债务缠身、商誉减值*

2019年3月1日，猛狮科技对资产减值计提，同时对关注函进行回复。

深交所要求公司认真核查并补充说明计提商誉减值准备的合理性，相关会计估计判断和会计处理是否符合《企业会计准则》的规定，是否存在通过计提大额减值准备进行盈余管理的情况。

猛狮科技表示，公司于2017年年末针对形成商誉的子公司，结合与商誉相关的资产组或资产组组合对商誉进行了减值测试，商誉减值测试符合《企业会计准则》的相关规定，未发现商誉存在减值迹象，故未对商誉计提减值准备。

整体上，受国家宏观经济、政策环境变化、公司自身经营等原因，公司自2018年8月2日发布了《关于公司及子公司部分银行账户被冻结的公告》以来，陆续出现了公司由于债务违约而导致的公司相关银行账户被冻结的情况，且上述融资债务大多未能续贷，进而对公司的经营活动造成了重大影响，主要体现在缺少业务开展所需的资金，导致公司部分业务及员工的流失等。

截至2019年2月12日，公司及下属子公司到期未偿还的融资债务约22.10亿元，已实质上严重影响公司原本的各公司经营计划的开展执行，使得公司未来经营计划发生了重大改变，通过包括不限于出售转让、缩减规模、业务转型等方式对公司整体经营进行调整，根据《企业会计准则》，使得公司商誉价值发生了较大变化。

---

* 资料来源：http://guangfu.bjx.com.cn/news/20190301/966102.shtml。

因此，公司在2018年末对相关商誉进行了减值准备的计提。公司于本报告期共计提商誉减值准备5.70亿元，其中1～9月计提减值准备3 796.42万元，10～12月新增计提5.32亿元。

值得一提的是，本次计提资产减值准备将导致公司2018年度合并报表归属于上市公司股东的净利润减少9.45亿元，归属于上市公司股东的所有者权益减少9.45亿元。

除了商誉减值遭问询，猛狮科技资金状况及债务等情况也被深交所关注。

深交所要求公司结合目前资金状况、现金流、银行抽贷状况及债务情况等说明对公司经营状况的影响，以列表形式说明公司逾期债务情况及涉诉情况、银行账户（含募集资金账户）被冻结情况。

猛狮科技表示，2018年末公司货币资金余额约2.18亿元，由于公司到期融资大多未能续贷，银行借款、票据融资、信托计划、融资租赁及保理业务等归还净额高达约14亿元，该等压贷抽贷造成公司严重失血，进而造成运营资金紧缺。

目前公司的资金紧张状况对部分子公司的正常生产经营造成一定影响，主要体现在缺少业务开展所需的资金，导致公司部分业务及员工的流失，也导致公司收入毛利等大幅下滑，但公司整体来说目前仍能够维持相对正常的经营状态。

截至2019年2月12日，公司及下属子公司到期未偿还的融资债务约22.10亿元，占公司2017年度经审计总资产的20.03%。

截至2019年2月12日，上述被冻结账户涉及的诉讼共22起，其中21起已收到法院的正式法律文件，1起未收到法院的正式法律文件，各起纠纷涉案金额共计10.28亿元（不包括违约金、利息及其他诉讼费用）。

此外，深交所要求猛狮科技结合短期借款及融资成本等分析公司财务费用高企对公司经营的影响，并说明公司未来的融资计划和安排，拟采取的应对财务风险的具体措施。

猛狮科技称，公司因金融负债较多，财务费用压力过大，2018年度财务费用高达3亿元，经营回款大量用于支付融资利息及到期融资，导致缺少生产资金投入，后续新增回款不足，对公司的正常资金运转造成较大困难。

针对上述情况，公司积极协调各债权人，制定合理的债务偿还方案，争取债权人的理解与支持，缓解眼前债务压力；同时，公司拟择机引入专业资产管理公司对公司债务进行债务重组，通过重组到期及即将到期的大额债务，减轻公司短期偿债压力，化解公司的债务风险。

目前，公司意向战略投资者凯盛科技集团有限公司已发函邀请四大国有资产管理公司参与公司战略重整及债务重组工作，相关工作正在对接之中。

资本邦获悉，猛狮科技2018年上半年着重发展锂电池、储能及光伏发电、新能源汽车租赁运营业务。同时，根据2019年以来国家出台的相关行业政策以及公司自身情况，有针对性地调整了相关业务的发展策略及节奏。

请根据上述资料，讨论以下问题：

（1）试对财务杠杆进行界定，并对"财务杠杆效应是一把'双刃剑'"这句话进行评述。

（2）取得财务杠杆利益的前提条件是什么？

（3）何为最优资本结构？其衡量的标准是什么？

（4）查阅该公司5年的资产负债情况，对财务杠杆效应是把"双刃剑"在该公司的表现进行分析说明，同时说明公司提出的解困对策在缓解债务危机方面有何作用。通过学习和分析有何启示？

第7章 项目投资决策原理

导入语

现代企业的投资决策仅靠企业家直觉、经验和魄力远远不够,理性的投资决策依赖于必要的投资决策方法和原则。

引导案例

汉能集团助推贵州光伏产业发展[*]

众所周知,安卓系统的手机用的时间长了会变得很卡;普通的房屋有"年久失修"一说,建材使用时间长了会损坏。近年来,汉能移动能源控股集团有限公司(以下简称汉能集团)依靠薄膜太阳能技术打造了汉墙、汉瓦等能够发电的建材,使得房屋不仅能够自主发电、完全脱离电网,使用时的耐久度也大大提升。近期,汉能与贵阳地方政府展开了相关合作,贵阳汉墙产业基地(一期)项目在贵阳综合保税区已开工。汉墙又称"会发电的墙",它利用汉能集团的薄膜太阳能发电技术,将薄膜发电装置结合至玻璃幕墙中,实现用太阳能为建筑供电。在贵阳建设的汉墙生产基地,一期项目用地约490亩。

汉能集团可匹配不同建筑风格的汉墙。汉墙采用的是汉能Solibro技术,Solibro拥有全球先进的玻璃基铜铟镓硒薄膜太阳能芯片,保持着高转换效率纪录,转换率平均高于行业2~3个百分点。汉能集团于2012年完成对德国Solibro的全资并购,将技术和人才都收入麾下。并购至今,Solibro已经数次刷新转换效率世界纪录:在过去5年里,每年量产转化效率均保持1%~1.5%左右提升速度。

汉能集团推出的汉墙产品在安全性和经济性方面有着颇为出色的优势。在建筑

---

[*] 资料来源:让万物发电——汉能贵州强强联合 高端产业绿色发展[EB/OL].(2019-01-23). https://baijiahao.baidu.com/s? id=1623415275997371795&wfr=spider&for=pc/.

的阻燃性能、抗荷载性能以及长期可靠性上，汉墙均已达到行业标准，并已经通过几项严苛的国际标准考核。汉墙产品可抗12级台风，能够适应零下40℃到零上85℃的大温差耐热抗冻考验，且使用的是阻燃性材料，燃烧性能等级达到了A级，在各种极端恶劣环境下也能正常工作。

除了优质的发电性能，汉能集团的汉墙产品还具有一定的商业价值。理论上投资回报率为12%~18%，6~8年即可收回投资成本；另外，安装汉墙的商业建筑多为白天用电，玻璃幕墙发电的同时可以直接将电能提供给建筑使用，无须进行储能，这和民用电主要集中在夜晚不同，凸显了十分明显的商业价值。

如今被大量强调的生态城市、低碳建筑、智慧城市，实则所有的运行都需要用电。汉能集团所开发的汉墙产品让所有的建筑成为电能的采集来源，引领了低碳发展的趋势，颠覆了一直以来低碳环保建筑的被动式形态，从不消耗能源走向充分利用阳光、利用能源，构建安全、健康、舒适性良好的生活空间。

实际上，汉能集团在早期就与贵州进行过合作，2017年10月，贵州贵能移动新能源产业园项目正式签约，同年12月开工。汉瓦生产线用时不到一年即建成投产，成为汉能在全国建设的第一条完整的汉瓦生产线。该生产线采用最先进的单玻瓦工艺路线，拥有最先进的MiaSolé铜铟镓硒（CIGS）技术，单玻三曲汉瓦厚度仅6.5毫米，单片可承重1.7吨，可抗12级台风，光伏模组转化效率不低于16.5%，处于国际领先水平。16条生产线全部建成达产后，平均每天能生产3万片汉瓦，提供1 000个就业岗位。

在光伏产业发展冰火两重天的环境下，汉能集团在先进技术的支撑下，通过经济可行性的论证将"会发电的墙"项目在贵阳实施。一个项目的可行与否，与社会的可行性、技术的可行性、经济的可行性三个方面有关，其中经济的可行性是关键。本章将介绍经济可行性分析的基本理论和方法。

学习目标

本章介绍固定资产投资管理的相关理论和一般评价的指标，通过本章的学习，重点掌握以下内容。

1. 企业投资的意义和类型
2. 固定资产投资的分类和固定资产投资管理的程序
3. 投资项目现金流量的组成与计算
4. 各种投资决策指标的计算方法

7.1 企业投资概述

7.1.1 企业投资的意义

企业投资是指企业投入财力、以期在未来获取收益的一种行为。在市场经济条件下，企业能否把筹集得到的资金投放到收益高、回收快、风险小的项目上，对企业的生存和发展是十分重要的。

1. 企业投资是实现财务管理目标的基本前提

企业财务管理目标是不断提高企业价值。为此，就要采取各种措施增加利润，降低风险。企业要想获得利润，就必须进行投资。通过投资，形成企业的生产经营能力，才能开展具体的经营活动，获取经营利润。若以购买股票、债券形式的投资，可以取得股利或债券利息来获得投资收益。总之，投资决策的正确与否，不仅影响企业的经济效益，而且直接关系到企业的兴衰成败。

2. 企业投资是发展生产的必要手段

在科学技术、社会经济迅速发展的今天，企业无论是维持简单再生产还是实现扩大再生产，都必须进行一定的投资。要维持简单再生产的顺利进行，就必须对所使用的机器设备进行更新，对产品和生产工艺进行改革，不断提高职工的科学技术等；要实现扩大再生产，就必须新建、扩建厂房，增添机器设备，增加职工人数，提高人员素质等。企业只有通过一系列的投资活动，才能创造增强实力，广开财源的不可缺少的条件。

3. 企业投资是降低风险的重要方法

企业把资金投向生产经营的关键环节或薄弱环节，可以使企业各种生产经营能力配套、平衡，形成更大的综合生产能力。企业如果把资金投向多个行业，实行多角化经营，则更能增加企业销售和盈余的稳定性。这些都是降低企业经营风险的重要方法。

7.1.2 企业投资的分类

将企业投资的类型进行科学的分类，有利于分清投资的性质，按不同的特点和要求进行投资决策，加强投资管理。

1. 短期投资与长期投资

按投资回收时间的长短可划分为短期投资和长期投资两类。

短期投资（流动资产投资）指一年以内可以回收的投资。包括现金、应收账款、存货、短期有价证券等。其特点是时间短、变现能力强等。

长期投资指一年以上才能收回的投资，包括固定资产、无形资产及长期证券投资等。由于许多企业的长期投资中主要是固定资产投资，其特点：耗资巨大、收回期长、难以变现、风险大。所以，长期投资有时专指固定资产投资，也称项目投资。

2. 直接投资和间接投资

按投资活动与企业本身生产经营活动的关系，企业投资可以划分为直接投资和间接投资。

直接投资是指将资金投放于形成生产经营能力的实体性资产，直接谋取经营利润的企业投资。通过直接投资，购买和配置劳动力、劳动资料和劳动对象等具体生产要素，直接兴建企业、开展生产经营活动。

间接投资是指将资金投放于股票、债券等权益性资产的企业投资。之所以称其为间接投资，是因为股票、债券的发行方，在筹集到资金后，再把这些资金投放于形成生产经营能力的实体性资产，取得经营利润。间接投资方不直接介入具体生产经营过程，通过获取股利或利息收入，分享直接投资的经营利润。

3. 对内投资和对外投资

按投资的方向可分为对内投资和对外投资两类。

对内投资又称内部投资，是指在本企业范围内的资金投放，用于购买和配置各种生产经营所需的经营性资产，包括维持性投资和扩张性投资。

对外投资是指向本企业范围以外的其他单位的资金投放。对外投资以现金、有形资产、无形资产等资产形式，通过联合投资、合作经营、换取股权、购买金融资产等投资方式，向企业外部其他单位投放资金。

对内投资都是直接投资，对外投资主要是间接投资，也可能是直接投资，特别是企业间的横向经济联合中的联营投资。

4. 独立投资和互斥投资

按投资项目之间的相互关联关系可划分为独立投资和互斥投资。

独立投资是相容性投资，各投资项目之间互不关联、互不影响，可以同时并存。独立投资项目决策考虑的是方案本身是否满足某种决策标准。只要无资金限制，各个项目自身经济上可行，便可进行采纳。

互斥投资是非相容性投资，各个投资项目之间相互关联、相互替代，必有取必有舍，不能同时并存。因此，互斥投资项目决策考虑的是各方案之间的排斥性，也许每个方案都是可行方案，但互斥决策需要从中选择最优方案。

从以上分类可见，企业投资具有多种含义，但本章中的投资主要指企业对内的长期直接投资，即项目投资，也称资本性投资或资本预算。

7.1.3 项目投资的管理程序

对任何投资机会的评价都包含以下几个基本步骤。

（1）提出各种投资方案。不同类型的方案一般由不同具体部门提出。如更新改造项目的方案应由生产部门提出。

（2）估计方案的相关现金流量。

（3）计算投资方案的价值指标，如净现值、内部收益率等。

（4）价值指标与可接受标准比较，进行决策。

（5）对已接受的方案进行再评价。即对已实施项目进行跟踪审计。项目的事后评价可以告诉我们投资项目的实际结果与预测结果存在的偏差，对执行中采取的政策作出必要的修订，并有助于指导未来的决策。

> **小资料**
>
> 如何理性操作一个项目，建议如下：
>
> 一是必须找到适合自己的项目，要发现项目的利润点，要有明确的利润来源。
>
> 二是要做最坏情况下的经营预算，而不是广告的数据或是以自己理想的数据来做预测，要防止投资预算偏小、市场预测失准、成本估算偏低和经营过程中可能产生失误等现象，过于理想化必然导致预期效益偏高，出现问题时就会措手不及。
>
> 三是要有想尽一切办法化解危机和克服困难的勇气和信心。初次创业难免会遇到一些意想不到的事情，问题出现后，要"团结一切可团结的力量"，千方百计想法渡过难关。
>
> 四是各种资源"链条"不能断，这里的资源是指产品、资金、渠道等要素。
>
> 五是技术应为成熟技术，不应是伪科学技术、实验室技术、淘汰技术，或者政府禁止或不鼓励采用的技术，否则投资就可能"打水漂"。

7.2 现金流量

在项目投资决策中，评价项目盈利的财务指标不再是利润，而是现金流量。既然现金流量成为企业投资分析的中心环节，因此，如何估算现金流量就是项目投资决策的首要问题。

7.2.1 现金流量是投资项目的决策依据

现金流量是指企业现金流入与流出的数量，企业进行投资会引起未来一定时期内现金流量的变化。现金收入称为现金流入量，现金支出称为现金流出量，现金流入量与现金流出量相抵后的余额，称为现金净流量（net cash flow，NCF）。

对于投资项目的决策来说，其决策依据是投资方案的现金流量而不是期间利润。只有投资方案的现金流入大于现金流出，该方案才是可行的投资方案，这是因为：

1. 采用现金流量指标有利于考虑时间价值因素

尽管期间利润代表了方案的盈利水平，但期间利润是当期收入与当期费用配比的结果，是权责发生制的产物。权责发生制是以应收和应付作为收入实现与费用发生的标志的，并没有考虑现金收支的实际时间。从长期来看，收入真正实现的标志是生产经营业务现金流入而不是应收项目，费用真正发生的标志是生产经营业务现金流出而不是应付项目。

科学的资本预算必须考虑资金的时间价值，这就要求在制定资本预算时，一定要弄清每笔收入与支出款项的具体发生时间，因为不同时间的资金具有不同价值。而利润的计算，并不考虑资金收支的时间。

2. 采用现金流量指标可以使资本预算更符合实际情况

利润的计算是以权责发生制为基础的，在一定程度上会受到存货估价、费用摊配和折旧计提等方面不同方法的影响。因此，与以收付实现制为基础的现金流量计算相比，利润的计算显得具有更大的主观性。而且，利润反映的是企业某个会计期间内"应计的现金流量"而不是实际的现金流量，如果企业将尚未实际收到的现金收入作为项目收入，则会高估项目的经济效益。

当然，在资本预算中采用现金流量指标，并不是要完全摒弃利润指标。如果不考虑资金的时间价值，那么，在项目的寿命周期内，项目的各期利润总和与项目的现金净流量是一致的。而且，资本预算中的现金流量可以以净利润为基础作适当调整而得到。

7.2.2 现金流量预测方法

投资项目现金流量，一般分为初始现金流量、经营现金流量和终结现金流量三个部分。

1. 初始现金流量

初始现金流量是投资开始时（主要指项目建设过程中）发生的现金流量，主要包括：

（1）固定资产投资支出，如设备购置费、运输费、安装费等。

（2）垫支的营运资本，是指项目投资前后分次或一次投放于流动资产上的资本增加额。

其计算公式为：

$$某年营运资本增加额 = 本年营运资本需用额 - 上年营运资本$$

其中：本年营运资本需用额 = 该年流动资本需用额 - 该年流动负债可用额

（3）其他投资费用，指不属于以上各项的投资费用，如与投资项目相关的职工培训费、谈判费、注册费等。

（4）投资某项目时被利用的现有资产的机会成本（比如，出售现有资产的变现收入或转作其他投资时可获得的利益）。

（5）原有固定资产的变价收入，这主要是指固定资产更新时，原有固定资产的变卖所取得现金收入。

（6）所得税效应，指固定资产重置时变价收入的税赋损益。按规定，出售资产（如旧设备）时，如果出售价高于原价或账面净值，应缴纳所得税，多缴的所得税构成现金流出量，出售资产发生的损失（出售价低于账面净值）可以抵减当年的所得税支出，少缴的所得税构成现金流入量。诸如此类由投资引起的税赋变化，应在计算项目的现金流量时加以考虑。

第（5）和第（6）属更新改造项目中分析旧设备初始现金流量需考虑的内容。

2. 经营现金流量

经营现金流量是指项目建成后生产经营过程中发生的现金流量，这种现金流量一般是按年计算的。该阶段既有现金流入量，也有现金流出量。现金流入量主要是营运各年营业收入，现金流出量主要是营运各年付现营运成本。

经营现金流量的确认，可根据下列公式得出：

每年营业现金净流量（NCF）

= 营业收入 - 付现成本 - 所得税

= 营业收入 - （营业成本 - 折旧 + 所得税）

= 营业收入 - 营业成本 - 所得税 + 折旧

= 净利润 + 折旧

或　每年营业现金净流量

= 税后营业收入 - 税后付现成本 + 税负减少

= 营业收入 × （1 - 税率） - 付现成本 × （1 - 税率） + 折旧 × 税率

【推理证明：每年营业现金净流量

= 净利润 + 折旧

=（营业收入 – 营业成本）×（1 – 税率）+ 折旧

=（营业收入 – 付现成本 – 折旧）×（1 – 税率）+ 折旧

= 营业收入 ×（1 – 税率）– 付现成本 ×（1 – 税率）– 折旧 ×（1 – 税率）+ 折旧

= 营业收入 ×（1 – 税率）– 付现成本 ×（1 – 税率）– 折旧 + 折旧 × 税率 + 折旧

= 营业收入 ×（1 – 税率）– 付现成本 ×（1 – 税率）+ 折旧 × 税率】

3. 终结现金流量

终结现金流量主要指项目寿命终了时发生的现金流量。主要包括两个部分。

（1）固定资产报废时的残值收入以及出售时的税赋损益。固定资产出售时税赋损益的确定方法与初始投资时出售旧设备发生的税赋损益相同。如果预计固定资产报废时残值收入大于税法规定的数额，就应上缴所得税，形成一项现金流出量，反之则可抵所得税，形成现金流入量。

（2）收回原有垫支的各种流动资金。

7.2.3 现金流量预测案例分析

1. 扩充型投资现金流量分析

【例7-1】大华公司准备购入一设备以扩充生产能力。现有甲、乙两个方案可供选择，甲方案需投资100 000元，使用寿命为5年，采用直线法计提折旧，5年后设备无残值。5年中每年销售收入为60 000元，每年的付现成本为20 000元。乙方案需投资120 000元，采用直线折旧法计提折旧，使用寿命也为5年，5年后有残值收入20 000元。5年中每年的销售收入为80 000元，付现成本第一年为30 000元，以后随着设备的陈旧，逐年将增加修理费4 000元，另需垫支营运资金30 000元，假设所得税税率为20%，试计算两个方案的现金流量。

首先，计算两个方案每年的折旧额：

甲方案每年折旧额 = 100 000/5 = 20 000（元）

乙方案每年折旧额 =（120 000 – 20 000）/5 = 20 000（元）

其次，根据资料编制两个方案的营业现金流量表，见表7-1、表7-2。

表7-1　　　　　　　甲方案投资项目的营业现金流量计算表　　　　　　　单位：元

项目	第1年	第2年	第3年	第4年	第5年
销售收入（1）	60 000	60 000	60 000	60 000	60 000
付现成本（2）	20 000	20 000	20 000	20 000	20 000

续表

项目	第1年	第2年	第3年	第4年	第5年
折旧（3）	20 000	20 000	20 000	20 000	20 000
税前利润（4）=（1）-（2）-（3）	20 000	20 000	20 000	20 000	20 000
所得税（5）=（4）×20%	4 000	4 000	4 000	4 000	4 000
税后净利（6）=（4）-（5）	16 000	16 000	16 000	16 000	16 000
现金流量（7）=（1）-（2）-（5）=（3）+（6）	36 000	36 000	36 000	36 000	36 000

也可以利用：营业现金净流量=收入×（1-税率）-付现成本×（1-税率）+折旧×税率公式进行计算，如甲方案：

第一年的营业现金净流量：$NCF_1 = 60\,000 \times (1-20\%) - 20\,000 \times (1-20\%) + 20\,000 \times 20\%$

$= 48\,000 - 16\,000 + 4\,000 = 36\,000$（元）

NCF_{2-5}年计算相同。

表7-2　　　　乙方案投资项目的营业现金流量计算表　　　　单位：元

项目	第1年	第2年	第3年	第4年	第5年
销售收入（1）	80 000	80 000	80 000	80 000	80 000
付现成本（2）	30 000	34 000	38 000	42 000	46 000
折旧（3）	20 000	20 000	20 000	20 000	20 000
税前利润（4）=（1）-（2）-（3）	30 000	26 000	22 000	18 000	14 000
所得税（5）=（4）×20%	6 000	5 200	4 400	3 600	2 800
税后净利（6）=（4）-（5）	24 000	20 800	17 600	14 400	11 200
现金流量（7）=（1）-（2）-（5）=（3）+（6）	44 000	40 800	37 600	34 400	31 200

乙方案根据营业现金净流量=收入×（1-税率）-付现成本×（1-税率）+折旧×税率公式计算如下：

第一年的营业现金净流量=80 000×（1-20%）-30 000×（1-20%）+20 000×20%=64 000-24 000+4 000=44 000（元）

第二年的营业现金净流量=80 000×（1-20%）-34 000×（1-20%）+20 000×20%=64 000-27 200+4 000=40 800（元）

或=44 000-4 000×（1-20%）=40 800（元）

第三年的营业现金净流量=40 800-4 000×（1-20%）=37 600（元）

以此类推。

最后，编制投资项目现金流量计算表，见表7-3。

表7-3　　　　　　　　投资项目现金流量计算表　　　　　　　　单位：元

项目	第0年	第1年	第2年	第3年	第4年	第5年
甲方案						
固定资产投资	-100 000					
营业现金流量		36 000	36 000	36 000	36 000	36 000
现金流量合计	-100 000	36 000	36 000	36 000	36 000	36 000
乙方案						
固定资产投资	-120 000					
营运资金垫支	-30 000					
营业现金流量		44 000	40 800	37 600	34 400	31 200
固定资产残值						20 000
营运资金回收						30 000
现金流量合计	-150 000	44 000	40 800	37 600	34 400	81 200

2. 替代性投资现金流量分析

【例7-2】企业原有一台设备，原值280 000元，可用8年，已用3年，已提折旧100 000元，目前变现收入160 000元，如果继续使用旧设备，期末有残值5 000元；如果更新设备，买价360 000万元，可用5年，期末有残值8 000元，更新不影响生产经营。新旧设备均采用直线折旧。更新后，每年增加经营收入120 000元，增加经营成本60 000元，企业所得税税率为30%。要求：计算各年ΔNCF。

在本例中，可视为两个可选方案，继续使用旧设备，或出售旧设备，购置新设备。若使用旧设备，其当前的初始投资是变现价值和所得税损益。计算其两个方案的增量现金流量，具体解题如下：

旧设备的初始投资=160 000-[160 000-(280 000-100 000)]×30%=166 000（元）

新设备投资=360 000元

投资差额=360 000-166 000=194 000（元）

新设备年折旧额=(360 000-8 000)÷5=70 400（元）

旧设备年折旧额=(180 000-5 000)÷5=35 000（元）

差额折旧=70 400-35 000=35 400（元）

各年现金流量：

ΔNCF_0 = -(360 000-166 000)= -194 000（元）

ΔNCF_{1-4} = (120 000-60 000-35 400)×(1-30%)+35 400=52 620（元）

ΔNCF_5 = 52 620+(8 000-5 000)=55 620（元）

7.2.4 现金流量估计时应注意的问题

在确定投资方案相关的现金流量时，应遵循的最基本的原则是：只有增量现金流量才是与项目相关的现金流量。所谓增量现金流量是指接受或拒绝某个投资方案后，企业总现金流量因此发生的变动。所以，测算现金流量的具体数额时，必须注意如下问题。

1. 应当剔除沉没成本

沉没成本是过去已经发生并支付过款项的支出，这些支出是目前的决策无法改变的，并且不影响目前投资方案的取舍，在分析时不能将它作为相关现金流量。如在投资一个项目前，请咨询机构作了一个评估分析，然后依据这一评估分析作出是否投资的决策。虽然咨询费用是与这个项目直接相关的，但是，无论接受项目与否，咨询费用都已经发生，因此，这项费用是一项沉没成本，在投资决策时无须考虑。

2. 不能忽视机会成本

在投资方案的选择中，如果选择了一个方案，则必须放弃其他机会，其他投资机会可能取得的收益是实施本方案的一种代价，称为这项方案的机会成本。如有一块土地，可出售，其收益为 100 万元，也可建厂房，若采用了建厂房的方案则该土地的 100 万元就为建厂房的机会成本。

3. 要考虑投资方案对公司其他部门的影响

有些项目采纳后，可能对公司现有的部门产生有利或不利的影响。在评价方案时要将其考虑在内。例如某公司有两个分厂，一分厂从事电子产品生产和销售，每年给公司带来 4 000 万元的收入；二分厂原来是从事简单的传统的加工业，后来由于二分厂所从事的产业市场竞争非常激烈，所以二分厂处于停产、半停产状态，总公司考虑二分厂转产，也从事电子元件的生产和销售；经预测二分厂也投资此项目，预计每年给公司带来 2 000 万元销售收入，但是，每年导致一分厂销售收入减少 300 万元，则二分厂每年带来的相关的现金流入量只能是 1 700 万元。因为流量是增量现金流量，或者叫相关现金流量。如果二分厂投资此项目，带来的相关的现金流量有两项，一方面增加了 2 000 万元的收入，另一方面由于竞争导致一分厂的收入减少 300 万元，所以相关的现金流入量是 1 700 万元。

4. 对营运资金的影响

公司新投资一个项目会增加对流动资产的需求，但流动负债也会相应增加。因此需要垫支的流动资金就是对净营运资金的需要，即增加的流动资产与增加的流动负债的差额。通常，在投资分析时假定，开始投资时筹措的净营运资金，在项目结束时收回。

【例 7-3】 某企业一独立投资项目，预计投产第一年流动资金需用额为 30 万元，流动负债可用额为 15 万元，假定该项投资发生在建设期末；投产第二年，预计流动资产需用额为 40 万元，流动负债可用额为 20 万元，假定该项投资发生在投资后第一年末。

要求：根据上述资料估算下列指标。

(1) 每次发生的营运资金投资额；

(2) 终结点回收的营运资金。

解：(1) 投产第一年的营运资金需用额 = 30 - 15 = 15（万元）

第一次营运资金投资额 = 15 - 0 = 15（万元）

投产第二年的营运资金需用额 = 40 - 20 = 20（万元）

第二次营运资金投资额 = 20 - 15 = 5（万元）

(2) 终结点回收的营运资金 = 15 + 5 = 20（万元）

提醒

投资项目中营业现金净流量计算中的净利润与会计核算的净利润是有区别的。它是息前税后利润含义，即息税前利润 ×（1 - 所得税税率）。因为投资资金没有区别所有者投入还是债权人投入，因此投资带来的收益要包含利息。

7.3 项目投资评价的一般方法

7.3.1 贴现的分析评价方法

1. 净现值法

净现值（net present value，NPV）指投资项目投入使用后的现金净流量，按资本成本或企业要求达到的报酬率折算为现值，减去初始投资的现值以后的余额。其计算公式为：

$$NPV = \left[\frac{NCF_1}{(1+i)^1} + \frac{NCF_2}{(1+i)^2} + \cdots + \frac{NCF_n}{(1+i)^n}\right] - C$$

$$= \sum_{t=1}^{n} \frac{NCF_t}{(1+i)^t} - C$$

式中，NPV 表示净现值，NCF_t 表示第 t 年的现金净流量，i 表示贴现率（资本成本或企业要求的报酬率），n 表示项目预计使用年限，C 表示项目的初始投资额。

用 NPV 法决策规则是：在只有一个备选方案的采纳与否决策中，净现值为正时则采纳，净现值为负时不采纳，在多个备选方案的互斥选择决策中，应选择净现值是正值中的最大者。

【例 7 – 4】 根据表 7 – 3 大华公司的甲、乙方案资料，假设资本成本为 10%，计算净现值如下。

甲方案：NPV = 36 000 × (P/A, i, n) – 100 000
= 36 000 × (P/A, 10%, 5) – 100 000
= 36 000 × 3.791 – 100 000 = 36 476（元）

乙方案：NPV = 44 000 × (P/F, 10%, 1) + 40 800 × (P/F, 10%, 2) + 37 600 × (P/F, 10%, 3) + 34 400 × (P/F, 10%, 4) + 81 200 × (P/F, 10%, 5) – 150 000
= 44 000 × 0.909 + 40 800 × 0.826 + 37 600 × 0.751 + 34 400 × 0.683 + 81 200 × 0.621 – 150 000
= 175 854.8 – 150 000 = 25 854.8（元）

通过计算大华公司甲、乙两方案的净现值均大于零，故都是可行方案，但二者比较甲方案净现值大于乙方案，故大华公司应选择甲方案。

净现值法如何确定贴现率：一是根据资本成本来确定。二是根据企业要求的最低资本利润率来确定。一般认为第二种方法比第一种方法容易确定。

净现值法的优缺点：优点是考虑了货币的时间价值，能够反映各种投资方案的净收益。缺点是不能揭示各个投资项目可能达到的实际报酬率，在有多个备选投资方案且资本限量的情况下，如果只根据各个投资项目净现值的绝对额进行决策，往往难以准确判断。

延伸思考

用净现值法评价方案是否可行的标准是 NPV ≥ 0，那么若净现值等于 0 时，说明项目收支平衡吗？没有获利吗？

2. 获利指数法

获利指数法（profitability index, PI）指投资项目未来现金流入总现值与初始投资额的现值之比。其公式为：

$$PI = \left[\frac{NCF_1}{(1+i)^1} + \frac{NCF_2}{(1+i)^2} + \cdots + \frac{NCF_n}{(1+i)^n}\right] \div C$$

$$PI = \sum_{t=1}^{n} \frac{NCF_t}{(1+i)^t} \div C$$

获利指数的决策规则是：在只有一个备选方案的采纳与否决策中，只要获利指数大于或等于1，就采纳，否则就拒绝；在有多个方案的互斥选择决策中，应选择获利指数超过1最多的投资项目。

【例7-5】仍以大华公司甲、乙方案表7-3资料为例。

甲方案：PI = 36 000 × (P/A, i, n) /100 000
= 36 000 × (P/A, 10%, 5) /10 000
= 36 000 × 3.791/100 000 = 1.36

乙方案：PI = [= 44 000 × (P/F, 10%, 1) + 40 800 × (P/F, 10%, 2) + 37 600 × (P/F, 10%, 3) + 34 400 × (P/F, 10%, 4) + 81 200 × (P/F, 10%, 5)]/150 000
= [44 000 × 0.909 + 40 800 × 0.826 + 37 600 × 0.751 + 34 400 × 0.683 + 81 200 × 0.621]/150 000
= 175 854.8/150 000 = 1.17

甲、乙两方案的获利指数都大于1，故均为可行方案，因甲方案的PI值>乙方案的PI值，故应采用甲方案。

获利指数法的优缺点：优点是考虑了货币的时间价值，能够真实地反映投资项目的收益水平；因获利指数是一个相对数指标，所以有利于在初始投资额不同的投资方案之间的对比。缺点是和净现值法一样，没能揭示投资项目的实际报酬率。

3. 内部（含）报酬率

内部报酬率（internal rate of return，IRR）是指使投资项目的净现值等于零时的贴现率。它反映了投资项目的真实报酬。其公式为：

$$\left[\frac{NCF_1}{(1+IRR)^1} + \frac{NCF_2}{(1+IRR)^2} + \cdots + \frac{NCF_n}{(1+IRR)^n}\right] - C = 0$$

$$\left[\sum_{t=1}^{n} \frac{NCF_t}{(1+IRR)^t}\right] - C = 0$$

内部报酬率的计算方法：

（1）如果每年的NCF相等，且只有当年一次投资，其计算步骤为：

第一步，计算年金现值系数。

年金现值系数 = 初始投资额/每年NCF

第二步，查年金现值系数表，在相同的期数内，找出与上述年金系数相邻近的较大和较小的两个贴现率，再采用插值法计算出IRR。

【例7-6】以大华公司的甲方案表7-3资料为例。

年金现值系数 = 初始投资额/每年NCF
= 100 000/36 000 = 2.7778

查 n = 5 时，i = 23%，(P/A, 23%, 5) = 2.8035

i = 24%，(P/A，24%，5) = 2.7454

采用插值法计算如下：

23%　　2.8035
IRR　　2.7778
24%　　2.7454

x/1 = 0.0257/0.0581；x = 0.44

甲方案的内部报酬率 IRR = 23% + 0.44% = 23.44%

（2）如果每年的 NCF 不相等，其计算步骤如下：

第一步，采用试算法，先给出一个贴现率计算净现值，若计算出的净现值为正值，再给出一个较高的贴现率，若该贴现率计算的净现值为负值。试算结束。

第二步，根据上述两个贴现率及计算的净现值采用插值法计算出 IRR。

【例 7-7】以大华公司乙方案的资料进行计算，见表 7-4。

表 7-4　　　　　　　　大华公司乙方案资料计算 IRR 测试表

项目	现金净流量（元）	测试 15% (P/F, 15%, t)	现值（元）	测试 16% (P/F, 16%, t)	现值（元）	测试 17% (P/F, 17%, t)	现值（元）
第 0 年	-150 000	1.000	-150 000	1.000	-150 000	1.000	-150 000
第 1 年	44 000	0.8696	38 262.40	0.8621	37 932.40	0.8547	37 606.80
第 2 年	40 800	0.7561	30 848.88	0.7432	30 322.56	0.7305	29 804.40
第 3 年	37 600	0.6575	24 722.00	0.6407	24 090.32	0.6244	23 477.44
第 4 年	34 400	0.5718	19 669.92	0.5523	18 999.12	0.5337	18 359.28
第 5 年	81 200	0.4972	40 372.64	0.4762	38 667.44	0.4561	37 035.32
NPV	——	——	3 875.84	——	11.84	——	-3 716.76

根据测试资料采用插值法计算如下：

16%　　11.84
IRR　　0　　　　}x%　}1%　　　　}11.84　}3 728.6
17%　　-3 716.76

x/1 = 11.84/3 728.6；x = 0.003

乙方案的内部收益率 IRR = 16% + 0.003% = 16.003%

内含报酬率法的决策规则：在只有一个备选方案的采纳与否决策中，如果计算出的内部报酬率大于或等于企业的资本成本或期望的报酬率就采纳；反之，就拒绝。在有多个备选方案的互斥选择决策中，选用内部报酬率超过资本成本或期望报酬率最大的投资项目。

从以上两个方案的内部报酬率可以看出,甲、乙两个方案的内部报酬率都超过10%的资本成本,但甲方案的内部报酬率更高,故应选择甲方案。

内含报酬率的优缺点:优点是考虑了货币的时间价值,反映了投资项目的真实报酬情况,概念也易于理解。缺点是计算过程比较复杂,特别是每年 NCF 不相等的投资项目,一般要经过多次测试才能算出。

7.3.2 非贴现的分析评价方法

1. 投资回收期法

投资回收期(payback period,PP)是指投资引起的项目的净现金流量来回收初始投资额所需要的时间。一般以年为单位。它代表收回投资所需要的年限。回收年限越短,方案越有利。企业为了避免出现意外情况,就要考虑选择能在短期内收回投资的方案。

投资回收期的计算,因每年的经营净现金流量是否相等而有所不同。

(1) 原始投资一次支出,每年现金流入量相等时,则公式为:

$$投资回收期 = 原始投资额 \div 年净现金流量$$

(2) 如果每年净现金流量不等,或原始投资是分几年投入的,则要根据每年年末尚未回收的投资额加以确定。具体公式是:

$$投资回收期(年) = \frac{累计现金流量出现}{正值的前一年时间} + \frac{累计现金流量最后出现负数的绝对值}{累计现金流量出现正值当年的现金流量值}$$

【例 7-8】某企业有三个互斥投资方案,有关资料数据如表 7-5 所示。

表 7-5　　　　　　　　三项投资方案投资与现金流量　　　　　　　　单位:千元

项目	A 方案 净收益	A 方案 现金净流量	B 方案 净收益	B 方案 现金净流量	C 方案 净收益	C 方案 现金净流量
第 0 年		(20 000)		(9 000)		(12 000)
第 1 年	1 800	11 800	(1 800)	1 200	600	4 600
第 2 年	3 240	13 240	3 000	6 000	600	4 600
第 3 年			3 000	6 000	600	4 600
合计	5 040	4 200	4 200	1 800	1 800	

C 方案每年的现金净流入量相等,

则 C 方案回收期 = 12 000/4 600 = 2.61(年)

A、B 方案净现金流量每年不等则其回收期可测算如表 7-6、表 7-7 所示。

表 7-6　　　　　　　　　　　　A 方案回收期测算表

项目	第 0 年	第 1 年	第 2 年
每年现金流量（元）	-20 000	11 800	13 240
累计现金流量（元）	-20 000	-8 200	5 040

投资回收期 = 1 + (8 200 ÷ 13 240) = 1.62（年）

可见经营第一年还未收回成本，第二年现金流量的一部分可归还成本，未收回的成本占第二年现金流量的比重为需要归还的时间。即为 1.62 年。

表 7-7　　　　　　　　　　　　B 方案回收期测算表

项目	第 0 年	第 1 年	第 2 年	第 3 年
每年现金流量（元）	-9 000	1 200	6 000	6 000
累计现金流量（元）	-9 000	-7 800	-1 800	4 200

投资回收期 = 2 + (1 800 ÷ 6 000) = 2.30（年）

投资回收期法的决策规则：如果投资回收期小于标准回收期（企业自行确定或根据行业标准确定）时，可接受该项目；反之则应放弃。在实务分析中，一般认为投资回收期在独立项目周期一半时方为可行；反之则认为不可行。在互斥项目比较分析时，应以回收期最短的方案作为中选方案。

投资回收期法的优缺点：优点是概念容易理解，计算也比较简单。缺点是这一指标没有考虑现金流量发生的时间，同时，也没有考虑回收期满后的现金流量状况。

因此，单纯地应用投资回收期作为资本预算的评价方法，很可能会形成错误决策。在项目评价时，投资回收期只能作为一个辅助标准，必须和其他标准相结合，以判断项目的可行性。

2. 会计收益率法

会计收益率（accounting rate of return，ARR）是指投资项目年平均净收益与该项目原始投资额的比率。其计算公式：

$$会计收益率 = 年平均净收益 \div 原始投资额 \times 100\%$$

【例 7-9】仍以上述 A、B、C 三方案为例：

$$会计收益率（A） = \frac{(1\,800 + 3\,240) \div 2}{20\,000} \times 100\% = 12.6\%$$

$$会计收益率（B） = \frac{(-1\,800 + 3\,000 + 3\,000) \div 3}{9\,000} \times 100\% = 15.6\%$$

会计收益率（C） = 600/12 000 × 100% = 5%

会计收益率的决策规则是，如果会计收益率大于基准会计收益率（通常由公司自行确定或根据行业标准确定），则应接受该项目；反之则应放弃。在有多个方案的互斥选择中，则应选择会计收益率最高的项目。

会计收益率法的优缺点：优点是简明、易懂、易算。缺点是会计收益法没有考虑货币的时间价值和投资的风险价值；因计算是按投资项目账面价值计算的，当投资项目存在机会成本时，其判断结果与净现值等标准差异很大，有时甚至得出相反的结论，影响投资决策的正确性。因此，会计收益率只能作为一种辅助标准衡量投资项目的优劣。

7.3.3 投资项目评价方法的比较分析

在20世纪50年代以前，企业在进行投资项目评价时，一般都以非贴现的现金流量评价方法为主，50年代以后，贴现现金流量的评价方法开始受到重视，并且在资本预算决策中发挥越来越大的作用，至70年代，贴现现金流量评价方法已经占据主导地位。为什么在项目评价中人们开始青睐于贴现的评价指标呢？

1. 非贴现与贴现指标之比较

（1）非贴现指标把不同时间上的现金收入和支出当作毫无差异的资金进行对比，忽略了货币的时间价值因素。这是不科学的。而贴现指标则把不同时间点收入或支出的现金按同一的贴现率折算到同一时间点上，使不同时期的现金具有可比性，有利于作出正确的投资决策。

（2）非贴现指标中的投资回收期只能反映投资的回收速度，不能反映投资的主要目标——现金净流量的多少。同时，回收期没有考虑时间价值因素，因而夸大了投资的回收速度。

（3）投资回收期、会计收益率等非贴现指标对寿命不同、资本投入的时间不同和提供收益的时间不同的投资方案缺乏鉴别能力。而贴现法指标则可以通过净现值、内部报酬率和获利指数等指标，有时还可以通过净现值的年均化方法进行综合分析，从而作出正确合理的决策。

（4）非贴现指标的会计收益率等指标没有考虑货币的时间价值，因而夸大了项目的盈利水平。而贴现指标中的内部收益率是以预计的现金流量为基础，考虑了货币的时间价值以后计算的真实收益率。

（5）在运用投资回收这一指标时，标准回收期是方案取舍的依据，但标准回收期一般都是以经验或主观判断为基础来确定的，缺乏客观依据。而贴现指标中的净现值和内部收益率等指标实际上都是以企业的资本成本为取舍依据的，任何企业的资本成本都可以通过计算得到，因此，这一取舍标准相对符合客观实际。

正因为非贴现现金流量评价标准中存在着固有的缺陷，所以才会逐渐被贴现现金流量评价方法所取代。

2. 贴现指标的比较

各种贴现指标相对非贴现指标有其优越性,但贴现指标也存在一定的缺陷,因此,在应用时哪个指标更好一些呢?

(1) 净现值与内部报酬率的比较。

在多数情况下,运用净现值和内部报酬率这两种方法得出的结论是相同的。但在如下两种情况下,就会产生差异:

①初始投资不一致,一个项目的初始投资大于另一个项目的初始投资时,规模较小的项目的内部报酬率可能较大但净现值可能较小。在这种互斥项目之间进行选择,实际上就是在更多的财富和更高的内含报酬率之间的选择,一般情况下,决策者会选择财富。

②现金流入的时间不一致,一个在最初几年流入的较多,另一个在最后几年流入的较多。

尽管是在这两种情况下使二者产生了差异,但引起差异的原因是共同的,即两种方法假定,企业用投资期产生的现金流量进行再投资时,会产生不同的报酬率。净现值法假定产生的现金流入量重新投资,会产生相当于企业资本成本的报酬率;而内部报酬率法却假定现金流入量重新投资,产生的报酬率与此项目特定的内部报酬率相同。

【例 7-10】假设有两个项目 D 和 E,它们的初始投资不一致,详细情况见表 7-8。

表 7-8　　　　　　　　NPV、IRR、PI 计算表计量　　　　　　　　单位:元

指标	年	项目 D	项目 E
初始投资	0	110 000	10 000
营业现金流量	1	50 000	5 050
	2	50 000	5 050
	3	50 000	5 050
NPV		6 100	1 726
IRR		17.28%	24.03%
PI		1.06	1.17
企业的资本成本	K = 14%		

按照不同的贴现率计算项目 D 和项目 E 的净现值,见表 7-9。

表 7-9　　　　　　　　不同贴现率情况下的净现值计算表计量　　　　　金额单位：元

贴现率（%）	NPV$_D$	NPV$_E$
0	40 000	5 150
5	26 150	3 751
10	14 350	2 559
15	4 150	1 529
20	-4 700	635
25	-12 400	-142

从表中可以看出，如果按内部收益率法应拒绝项 D 而采纳项目 E，如果用净现值法则应采纳项目 D 而拒绝项目 E。产生上述差异的根本原因是内部报酬率法假定项目 D 前两期产生的现金流量（第一年和第二年的 50 000 元）若进行再投资，则会产生与 17.28% 相等的报酬率，而项目 E 前两年的现金流量（第一年和第二年的 5 050 元）若进行再投资则得到 24.03% 的报酬率，与此相反，净现值法假定前两期产生的现金流量若进行再投资的报酬率应当与贴现率相等，则本例中是 14%，即资本成本。本例中两个项目的报酬率相交于 16.59%，则项目 D 虽然投资较多，但净现值也较高，可为企业带来较多的财富，是较优的项目。而当资本成本大于 16.59% 时，不论净现值法还是内部收益率法都会得出项目 E 优于项目 D 的结论。也就是说，在没有资本限量的情况下净现值法总是正确的，而内部报酬率法有时却会作出错误的决策，因而，在无资本限量的情况下，净现值法是一个比较好的方法。

除此之外，净现值法和内部报酬率法的结论可能不同的另一种情况即非常规项目。如出现多重内含报酬率的投资项目。对这种项目应该进行净现值的计算并依赖净现值作出判断。所以净现值规则优于其他规则。

延伸思考

关于 NPV 与 IRR 在评价初始投入不一致或现金流入不一致时，采用何种指标进行最终判断，学术界有不同的见解，请学生查阅资料，谈谈自己的看法。

（2）净现值与获利指数的比较。

净现值和获利指数使用的是相同的信息，用以评价投资项目的优劣，结论常常是一致的，但有时也会产生分歧。上例中的项目 D 和项目 E（这两个项目的初始投资不一致），在资本成本为 14% 时，项目 D 有净现值 6 100 元，获利指数为 1.06，项目 E 有净现值 1 726 元，获利指数为 1.17。如果用净现值法，则应选用项目 D，如果利用获利指数，则应选用项目 E。

当初始投资不同时，净现值和获利指数就会产生差异。由于净现值是用各期现金流量现值减初始投资，而获利指数使用现金流量现值除以初始投资，因而，评价的结果可能会产生不一致。

最高的净现值符合企业的最大利益。也就是说，净现值越高，企业的收益越大。而获利指数只反映投资回收的程度，不反映投资回收的多少。因此，在没有资本限量的情况下的互斥选择决策中，应选用净现值较大的投资项目。也就是说，当获利指数与净现值得出不同结论时，应以净现值为准。

比较贴现现金流量的评价方法，净现值、内部报酬率和获利指数，可以发现，净现值与内部报酬率，净现值与获利指数之间之所以会出现差异，共同的原因在于各个方案的初始投资额相同与否。但这并不意味着，只要项目初始投资额不同，净现值与内部报酬率、获利指数之间就一定会出现差异，而是要看各个项目初始投资额的差异程度的大小。在本例中的项目 D 与项目 E 之间，投资相差 11 倍，所以会造成三种方法评价结果的背离。

总之，在无资本限量情况下，利用净现值法在所有投资评价中都能作出正确的决策；而利用内部报酬率和获利指数在采纳与否决策中也能作出正确的决策，但在互斥选择决策中有时会作出错误的决策。因而，在这三种评价方法中，净现值是最好的评价方法。

【本章回顾】

1. 本章重点回顾

投资项目的决策问题是财务管理中的重要内容，如何进行分析，首先要预测和分析投资项目带来的现金流量，然后利用相应的分析指标和一定的分析方法进行分析决策。本章重点介绍了如下内容：

（1）内部投资项目现金流量的计算分析。现金流量的正确计算是投资项目评价指标计算的基础，因此必须理解现金流量的含义以及投资项目现金流量的计算方法，并注意固定资产更新项目现金流量计算时所得税对项目现金流量的影响。

（2）内部投资项目的评价指标的计算。内部投资项目评价指标是我们正确选择投资项目的方法，它包括贴现的现金流量指标和非贴现的现金流量指标，具体有净现值、获利指数、内含报酬率、投资回收期、会计收益率等指标。重点介绍了各种指标的计算方法、评价标准以及各指标的优点和不足。

2. 本章关键术语

现金流量 净现值（NPV） 获利指数（PI） 内含报酬率（IRR） 投资回收期（PP） 会计收益率（ARR）

3. 本章知识图谱

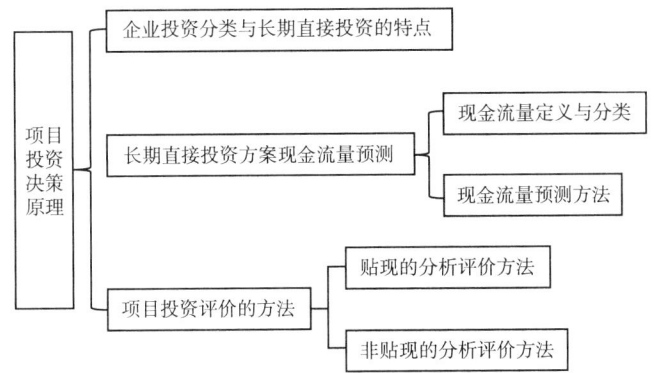

4. 财务总监分享管理实战故事（见本页二维码）

OC 集团海外投资案例二维码链接（素材 7-1）

【理论自测】

一、单项选择题

1. 投资决策评价方法中，对于互斥方案来说，最好的评价方法是（　　）。
   A. 净现值法　　　　　　　　　B. 获利指数法
   C. 内部报酬率法　　　　　　　D. 平均报酬率法

2. 某企业欲购进一套新设备，要支付 400 万元，该设备的使用寿命为 4 年，无残值，采用直线法提取折旧。预计每年可产生税前净利润 140 万元，如果所得税税率为 40%，则回收期为（　　）年。
   A. 4.5　　　　B. 2.9　　　　C. 2.2　　　　D. 3.2

3. 某投资项目原始投资为 12 万元，当年完工投产，有效期 3 年，每年可获得现金净流量 4.6 万元，则该项目内部报酬率为（　　）。
   A. 6.68%　　　B. 7.33%　　　C. 7.68%　　　D. 8.32%

4. 计算营业现金流量时，每年净现金流量可按下列公式的（　　）来计算。
   A. NCF = 每年营业收入 – 付现成本
   B. NCF = 每年营业收入 – 付现成本 – 所得税
   C. NCF = 净利 + 折旧 + 所得税
   D. NCF = 净利 + 折旧 – 所得税

5. 当贴现率与内部报酬率相等时，（　　）。
   A. 净现值小于零　　　　　　　B. 净现值等于零
   C. 净现值大于零　　　　　　　D. 净现值不一定

6. 当一项长期投资的净现值大于零时，下列说法不正确的是（　　）。

A. 该方案不可投资

B. 该方案未来报酬的总现值大于初始投资的现值

C. 该方案获利指数大于1

D. 该方案的内部报酬率大于其资本成本

7. 若净现值为负数，表明该投资项目（　　）。

A. 它的投资报酬率小于零，不可行

B. 为亏损项目，不可行

C. 它的投资报酬率不一定小于零，因此也有可能是可行方案

D. 它的投资报酬率没有达到预定的贴现率，不可行

8. 某投资方案贴现率为18%时，净现值为－3.17，贴现率为16%时，净现值为6.12，则该方案的内部报酬率为（　　）。

A. 14.68%　　　B. 16.68%　　　C. 17.32%　　　D. 18.32%

9. 某投资方案的年营业收入为10 000元，年营业成本为6 000元，年折旧额为1 000元，所得税税率为33%，该方案每年的营业现金流量为（　　）元。

A. 1 680　　　B. 2 680　　　C. 3 680　　　D. 4 320

10. 下列说法不正确的是（　　）。

A. 当净现值大于零时，获利指数小于1

B. 当净现值大于零时，说明该方案可行

C. 当净现值为零时，说明此时的贴现率为内部报酬率

D. 净现值是未来总报酬的总现值与初始投资额现值之差

11. 营业现金流量是指投资项目投入使用后，在其寿命周期内由于生产经营所带来的现金流入和流出的数量。这里现金流出是指（　　）。

A. 营业现金支出　　　　　　B. 交纳的税金

C. 付现成本　　　　　　　　D. 营业现金支出和交纳的税金

12. 下列不属于终结现金流量范畴的是（　　）。

A. 固定资产折旧　　　　　　B. 固定资产残值收入

C. 垫支流动资金的收回　　　D. 停止使用的土地的变价收入

13. 在长期投资决策中，一般来说，属于经营期现金流出项目的是（　　）。

A. 固定资产投资　　B. 开办费　　C. 经营成本　　D. 无形资产投资

14. 项目投资决策中，完整的项目计算期是指（　　）。

A. 建设期　　　　　　　　　B. 生产经营期

C. 建设期＋达产期　　　　　D. 建设期＋生产经营期

15. 某投资项目原始投资额为100万元，使用寿命10年，已知该项目第10年的

经营净现金流量为 25 万元，期满处置固定资产残值收入及回收流动资金共 8 万元，则该投资项目第 10 年的净现金流量为（　　）万元。

A. 8　　　　　B. 25　　　　　C. 33　　　　　D. 43

16. 下列指标的计算中，没有直接利用净现金流量的是（　　）。

A. 内部收益率　　B. 投资利润率　　C. 净现值率　　D. 现值指数

17. 下列关于投资项目营业现金流量预计的各种说法中，不正确的是（　　）。

A. 营业现金流量等于税后净利加上折旧
B. 营业现金流量等于营业收入减去付现成本再减去所得税
C. 营业现金流量等于税后收入减去税后成本再加上折旧引起的税负减少额
D. 营业现金流量等于营业收入减去营业成本再减去所得税

18. 如果其他因素不变，一旦贴现率提高，则下列指标中其数值将会变小的是（　　）。

A. 净现值　　　　　　　　B. 投资报酬率
C. 内部报酬率　　　　　　D. 静态投资回收期

19. 某投资项目原始投资为 12 000 元，当年完工投产，有效期限 3 年，每年可获得现金净流量 4 600 元，则该项目内含报酬率为（　　）。

A. 7.33%　　　B. 7.68%　　　C. 8.32%　　　D. 6.68%

20. 某投资方案贴现率为 16% 时，净现值为 6.12，贴现率为 18% 时，净现值为 -3.17，则该方案的内含报酬率为（　　）。

A. 14.68%　　　B. 17.32%　　　C. 18.32%　　　D. 16.68%

21. 在评价单一方案的财务可行性时，如果不同评价指标之间的评价结论发生了矛盾，就应当以主要评价指标的结论为准，如下列项目中的（　　）。

A. 净现值　　　　　　　　B. 静态投资回收期
C. 投资报酬率　　　　　　D. 年平均报酬率

22. 下列表述不正确的是（　　）。

A. 净现值大于零时，说明该投资方案可行
B. 净现值为零时的贴现率即为内含报酬率
C. 净现值是特定方案未来现金流入现值与未来现金流出现值之间差额
D. 净现值大于零时，现值指数小于 1

23. 计算一个投资项目的回收期，应该考虑的因素是（　　）。

A. 贴现率　　B. 使用寿命　　C. 年现金净流入量　　D. 资本成本

24. 一个投资方案年销售收入 300 万元，年销售成本 210 万元，其中折旧 85 万元，所得税税率 40%，则该方案年营业现金流量为（　　）万元。

A. 90　　　　　B. 139　　　　　C. 175　　　　　D. 54

25. 某企业计划投资 100 万元建一条生产线，预计投资后每年可获净利润 15 万元，年折旧率为 10%，则投资回收期为（　　）年。
   A. 3   B. 5   C. 4   D. 6

26. 如果某一投资方案的净现值为正数，则必然存在的结论是（　　）。
   A. 投资回收期在一年以内   B. 现值指数大于 1
   C. 投资报酬率高于 100%   D. 年均现金净流量大于原始投资额

27. 存在所得税的情况下，以"利润＋折旧"估计经营期净现金流量时，"利润"是指（　　）。
   A. 利润总额   B. 净利润   C. 营业利润   D. 息税前利润

28. 某企业投资方案 A 的年销售收入为 180 万元，年销售成本和费用为 120 万元，其中折旧为 20 万元，所得税税率为 20%，则该投资方案的年现金净流量为（　　）万元。
   A. 48   B. 68   C. 62   D. 64

29. 用内含报酬率评价项目可行的必要条件是（　　）。
   A. 内含报酬率大于贴现率   B. 内含报酬率小于贴现率
   C. 内含报酬率大于或等于贴现率   D. 内含报酬率等于贴现率

二、多项选择题

1. 在考虑所得税因素以后，能够计算出营业现金流量的公式有（　　）。
   A. 营业现金流量＝税后收入－税后成本＋税负减少
   B. 营业现金流量＝收入×(1－税率)－付现成本×(1－税率)＋折旧×税率
   C. 营业现金流量＝税后净利润＋折旧
   D. 营业现金流量＝营业收入－付现成本－所得税

2. 确定一个投资方案可行的必要条件有（　　）。
   A. 净现值大于零   B. 现值指数大于 1
   C. 回收期小于 1 年   D. 内部报酬率大于 1

3. 对于同一投资方案，下列说法正确的有（　　）。
   A. 资本成本越高，净现值越低
   B. 资本成本越高，净现值越高
   C. 资本成本相当于内部报酬率时，净现值为零
   D. 资本成本高于内部报酬率时，净现值小于零

4. 在投资决策分析中使用的贴现现金流量指标有（　　）。
   A. 净现值   B. 内部报酬率   C. 投资回收期   D. 获利指数

5. 下列几个因素中影响内部报酬率的有（　　）。
   A. 银行存款利率   B. 企业必要投资报酬率

C. 投资项目有效年限　　　　　　D. 初始投资额

6. 对净现值、内部报酬率和获利指数这三种指标进行比较，下面说法正确的有（　　）。

A. 在多数情况下，运用净现值和内部报酬率得出的结论是相同的
B. 在互斥选择决策中，净现值法有时会得出错误的结论
C. 在这三种方法中，净现值法是最好的评价方法
D. 一般来说，内部报酬率法只能用于有资本限量的情况

7. 利润与现金流量的差异主要表现在（　　）。

A. 购置固定资产付出大量现金时不计入成本
B. 将固定资产的价值以折旧或折耗的形式计入成本时，不需要付出现金
C. 现金流量一般来说大于利润
D. 计算利润时不考虑垫支的流动资产的数量和回收的时间

8. 关于项目投资，下列说法不正确的有（　　）。

A. 经营成本中包括利息费用
B. 估算税金及附加时需要考虑应交增值税
C. 维持运营投资是指矿山、油田等行业为维持正常运营而需要在运营期投入的流动资产投资
D. 调整所得税等于税前利润与适用的所得税税率的乘积

9. 关于项目投资，下列说法正确的有（　　）。

A. 投资内容独特，投资数额多，投资风险小
B. 是直接与新建项目或更新改造项目有关的长期投资行为
C. 发生频率低，变现能力差
D. 达产期指的是投产日至达产日的期间

10. 某公司正在开会讨论投产一种新产品，对以下收支发生争论：你认为不应列入该项目评价的现金流量有（　　）。

A. 新产品投产导致流动资金增加80万元
B. 该项目利用现有未充分利用的厂房和设备，如将该设备出租可获收益200万元，但公司规定不得将生产设备出租，以防对本公司形成竞争
C. 产品销售会使本公司同类产品减少收益100万元
D. 以前年度支付的产品调研费1万元

11. 与财务会计使用的现金流量表相比，项目投资决策所使用的现金流量表的特点有（　　）。

A. 只反映特定投资项目的现金流量　　B. 在时间上包括整个项目计算期
C. 表格中不包括投资决策评价指标　　D. 所依据的数据是预计信息

12. 对于单纯固定资产投资项目而言，下列等式正确的有（　　）。
A. 建设期某年的净现金流量 = －该年发生的固定资产投资额
B. 运营期某年所得税前净现金流量 = 该年因使用该固定资产新增的息税前利润 + 该年因使用该固定资产新增的折旧 + 该年新增的摊销 + 该年回收的固定资产净残值
C. 运营期某年所得税后净现金流量 = 运营期某年所得税前净现金流量 － 该年因使用该固定资产新增的所得税
D. 原始投资 = 固定资产投资

13. 在下列评价指标中，属于动态指标的有（　　）。
A. 静态投资回收期　　　　　　　B. 投资收益率
C. 内部收益率　　　　　　　　　D. 获利指数

14. 若建设期不为零，则建设期内各年的净现金流量可能会（　　）。
A. 等于1　　　B. 大于1　　　C. 小于0　　　D. 等于0

15. 影响项目内部收益率的因素包括（　　）。
A. 投资项目的有效年限　　　　　B. 投资项目的现金流量
C. 企业要求的最低投资报酬率　　D. 建设期

三、判断题

1. 内部长期投资主要包括固定资产投资和无形资产投资。（　）
2. 长期投资决策中的初始现金只包括固定资产上的投资。（　）
3. 固定资产的回收时间较长，固定资产投资的变现能力较差。（　）
4. 原有固定资产的变价收入是指固定资产更新时原有固定资产变卖所得的现金收入，是长期投资决策中初始现金流量的构成部分。（　）
5. 每年净现值流量既等于每年营业收入与付现成本和所得税之差，又等于净利润与折旧之和。（　）
6. 现金流量是按照收付实现制计算的，而在作出投资决策时，应该以权责发生制计算出的营业利润为评价项目经济效益的基础。（　）
7. 净利润的计算比现金流量计算有更大的主观随意性，作为决策的主要依据不太可靠。（　）
8. 无论每年的营业净现金流量是否相等，投资回收期均可按下式计算：投资回收期 = 原始投资额/每年的NCF。（　）
9. 投资回收期既考虑了整个回收期内现金流量，又考虑了货币的时间价值。（　）
10. 进行长期投资决策时，如果某一备选方案净现值比较小，那么该方案内部报酬率也相对较低。（　）

11. 净现值法考虑了资金的时间价值，能够反映各种投资方案的净收益，但是不能揭示各个投资方案本身可达到的投资报酬率。（　　）

12. 由于获利指数是用相对数来表示，所以获利指数法优于净现值法。（　　）

13. 固定资产投资方案的内含报酬率并不一定只有一个。（　　）

14. 在某些情况下，用净现值和内部报酬率这两种方法所得出的结论不同。这是因为净现值假定产生的现金流入量重新投资会产生相当于企业资本成本的利润率，而内部报酬率却假定现金流入量重新投资产生的利润率与此项目的特定的内部报酬率相同。（　　）

15. 非贴现指标中的投资回收期，由于没有考虑时间价值，因而夸大了投资的回收速度。（　　）

16. 由于集中力量、加班加点可以缩短项目投资期，使项目早投入生产，早产生现金流量，因此，企业在投资时应尽量缩短投资期。（　　）

17. 初始现金流量与营业现金流量之和就是终结现金流量。（　　）

18. 内部报酬率反映了投资项目的真实报酬率。（　　）

19. 非贴现率现金流量指标主要包括投资回收期、平均报酬率和获利指数。（　　）

20. 现金净流量是指一定期间现金流入量和现金流出量的差额。（　　）

四、简答题

1. 企业进行投资的意义何在？
2. 进行投资分析时为什么用现金流量而不是用利润？
3. 投资活动的现金流量是如何构成的？
4. 贴现的投资分析指标有哪些？运用这些指标进行投资决策时的规则是什么？指出各种决策方法的优缺点？

【实务自测】

1. 某公司拟投产一新产品，需要购置一套专用设备预计价款900 000元，追加流动资金145 822元。设备按5年计提折旧，采用直线法计提，净残值率为零。该新产品预计销售单价20元/件，单位变动成本12元/件，每年固定经营成本500 000元。该公司所得税税率为25%；投资的最低报酬率为10%。要求：（1）计算净现值为零时的息税前利润；（2）计算净现值为零时的销售量水平（计算结果保留整数）。

2. 某人拟开设一个彩扩店，通过调查研究提出以下方案：（1）设备投资：冲扩设备购价20万元，预计可使用5年，使用直线法计提折旧，残值率为10%；计划在2004年1月1日购进并立即投入使用。（2）门店装修：装修费用预计3万元，在装修完工的2004年1月1日支付。（3）收入和成本预计：预计2004年1月1日开业，前6个月每月收入3万元（不考虑营业税等），以后每月收入4万元；耗用相纸和冲扩液等成本为收入的60%；人工费、水电费和房租等费用每月0.8万元（不含设备折旧、装修费摊销）。（4）营运资金：开业时垫付2万元。（5）从第2年起，每年支付利息4 000元。（6）所得税税率为25%。（7）业主要求的投资报酬率最低为10%。要求：用净现值法评价该项目经济上是否可行。

3. 某公司拟购置一台新设备来替换一台尚可使用的旧设备，新设备价款为230 000元，旧设备的折余价值为125 000元，其变价收入为110 000元，至第6年末新设备与继续使用旧设备届时的预计净残值相等。新设备建设期为零，使用新设备可使公司在经营期第1年增加营业收入40 000元，增加经营成本20 000元；从第2~6年内每年增加营业收入60 000元，相比第1年可节约经营成本3 000元。直线法计提折旧。企业所得税税率为25%。若公司预期报酬率为25%，要求：（1）计算该公司差量净现金流量。（2）试计算该公司差额净现值，判断该项目是否应进行更新？

4. 某企业现有A、B两个投资项目供选择，其中A项目初始投资20 000元，5年内预计每年现金净流量6 000元；B项目初始投资50 000元，5年内预计每年现金流量14 800元。若这两个项目的资本成本均为12%，试分别计算两个项目的净现值、内含报酬率和获利指数并决定投资于哪个项目为佳？

【案例分析】

2021年9月陈某某拟新办一个照相馆，经市场调查提出方案如下：照相冲印设备购价30万元，预计可使用5年，使用直线法折旧，残值率为10%，报废时收回残值；计划在2022年1月1日购进立即投入使用，并于当日正式开业。开业时垫付营运资金4万元。第一年营业收入50万元（不考虑增值税等），第二年开始每年收入60万元，成本为收入的60%；各项付现费用为每年10万元（不含设备折旧），所得税税率为25%。要求的投资报酬率最低为10%。

假如照相馆开业后，由于摄影器材较为陈旧，需要更新换代，照相馆计划于2024年1月1日起更换照相冲印设备。旧设备出售所得与旧设备的折余价值一致，新设备购置成本20万元，使用年限为3年，按直线法计提折旧，残值率为10%。使用新设备后公司每年收入可从60万元上升到80万元，每年付现成本增加到40万元，费用不变。

请根据上述资料,讨论以下问题:

(1) 计算陈某某 2022 年准备开业的照相馆项目的各年现金净流量 NCF,以及 NPV、PI、IRR 等动态投资指标以及投资回收期静态指标。

(2) 评价陈某某 2022 年准备开业的照相馆项目在财务上是否可行。

(3) 分别计算后三年的 ΔNCF,用净现值法判断陈某某 2024 年 1 月 1 日起更换照相冲印设备是否可行。

第 8 章　项目投资决策实务

导入语

掌握投资决策实务中各类典型决策情境中的决策问题的思维方式对于应对现实中各类投资决策问题具有重要意义。

引导案例

碲化镉薄膜光伏项目叫停的背后：崛起之路为何这么难？[*]

作为光伏发电的主要技术方向之一，薄膜电池一直被认为是未来取代晶硅电池的下一代太阳能电池技术，近年来备受追捧。而作为发展最为成熟的两类薄膜电池，铜铟镓硒薄膜电池以及碲化镉薄膜电池成为当今薄膜产业的主力军。目前，铜铟镓硒薄膜电池发展迅速，国内已经有多家企业进行产业布局，未来崛起指日可待。而相比之下，碲化镉薄膜电池的发展却似乎陷入了困境。

薄膜光伏项目被叫停

近日，深赛格发公告称，公司决定停止建设深汕特别合作区碲化镉薄膜光伏产业基地项目。

深赛格表示：2018 年，随着"531 光伏新政"的发布与实施，光伏行业面临巨大调整。经过综合考虑，为降低公司未来投资风险，保护公司股东权益不受损害，公司决定停止建设深汕特别合作区光伏产业基地项目。

深赛格认为，"531"政策发布之后，光伏行业的整体格局将面临剧烈变革，未来光伏组件制造商的生存发展必须以控制成本为核心。针对项目政策环境发生的重大变化，赛格龙焱对深汕龙焱光伏项目未来拟投产光伏组件成本进行了综合测算，

---

[*] 资料来源：http://guangfu.bjx.com.cn/news/20190314/968780.shtml。

结果高于市场现有水平，继续推进深汕光伏产业基地项目建设将面临较高的投资风险。为此公司决定停止建设深汕特别合作区光伏产业基地项目。

据悉，该项目是国内少有的碲化镉薄膜光伏项目，由2016年正式启动，2017年赛格龙焱以2 801万元在深汕特别合作区竞得项目用地，目前产业基地项目已按计划推进完成前期勘探、土地平整、桩基施工等工作。如果该项目顺利投产，那碲化镉薄膜产业的发展将迈进一大步，但是最终该项目在2018年的光伏市场"大震荡"之后夭折。

透过公告内容我们可以发现，深赛格认为当前光伏组件制造商的生存发展比较艰难，而碲化镉薄膜光伏组件成本在当前的市场中难以形成有效竞争力，所以有较大的投资风险。

同样是薄膜光伏电池，铜铟镓硒不但得到了多家企业的青睐，而且已经有多条产线投产，未来产业化发展态势一片大好；就连被称为"第三代电池"的钙钛矿电池现在的发展也是有声有色，为何碲化镉的产业化之路却这么难呢？

碲化镉产业化之路

据了解，碲化镉（CdTe）薄膜太阳能电池生产工艺简单，生产周期短，生命周期结束后可回收，最大的优势是弱光性能好，而且温度越高表现越好。而晶硅电池在高温条件下不但性能下降，还有可能引发火灾。

从成本上看，专家认为碲化镉薄膜电池在工业规模上的生产成本将优于晶体硅和其他材料太阳能电池技术；从效率上来看，FirstSolar研发的碲化镉薄膜电池实验室效率已经超过了22.1%；其组件效率达到了19.5%左右。

事实上碲化镉薄膜产业在国内的发展也有起色。2016年，全国首个碲化镉薄膜太阳能电池产业化项目落地浙江嘉兴；2017年，中国最大的碲化镉电站将落户清远市清新区；2018年，我国首条大面积碲化镉薄膜"发电玻璃"生产线在成都市双流区投产，实现了国内碲化镉产业的巨大进步。

如此看来，碲化镉薄膜电池在成本、效率、特性等方面都非常优异，而且在国内的发展也有了基础，未来潜力巨大，那为何就是难以大规模发展起来呢？

为何国内发展如此困难？

事实上，碲化镉薄膜电池虽然市场潜力巨大，但是目前在国内仍然没有发展机遇。

第一，国内企业在技术及设备方面落后太多，海外市场竞争力薄弱。全球对碲化镉薄膜电池布局最早的是美国薄膜电池制造商FirstSolar公司，技术相对成熟。据了解，FirstSolar公司在碲化镉薄膜电池领域具备垄断优势。

据业内人士表示，目前国内企业生产的碲化镉薄膜组件效率较好的能达到16%~17%的水平，落后于晶硅组件，与国际水平相差甚大。因此在海外市场，我国企业仍然难以撼动 FirstSolar 在碲化镉方面的地位。

另外，薄膜太阳能电池生产设备复杂昂贵，关键设备方面高达上千万美元，长期以来一直被欧洲、美国和日本的企业垄断。所以我国碲化镉薄膜生产商在设备方面依然要依靠外国的供应商。而生产设备制造成本占薄膜太阳能电池发电成本的七成左右，这就使得薄膜电池的成本高企。最终限制了其大规模推广。

第二，国内市场环境不允许。如深赛格在公告中所言，"531"政策发布之后，国内各大厂商最核心的问题就是控制成本。而且在"降本增效"的压力之下，国内晶硅电池无论是工艺还是技术都处于爆发期，其成本不断下探，效率不断提升，这样迅速的发展是尚未大规模量产的薄膜电池难以企及的。也就是说，在这样激烈的市场竞争下，如碲化镉薄膜太阳能电池这种尚不成熟，仍然需要大量投入的产业基本没有抢夺市场份额的可能。

归根结底，国内碲化镉薄膜的发展困境仍然是受到技术所困。假如国内光伏企业能够在量产技术、电池效率方面达到更高的水平，那再激烈的市场竞争也无法阻挡碲化镉薄膜产业的崛起。

该项目叫停的原因有哪些？什么是最重要的原因，在项目分析中应该考虑哪些因素。本章学习将获得答案。

学习目标

本章介绍固定资产投资管理的决策问题，主要介绍项目投资经济可行性研究评价方法在实践中的具体应用，通过本章的学习，重点掌握以下内容。
1. 各种投资决策指标、决策规划的具体应用
2. 风险性投资决策分析
3. 实物期权决策分析方法

8.1 互斥项目的投资决策

8.1.1 项目寿命期相等的投资决策

1. 增量收益分析法

对于互斥项目，可运用增量原理进行分析，即根据增量净现值，增量内部收益或增量获利指数等任一标准进行项目比选。其判断标准是：如果增量投资净现值大于零，或增量内部收益率大于资本成本，或增量获利指数大于1，则增量投资在经

济上是可行的。这一选有标准的具体化为：

对于投资规模不同的互斥项目，如果增量净现值大于零，或增量内部报酬率大于资本成本，或增量获利指数大于1，则投资额大的项目较优；反之，投资额小的项目较优。

对于重置型投资项目，通常是站在新设备的角度进行分析，如果增量净现值大于零，或增量内部报酬率大于资本成本，或增量获利指数大于1，则应接受购置新设备；反之，则应继续使用旧设备。

【例8-1】根据〖例7-2〗资料计算得出的两个方案的增量现金流量。

各年现金流量

$\Delta NCF_0 = -(360\,000 - 166\,000) = -194\,000$（元）

$\Delta NCF_{1-4} = (120\,000 - 60\,000 - 35\,400) \times (1 - 30\%) + 35\,400 = 52\,620$（元）

$\Delta NCF_5 = 52\,620 + (8\,000 - 5\,000) = 55\,620$（元）

假设该企业要求的资本成本率为10%，则增量净现值为多少？是否应用新设备替换旧设备？

$$\Delta NPV = -194\,000 + 52\,620 \times (P/A, 10\%, 4) + 55\,620 \times (P/F, 10\%, 5)$$
$$= -194\,000 + 52\,620 \times 3.1699 + 55\,620 \times 0.6209$$
$$= 7\,334.596 \approx 7\,334.60 \text{（元）}$$

通过计算增量净现值为7 334.60元，应该用新设备替换旧设备。

2. 总费用现值法

总费用现值法是指通过计算各备选项目中全部费用的现值来进行项目比选的一种方法。这种方法适用于收入相同，计算期相同的项目之间的比选。总费用现值较小的项目为佳。

【例8-2】假设某公司为降低每年的生产成本，准备用一台新设备代替旧设备。旧设备原值100 000元，已提折旧50 000元，估计还可用5年，5年后的残值为零。如果现在出售，可得价款40 000元。新设备的买价、运杂费和安装费共需110 000元，可用5年，年折旧额20 000元，第5年末税法规定残值与预计残值出售价均为10 000元。用新设备时每年付现成本可节约30 000元（新设备年付现成本为50 000元，旧设备年付现成本为80 000元）。假定销售收入不变，所得税税率为25%，资本成本为15%，新旧设备均按直线法计提折旧。要求：对新设备替代旧设备进行决策。

解：（1）旧设备的现金流量。

初始投资：

变现价40 000元

损失抵税（50 000 - 40 000）×25% = 2 500（元）

$NCF_0 = 40\,000 + 2\,500 = 42\,500$（元）

经营过程现金净流出量：

付现成本 $80\,000 \times (1 - 25\%) = 60\,000$（元）

折旧抵税 $10\,000 \times 25\% = 2\,500$（元）

$NCF_{1-5} = 60\,000 - 2\,500 = 57\,500$（元）

终结现金净流量：

$NCF_5 = 0$ 元

旧设备总费用现值 $= 42\,500 + 57\,500 \times (P/A, 15\%, 5) = 235\,251.5$（元）

（2）新设备的现金流量。

初始投资：110 000 元

即 $NCF_0 = 110\,000$ 元

经营过程现金净流出量：

付现成本 $50\,000 \times (1 - 25\%) = 37\,500$（元）

折旧抵税 $20\,000 \times 25\% = 5\,000$（元）

$NCF_{1-5} = 37\,500 - 5\,000 = 32\,500$（元）

终结现金净流量：

$NCF_5 = -10\,000$ 元

新设备总费用现值 $= 110\,000 + 32\,500 \times (P/A, 15\%, 5) - 10\,000 \times (P/F, 15\%, 5)$

$= 218\,946.5 - 4\,973 = 213\,974.5$（元）

计算结果表明，用新设备取代旧设备，可节约费用现值 21 277 元（235 251.5 - 213 974.5）。因此，可进行更新。

8.1.2 项目寿命期不等的投资决策

1. 年均费用法

由于旧设备尚可使用年限与新设备寿命往往是不同的，使之难以通过两个方案的总成本进行比较来判别他们的优劣，因此，在收入不发生变化的情况下，新旧设备在比较时也采用年均费用法。

平均年费用 = 未来现金流出的总现值 ÷ 年金现值系数

【例 8-3】某企业有一旧设备打算进行更新，假设该企业所得税为 0，即不考虑税收效应，资本成本率为 15%，其他有关数据如表 8-1 所示。

表 8-1

项目	旧设备	新设备
原值（千元）	2 200	2 400
预计使用年限（年）	6	10
已经使用年限（年）	4	0
最终残值（千元）	200	300
变现价值（千元）	600	2 400
年运行成本（千元）	700	400

要求：作出是否更新的决策。

解：根据平均年费用＝未来现金流出的总现值÷年金现值系数，分别计算新旧设备的平均年费用。

$$旧设备平均年费用 = \frac{600 + 700 \times (P/A, 15\%, 6) - 200 \times (P/F, 15\%, 6)}{(P/A, 15\%, 6)}$$

$$= \frac{600 + 700 \times 3.784 - 200 \times 0.432}{3.784} = 836（千元）$$

$$新设备平均年费用 = \frac{2\,400 + 400 \times (P/A, 15\%, 10) - 300 \times (P/F, 15\%, 10)}{(P/A, 15\%, 10)}$$

$$= \frac{2\,400 + 400 \times 5.019 - 300 \times 0.247}{5.019} = 863（千元）$$

通过计算，旧设备年平均费用低于新设备，因此不宜进行更新。

延伸思考

根据案例资料请说明年均费用法除上述方法外还有其他计算方法吗？请结合时间价值的计算方法说明。

2. 最小公倍寿命法和年均净现值法

大部分投资项目决策都会涉及两个或两个以上的寿命不同的投资项目的选择问题。由于项目的寿命不同，就不能对它们的净现值、内部报酬率和获利指数进行直接比较。为了使指标的对比更加合理，必须考虑对相同年度内的两个项目的净现值进行比较，或是对两个项目的年均净现值进行比较，这便出现了进行合理比较的两种基本方法——最小公倍寿命法和年均净现值法。

【例 8-4】公司要在两个投资项目中选取一个。半自动化的 A 项目需要 160 000 元的初始投资，每年产生 80 000 元的净现金流量，项目的使用寿命为 3 年，3 年后必须更新且无残值；全自动化的 B 项目需要初始投资 210 000 元，使用寿命为 6 年，每年产生 64 000 元的净现金流量,6 年后必须更新且无残值。企业的资本成本为 16%,那么,公司应选择哪个项目呢?

(1) 最小公倍寿命法。最小公倍寿命法就是求出两个项目使用年限的最小公倍数。对于上述的案例中公司的 A 项目和 B 项目来说,它们的最小公倍寿命为 6 年。对于 B 项目就是本身就必须按 6 年计算其净现值;而 A 项目需要假设在项目到期之前还要进行一次投资,将两次投资的现金流量进行合计计算净现值。

根据〖例 8-4〗资料进行计算分析。

①计算 A 项目的 NPV。首先编制 A 项目的现金流量表,见表 8-2。

表 8-2　　　　　　　　　投资项目 A 的现金流量表　　　　　　　　单位:元

项目	第 0 年	第 1 年	第 2 年	第 3 年	第 4 年	第 5 年	第 6 年
第 0 年投资的现金流量	-160 000	80 000	80 000	80 000			
第 3 年投资的现金流量				-160 000	80 000	80 000	80 000
两次投资合并的现金流量	-160 000	80 000	80 000	-80 000	80 000	80 000	80 000

其次计算 A 项目的 NPV:

$NPV_A = 80\ 000 \times (P/A, 16\%, 3) - 160\ 000 + [80\ 000 \times (P/A, 16\%, 3) - 160\ 000] \times (P/F, 16\%, 3)$

$= 19\ 680 + 19\ 680 \times (P/F, 16\%, 3)$

$= 32\ 288$(元)

②计算 B 项目的 NPV。

$NPV_B = 64\ 000 \times (P/A, 16\%, 6) - 210\ 000$

$= 64\ 000 \times 3.685 - 21\ 000 = 25\ 840$(元)

通过比较 A 项目的净现值大于 B 项目的净现值,因此,应选择半自动化的项目 A。

(2) 年均净现值法。年均净现值法是把项目的净现值转化为项目每年的平均净现值。

它的计算公式是:

$ANPV = NPV \div (P/A, i, n)$

式中:ANPV 表示年均净现值,NPV 表示净现值,(P/A, i, n) 表示年金现值系数。

仍以〖例 8-4〗为例进行计算:

A 项目:

$ANPV_A = 19\ 680 \div (P/A, 16\%, 3)$

$= 19\ 680 \div 2.246 = 8\ 762.24$(元)

B 项目：

$\text{ANPV}_B = 25\,840 \div (P/A, 16\%, 6)$
$= 25\,840 \div 3.685 = 7\,012.21$（元）

从计算结果可见，A 项目优于 B 项目，其结论与最小公倍寿命法一致。

8.2 资本限量的投资决策

资本限量的意思是由于没有足够的资金，公司不能投资于所有可接受的项目。也就是说，有很多获利项目可供投资，但企业可筹集到的资金有一定的限度。这种情况在许多公司都存在。尤其在以内部融资为经营策略或外部融资受到限制的企业经常发生。

资本限量的决策评价方法通常主要结合获利指数和净现值进行分析。

8.2.1 使用获利指数法

其步骤：

（1）计算所有项目的获利指数，不能略掉任何项目，并要列出每一个项目的初始投资。

（2）接受 PI≥1 的项目，如果所有可接受的项目都有足够的资金，则说明资本没有限量，这一过程即可完成。

（3）如果资金不能满足所有 PI≥1 的项目，那么就要对第二步进行修正，这一修正的过程是：对所有项目在资本限量内进行各种可能的组合，然后计算出各种组合的加权平均获利指数。

（4）接受加权平均获利指数最大的组合。

8.2.2 使用净现值法

其步骤：

（1）计算所有项目的净现值，并列出每一个项目的初始投资。

（2）接受 NPV≥0 的项目，如果所有可接受的项目都有足够的资金，则说明资本没有限量，这一过程即可完成。

（3）如果资金不能满足所有 NPV≥0 的项目，那么就要对第二步进行修正，这一修正的过程是：对所有项目在资本限量内进行各种可能的组合，然后计算出各种组合的净现值总额。

(4) 接受净现值总额最大的组合。

【例 8-5】 某公司准备投资的 5 个项目的资料见表 8-3。

表 8-3　　　　该公司五个项目的初始投资、净现值和获利指数

投资项目	初始投资（元）	PI	NPV（元）
A_1	120 000	1.56	67 000
B_1	150 000	1.53	79 500
B_2	300 000	1.37	111 000
C_1	125 000	1.17	21 000
C_2	100 000	1.18	18 000

假如 C_1、C_2 是互斥项目，若该企业的资本限量为 400 000 元，请问怎样组合使企业资本的效益最大？

解：为了选出最优的项目，必须列出资本限量内所有可能的项目组合。为此，可以通过列表来计算所有可能的项目组合的加权平均获利指数和净现值合计数。选出最大加权平均获利指数或净现值合计数的项目组合（见表 8-4）。

表 8-4　　　　项目组合的加权平均获利指数和净现值合计数

项目组合	初始投资（元）	加权平均获利指数	净现值合计（元）
$A_1 B_1 C_1$	395 000	1.420	167 500
$A_1 B_1 C_2$	370 000	1.412	164 500
$A_1 B_1$	270 000	1.367	146 500
$A_1 C_1$	245 000	1.221	88 000
$A_1 C_2$	220 000	1.213	85 000
$B_1 C_1$	275 000	1.252	100 500
$B_1 C_2$	250 000	1.244	97 500
$B_2 C_2$	400 000	1.222	129 000

在计算项目组合 $A_1 B_1 C_1$ 中，有 5 000 元资金没有用完，假设公司将这 5 000 元投资于有价证券，获利指数为 1，以下同，计算过程是：

加权平均获利指数 = (120 000 ÷ 400 000) × 1.56 + (150 000 ÷ 400 000) × 1.53 + (125 000 ÷ 400 000) × 1.17 + (5 000 ÷ 400 000) × 1.00 = 1.420

其他加权平均获利指数的计算方法与此相同。

从表 8-4 可以看出，公司应选 $A_1 B_1 C_1$ 项目组合。其加权平均获利指数和净现值合计在各项组合中最大。

8.3 风险性投资项目决策分析

长期投资决策涉及的时间较长,因而,对未来收益和成本都很难进行准确预测,或者说,具有不同程度的不确定性或风险性。为了分层次地研究问题,在前面几节的讨论中,我们避开了风险问题,将收益、折现率等都假设为确定的情况下进行的分析。也就是说,按确定性投资决策问题进行的讨论。但是,风险是客观存在的,因此,本节将讨论风险性投资决策问题。

8.3.1 风险调整贴现率法

将与特定投资项目有关的风险报酬,加入到资本成本或公司要求达到的报酬率中,构成按风险调整的贴现率,并据此进行投资决策分析的方法,称为按风险调整贴现率法。风险调整贴现率法的基本思想是:对高风险的项目,采用较高的贴现率去计算净现值,然后根据净现值法的规则来选择方案。按风险调整贴现率有如下几种方法。

1. 用风险报酬模型来调整贴现率

一项投资的总报酬可分为两个部分:无风险报酬率和风险报酬率。其计算公式为:

$$K = R_F + bV$$

因此,特定项目 i 按风险调整的贴现率可按下式计算:

$$K_i = R_F + b_i V_i$$

式中,K_i 表示项目按风险调整的贴现率,R_F 表示无风险贴现率,b_i 表示项目 i 的风险报酬系数,V_i 表示项目 i 的预期标准离差率。

按风险调整贴现率以后具体的评价方法与无风险时基本相同。这种方法把时间价值和风险价值混在一起,人为地假定风险一年比一年大,有时与实际情况不符。

2. 按投资项目的风险等级来调整贴现率

这种方法是对影响投资项目风险的各因素进行评分,根据评分来确定风险等级,并根据风险等级来调整贴现率的一种方法。可通过表 8 – 5 来加以说明。

表 8-5　　　　　　　　　　　按风险等级调整的贴现率表

相关因素	投资项目的风险状况及得分									
	A		B		C		D		E	
	状况	得分	状况	得分	状况	得分	状况	得分	状况	得分
市场竞争	无	1	较弱	3	一般	5	较强	7	很强	9
战略协调	很好	1	较好	3	一般	5	较差	7	很差	9
投资回收期	1 年	1	1.5 年	4	2.5 年	7	3 年	9	4 年	12
资源供应	很好	1	较好	4	一般	7	较差	9	很差	15
总分		4		14		24		32		45

总分	风险等级	调整后的折现率
0~8	较低	7%
8~16	较低	8%
16~24	一般	10%
24~32	较高	12%
32~40	很高	15%
40 以上	最高	20% 以上

在表 8-5 中，状态 A 的风险等级较低，其风险调整折现率为 7%，相应地，状态 B 为 8%，状态 C 为 12%，状态 D 为 15%，状态 E 为 20%。上表中的分数、风险等级、折现率等都是由企业管理人员根据以往积累的经验来估计的。具体的评价工作可以由生产、销售、财务、技术等部门组成专家小组来进行。相关的因素当然不限于以上几个，应当根据企业的实际情况而定，所面临风险的状态也可能会更多。

3. 用资本资产定价模型来调整贴现率

在资本资产定价模型的研究中，将证券的风险分为两个部分：可分散风险和不可分散风险。不可分散风险是由 β 值来测量的，而可分散风险，属于公司特别风险，可以通过合理的证券组合来消除。

在进行项目投资的资本预算时，我们可以引入与证券总风险模型大致相同的模型——企业总风险模型：

$$总资产风险 = 不可分散风险 + 可分散风险$$

可分散风险可通过企业的多元化经营而消除，那么，在进行投资时，值得注意的风险只是不可分散风险。

这时，特定投资项目按风险调整的贴现率可按下式来计算：

$$K_j = R_F + \beta_j \times (R_m - R_F)$$

式中，K_j 表示项目按风险调整的贴现率或项目的必要报酬率，R_F 表示无风险贴现率，β_j 表示项目 j 的不可分散风险的 β 系数，R_m 表示所有项目平均的贴现率或必要报酬率。

以上方法，对风险大的项目采用较高的贴现率，对于风险小的项目采用较低的贴现率，简单方便，便于理解，因此，在实践中广泛采用。

【例 8-6】当前的无风险报酬率为 4%，市场平均报酬率为 12%，A 项目的 β 值为 1.5，B 项目的 β 值为 0.75。

A 项目的风险调整贴现率 = 4% + 1.5 × (12% - 4%) = 16%

B 项目的风险调整贴现率 = 4% + 0.75 × (12% - 4%) = 10%

其他的有关数据如表 8-6、表 8-7 所示。

表 8-6　　　　　　　　　　　　A 项目计算表

项目	现金流量	现值系数（4%）	未调整现值	现值系数（16%）	调整后现值
第 0 年	-40 000	1.0000	-40 000	1.0000	-40 000
第 1 年	13 000	0.9615	12 500	0.8621	11 207
第 2 年	13 000	0.9246	12 020	0.7432	9 662
第 3 年	13 000	0.8890	11 557	0.6407	8 329
第 4 年	13 000	0.8548	11 112	0.5523	7 180
第 5 年	13 000	0.8219	10 685	0.4762	6 191
净现值			17 874		2 569

表 8-7　　　　　　　　　　　　B 项目计算表

项目	现金流量	现值系数（4%）	未调整现值	现值系数（10%）	调整后现值
第 0 年	-47 000	1.0000	-47 000	1.0000	-47 000
第 1 年	14 000	0.9615	13 461	0.9091	12 727
第 2 年	14 000	0.9246	12 944	0.8264	11 570
第 3 年	14 000	0.8890	12 446	0.7513	10 518
第 4 年	14 000	0.8548	11 967	0.6830	9 562
第 5 年	14 000	0.8219	11 507	0.6209	8 693
净现值			15 325		6 070

如果不进行贴现率调整，两个项目差不多，A 项目比较好；调整后，两个项目有明显的差别，B 项目要好得多。

8.3.2 按风险调整现金流量法

风险的存在，使各年的现金流量变得不确定，为此，就需要按风险情况对各年的现金流量进行调整。这种先按风险调整现金流量，然后进行长期投资决策的评价方法，叫作按风险调整现金流量法。其具体调整办法有很多，这里仅介绍确定当量法。

确定当量法就是把不确定的各年现金流量，按照一定的系数（通常称为约当系数）折算为大约相当于确定的现金流量的数量，然后，利用无风险贴现率来评价风险投资项目的决策分析方法。

约当系数是肯定的现金流量对与之相当的、不肯定的期望现金流量的比值，通常用 d 来表示，即：

$$d = 肯定的现金流量 \div 不肯定现金流量期望值$$

在进行评价时，可根据各年现金流量风险的大小，选取不同的约当系数，当现金流量为确定时，可取 $d=1.00$；当现金流量的风险很小时，可取 $1.00 > d \geq 0.8$；当现金流量的风险一般时，可取 $0.8 > d \geq 0.4$；当现金流量风险很大时，可取 $0.4 > d \geq 0$。

约当系数的选取，可能会因人而异，敢于冒风险的分析者会选用较高的约当系数，而不愿冒险的投资者可能选用较低的约当系数。为了防止决策者的偏好不同而造成决策失误，有些企业根据标准离差率来确定约当系数。因为标准离差率是衡量风险大小的一个很好的指标，因而，用它来确定约当系数是合理的。标准离差率与约当系数的经验对照关系如表 8-8 所示。

表 8-8　　　　　　　　　标准离差率与约当系数的经验对照表

标准离差率	约当系数
0.01 ~ 0.07	1
0.08 ~ 0.15	0.9
0.16 ~ 0.23	0.8
0.24 ~ 0.32	0.7
0.33 ~ 0.42	0.6
0.43 ~ 0.54	0.5
0.55 ~ 0.70	0.4
…	…

有些时候，也可以对不同的分析人员各自给出的约当系数进行加权平均，用这个加权平均约当系数对未来不确定的现金流量进行折算。在约当系数确定后，决策分析就比较容易了。

【例8-7】当前无风险报酬率为4%，公司有两个投资机会，有关资料如表8-9、表8-10所示。

表8-9　　　　　　　　　　　　A项目

项目	现金流量	约当系数	肯定现金流入量	现值系数（4%）	未调整现值	调整后现值
第0年	-40 000	1	-40 000	1.0000	-40 000	-40 000
第1年	13 000	0.9	11 700	0.9615	12 500	11 250
第2年	13 000	0.8	10 400	0.9246	12 020	9 616
第3年	13 000	0.7	9 100	0.8890	11 557	8 090
第4年	13 000	0.6	7 800	0.8548	11 112	6 667
第5年	13 000	0.5	6 500	0.8219	10 685	5 342
净现值					17 874	965

表8-10　　　　　　　　　　　　B项目

项目	现金流量	约当系数	肯定现金流入量	现值系数（4%）	未调整现值	调整后现值
第0年	-47 000	1	-47 000	1.0000	-47 000	-47 000
第1年	14 000	0.9	12 600	0.9615	13 461	12 115
第2年	14 000	0.8	11 200	0.9246	12 944	10 356
第3年	14 000	0.8	11 200	0.8890	12 446	9 957
第4年	14 000	0.7	9 800	0.8548	11 967	8 377
第5年	14 000	0.7	9 800	0.8219	11 507	8 055
净现值					15 325	1 860

通过计算对比，未调整前A项目净现值较大，调整后，B项目净现值较大。不进行调整，就可能导致错误的判断。

调整现金流量法在理论上受到好评。该方法对时间价值和风险价值分别进行调整，先调整风险，然后把肯定现金流量用无风险报酬率进行折现。对不同年份的现金流量，可以根据风险的差别使用不同的约当系数进行调整。

风险调整折现率法在理论上受到批评，因其用单一的折现率同时完成风险调整和时间调整。这种做法意味着风险随时间推移而加大，可能与事实不符，夸大了远期现金流量的风险。

从实务上看，经常应用风险调整贴现率法，主要原因是风险调整贴现率比约当系数容易估计。此外，大部分财务决策都使用报酬率来决策，调整折现率更符合人们的习惯。

8.4 实物期权在项目投资中的应用

实物期权的兴起源于学术界和实务界对传统投资评价的净现值技术的质疑。传统的净现值法（NPV），尤其是将期望现金流量按照风险调整折现率贴现的净现值法应用最为广泛。迈尔斯（Myers，1977）首先指出，当投资对象是高度不确定的项目时，传统净现值理论低估了实际投资。迈尔斯认为不确定下的组织资源投资可以运用金融期权的定价技术。组织资源投资虽然不存在正式的期权合约，但高度不确定下的实物资源投资仍然拥有类似金融期权的特性，这使得金融期权定价技术可能被应用到这个领域。

迈尔斯认为，企业面对不确定作出的初始资源投资不仅给企业直接带来现金流，而且赋予企业对有价值的"增长机会"进一步投资的权利。因为初始投资带来的增长机会是不确定的，传统净现值理论在计算投资价值时忽略了这部分价值。科格特和库拉蒂拉卡（Kogut & Kulatilaka，1994）认为企业已经发展出成熟的短期绩效评价工具，如果企业着眼于长期盈利机会，就需要进行平台投资。平台投资可以理解为目前实施部分投资以获得在未来进一步投资的选择权，等待时机成熟时进行全面投资。科格特和库拉蒂拉卡认为期权定价技术可用于量化此类投资。

不确定条件下的初始投资可以视同购买了一个看涨期权，期权拥有者因此拥有了等待未来增长机会的权利。这样，企业就可以在控制下界风险的前提下，利用不确定获得上界收益。如果"增长机会"没有出现，企业的下界风险仅为初始投资，这部分可以视为沉没成本，可以视为期权的购买成本；如果"增长机会"来临，企业进一步投资，新的投资可以视为期权的执行，期权的执行价格就是企业进一步投资的金额。这样，企业内存在两种不同资产：一是实物资产，其市场价值独立于企业投资战略；二是实物期权，实物期权指在合适时机购买实物资产的机会。迈尔斯明确指出实物期权的价值是基于实物资产的，就像股票期权是基于标的股票一样。

8.4.1 实物期权的基本思想

从直观上看，一个不可逆的投资机会类似于金融看涨期权。一个典型的金融看涨期权赋予期权投资者在特定的时间期间，按照特定价格获得一定数量金融资产的权利。从实物期权的视角审视某投资行为（假定该投资完全不可逆，项目价值来自它产生的现金流的净现值），根据投资目的的不同可能存在两种理解：第一，该投资行为可以视为是期权的购买：如果该投资是通过支付沉没成本获得进一步购买具有波动价值资产的权利，我们可将该投资引起的沉没成本视为期权费用。第二，该投资行为可以视为期权的执行：如果该投资发生以前已经存在初始投资，投资者现在的投资可以视为以预先设定的执行价格购买了一种价值波动的资产，这应该理解为期权的执行。实物期权理论的突破点在于它建立了不确定性能创造价值的信念。

8.4.2 实物期权的类型及价值计算

实物期权在现实生活中可能以多种不同的形式出现。根据实物期权所带来的不同经营灵活性，可以分为推迟期权、放弃期权、规模期权（扩大或缩小规模期权）、悬置期权、分段期权、变换期权、成长期权和组合期权，等等。实物期权隐含在投资项目中，一个重要的问题是将其识别出来。并不是所有的项目都含有值得重视的期权，有的项目期权价值很小，有的项目期权价值很大。这主要看项目不确定性的大小，不确定性越大则期权价值越大。本节中的实物期权主要介绍两种：扩张期权、时机选择期权。

1. 扩张期权

扩张期权是当前的投资为下一步投资创造了选择的机会。公司的扩张期权包括许多具体类型：如采矿公司投资于采矿权益获得开发或者不开发的选择权，尽管目前它还不值得开采，但是产品价格升高后它却可以大量盈利；又如，房地产商要投资于土地，经常是建立土地的储备，以后根据市场状况决定新项目的规模。如果他们今天不投资，就会失去未来扩张的选择权。

【例8-8】A公司是一个颇具实力的计算机硬件制造商。21世纪初公司管理层估计微型移动存储设备可能有巨大发展，计划引进新型优盘的生产技术。

考虑到市场的成长需要一定时间，该项目分两期进行。第一期2021年投产，生产能力为100万只，第二期2024年投产，生产能力为200万只。但是，计算结果没有达到公司20%的既定最低报酬率，其净现值分别为-39.87万元和-118.09万元（见表8-11、表8-12）。

表8-11　　　　　　　　　优盘项目第一期计划　　　　　　　　金额单位：万元

项目	2020年	2021年	2022年	2023年	2024年	2025年
税后经营现金流量		200	300	400	400	400
折现率（20%）		0.8333	0.6944	0.5787	0.4823	0.4019
各年经营现金流量现值		166.67	208.33	231.48	192.90	160.75

续表

项目	2020 年	2021 年	2022 年	2023 年	2024 年	2025 年
经营现金流量现值合计	960.13					
投资	1 000					
净现值	-39.87					

表 8-12　　　　　　　　　　　　　优盘项目第二期计划　　　　　　　　　　金额单位：万元

项目	2020 年	2023 年	2024 年	2025 年	2026 年	2027 年	2028 年
税后经营现金流量			800	800	800	800	800
折现率（20%）			0.8333	0.6944	0.5787	0.4823	0.4019
各年经营现金流量现值			666.64	555.52	462.96	385.84	321.52
经营现金流量现值合计	1 384.54	2 392.48					
投资（10%）	1 502.63	2 000					
净现值	-118.09						

这两个方案采用传统的折现率现金流量法，即没有考虑期权。实际上，可以在第一期项目投产后，根据市场发展的状况再决定是否上马第二期项目。

计算实物期权价值的有关数据如下：

(1) 假设第二期项目的决策必须在2023年底决定，即这是一项到期时间为3年的期权。

(2) 第二期项目的投资额为2 000万元（2023年底的数额），为第一期项目的2倍，如果折算（以10%作为折现率）到2020年为1 502.63万元。它是期权的执行价格。

(3) 预计未来经营现金流量的现值2 392.48万元（2023年底数额），折算到2020年底为1 384.54万元。这是期权标的资产的当前价格。

(4) 如果经营现金流量超过投资，就选择执行（实施第二期项目计划）；如果投资超过现金流量流入，就选择放弃。因此，这是一个看涨期权问题。

(5) 计算机行业风险很大，未来现金流量不确定，可比公司的股票价格标准差为35%，可以作为项目现金流量的标准差。

(6) 无风险的报酬率为10%。

采用布莱克—斯科尔期权定价模型，计算结果如下：

$$d_1 = \frac{\ln[S_0/PV(X)]}{\sigma\sqrt{t}} + \frac{\sigma\sqrt{t}}{2}$$

$$= \frac{\ln(1\ 384.54 \div 1\ 502.63)}{0.35 \times \sqrt{3}} + \frac{0.35 \times \sqrt{3}}{2}$$

$$= \frac{\ln 0.9214}{0.6062} + \frac{0.6062}{2}$$

$$= \frac{-0.0818}{0.6062} + 0.3031$$

$$= -0.1349 + 0.3031 = 0.1682$$

$$d_2 = d_1 - \sigma \times \sqrt{3}$$

$$= 0.1682 - 0.6062$$

$$= -0.438$$

查正态分布表下累计概率[N(d)]表,当 d 为 0.16 时,其概率为 0.5636,当 d 为 0.17 时,其概率为 0.5675;当 d 为 0.1682 时:

$$N(d_1) = 0.5636 + \frac{0.1682 - 0.16}{0.17 - 0.16} \times (0.5675 - 0.5636) = 0.5667$$

查正态分布表下累计概率[N(d)]表,当 d 为 0.43 时,其概率为 0.6664,当 d 为 0.44 时,其概率为 0.6700;当 d 为 0.438 时:

$$N(0.438) = 0.6664 + \frac{0.438 - 0.43}{0.44 - 0.43} \times (0.6700 - 0.6664) = 0.66928$$

$$N(d_2) = N(-0.438) = 1 - 0.66928 = 0.33072$$

$$C = S_0 N(d_1) - PV(X) N(d_2)$$

$$= 1\,384.54 \times 0.5667 - 1\,502.63 \times 0.3307$$

$$= 784.62 - 496.91$$

$$= 287.71（万元）$$

计算时应注意的问题:

(1) 第一期项目不考虑期权的价值是其"NPV 净现值",它可以视为取得第二期开发选择权的成本。投资第一期项目使得公司有了是否开发第二期项目的扩张期权,该扩张期权的价值为 C(可用布莱克—斯科尔斯期权定价模型确定)。考虑期权的第一期项目净现值为 C + NPV。

(2) 因为项目的风险很大,计算净现值时经营现金流量使用考虑风险调整后的折现率作为折现率。第二期投资折现到零时点,使用无风险利率作折现率。

(3) 根据 d 求 N(d) 的数值时,可以查正态分布曲线面积表。由于表格的数据是不连续的,有时需要使用插补法计算更准确的数值。当 d 为负值时,对应的 N(d) = 1 - N(-d)。

上述计算结果说明:

(1) 第一期项目不考虑期权的价值是 -39.87 万元,它可以视为取得第二期开发选择权的成本。投资第一期项目使得公司有了是否开发第二期项目扩张期权,该扩张期权的价值是 287.71 万元。考虑期权的第一期项目净现值为 247.84 万元

(287.71 – 39.87)。因此投资第一期项目是有利的。

(2) 因为项目的风险很大，计算净现值时经营现金流量使用20%作为折现率。第二期投资2 000万元折现到零时点，使用10%作折现率，是因为它是确定的现金流量，在2021~2023年中并未投入风险项目。

(3) 根据d求N(d)的数值时，可以查正态分布下的累积概率[N(d)]。由于表格数据是不连续的，则采用插补法计算更准确的数值。

2. 时机选择期权

从时间选择来看，任何投资项目都具有期权的性质。

如果一个项目在时间上不能延迟，只能立即投资或者永远放弃，那么它就是马上到期的看涨期权。项目的投资成本是期权执行价格，项目的未来现金流量的现值是期权标的资产的现行价格。如果该现值大于投资成本，看涨期权的收益就是想买的净现值。如果该现值小于投资成本，看涨期权不被执行，公司放弃该项投资。

如果一个项目在时间上可以延迟，那么它就是未到期的看涨期权。项目具有正的净现值，并不意味着立即开始（执行）总是最佳的，也许等一等更好。对于前景不明朗的项目，值得观望，看一看未来是更好，还是更差。

下面我们通过一个例子来说明时机选择期权的分析方法。

【例8-9】DEF公司投产一个新产品，预计投资需要1 000万元，每年现金流量为105万元（税后、可持续），项目的资本成本为10%（无风险利率为5%，风险补偿率为5%）。

净现值 = 105/10% – 1 000 = 50（万元）

每年的现金流量105万元是平均的预期，并不确定。假设1年后可以判断出市场对产品的需求：如果新产品受顾客欢迎，预计现金流量为131.25万元；如果不受欢迎，预计现金流量为84万元。由于未来现金流量有不确定性，应当考虑期权的影响。

利用二叉树方法进行分析的主要步骤如下：

(1) 构造现金流量和项目价值二叉树。

项目价值 = 永续现金流量÷折现率

上行项目价值 = 131.25÷10% = 1 312.5（万元）

下行项目价值 = 84÷10% = 840（万元）

(2) 期权价值二叉树。

①确定1年末期权价值：

现金流量上行时期权价值 = 项目价值 – 执行价格 = 1 312.5 – 1 000 = 312.5（万元）

现金流量下行时项目价值为840万元，低于投资额1 000万元，应当放弃，期权价值为零。

②根据风险中性原理计算上行概率：

报酬率＝（本年现金流量＋期末价值）÷年初投资－1

上行报酬率＝（131.25＋1 312.5）÷1 000－1＝44.38%

下行报酬率＝（84＋840）÷1 000－1＝－7.6%

无风险利率＝5%＝上行概率×44.38%＋（1－上行概率）×（－7.6%）

上行概率＝0.2424

③计算期权价值：

期权到期日价值＝0.2424×312.5＋（1－0.2424）×0＝75.75（万元）

期权现值＝75.75÷1.05≈72.14（万元）

以上计算结果，用二叉树表示如表8－13所示。

表8－13　　　　　　　投资成本为1 000万元的期权价值　　　　　　单位：万元

项目	第0年	第1年
现金流量二叉树	105	131.25
		84
项目价值二叉树	1 050	1 312.5
		840
期权价值二叉树	72.14	312.5
		0

④判断是否应延迟投资：如果立即进行该项目，可以得到净现值50万元，相当于立即执行期权；如果等待，期权的价值为72.14万元，大于立即执行的收益（50万元），因此应当等待。

也可以这样理解：等待将失去50万元，但却持有了价值为72.14万元的选择权，因此等待是明智的。

但等待不一定总是有利的。

【例8－10】如果本项目的投资成本为950万元，情况应会发生变化。期权的价值为48.82万元（如表8－14所示），而立即执行的价值为100万元，这种情况下就应立即进行该项目，无须等待。

期权价值＝（362.5×0.1414＋0×0.8586）÷1.05＝48.82（万元）

表8－14　　　　　　　投资成本为950万元的期权价值　　　　　　金额单位：万元

项目	第0年	第1年	备注
现金流量二叉树	105	131.25	
		84	

续表

项目	第0年	第1年	备注
项目价值二叉树	1 050	1 312.5	
		840	
净现值二叉树	100	362.5	
		－110	
投资报酬率		51.9737%	＝(131.25＋1 312.5)/950－1
		－2.7368%	＝(84＋840)/950－1
无风险利率		5%	
上行概率		0.1414	＝(5%＋2.7368%)/(51.9737%＋2.7368%)
下行概率		0.8586	＝1－上行概率
期权价值二叉树	48.82	362.5	
		0	

📰 小资料

实物期权在项目投资中的运用主要体现在三个方面。

(1) 实物期权是或有决策，可以用来设计和管理项目投资。

不同项目中蕴含的不确定性和选择权是不同的，企业要根据项目的特性判断和挖掘项目中包含的不同期权，重新设计和管理好项目投资。在不确定条件下，对项目进行的初始投资可以视为购入了一项看涨期权，拥有了等待未来增长机会的权利，企业可以在控制损失的同时，利用未来的不确定性获取收益。伴随着初始投资而来的不仅是前期投入产生的现金流，还有一个继续选择的权利。当未来的增长机会来临时，可以进一步投资，且新的投资可以视为期权的执行，执行价格为新投资的金额。当增长机会没有出现时，决策者可以不执行这个看涨期权——不投资于此项目，企业的损失仅为初始投资。但若项目中隐含着延期期权，那么投资者可以选择暂缓投资，等待市场利好消息的出现。例如，投资一些不可收回且投资大的项目时，一旦投入运行，再收回投资会造成很大的损失，则可以采用推迟项目投资的方法。又若项目中隐含着转换期权，则企业可以在多种决策中进行转换。例如，企业在项目设计时可以考虑多种方案，当某一方案在未来发生变化时，企业具有灵活选择的权利。

总的来说，企业在进行决策时，不能仅考虑项目的净现值，也要考虑投资期权的价值，因此，需要对NPV进行修正。特里杰奥吉斯（Trigeorgis，1996）将修正后的NPV定义为战略NPV，等于项目的NPV加上该项目所包含的实物期权的价值。

当进行项目投资评估时，战略 NPV > 0，则进行投资。

（2）投资者具有管理柔性，可以通过构造实物期权提高柔性价值。

管理柔性价值的存在改变了净现值的概率分布对称性，增加了投资获利的概率，减少了损失的可能，从而扩大了投资机会的实际价值。在应用实物期权时，管理柔性所具有的价值受到诸多价值杠杆的影响，如项目的到期日、预期现金流量的现值、未来现金流的不确定性、延迟投资的收益等。因此，投资者可以凭借对这些价值杠杆的管理来提高投资项目的价值。

首先，企业可以增加预期现金流量的不确定性。未来现金流较大的波动性并不意味着更大的损失，因为实物期权理论是在项目投资的不可逆转性、不确定性及投资时机选择的相互作用下处理不确定性的。或有决策的制定会限制不利后果造成的损失——最多仅为初始投资，同时，期权的特性使得投资者能获得有利变动。因此，较大的不确定性能够增加投资项目的价值。

其次，企业可以推迟投资决策的时间。实物期权理论认为投资虽然具有不可逆性，却可延迟。项目的许多不确定性会随着时间的推进而消除，不同的投资时机有不同的信息支持，具有的风险和收益特征也不同。投资者可以充分利用这一点，有效地扩张项目的价值。

最后，可以减少实物期权的价值漏损。在金融期权中，人们往往把标的资产的红利称为价值漏损，红利的支付会减少看涨期权的价值，提高看跌期权的价值。而在实物期权中，阿姆拉姆和库拉蒂拉卡（Amram & Kulatilaka, 1999）将价值漏损表述为现金的支付、租金的收入、保险费用等多种形式的综合体。实物资产经常有价值的漏损，如实物期权实施日前发生自然增长的现金流，便利收益不确定的现金流等，导致在实物期权的存续期内，标的资产价值的变化会很大程度影响项目的价值。投资者可以充分地把握这点，调整定价模型，提升项目的价值。

（3）实物期权分析采用二叉树期权定价模型，可以针对所有类型的实物资产复杂的损益进行定价。

金融期权定价理论是建立在运用标的资产和无风险接待资产构建等价资产组合的前提之上的，主要有布莱克—斯科尔斯（Black-Scholes）定价模型和二叉树期权定价模型两类。实物期权定价理论则是在金融期权定价思想上发展形成的，由于实物资产的独特性和投资项目的复杂性，对实物期权的分析往往采用二叉树期权定价模型。相对于传统的 NPV 法而言，二者都是建立在对未来现金流估计的基础上，但实物期权的价格是根据动态复制的数学思想做出来的，不是主观确定的，更能够从实证来考察，更能解释实际的投资行为。具体来说，实物期权定价模型的优点在于：第一，可以应用于大多数实物期权定价中，避免了无法构造无风险资产组合的情况；第二，融入使用了金融市场的输入量和基本规则，不需要根据投资者个人的风险偏好对折现率进行修正;第三,具体列出了不确定性和或有决策的各种结果,同时保留了折扣现金流的形式,有更好的实用性。

实物期权是项目投资领域中的一次革命,它将金融期权理论有效地运用于项目投资及战略决策中,避免了 NPV 法在投资决策把握方面的缺陷,同时又考虑了投资者在投资过程中的能动作用。另外,实物期权认为不确定性产生期权,且不确定性越大,期权价值越大,从而更好地解释了经济主体的项目投资行为。总的来说,在不确定性项目投资决策中,实物期权是比较科学合理的方法。

【本章回顾】

1. 本章重点回顾

投资项目的决策实务是财务管理中的重要内容,如何进行分析,首先要预测和分析投资项目带来的现金流量,其次利用相应的分析指标和一定的分析方法进行分析决策。本章重点介绍了如下内容:

(1) 投资决策指标的应用。针对具体项目要合理选择评价指标并能灵活应用和转换指标。如在寿命期不等的固定资产更新决策时,采用年均费用法、最小公倍数法、年均净现值法,等等。本章主要介绍了互斥项目的投资决策和资本限量的投资决策方法,这些方法归根结底都是以净现值作为决策指标的。

(2) 风险性投资决策分析。风险是投资项目中客观存在且不容回避的,风险大的投资项目,投资者必然要求较高的投资回报率,或者与无风险收益相比,有风险的收益必然会降低收益的内含价值。因此,对有风险的投资项目的分析,我们介绍了风险调整贴现率法和按风险调整现金流量法,前者调整分母的贴现率,后者调整分子的收益。

(3) 实物期权分析突破了传统的净现值法(NPV)对实际投资价值分析的局限性。理论和实务工作者认为,企业面对不确定作出的初始资源投资不仅给企业直接带来现金流,而且赋予企业对有价值的"增长机会"进一步投资的权利。因为初始投资带来的增长机会是不确定的,传统净现值理论在计算投资价值时忽略了这部分价值。如果该投资发生以前已经存在初始投资,投资者现在的投资可以视为是以预先设定的执行价格购买了一种价值波动的资产,这应该理解为期权的执行。实物期权理论的突破点正是它建立了不确定性能创造价值的信念。实物期权价值的计算方法我们主要介绍了扩张期权价值和时机选择期权的价值。

2. 本章关键术语

增量收益分析法　总费用现值法　年均费用法　最小公倍寿命法　年均净现值法　风险调整贴现率法　风险调整现金流量法　实物期权

3. 本章知识图谱

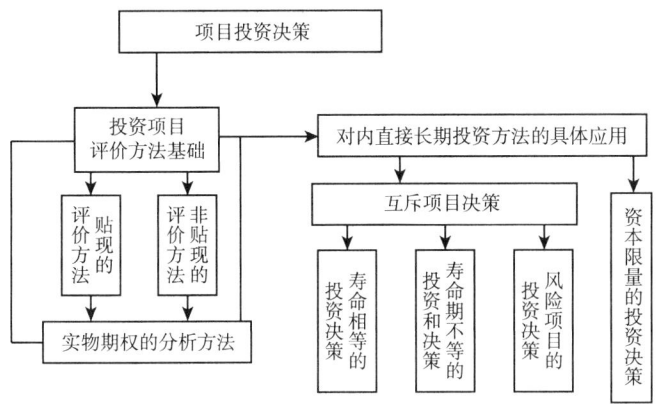

4. 财务总监分享管理实战故事（见本页二维码）

资本预算
实务案例
二维码链接
（素材8-1）

【理论自测】

一、单项选择题

1. 确定当量法的基本思路是先用一个系数把不确定的各年现金流量折算为大约相当于确定的现金流量，然后用（　　）去计算净现值。

A. 内部报酬率　　　　　　　　B. 资本成本率
C. 无风险的贴现率　　　　　　D. 有风险的贴现率

2. 某项目的β系数为1.5，无风险报酬率为10%，所有项目平均必要报酬率为14%，则该项目按风险调整的贴现率为（　　）。

A. 14%　　　　B. 15%　　　　C. 16%　　　　D. 18%

3. 某项目的风险报酬系数为1.2，预期的标准离差率为0.06，无风险报酬率为10%，则该项目按风险调整的贴现率为（　　）。

A. 14.8%　　　B. 16%　　　　C. 17.2%　　　D. 18%

4. 年回收额法，是指通过比较所有投资方案的年等额净现值指标的大小来选择最优方案的决策方法。在此法下，年等额净现值（　　）的方案为优。

A. 最小　　　　B. 最大　　　　C. 大于零　　　D. 等于零

5. 已知某投资项目的项目计算期是8年，资金于建设起点一次投入，当年完工并投产。经预计该项目包括建设期的静态投资回收期是2.5年，则按内部收益率确定的年金现值系数是（　　）。

A. 3.2　　　　B. 5.5　　　　C. 2.5　　　　D. 4

—— 281 ——

6. 差额内部收益率与内部收益率的区别在于差额内部收益率的计算依据是（　　）。

　　A. 现金流入量　　　　　　　　　　B. 现金流出量

　　C. 差量净现金流量　　　　　　　　D. 净现金流量

7. 对于多个互斥方案的比较和优选，采用年等额净回收额指标时（　　）。

　　A. 选择投资额较大的方案为最优方案

　　B. 选择投资额较小的方案为最优方案

　　C. 选择年等额净回收额最大的方案为最优方案

　　D. 选择年等额净回收额最小的方案为最优方案

8. 某投资项目投资总额为100万元，建设期为2年，投产后第1年至第8年每年现金净流量为25万元，第9年、第10年每年现金净流量均为20万元，项目的投资回收期为（　　）年。

　　A. 5　　　　　　B. 6　　　　　　C. 7　　　　　　D. 8

9. 项目投资方案可行的必要条件是（　　）。

　　A. 净现值大于或等于零　　　　　　B. 净现值大于零

　　C. 净现值小于零　　　　　　　　　D. 净现值等于零

10. 贴现评价指标的计算与贴现率的高低无关的是（　　）。

　　A. 净现值　　　B. 净现值率　　　C. 现值指数　　　D. 内含报酬率

11. 某投资项目的原始投资额为100万元，使用寿命为9年，已知项目投产后每年的经营净现金流量均为30万元，期满处置固定资产的残值收入为5万元，回收流动资金8万元，则该项目第9年的净现金流量为（　　）万元。

　　A. 30　　　　　B. 35　　　　　C. 43　　　　　D. 38

12. 某项目投资的原始投资额为100万元，建设期资本化利息为5万元，运营期年均税前利润为8万元，年均利息费用为2万元，则该项目的投资收益率为（　　）。

　　A. 9.52%　　　B. 10%　　　　C. 15%　　　　D. 5%

13. 下列关于实物期权的说法中，不正确的是（　　）。

　　A. 实物期权隐含在投资项目中，但并不是所有项目都含有值得重视的期权

　　B. 一般来说，当项目的不确定性较大时，进行项目决策就应该考虑期权价值的影响

　　C. 时机选择期权属于看涨期权

　　D. 放弃期权属于看涨期权，其标的资产价值是项目的继续经营价值，而执行价格是项目的投资成本

二、多项选择题

1. 下列表述中正确的有（　　）。
   A. 肯定当量法有夸大远期风险的特点
   B. 肯定当量法可以和净现值法结合使用，也可以和内部报酬率法结合使用
   C. 风险调整贴现率法把时间价值和风险价值混在一起，并据此对现金流量进行贴现
   D. 肯定当量法的主要困难是确定合理的当量系数
   E. 肯定当量法可以消除投资决策

2. 有两个投资方案，投资的时间和数额相同，甲方案从现在开始每年现金流入 4 000 元，连续 6 年；乙方案从现在开始每年现金流入 6 000 元，连续 4 年，假设它们的净现值相等且小于零，则（　　）。
   A. 乙方案优于甲方案   B. 甲方案优于乙方案
   C. 甲乙均是可行方案   D. 甲乙均不是可行方案
   E. 两个方案使用了不同的贴现率

3. 对于项目寿命不等的投资决策，可采纳的决策方法有（　　）。
   A. 最小公倍寿命法   B. 内部报酬率法
   C. 年均净现值法   D. 获利指数法
   E. 回收期法

4. 在扩张性长期投资决策中初始现金流量包括（　　）。
   A. 固定资产上的投资   B. 流动资产上的投资
   C. 原有固定资产的变价收入   D. 其他投资费用
   E. 营业费用

5. 下列关于约当系数的说法不正确的有（　　）。
   A. 约当系数是肯定的现金流量对与之相当的、不肯定的现金流量的比值
   B. 当风险一般时，可取 0.80＞d＞0.40
   C. 冒险型的分析家会选用较低的约当系数，保守型的分析家会选用较高的约当系数
   D. 标准离差率越高，则约当系数也越高
   E. 如何准确、合理地确定约定系数比较困难

6. 在单一方案决策过程中，与净现值评价结论可能发生矛盾的评价指标有（　　）。
   A. 净现值率   B. 投资利润率   C. 投资回收期   D. 内部收益率

7. 在建设期不为零的完整工业投资项目中，分次投入的垫支流动资金的实际投资时间可以发生在（　　）。
   A. 建设起点   B. 建设期末   C. 试产期内   D. 终结点

8. 关于项目投资，下列说法正确的有（　　）。

A. 投资内容独特，投资数额多，投资风险小

B. 是直接与新建项目或更新改造项目有关的长期投资行为

C. 发生频率低，变现能力差

D. 达产期指的是投产日至达产日的期间

三、判断题

1. 在有多个备选方案的互斥选择决策中，一定要选用净现值最大的方案。（　　）

2. 在互斥选择决策中，净现值法有时会作出错误的决策，而内部报酬率法则始终能得出正确的答案。（　　）

3. 某些自然资源的储量不多，由于不断开采，价格将随储量的下降而上升，因此，对这些自然资源越晚开发越好。（　　）

4. 对于寿命周期不相等的两个投资项目，也可以直接计算两个项目的净现值，并选择净现值最大的项目作为可行项目。（　　）

5. 风险调整贴现率法与肯定当量法的共同缺点，均对远期现金流量予以较大的调整，两者的区别在于前者调整净现值公式的分母，后者调整净现值公式的分子。（　　）

6. 在计算现金净流量时，无形资产摊销额的处理与折旧额相同。（　　）

7. 在不考虑所得税因素情况下，同一投资方案分别采用快速折旧法、直线法计提折旧不会影响各年的现金净流量。（　　）

8. 按照项目投资假设，项目投资中不需要考虑借款利息因素。（　　）

四、简答题

1. 项目寿命期相等和不等时投资决策的主要方法有哪些？
2. 资本限额的投资决策的主要方法有哪些？各决策的步骤是什么？
3. 风险调整贴现率法和风险调整现金流量法二者的区别是什么？其优点和缺点各是什么？
4. 什么是实物期权，与金融期权有何区别？
5. 什么是扩张期权，如何进行分析？
6. 什么是时机选择期权，如何进行分析？

【实务自测】

1. 你是 ABC 公司财务顾问。该公司正在考虑购买一套新的生产线，估计初始投资为 3 000 万元，预期每年可产生 500 万元的税前利润（按税法规定生产线应以 5

年期直线法折旧，净残值率为10%，会计政策与此相同），并已用净现值法评价方案可行。然而，董事会对该生产线能否使用5年展开了激烈的争论。董事长认为该生产线只能使用4年，总经理认为年使用5年，还有人说类似生产线使用6年也是常见的。假设所得税税率为25%，资本成本10%，无论何时报废净残值收入均为300万元。

请你就下列问题发表意见：

（1）该项目可行的最短使用寿命是多少年（假设使用年限与净现值呈线性关系，用插补法求解，计算结果保留小数点2位）？

（2）他们的争论是否有意义（是否影响该生产线的购置决策）？为什么？

2. 华东公司原有一台4年前购入的设备，购置成本100 000元，估计仍可使用6年，假定该设备已提折旧40 000元，税法规定期满的残值收入为6 000元，预计残值收入为0。使用该设备公司年销售收入为200 000元，每年的付现成本为150 000元。

现在该公司的技术部门了解到市面上出现了一种性能相同的新型设备，可提高产品的质量和产量，故提议更新设备。新设备的售价为220 000元，估计可使用6年，税法规定期满的残值收入为40 000元，预计残值收入为35 000元。若购入新设备，旧设备可折价30 000元出售，年销售收入提高至250 000元，每年还可节约付现成本10 000元。

固定资产按直线法计提折旧，若该公司要求的最低投资报酬率为12%，所得税税率为25%，请为该公司是否更新设备作出决策。

3. 企业有A、B、C、D、E五个投资项目，有关原始投资额、净现值和内部收益率指标如下。

项目	原始投资额（万元）	NPV（万元）	IRR（%）
A	300	120	18
B	200	40	21
C	200	100	40
D	100	22	19
E	100	30	35

要求：

（1）企业投资总额不受限制，应该如何安排投资方案？

（2）企业投资总额限制在200万元、300万元、400万元、500万元、600万元、700万元、800万元时，应该如何安排投资？

4. 某公司现有一个投资方案的有关资料如下。

T（年）	方案	
	现金流入（万元）	Pi
0	-4 000	1
1	3 000	0.25
	2 000	0.50
	1 000	0.25
2	4 000	0.20
	3 000	0.60
	2 000	0.20
3	2 500	0.30
	2 000	0.40
	1 500	0.30

假设变化系数与约当量系数的经验关系表仍与表8-8一致。

要求：

（1）采用约当系数调整各年的现金流量；

（2）根据调整后的无风险现金流量计算该方案的内含报酬率；

（3）假定无风险的最低报酬率为10%，判定该方案是否应采纳。

5. 某企业准备上一个新的生产项目，有两个方案可供选择。两个方案各年的现金流量及其概率如下。

年	A方案		B方案	
	现金流入（万元）	概率	现金流入（万元）	概率
0	-900	1	-1 000	1
1	500	0.1	500	0.2
	600	0.8	650	0.6
	700	0.1	800	0.2
2	400	0.2	500	0.3
	500	0.6	550	0.4
	600	0.2	700	0.3

假设无风险报酬率为5%，已知风险报酬斜率为0.1。

要求：

（1）计算两个方案的风险调整贴现率。

(2) 按风险调整贴现率法计算两个方案的净现值，并判断方案优劣。

6. AB公司是一个颇具实力的制造商。公司管理层估计某种新型产品可能有巨大发展，计划引进新型产品生产技术。

考虑到市场的成长需要一定时间，该项目分两期进行。第一期投资1 200万元于2018年末投入，2019年投产，生产能力为50万只，相关现金流量如下。

项目	2018年	2019年	2020年	2021年	2022年	2023年
税后经营现金流量（万元）		160	240	320	320	320

第二期投资2 500万元于2021年年末投入，2022年投产，生产能力为100万只，预计相关现金流量如下。

项目	2021年	2022年	2023年	2024年	2025年	2026年
税后经营现金流量（万元）		800	800	800	650	650

公司的等风险必要报酬率为10%，无风险利率为5%。

要求：

(1) 计算不考虑期权情况下方案的净现值。

(2) 假设第二期项目的决策必须在2021年底决定，该行业风险较大，未来现金流量不确定，可比公司的股票价格标准差为14%，可以作为项目现金流量的标准差，要求采用布莱克—斯科尔斯期权定价模型确定考虑期权的第一期项目净现值为多少，并判断应否投资第一期项目。

7. 资料：(1) J公司拟开发一种新的高科技产品，项目投资成本为90万元。

(2) 预期项目可以产生平均每年10万元的永续现金流量；该产品的市场有较大的不确定性。如果消费需求量较大，经营现金流量为12.5万元；如果消费需求量较小，经营现金流量为8万元。

(3) 如果延期执行该项目，一年后则可以判断市场对该产品的需求，并必须作出弃取决策。

(4) 等风险投资要求的报酬率为10%，无风险的报酬率为5%。

要求：

(1) 计算不考虑期权的项目净现值；

(2) 采用二叉树方法计算延迟决策的期权价值（列出计算过程，报酬率和概率精确到万分之一，将结果填入"期权价值计算表"中），并判断应否延迟执行该项目。

期权价值计算表　　　　　　　　　　　　　　　　　　　　　单位：万元

项目	第 0 年	第 1 年
现金流量二叉树		
项目期末价值二叉树		
净现值二叉树		
期权价值二叉树		

【案例分析】

ABC 公司研制成功一台新产品，现在需要决定是否大规模投产，有关资料如下。

（1）公司的销售部门预计，如果每台定价 3 万元，销售量每年可以达到 10 000 台；销售量不会逐年上升，但价格可以每年提高 2%。生产部门预计，变动制造成本每台 2.1 万元，每年增加 2%；不含折旧费的固定制造成本每年 4 000 万元，每年增加 1%。新业务将在 2020 年 1 月 1 日开始，假设经营现金流发生在每年年底。

（2）为生产该产品，需要添置一台生产设备，预计其购置成本为 4 000 万元。该设备可以在 2019 年底以前安装完毕，并在 2019 年底支付设备购置款。该设备按税法规定折旧年限为 5 年，净残值率为 5%；经济寿命为 4 年，4 年后即 2023 年底该项设备的市场价值预计为 500 万元。如果决定投产该产品，公司将可以连续经营 4 年，预计不会出现提前中止的情况。

（3）生产该产品所需的厂房可以用 8 000 万元购买，在 2019 年底付款并交付使用。该厂房按税法规定折旧年限为 20 年，净残值率 5%。4 年后该厂房的市场价值预计为 7 000 万元。

（4）生产该产品需要的净营运资本随销售额的变化而变化，预计为销售额的 10%。假设这些净营运资本在年初投入，项目结束时收回。

（5）公司的所得税税率为 25%。

（6）该项目的成功概率很大，风险水平与企业平均风险相同，可以使用公司的加权平均资本成本 10% 作为折现率。新项目的销售额与公司当前的销售额相比只占较小份额，并且公司每年有若干新项目投入生产，因此该项目万一失败不会危及整个公司的生存。

要求：

（1）计算项目的初始投资总额，包括与项目有关的固定资产购置支出以及净营运资本增加额。

（2）分别计算厂房和设备的年折旧额以及第 4 年末的账面价值（提示：折旧按年提取，投入使用当年提取全年折旧）。

（3）分别计算第 4 年末处置厂房和设备引起的税后净现金流量。

（4）计算各年项目现金净流量以及项目的净现值和静态回收期（计算时折现系数保留小数点后 4 位）。

第9章 短期资产管理

导入语

短期资产管理是企业日常最频繁的管理活动。有效的短期资产管理是增强企业流动性，提高资产利用率的关键。

引导案例

海天味业应收账款为零的背后[*]

调味品行业的龙头企业佛山市海天调味食品股份有限公司的应收账款连续多年为零，与大多数企业的经营状况截然不同。这与海天味业采取"先款后货"的收款政策有关。海天味业在销售货物的同时收取货款或者预收货款再发货，实现产品完全现销。海天味业的应收账款从2010年起一直到2016年连续七年为零，不仅没有应收账款，还可以预收经销商的货款。在2010~2016年期间，预收账款占流动负债的比例一直维持在40%以上。与海天味业的情况不同，同行业其他调味品企业中均存在一定数额的应收账款，说明应收账款为零并不是调味品行业普遍的状况，而是海天味业所特有的，其他企业均采取较为宽松的信用政策。其中，莲花健康的应收账款在流动资产中所占比重最高，一直在30%~45%之间，中炬高新的比例最低，其他企业均维持在20%以下；海天味业应收账款为零的支撑因素有强大的销售网络渠道、优良的产品品质、较大的生产规模、领先的技术工艺、不断升级的产品结构及有效的娱乐营销等。

应收账款为零对上市公司的积极影响主要体现在以下几个方面：（一）防止坏账损失，降低成本费用。（二）解决融资问题，保持充裕的经营性现金流量。海天

---

[*] 资料来源：穆林娟，贾英然. 海天味业应收账款为零的背后[J]. 财务与会计，2018 (1)：27-29。

味业应收账款为零，预收账款占流动负债的比例高达50%以上，营业收入和利润持续稳步上升，说明海天味业在利用应收账款和预收账款进行融资。在2010~2016年，海天味业没有长短期借款，销售产品取得的资金和预收账款为企业提供了持续的经营性现金流量，并且海天味业能够滚存占用经销商资金，解决了很多企业会面临的融资成本过高和融资难的问题。（三）规范客户履约，筛选出优质的企业。采取"先款后货"的经营模式，如果经销商想要订货，必须先支付货款再取货，如果经销商做不到先款后货，海天味业会换掉这些做得不好的公司，所以制度政策上的严格有利于规范经销商的行为，按时履约支付货款，同时能够层层筛选出优质的企业，有利于构建和拓展经销商网络渠道。

海天味业应收账款为零，在获得充裕的现金流的同时，也隐含着一些问题。采取"先款后货"的信用政策，导致海天味业可能会放弃一些市场而失去一定量的客户，影响公司的销售规模和业绩增长；应收账款为零，并且持有大量的预收账款，是建立在长期无偿占用下游经销商资金的基础上的，因此也会影响经销商的资金周转，一旦下游经销商出现问题，就会引起连锁反应。一个企业应该如何根据实际情况有效开展应收账款管理呢？

学习目标

本章主要讲授短期资金的管理问题，通过本章的学习，重点掌握以下内容。
1. 营运资金的概念与特点，了解现金的持有动机、应付账款与存货的功能
2. 理解现金、应收账款、存货成本的基本管理办法
3. 最佳现金持有量的计算、信用政策的构成与决策方法
4. 应用存货经济批量模型；了解各项流动资产日常管理的内容

9.1 营运资金管理

9.1.1 营运资金的概念

企业的管理者要始终记得，一个企业正如一个人，只有拥有源源不断的流动血液才能存活。这里所说的流动血液指的就是营运资金。营运资金概念有广义和狭义之分。广义指一个企业流动资产的总额，又称毛营运资金。狭义指流动资产减流动负债后的余额，又称净营运资金。本书采用狭义的营运资金概念。其中，流动资产是指可以在一年或超过一年的一个营业周期内变现或耗用的资产。流动资产具有占

用时间短、周转快、易变现等特点。流动负债是指将在一年或超过一年的一个营业周期内偿还的债务。

从会计的角度看，营运资金是指流动资产与流动负债的净额。如果流动资产等于流动负债，则占用在流动资产上的资金是由流动负债融资；如果流动资产大于流动负债，则与此相对应的"净流动资产"要以长期负债或所有者权益的一定份额为其资金来源。会计上不强调流动资产与流动负债的关系，而只是用它们的差额来反映一个企业的偿债能力，在这种情况下，不利于财务人员对营运资金的管理和认识；从财务角度看营运资金应该是流动资产与流动负债关系的总和，在这里"总和"不是数额的加总，而是关系的反映，这有利于财务人员意识到对营运资金的管理要注意流动资产与流动负债这两个方面的问题。

营运资金管理是对企业流动资产及流动负债的管理。一个企业要维持正常的运转就必须要拥有适量的营运资金，因此，营运资金管理是企业财务管理的重要组成部分。要搞好营运资金管理，必须解决好流动资产和流动负债两个方面的问题，换句话说，就是下面两个问题：第一，企业应该投资多少在流动资产上，即资金运用的管理。主要包括现金管理、应收账款管理和存货管理。第二，企业应该怎样来进行流动资产的融资，即资金筹措的管理。包括银行短期借款的管理和商业信用的管理。

可见，营运资金管理的核心内容就是对资金运用和资金筹措的管理。

9.1.2 营运资金的特点

为了有效地管理企业的营运资金，必须研究营运资金的特点，以便有针对性地进行管理。营运资金一般具有以下特点。

（1）周转时间短。根据这一特点，说明营运资金可以通过短期筹资方式加以解决。

（2）非现金形态的营运资金形态变化快且易变现。企业营运资金的实物形态是经常变化的，一般在现金、材料、在产品、产成品、应收账款、现金之间顺序转化。为此，在进行流动资产管理时，必须在各项流动资产上合理配置资金数额，以促进资金周转顺利进行。同时流动资产中的存货、应收账款、短期有价证券容易变现，这一点对企业应付临时性的资金需求有重要意义。

（3）数量具有波动性。流动资产或流动负债容易受内外条件的影响，数量的波动往往很大。

（4）来源具有多样性。营运资金的需求问题既可通过长期筹资方式解决，也可通过短期筹资方式解决。仅短期筹资就有银行短期借款、短期融资、商业信用、应付的税费、票据贴现等多种方式。

9.1.3 营运资金的管理原则

企业的营运资金在全部资金中占有相当大的比重，而且周转期短，形态易变，所以是企业财务管理工作的一项重要内容。企业进行营运资金管理，必须遵循以下原则。

（1）认真分析生产经营状况，合理确定营运资金的需要数量。企业营运资金的需要数量与企业生产经营活动有直接关系，当企业产销两旺时，流动资产会不断增加，流动负债也会相应增加；而当企业产销量不断减少时，流动资产和流动负债也会相应减少。

（2）在保证生产经营需要的前提下，节约使用资金。在营运资金管理中，必须正确处理保证生产经营需要和节约使用资金二者之间的关系。要在保证生产经营需要的前提下，遵守勤俭节约的原则，挖掘资金潜力，精打细算地使用资金。

（3）加速营运资金周转，提高资金的利用效果。营运资金周转是指企业的营运资金从现金投入生产经营开始，到最终转化为现金的过程。在其他因素不变的情况下，加速营运资金的周转，也就相应地提高了资金的利用效果。因此，企业要加速存货、应收账款等流动资产的周转，以便用有限的资金取得最优的经济效益。

（4）合理安排流动资产与流动负债的比例关系，保证企业有足够的短期偿债能力。流动资产、流动负债以及二者之间的关系能较好地反映企业的短期偿债能力。流动负债是在短期内需要偿还的债务，而流动资产则是在短期内可以转化为现金的资产。因此，如果一个企业的流动资产比较多，流动负债比较少，说明企业的短期偿债能力较强；反之，则说明短期偿债能力较弱。但如果企业的流动资产太多，流动负债太少，也并不是正常现象，这可能是因流动资产闲置流动负债利用不足所致。根据惯例，流动资产是流动负债的一倍是比较合理的。

延伸思考

请你在查阅资料的基础上，想一想企业如何合理确定营运资金的需要数量，如何加速营运资金的周转？

9.1.4 企业资产组合策略

一个企业的资产，可以分为流动资产和非流动资产两大部分，非流动资产包括固定资产、无形资产、对外长期投资等。企业资产总额中流动资产和非流动资产各自占有的比例称为企业的资产组合,资产组合策略是营运资金管理的重要内容。

1. 影响资产组合的因素

(1) 风险与报酬。一般而言,持有大量的流动资产可以降低企业的风险,因为企业出现不能及时清偿债务时,流动资产可以迅速地转化为现金,而固定资产的变现能力则较差。因而,在筹资组合不变的情况下,较多地投资于流动资产,可以减少企业的风险。但是,如果流动资产太多,大部分资金都投放在流动资产上,以致造成积压呆滞,就会降低企业的投资报酬率。要对风险和报酬进行认真权衡,选择最佳的资产组合。

(2) 企业所处的行业。不同行业的经营范围不同,资产组合有较大的差异。流动资产中大部分是应收账款和存货,而这两种资产的占用水平主要取决于生产经营所处的行业。

(3) 经营规模对资产组合的影响。企业规模对资产组合也有重要影响。随着企业规模的扩大,流动资产的比重相对下降,这是因为:①大企业与小企业相比,有较强的筹资能力,当企业出现不能偿付的风险时,可以迅速筹集资金,因而能承担较大风险,所以,可以只使用较少的流动资产而使用更多的固定资产。②大企业因实力雄厚,机械设备的自动化水平较高,故应在固定资产上进行比较多的投资。

(4) 利息率的变化。一般而言,在利息率比较高的情况下,企业为了减少利息支出,会千方百计地减少对流动资产的投资,这便会减少流动资产在总资产中的比重;反之,当利息率下降时,则会呈相反方向变化。

延伸思考

选取不同行业的企业,对其资产组合进行对比,分析产生差异的原因。

2. 企业资产组合策略

企业流动资产的数量按其功能可以分成两大部分:(1) 正常需要量。(2) 保险储备量。保险储备量是指为应付意外情况的发生在正常生产经营需要量以外而储备的流动资产。根据保险储备量的多少可将企业资产组合分为下述三种类型。

(1) 适中的资产组合。适中的资产组合策略就是在保证正常需要的情况下,再适当地留有一定保险储备,以防不测。在采用适中的资产组合策略时,企业的报酬一般,风险一般,正常情况下企业都采用此种策略。

（2）保守的资产组合。有的企业在安排流动资产数量时，在正常生产经营需要量和正常保险储备量的基础上，再加上一部分额外的储备量，以便降低企业的风险，这便属于保守的资产组合策略。采用保守的资产组合策略时，企业的投资报酬率一般较低，风险也较小。

（3）冒险的资产组合。有的企业在安排流动资产数量时，只安排正常生产经营需要量而不安排或只安排很少的保险储备量，以便提高企业的投资报酬率。这便属于冒险的资产组合策略。采用冒险的策略时，企业的投资报酬率较高但风险比较大。

3. 不同的资产组合对企业报酬和风险的影响

企业的固定资产和流动资产，对企业的风险和报酬有不同的影响。较多地投资于流动资产可降低企业的财务风险。这是因为，当企业出现不能及时偿付债务时，流动资产可以迅速地转化为现金以偿还债务。但是，如果流动资产投资过多，造成流动资产的相对闲置，而固定资产却又相对不足，这就会使企业生产能力减少，从而减少企业盈利。

总之，在资产总额和筹资组合都保持不变的情况下，如果固定资产减少而流动资产增加，就会减少企业的风险，但也会减少企业盈利；反之，如果固定资产增加，流动资产减少，则会增加企业的风险和盈利。所以，在确定资产组合时，面临风险和报酬的权衡。

9.2 现金管理

现金管理是指对企业现金流进行有效的预测、监控及管理，其中包括：以最合理的成本增加可用现金头寸，避免流动性赤字；降低和控制交易风险；建立理想的现金余额并集约化配置现金资源；优化现金的投融资；控制跨境现金流等。企业财务管理的实践证明，现金管理凸显出对于增加企业价值和实现企业效益最大化的重要性。通过现金管理能够有效地保证企业资金的安全性、流动性与收益性三者有机结合。

9.2.1 现金管理的目的与内容

1. 现金的特点

广义的现金即指货币资金，是指处于货币形态的资金，包括库存现金、银行存款、其他货币资金等。狭义的现金仅指库存现金。这里指的是广义的现金概念。

现金的首要特点是普遍可接受性，既可以用于购买货物、商品，也可以立即支付劳务报酬或用于偿还债务。现金是流动性最强的资产，但现金的收益性却是最差的。

2. 企业持有现金的动机

现金是一种非营利资产，过多地保持现金势必会降低企业的盈利能力，然而现金过少也会给企业带来资金周转困难和增加财务风险。为此，企业必须确定其现金的最佳持有量。企业之所以要置存现金主要是出于以下动机。

交易性动机。交易性动机是指企业为满足生产经营活动的需要而置存现金的动机。企业在经营中经常取得收入，发生支出，而且收入与支出经常是不同步的，收入多于支出，会形成现金置存；支出大于收入，也需要事先备好现金。因此，企业必须维持适当的现金余额，才能使经营活动顺利进行。

预防的动机。预防性动机是指为防止意外支出而置存现金的动机。企业有时会出现意想不到的支出，例如，自然灾害、安全事故等，企业置存必要的现金，可以使这些意想不到的支出得到妥善的安排。为预防性动机而置存现金的多少，主要受企业现金流量的稳定性的影响，现金流量的不确定性越大，预防性现金的数额越大；反之，企业现金流量的可预测性越强，预防性现金置存的数额越少。此外，预防性现金置存的多少，还与企业的借款能力有关，如果企业在需要资金时能够借到所需款项，则预防性现金置存的数额可以减少；反之，如果企业在需要资金时不能借到所需款项，则预防性现金置存的数额要多一些。

投机性动机。投机性动机是指为满足不寻常的投资机会而置存现金的动机。比如遇有廉价原材料、价格将大幅上涨的股票等，如有足够的现金置存，便可用于购买或投资，以获得意想不到的收益。

3. 现金管理的目的

一方面，企业必须经常置存适当的现金，以满足正常经营活动和意外情况对现金的需要；另一方面，现金是收益性最差的资产，企业置存过多的现金，又会影响企业的盈利能力。因此，现金管理应力求做到既保证企业交易所需资金，降低风险，又不使企业有过多的闲置现金，以增加收益。所以，现金管理的关键问题是确定合理的现金持有量。

9.2.2 最佳现金持有量的确定

1. 现金周转期法

现金周转期法是指根据现金的周转速度来确定最佳现金持有量的一种方法。现金周转期是指从将现金投入生产经营过程（购买材料）开始，到收回现金为止平均所需要的时间。根据现金周转期法确定现金最佳持有量的程序是：

（1）确定现金周转期。

企业从取得材料到将材料投入生产过程形成在产品，再到将在产品制成产成品进入仓库，最后到将产成品发出为止，这段时间占用的资金，都属于存货；从存货发出到收到货款这段时间占用的资金都属于应收账款。所以，现金周转期受存货周转期、应收账款周转期的影响。另外，由于取得存货时并不一定支付现金，所以，在计算现金周转期时应扣除应付账款周转期。存货周转期、应收账款周转期、应付账款周转期之间的关系如图9－1所示。

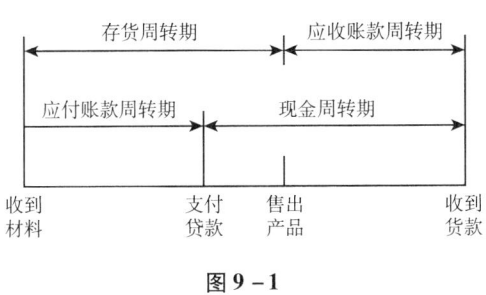

图9－1

根据图9－1所示，现金周转期的计算公式为：

现金周转期 = 存货周转期 - 应付账款周转期 + 应收账款周转期

（2）确定现金周转次数。

现金周转次数 = 360/现金周转期

（3）确定现金最佳持有量。

现金最佳持有量 = 年现金需求总量/现金周转次数

【例9－1】某公司计划年度预计存货周转天数为25天，应收账款周转期为15天，应付账款周转期为10天，预计年现金支出总额为720万元，则：

现金周转期 = 25 + 15 - 10 = 30（天）

现金周转率（次数）= 360/30 = 12（次）

最佳现金持有量 = 720/12 = 60（万元）

练一练：甲公司是一家加工企业，2020年营业收入为3 600万元，营业成本为1 800万元，日购货成本为5万元。该公司与经营有关的购销业务均采用赊账方式。假设一年按360天计算，甲公司2020年12月31日的简化的资产负债表如表9－1所示。

表 9-1
单位：万元

资产	金额	负债和所有者权益	金额
货币资金	211	应付账款	120
应收账款	600	应付票据	200
存货	150	应付职工薪酬	255
流动资产合计	961	流动负债合计	575
固定资产	850	长期借款	300
非流动资产合计	850	负债合计	875
		实收资本	600
		留存收益	336
		所有者权益合计	936
资产合计	1 811	负债和所有者权益总计	1 811

要求：（1）计算甲公司2020年的营运资金数额。（2）计算甲公司2020年的应收账款周转期、应付账款周转期、存货周转期以及现金周转期（为简化计算，应收账款、存货、应付账款的平均余额均以期末数据代替）。（3）在其他条件相同的情况下，如果甲公司增加存货，则对现金周转期会产生何种影响？

答案：（1）2020年营运资金数额=961-575=386（万元）

（2）应收账款周转期=600/(3 600/360)=60（天）

存货周转期=150/(1 800/360)=30（天）

应付账款周转期=120/5=24（天）

现金周转期=30+60-24=66（天）

（3）增加存货，则存货周转期延长，会造成现金周转期的延长。

2. 成本分析法

成本分析模式是根据持有现金的相关成本来确定最佳现金持有量的一种决策方法。此时最佳现金持有量是能使持有现金的总成本为最低的现金持有量。持有现金的成本包括：

（1）机会成本。持有现金的机会成本是指由于资金被占用在现金这种形态上而不能用于其他投资所损失的收益。现金是一种非营利性资产，现金作为企业的一项经常性的资金占用，是有代价的，这种代价就是占用在货币资金上的资金用于其他投资可以获得的收益。一般以有价证券的收益率表示。现金持有量越大，持有现金的机会成本就越高，反之则越小。因此现金的机会成本属于变动成本，它与现金持有数量有关。

（2）管理成本。现金管理成本是指因持有现金而发生的管理费用，如管理现金人员的工资、安全措施费等。现金管理成本一般与持有现金的数额无关,属于现金持有成本中的固定成本。

(3) 短缺成本。短缺成本是指因持有现金不足,不能满足业务开支的需要而使企业蒙受的损失或为此付出的代价,如不能偿还到期债务而支付的罚金、企业的信誉下降导致融资成本上升,等等。现金短缺成本随现金持有量的增加而下降,随现金持有量的减少而上升,所以现金短缺成本与现金持有量呈反比例关系。

能够使现金持有的机会成本、管理成本、短缺成本为最低的现金持有量即为最佳现金持有量。

在成本分析法下,最佳现金持有量确定的计算,可以先分别确定不同现金持有量的方案下的机会成本、管理成本、短缺成本;然后比较不同方案下的现金持有总成本,以确定最佳现金持有量。

【例9-2】某企业有A、B、C、D四种现金持有方案,它们各自的机会成本、管理成本、短缺成本的有关资料如表9-2所示。

表9-2　　　　　　　　　现金持有方案金额　　　　　　　　金额单位:元

项目	方案A	方案B	方案C	方案D
现金持有量	20 000	40 000	60 000	80 000
机会成本	10%	10%	10%	10%
管理成本	10 000	10 000	10 000	10 000
短缺成本	10 000	4 000	2 500	1 200

根据表9-2的资料,计算各方案持有现金的总成本如表9-3所示。

表9-3　　　　　　　　　持有现金总成本计算表　　　　　　　　单位:元

项目	方案A	方案B	方案C	方案D
现金持有量	20 000	40 000	60 000	80 000
机会成本	2 000	4 000	6 000	8 000
管理成本	10 000	10 000	10 000	10 000
短缺成本	10 000	4 000	2 500	1 200
持有现金总成本	22 000	18 000	18 500	19 200

表9-3说明,持有现金在40 000元时,现金持有成本为18 000元,在A、B、C、D四个方案中总成本是最低,因此,B方案为最优方案。

3. 存货决策模式

存货模式是1952年美国经济学家威廉·鲍莫(William J. Baumol)提出来的,所以也称鲍莫模式。存货模式是根据存货经济订货量的决策方法确定,能使相关总成本最低的最佳现金持有量的一种方法。存货决策模式的假设条件是：取得现金时投资于有价证券，需要现金时变现有价证券；一定时期现金需求总量确定；每天现金需求量均匀稳定；不允许发生现金短缺。由于现金每天需要量均匀稳定，所以每次变现有价证券后现金持有量达到最高点，随着每天现金的耗用，现金持有量呈直线下降的趋势，当现金持有量降至为零时，再变现一批有价证券，现金持有量又重新恢复到最高点，如此循环往复。因此，平均的现金持有量可以按每次有价证券变现数量的1/2计算。具体现金变动模式如图9-2所示。

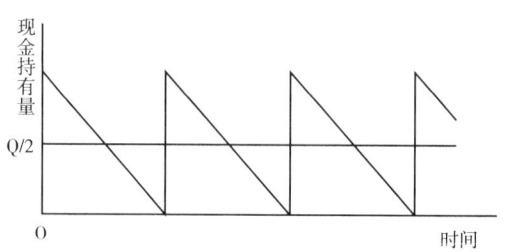

图9-2 具体现金变动模式

同时，在上述假设的情况下，与最佳现金持有量相关的成本主要包括机会成本和转换成本。因此，在存货决策模式下，也可以说最佳现金持有量是能使持有现金的机会成本和转换成本为最低的现金持有量。

转换成本是指企业将有价证券转换为现金所发生的费用，如买卖有价证券支付的佣金、委托手续费、证券过户费、证券交易的税金等。转换成本按照每次发生额与每次有价证券变现数量的关系，可以分为每次转换变动成本和每次转换固定成本两类。每次转换变动成本是指每次转换发生额与每次转换数量有关的转换成本，如买卖证券的佣金、证券交易的印花税等，这种费用一般按委托成交金额的一定比例支付，与证券交易金额成正比，从每次转换的发生额与每次有价证券转换量的关系上看，属于变动成本。但是，从一定时期发生总额上看，当一定时期有价证券转换数量确定的情况下，其发生总额又是不变的，即不论每次转换数量为多少，每次转换变动成本一定时期发生总额是固定的。因此，每次转换变动成本与有价证券每次转换批量的决策是无关的。每次转换固定成本是指每次转换费用发生额与每次转换数量无关的转换成本，如委托手续费、过户费等。这种费用按交易的次数支付，每次支付的金额相同，这些费用从每次发生额与每次交易金额的关系上看是属于固定成本。但是，从一定时期发生总额上看，当一定时期有价证券转换量一定的情况下，其发生总额又是变动的，即每次转换数量越多，将一定时期所需的现金转换出来所需要的转换次数就越少，每次转换固定成本一定时期发生总额就越少。反之，每次转换数量越少，将一定时期所需的现金转换出来所需要的转换次数就越多，每次转换固定成本一定时期发生总额就越大。因此，每次转换固定成本与有价证券每次转换批量的决策是有关的，属于相关成本。

由于一定时期变现有价证券的次数越多，每次转换固定成本一定时期发生额越大；反之，一定时期有价证券的转换次数越少，有价证券的每次转换固定成本一定时期发生总额就越少。所以，从节约转换成本的角度看，每次变现有价证券的数量应当大一些。

如前所述，持有现金的机会成本与现金持有量呈正比例关系，现金的持有量越大，持有现金的机会成本越大；反之则相反。因此，从降低机会成本的角度看，每次有价证券的变现数量应当小一些，从而降低现金的平均持有量，进而降低机会成本。

最佳的现金持有量既不是让机会成本为最低，也不是让一定时期的每次转换固定成本为最低，而是让这二者之和为最低。

设：D 表示一定时期现金支出总额，Q 表示最佳的每次有价证券变现数量，亦即最佳的最高现金持有量，K 表示每次转换固定成本，K_C 表示现金的机会成本率，T 相关转换成本与机会成本之和。

则：

$$T = (Q/2)K_C + (D/Q)K$$

现金持有成本总额、机会成本、转换成本之间的关系如图9－3所示。

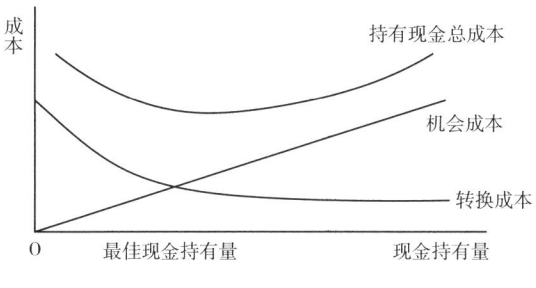

图9－3

从图9－3可以看出，持有现金的总成本与现金持有量呈凹形曲线关系，说明现金持有量存在一个最佳点，即最佳现金持有量。从图形特征上看，最佳现金持有量是使有现金的机会成本等于转换成本的现金持有量，即：

$$(Q/2)K_C = (D/Q)K$$

从数学意义上看，能使总成本：

$$T = (Q/2)K_C + (D/Q)K$$

最低时的 Q 值为最佳现金持有量。用求一阶导数的方法求出总成本为最小时的 Q，其计算公式为：

$$T' = \left(\frac{Q}{2}K_C + \frac{D}{Q}K\right)' = \frac{K_C}{2} - \frac{DK}{Q^2} = 0$$

则：

$$\frac{K_C}{2} = \frac{DK}{Q^2}$$

$$Q^2 = \frac{2DK}{K_C}$$

$$Q^* = \sqrt{\frac{2DK}{K_C}}$$

【例 9-3】假设某公司预计每月现金需要量为 4 000 000 元，现金与有价证券的每次转换固定成本为 100 元，有价证券的月收益率为 2%，则最佳最高现金持有量为：

$$Q^* = \sqrt{\frac{2DK}{K_C}}$$
$$= \sqrt{\frac{2 \times 4\ 000\ 000 \times 100}{2\%}}$$
$$= 200\ 000（元）$$

最佳平均现金持有量 = Q/2 = 200 000/2 = 100 000（元）

练一练：甲公司使用存货模型确定最佳现金持有量。根据有关资料分析，2023 年该公司全年现金需求量为 8 100 万元，每次现金转换的成本为 0.2 万元，持有现金的机会成本率为 10%。

要求：（1）计算最佳现金持有量。（2）计算最佳现金持有量下的现金转换次数。（3）计算最佳现金持有量下的现金交易成本。（4）计算最佳现金持有量下持有现金的机会成本。（5）计算最佳现金持有量下的相关总成本。

答案：（1）最佳现金持有量 = $\sqrt{\frac{2 \times 8\ 100 \times 0.2}{10\%}}$ = 180（万元）

（2）最佳现金持有量下的现金转换次数 = 8 100/180 = 45（次）

（3）最佳现金持有量下的现金交易成本 = 45 × 0.2 = 9（万元）

（4）最佳现金持有量下持有现金的机会成本 =（180/2）× 10% = 9（万元）

（5）最佳现金持有量下的相关总成本 = $\sqrt{2 \times 8\ 100 \times 0.2 \times 10\%}$
= 18（万元）

4. 因素分析模式

因素分析模式是在上期现金持有量的基础上，考虑到有关因素变动影响，来确

微课视频：
现金管理
二维码链接
（素材 9-1）

定最佳现金持有量的一种方法。这些因素主要包括下期销售收入规模的变动和本期不合理的现金占用情况。其计算公式如下：

$$最佳现金持有量 = \left(\begin{array}{c}上年现金\\平均占用额\end{array} - \begin{array}{c}不合理\\资金占用\end{array}\right) \times (1 \pm 销售收入变动\%)$$

【例9-4】 某企业上期现金平均余额为22 000元，经分析其中有2 000元的占用属于不合理占用，下期预计销售增长10%，则下期最佳现金持有量为：

(22 000 - 2 000) × (1 + 10%) = 22 000（元）

5. 随机模式

随机模式是在企业未来现金流量不规则、现金需求难以预测的情况下确定最佳现金持有量的一种方法。这种方法的基本原理是制定一个现金控制的区域，定出上限和下限。上限代表最高现金持有量，下限代表最低现金持有量。当现金持有量达到上限时，用现金购买有价证券，当现金持有量下降到下限时，变现有价证券，从而使现金持有量经常保持在上限和下限间，如图9-4所示。

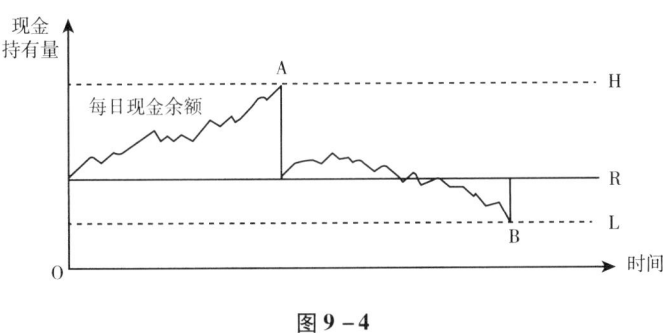

图9-4

在图9-4中，H为上限，L为下限，R为目标控制线，即最佳的现金持有量。当现金持有量升至A点时，购进（A-R）金额的有价证券，使现金持有量回落到R线上；当现金持有量降至B点时，卖出（R-B）金额的有价证券，使现金持有量回升到R线上。现金持有量在上限、下限之间变化是合理的。现金控制线R的确定仍可根据使持有现金的机会成本和转换成本为最低的原理，并考虑现金持有量波动的标准差来确定。其计算公式如下：

$$R = \sqrt[3]{\frac{3KQ^2}{4K_C}} + L$$

$$H = 3R - 2L$$

其中，Q^2表示日现金流量的方差，K_C表示持有现金的日机会成本率，K表示每次转换有价证券的固定成本。

【例9-5】 某企业有价证券的每次转换固定成本为100元，有价证券的年利率为9%，日现金流量的标准差为900元，最低现金余额为2 000元，则最佳现金持有量R和上限值H为：

$$R = \sqrt[3]{(3 \times 100 \times 900^2)/(4 \times 9\%/360)} + 2\,000$$
$$= 8\,240 \text{（元）}$$
$$H = 3 \times 8\,240 - 2 \times 2\,000 = 20\,720 \text{（元）}$$

9.2.3 现金的日常管理

微案例：
德邦物流斩获
2018 陶朱奖——
最佳现金及流动
管理奖重点
推荐殊荣
二维码链接
（素材9-2）

现金管理中除了确定最佳现金余额、编制现金预算（从略）外，还必须加强现金的日常管理。现金的日常管理主要包括执行国家现金管理的有关规定、现金收入的管理、现金支出的管理等。

1. 遵守现金管理的有关规定

（1）钱、账分管。即会计、出纳分开，要实行管钱的不管账，管账的不管钱。出纳员和会计员分设，有利于互相牵制、互相配合、互相监督，保证现金资产的核算正确、少出差错、堵塞漏洞、安全完整。

（2）建立现金交接手续，坚持查库制度。凡有现金收支必须坚持复核。在现金转移或出纳人员调换时，必须办理交接手续，做到责任清楚，要经常检查库存现金与账面记录是否一致，以保证现金的安全。

（3）遵守规定的现金使用范围。国家规定，现金只能用于对个人的支付及转账结算起点以下的单位间的支付。开户单位可以在下列范围内使用现金：职工工资、津贴；个人劳务报酬；根据国家规定颁发给个人的科学技术、文化艺术、体育等各种奖金；各种劳保、福利费用以及国家规定的对个人的其他支出；向个人收购农副产品和其他物资的价款；出差人员必须随身携带的差旅费；结算起点以下的零星支出；中国人民银行确定需要支付现金的其他支出。

结算起点定为一千元。结算起点的调整，由中国人民银行确定，报国务院备案。除向个人收购农副产品和其他物资的价款、出差人员必须随身携带的差旅费外，开户单位支付给个人的款项，超过使用现金限额的部分，应当以支票或者银行本票支付；确需全额支付现金的，经开户银行审核后，予以支付现金。

（4）遵守库存现金限额的规定。为了控制现金使用，有计划地组织货币流通，企业库存现金数额由开户银行根据企业规模的大小、每日现金收付金额的多少、距离银行的远近，同企业协商确定。一般不超过三至五天零星开支的正常需要为限额，距离银行较远或交通不便的，可以多于五天，但一般不得超过七天零星开支的正常需要。核定的限额必须遵守，超过库存限额的现金，出纳员必须及时将其送存银行。需要增减库存现金限额的，应当向开户银行提出申请，由开户银行核定。

(5) 严格现金存取手续，不得坐支现金。开户单位收入的现金应于当日及时送存银行，当日送存银行确有困难的，由开户银行确定送存银行的时间。企业不得从销售取得的现金中直接支付交易款。

(6) 企业不得将单位收入的现金，以个人的名义存入银行。

2. 现金收入的管理

现金收入管理的核心问题是在不影响未来销售的情况下，加速收款，以提高资金的使用效率、加速现金的流转。加速收款一方面是尽量使客户尽快付款，这需要通过信用政策的合理安排来解决；另一方面，更重要的是尽快使这些付款转化为可用的现金。为此，必须满足以下要求：减少客户付款的邮寄时间；减少企业从收到客户转来的支票到支票兑现之间的时间；加速资金存入自己往来银行的时间。

电子支付方式对比纸质支付是一种改进。电子支付方式提供了如下好处：结算时间和资金可用性可以预计；向任何一个账户或任何金融机构的支付具有灵活性，不受人工干扰；客户的汇款信息可与支付同时传送，更容易更新应收账款；客户的汇款从纸质方式转向电子化，减少或消除了收款期，降低了收款成本，收款过程更容易控制，并且提高了预测精度。

延伸思考

在当今支付形式多样的条件下，对现金管理提出了哪些新的挑战？

3. 控制现金支出

企业在收款时，应尽量加速收款，但在付款时应当在合理合法的基础上尽量延缓付款的时间。控制现金支出的方法有：

（1）利用现金"浮游量"。所谓现金浮游量是指企业账户上的存款余额与银行账户上的存款余额的差额。有时公司账户上的存款余额已经为零，而银行账簿上公司的存款余额可能还很多，这是因为公司的支票已经开出，而客户可能并未到银行兑现。如果能预测现金浮游量并加以利用，可以节约现金，解决偶然的现金不足的问题。但是不适当地利用现金浮游量，有可能会破坏公司同供应商之间的关系，降低公司的信用等级。所以利用现金浮游量需要谨慎，要有正确的判断，处理好企业同银行间的关系。

（2）推迟付款。为了最大限度地利用现金，在不影响企业信用的情况下，尽量推迟应付款的付款时间。例如，在信用条件为"2/10，n/40"的情况下，企业要获得现金折扣，应该在发票开出第10天支付货款；如不获得现金折扣，则应在发票开

*知识拓展：
第三方支付
二维码链接
（素材9-3）*

出后的第 40 天付款。

（3）采用汇票结算方式。在使用支票付款时，只要收票人将支票存入银行，付款人就要无条件地支付货款。但汇票并非见票即付，在收票人将汇票存入银行后，银行要将汇票送交付款人承兑，并由付款人将一笔相当于汇票金额的资金存入银行，银行才会付款给收票人。这样就有可能使资金在最大的限度内停留在企业。

（4）工资支出模式。许多公司都在银行开有专门的支付工资的存款账户，该账户存款余额的多少，也会影响到公司的现金余额。为了减少这一账户的存款余额，公司不必在发放工资时一次就将所需支付的工资全部存入该账户，因为并不是所有的职工都在发放工资当天就到银行支取工资，公司应当预测发放工资后每天职工支取工资的数额和比例，分期分批地将这笔款项存入银行，这样既可以保证工资支付，又可以节约使用现金。

（5）合理安排资金支出的时间，力争使现金流出与流入的时间趋于同步。

（6）与银行合作，使企业拥有一个主账户和一系列子账户。在主账户上企业保持一定的安全储备，而子账户不需要保持安全储备。当子账户签发支票需要现金时，从主账户划拨过去，这样有更多的资金可用作他用。

4. 闲置资金的投资管理

现金流入与流出在时间上、数量上的同步，往往是不易做到的，有时资金不足，有时也会出现暂时的资金剩余。在出现资金剩余时，可用于短期有价证券投资，以获取一定的收益。当资金不足时，将这些有价证券变现，以满足经营业务的需要。

闲置资金的管理应当坚持下列一般原则：

（1）合法性：闲置资金的运作应保证合规性，应严格遵守有关的法律法规，应严格在授权范围内进行。公司在资本市场募集的资金及银行信贷资金，不能用于短期投资。

（2）审慎性：对闲置资金的运作实行统筹计划，不能影响公司正常经营活动的资金使用。

（3）安全性：闲置资金的运作应当贯彻安全性的原则，禁止投资高风险项目。

（4）流动性：闲置资金的运作投向应当是高流动性项目，禁止进行长期投资或其他难以及时变现的项目。

（5）效益性：闲置资金的运作应当坚持效益性的原则，以实现闲置资金运作效益最大化。

因此，闲置资金可用于下列投资品种：货币市场基金、中央银行票据、商业银行票据、国债、一级市场申购新股以及其他符合要求的投资品种。

微案例分析：建立农业企业"现金交易"的有效控制 二维码链接（素材9-4）

9.3 应收账款管理

应收账款作为企业的一种营销策略，运用得当可以增加产品销量，提高利润；运用不当则会出现呆账、坏账、死账，使企业蒙受损失。在强调企业经济效益的同时，如何加强应收账款的管理，已成为现代财务管理中一个亟待解决的问题。

如果你的公司具有相当的经营规模，作为公司的老总，你是否感觉无法对自己公司所有的客户背景有一个全面的了解？而作为业务一线人员，你是否觉得自己的销售策略特别是信用手段的使用很难得到公司的认同和支持，公司一视同仁的信用政策使你失去很多贸易机会？同样，作为公司的管理人员，您是否感觉很难对下年的销售业绩有一个比较合理的预测？此时恰好正是财务管理者发挥作用的关键时刻。财务管理者应该根据企业所在行业惯例和竞争情况，产品市场状况和客户构成及特点，帮助企业制定切实可行的信用政策，包括：基本政策类型、不同客户政策、不同产品政策、不同经营时期政策、信用标准、信用条件、信用期限、信用限额、现金折扣办法、赊销总量水平、应收账款规模和结构、坏账控制指标、收账政策等。

一般而言，企业需要编制信用管理政策手册，但是它的形式和内容会因企业的目标、组织结构、业务内容的不同而不同，但基本内容应包括信用管理的目标、组织结构及职责、客户信用评估、信用条款、信用检查、应收账款管理等。另外企业可以根据其所在行业的特点，以及流程的具体需要而加入相关的内容来说明工作的具体流程。

9.3.1 应收账款的功能与成本

1. 应收账款的功能

应收账款是指企业因销售产品、提供劳务而应向购买商品、接受劳务的单位收取的款项。应收账款的功能是指应收账款的作用。应收账款的存在具有以下作用。

（1）扩大销售。在销售产品后，允许客户可以暂不付款，即采用赊销的方式销售产品，意味着企业在销售产品的同时，向客户提供了一笔在一定期限内可以无偿使用的资金。这对于购买方来说具有很大的吸引力，相对于现销来说，能够提高企业产品的竞争力、开拓市场、扩大销售。

（2）减少存货。允许客户暂不付款，即允许应收账款的存在，有利于加速产成品向应收账款的转化，从而减少存货，并进一步降低与存货有关的管理费用、仓储费用、保险费等各方面的支出。

2. 应收账款的成本

应收账款的存在有利于扩大销售、降低存货、变持有存货为持有应收账款、节约存货上的各项支出，但同时也将为应收账款的存在付出一定代价。因持有应收账款而付出的代价，称为应收账款成本，也称作信用成本。应收账款的成本主要包括：

（1）机会成本。

机会成本是指由于资金被占用在应收账款上而不能用于其他投资所丧失的收益。应收账款的机会成本通常用投资于有价证券的收益率来表示。应收账款的机会成本与应收账款的平均占用有关，赊销规模越大，应收账款占用的资金越多，应收账款的机会成本就越多，反之则相反。

（2）管理成本。

应收账款的管理成本是指企业对应收账款进行管理所发生的支出，主要包括对客户资信调查费用、收集各种信息的费用、收账费用等。

（3）坏账成本。

坏账成本是指由于允许客户暂不付款而导致未来收不回货款可能造成的损失。坏账成本与应收账款的数额呈正比例关系，应收账款越多，坏账成本也就越多。

3. 应收账款管理的要求

综上所述，在现代社会激烈的市场竞争中，企业不能没有应收账款，否则，将会使企业在竞争中处于十分不利的地位；另外，应收账款的存在又会给企业带来一定成本，如果不加强应收账款的控制，也会给企业带来重大的损失。所以应收账款管理的关键是做好收益与成本之间的权衡。在经营能力一定的情况下，应收账款的规模主要取决于企业的信用政策。

微课视频：
应收账款管理
二维码链接
（素材9-5）

9.3.2 信用政策的制定

信用政策也称应收账款政策，是指企业对应收账款进行管理所作的原则性规定，主要包括信用标准、信用条件和收账政策三部分内容。

1. 信用标准

信用标准是企业向客户提供商业信用、允许客户暂不付款的标准。或者说客户获得企业的商业信用所必须具备的条件。信用条件一般以预期的坏账损失率表示，可以理解为如果允许客户暂不付款，其将来不付款的可能性是多大。严格的信用标准，即只允许那些不付款可能性极小的客户暂不付款，将会减少销售收入，从而减少扣除信用成本前的利润；同时，严格的信用标准将减少赊销规模，减少在应收账款上的资金占用，从而降低机会成本；由于只对不付款可能性极小的客户予以赊销，将有利于降低坏账成本；由于信用成本减少，将会有利于增加扣除信用成本后的利润。反之，宽松的信用标准，即允许那些不付款可能性较大的客户暂不付款，将会有利于扩大销售收入，因而将会增加扣除信用成本前的利润；同时，宽松的信用标准将扩大赊销规模，增加在应收账款上的资金占用，从而增加机会成本；由于也对不付款可能性较大的客户予以赊销，将会增加坏账成本；由于信用成本增加，将会减少扣除信用成本后的利润。

因此，信用标准的确定应在权衡收益和成本的基础上作出决策。

【例 9–6】 某工厂当前的信用标准为 10%，平均付款期为 45 天，当前的销售收入为 1 000 000 元（赊销），销售利润率为 20%，平均的坏账损失率为 6%，应收账款的机会成本率为 15%。

该企业现拟改变信用标准，有 A、B 两个方案：

A 方案拟将信用标准提高到 8%，预计销售将减少 100 000 元，减少的销售平均的收款期为 90 天，其余的销售收款期将降为 40 天，减少的销售平均的坏账损失率为 8.7%，其余的销售的坏账损失率降低到 5.7%。

B 方案拟将信用标准降低到 15%，预计销售将增加 200 000 元，增加的销售平均的收款期为 75 天，其余的销售收款期不变，增加的销售平均的坏账损失率为 12%，其余的销售的坏账损失率不变。

试评价两方案。

A 方案的分析：

（1）由于销售减少使扣除信用成本前的利润减少：

$(-100\,000) \times 20\% = -20\,000$（元）

（2）减少的机会成本：

$\dfrac{-100\,000}{360} \times 90 \times 15\% \times 0.8 = -3\,000$（元）

或：$\left[\dfrac{-100\,000}{360} \times 45 + \dfrac{900\,000}{360} \times (40-45) \right] \times 15\% \times 0.8 = -3\,000$（元）

（3）减少的坏账成本：

$(-100\,000) \times 8.7\% = -8\,700$（元）

或：$(-100\,000) \times 6\% + 900\,000 \times (5.7\% - 6\%) = -8\,700$（元）

（4）扣除信用成本后收益净增减额：

$(-20\,000) - (-3\,000) - (-8\,700) = -8\,300$（元）

B 方案的分析：

（1）由于销售增加使扣除信用成本前的利润增加：

$200\,000 \times 20\% = 40\,000$（元）

（2）增加的机会成本：

$$\frac{200\ 000}{360} \times 75 \times 15\% \times 0.8 = 5\ 000 （元）$$

（3）增加的坏账成本：

$$200\ 000 \times 12\% = 24\ 000 （元）$$

（4）扣除信用成本后收益净增减额：

$$40\ 000 - 5\ 000 - 24\ 000 = 11\ 000 （元）$$

上述分析说明，如果采纳 A 方案，将减少利润 8 300 元，因而是不可行的；如果采纳 B 方案，将增加利润 11 000 元，所以应采纳 B 方案。

2. 信用条件

信用条件是企业要求客户支付货款的条件，包括信用期限、现金折扣、折扣期限等。信用期限越长、折扣率越高，将有利于增加销售，但同时将有可能增加机会成本和折扣成本并影响坏账损失。

同样，信用条件的确定也应在权衡收益和成本的基础上作出决策。

【例 9-7】某企业当前的信用条件为"net30"，平均付款期为 45 天，当前的销售收入为 1 000 000 元（赊销），销售利润率为 20%，平均的坏账损失率为 6%，应收账款的机会成本率为 15%。

该企业现拟改变信用条件，有 A、B 两个方案：

A 方案信用条件为"net45"，预计销售将增加 200 000 元，平均的收款期为 60 天，全部销售平均的坏账损失率为 8%；

B 方案信用条件为"2/10，n/30"，预计销售将增加 300 000 元，平均的收款期为 30 天，全部销售平均的坏账损失率为 4%，需付现金折扣的销售占销售总额的 50%。

试评价两方案。

A 方案的分析：

(1) 销售增加将增加扣除信用成本前的利润：

$$200\ 000 \times 20\% = 40\ 000 （元）$$

(2) 对机会成本的影响：

$$\left[\frac{200\ 000}{360} \times 60 + \frac{1\ 000\ 000}{360} \times (60-45)\right] \times 15\% \times 0.8 = 9\ 000 （元）$$

(3) 使坏账成本增加：

$$200\ 000 \times 8\% + 1\ 000\ 000 \times (8\% - 6\%) = 36\ 000 （元）$$

(4) 增加折扣成本 = 0

(5) 扣除信用成本后的收益净增减额：

$$40\ 000 - 9\ 000 - 36\ 000 = -5\ 000 （元）$$

B 方案的分析：

（1）销售增加将使扣除信用成本前的利润增加：

300 000 × 20% = 60 000（元）

（2）对机会成本的影响：

$\left[\dfrac{300\,000}{360} \times 30 + \dfrac{1\,000\,000}{360} \times (30-45)\right] \times 15\% \times 0.8 = -2\,000$（元）

（3）使坏账成本减少：

300 000 × 4% + 1 000 000 × (4% - 6%) = -8 000（元）

（4）增加折扣成本：

1 300 000 × 50% × 2% = 13 000（元）

（5）扣除信用成本后的收益净增减额：

60 000 - (-2 000) - (-8 000) - 13 000 = 57 000（元）

上述分析说明，B 方案是有利的方案。

【例 9-8】某企业年赊销收入为 1 800 万元，信用条件是"n/30"，变动成本率为 60%，机会成本率为 12%，生产能力有剩余，企业拟放宽信用条件，有 A、B、C 三个方案，有关资料如表 9-4 所示。

表 9-4

项目	当前	A 方案	B 方案	C 方案
信用条件	n/30	n/60	n/90	2/10, 1/20, n/60
年赊销额（万元）	1 800	1 980	2 160	1 980
平均收款期（天）	30	60	90	24
坏账损失率（%）	2	3	5	2
收账费用（万元）	20	38	52	30

另外在 C 方案下，预计有 60% 的客户将获得 2% 的折扣，有 15% 的客户将获得 1% 的折扣。分析应否改变信用条件？如果改变信用条件，应采取哪种方案？

在方案较多时，两两比较很麻烦，这时可以计算和比较扣除信用成本后的收益来确定最佳方案。

根据表 9-3 资料，扣除信用成本后的收益计算如下：

当前的分析：

当前扣除信用成本前的贡献毛益：

1 800 × (1 - 60%) = 720（万元）

当前应收账款（按变动成本计算）的机会成本：

[1 800 × 30/360] × 60% × 12% = 10.8（万元）

当前应收账款的坏账损失：

1 800×2% = 36（万元）

当前收账费用：20 万元

当前贡献毛益扣除信用成本后的收益：

720 - 10.8 - 36 - 20 = 653.2（万元）

A 方案的分析：

A 方案扣除信用成本前的贡献毛益：

1 980×(1 - 60%) = 792（万元）

A 方案应收账款（按变动成本计算）的机会成本：

[1 980×60/360]×60%×12% = 23.76（万元）

A 方案应收账款的坏账损失：

1 980×3% = 59.4（万元）

A 方案收账费用：38 万元

A 方案贡献毛益扣除信用成本后的收益：

792 - 23.76 - 59.4 - 38 = 670.84（万元）

B 方案的分析：

B 方案扣除信用成本前的贡献毛益：

2 160×(1 - 60%) = 864（万元）

B 方案应收账款（按变动成本计算）的机会成本：

[2 160×90/360]×60%×12% = 38.88（万元）

B 方案应收账款的坏账损失：

2 160×5% = 108（万元）

B 方案收账费用：52 万元

B 方案贡献毛益扣除信用成本后的收益：

864 - 38.88 - 108 - 52 = 665.12（万元）

C 方案的分析：

C 方案扣除信用成本前的贡献毛益：

1 980×(1 - 60%) = 792（万元）

C 方案应收账款（按变动成本计算）的机会成本：

[1 980×24/360]×60%×12% = 9.504（万元）

C 方案应收账款的坏账损失：

1 980×2% = 39.6（万元）

C 方案现金折扣成本：

1 980×(60%×2% + 15%×1%) = 26.73（万元）

C方案收账费用：30万元

C方案贡献毛益扣除信用成本后的收益：

792 - 9.504 - 39.6 - 26.73 - 30 = 686.166（万元）

上述分析说明，改变信用条件后，各方案的扣除信用成本后的收益都大于当前的收益，故应当改变信用条件；在各方案中C方案的收益最大，故应采纳C方案。

练一练： 某公司目前提供的信用条件是"n/30"。当前销售收入为6 000万元，平均收账期为45天，坏账损失率为5%，变动成本率为80%，生产能力有剩余。为刺激销售，该公司可以给出"n/60"的信用条件，在新的信用条件下，预计销售额会增加25%，预计平均收账期为75天，应收账款平均的坏账损失率为6%，该公司对应收账款的投资所要求的报酬率为15%。

答案：（1）增加销售所增加的扣除信用成本前的利润。

由于生产能力有剩余，所以，扩大销售增加的贡献毛益就是增加的利润，因此，由于扩大销售增加的利润为：

6 000 × 25% × (1 - 80%) = 1 500 × (1 - 80%) = 300（万元）

（2）应收账款机会成本增加。

$$\left[\frac{1\ 500}{360} \times 75 + \frac{6\ 000}{360} \times (75 - 45)\right] \times 15\% \times 0.8 = 97.5（万元）$$

（3）增加的坏账成本。

6 000 × (6% - 5%) + 6 000 × 25% × 6% = 150（万元）

（4）扣除信用成本后收益的净增加额。

300 - 97.5 - 150 = 52.5（万元）

所以，应延长信用期限。

提示： 上述应收账款占用的资金是按照变动成本计算的。应收账款占用的资金如果从应收账款收回的角度看，应按售价计算的应收账款平均占用；从实际占用资金的角度看，应收账款占用的资金应当按照成本价或变动成本计算。

3. 收账政策

收账政策是指在信用条件被违反时，企业采取的策略，包括为收回账款拟采取的收款方式和为收回账款而准备付出的代价。严格的收账政策，有利于尽快收回账款，减少应收账款的资金占用，从而减少机会成本；同时严格的收账政策有利于有效地收回账款，从而减少坏账成本；但严格的收账政策需要付出较多的收账费用。反之则相反。

一般来说，收账费用支出越多，坏账成本越少，但这两者并不一定是线性关系。开始花费一些收账费用，坏账成本的减少很小；继续增加收账成本，应收账款的机会成本和坏账成本会明显降低；收账费用达到一定限度后，继续增加收账费用，机会成本和坏账成本又表现为不再明显降低。如图9-5所示。

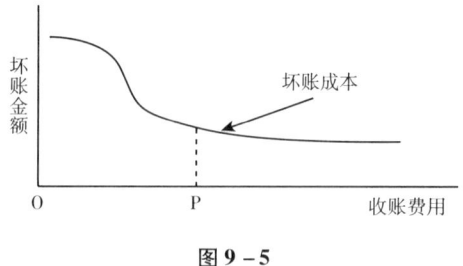

图9-5

可以看出，当收账费用增加到P点后，继续增加收账费用，坏账成本不再明显降低，此时，继续增加收账费用，收效甚微，因此，收账费用有一个最佳点。企业应比较不同收账政策下的收账成本和坏账损失，以确定最佳的收账策略。

【例9-9】现行收账政策和建议收账政策的有关资料如表9-5所示。

表9-5

项目	现行收账政策	建议收账政策
年收账费用（元）	10 000	15 000
应收账款平均的收款期（天）	60	30
坏账损失率（%）	4	2

该企业当年的销售额为1 200 000元（全部为赊销），预计改变收账政策后对销售的影响较小，应收账款的机会成本率为10%，分析是否应当改变信用政策。

对该企业是否应当改变收账政策分析如下：

（1）改变收账政策，机会成本将减少：

$$\frac{1\ 200\ 000}{360} \times (30 - 60) \times 10\% = -10\ 000\ (元)$$

（2）改变收账政策，将减少坏账损失：

$1\ 200\ 000 \times (2\% - 4\%) = -24\ 000$（元）

（3）改变收账政策，将增加的收账成本：

$15\ 000 - 10\ 000 = 5\ 000$（元）

（4）改变收账政策，将使收益净增加：

$10\ 000 + 24\ 000 - 5\ 000 = 29\ 000$（元）

应采用建议收账政策。

练一练：某企业预计赊销额为520万元，变动成本率为60%，应收账款的机会成本率为12%，该企业拟改变收账政策，有关资料如表9-6所示。

表 9-6

项目	现行收账政策	建议收账政策
年收账费用（万元）	8	12
应收账款平均的收款期（天）	90	60
坏账损失率（%）	3	2

分析应否改变收账政策？

答案：（1）改变收账政策，机会成本将减少（资金占用按照变动成本计算）：

$\frac{520}{360} \times (60-90) \times 60\% \times 12\% = -3.12$（万元）

（2）改变收账政策，将减少坏账损失：

$520 \times (2\% - 3\%) = -5.2$（万元）

（3）改变收账政策，将增加的收账成本：

$12 - 8 = 4$（万元）

（4）改变收账政策，将使收益净增加：

$3.12 + 5.2 - 4 = 4.32$（万元）

应采用建议收账政策。

9.3.3 应收账款的日常管理

1. 目标和组织机构

企业进行信用管理的目的并非要为避免风险而丢掉生意和机会，而是给企业确定一个可承担商业风险的范围，从而增加有效和有利可图的销售。然而企业要提高销售并降低风险水平是要用相应的指标来具体描述的，同时要有具体的数字来衡量和考核。通常企业实施信用政策设定的目标是：通过合理的信用销售支持企业的销售目标；保持回款速度；保持低坏账率；确保高水平的客户服务。

组织机构是指与信用管理整个流程相关的管理和组织部门。通常企业要成立专门的工作小组来负责整个流程的审定和修改，这个小组要由主管财务的副总经理来担当。该组织要明确自身的工作范围、权责界定，同时还要明确与其他相关部门的权责界定，以便在工作中处理好信用管理部门与其他部门的关系，以及常规和特别情况下的授权管理，等等。现在很多中小企业还是按照传统的企业管理模式，应收账款由财务部门管理，销售合同、发货、催款由销售部门管理；往往二者在管理上难以协调。因此，应建立一个在总经理或董事会直接领导下的独立的信用管理部门，将原来不相统属的信用风险管理的各项职责在各业务部门之间重新进行合理的分工，信用、人事、销售、财务、采购等业务部门各自承担明确的信用风险管理职责，并由信用管理部门统筹管理。从而有效地协调企业的销售目标和财务目标，在企业内部形成一个科学的风险防范管理机制，防止因盲目决策而产生的信用风险。同时，当信用危机出现时，有一个快速的、有效的危机处置机制。

2. 信用调查

信用调查是获取客户信用资料的工作。了解客户的信用情况，才能正确制定和及时调整对客户的信用政策。一般来说信用部门可以利用客户的付款记录、财务情况、内部信息、外部信息，等等进行综合加权平均来评估客户信用状况，评估结果用于确定客户的信用额度和信用条款。

如果对这一部分进行详细规定，还应包括客户调查和信用评估两部分。

客户调查中要解决如何收集客户资料。包括如何自行收集客户材料？如何向客户直接索取资料？如何从资信调查机构获得参考资料？如何进行资料的更新，等等问题。获取客户信用资料的方法主要有以下两种。

（1）直接调查法。

直接调查法是调查人员直接与被调查企业接触，通过当面采访、询问、观察、记录等方式取得客户信用资料的一种方法。直接调查能保证收集资料的准确性和及时性，但若得不到被调查单位的诚心配合，可能会使调查资料的可靠性和完整性受到影响。

（2）间接调查法。

间接调查法是以被调查单位以及其他单位保存的资料为基础，通过加工整理获取被调查单位信用资料的一种方法。这些资料主要来自以下几个方面。

①财务报表。有关单位的财务报表是信用资料的主要来源，通过对财务报表的分析，可以基本了解被调查单位的信用状况。

②信用评估机构。信用评估机构对客户信用状况的评估结果，是我们判断企业信用状况的重要依据。我国信用评估机构主要包括三种形式，第一是独立的信用评估机构，他们只根据自身的业务，组织有关专家参加，不受行政干预和集团利益的牵制，独立自主地开办信用评估业务；第二是政策性银行负责组织的信用评估；第三是商业银行组织的评估机构。有些银行评估机构通常对本地区企业的信用状况予以评估，并在媒体上予以公布。从媒体上或咨询独立的信用评估机构来获取这些信息，是企业获取客户信用资料的重要渠道。

③银行。客户的开户银行对客户信用状况的意见是最具权威的，但银行的资料除了向在该行开户的单位提供咨询服务外，通常只在同业之间交流，而不愿向其他单位提供。因此，企业可以通过本企业的开户银行向客户的开户银行咨询，再由本企业的开户银行将信息反馈给本企业，从而了解客户的信用状况。

④其他。如财税部门、消费者协会、工商管理部门、企业的上级主管部门、证

券交易部门等，这些部门或单位也对客户的信用状况比较了解。

3. 信用评估

信用评估是根据信用调查搜集到的信用资料，采取一定的方法，对客户的信用状况作出正确的估计。常见的信用评估方法有5C评估法、信用评分法等。

(1) 5C评估法。

所谓5C评估法是指根据影响企业信用状况的五个方面的因素评价企业信用状况的一种方法，由于这五个因素的英文字母都以C开头，所以称为5C评估法。这五个因素分别是：品德（character）、能力（capacity）、资本（capital）、抵押（collateral）、条件（conditions）。

①品德。品德是指顾客履行其付款义务的愿意。顾客是否愿意尽自己最大的努力来归还货款，直接影响着货款回收的速度和数量，是影响货款到期能否收回的首要因素。顾客是否愿意付款，不是看他说得如何，而是看它做得如何。企业可以通过了解客户的付款记录，看其是否具有按期如数付款的一贯做法，也可以通过了解客户与其他供应商之间的关系是否良好来判断其品德如何。

②能力。能力是指顾客支付货款的能力。主要是指短期偿债能力，如流动资产的数量和质量以及流动资产与流动负债的比例关系。顾客的流动资产的数量越多，支付货款的能力就越强；流动资产的质量越好，应收账款不存在呆账、坏账，存货数量适当、周转较快，企业支付货款的能力也越强。

③资本。资本是指企业的财务实力和财务状况，表明顾客偿还货款的背景。主要体现在顾客的注册资本的数额、负债的水平、企业规模，以及顾客的经营情况。注册资本越多、负债水平越低、经营规模越大，一般偿还到期债务的能力不会存在大的问题；顾客经营情况也是影响顾客财务实力的重要方面，虽然规模较大，注册资本较多，但若出现经营亏损，其账面净资产可能会在不长的时间内化为乌有。

④抵押品。抵押品是指客户为偿还货款愿意提供担保的资产。这对于不知底细或信用状况有争议的客户尤其重要，对于这些客户来说如果能够提供资产作抵押，则企业到期收回货款的问题也不大。因为一旦客户到期不能偿还货款，可以通过变卖这些资产予以收回货款。

⑤条件。条件是指可能影响客户付款能力的经济环境。整个经济或客户所处行业将来是否会出现不利的变化，在出现不利情况时，客户会采取什么态度，是排除一切困难偿还货款，还是找出种种理由拖欠货款？关于前者，需要通过预测加以判断；关于后者，可以根据客户在遇到困难时的付款态度来加以判断。

通过分析以上五个方面的因素，可以对客户的信用状况作出判断，为是否向某一客户提供商业信用的决策提供依据。

(2) 信用评分法。

信用评分法是指通过对反映企业信用状况的一系列财务指标评分并得出综合得分，评价客户信用状况的一种方法。信用状况综合得分的计算公式如下：

设：Y 表示某企业信用评分；A_j 表示第 j 项指标的权数值，可以根据各项指标的重要性程度加以确定；X_j 表示第 j 项指标评分值，可以根据各项指标的实际数与标准数之比来确定。例如，本企业本期实际流动比率为180%，标准值为200%，则该项指标得分为90分（180%/200%×100），也可以由分析者根据某项指标的具体情况加以评定。则：

$$Y = \sum_{j=1}^{n} A_j x_j$$

【例9-10】某企业根据信用调查的结果，运用信用评分法对客户信用状况评估如表9-7所示。

表9-7　　　　　　　　　　信用评分表

项目	指标	评分（x）	权数（A）	加权平均得分
流动比率	1.8	90	0.2	18.00
资产负债率	55%	90	0.1	9.00
净资产收益率	15%	85	0.1	8.50
信用评估等级	AA级	80	0.25	20.00
付款历史	尚好	70	0.25	17.50
未来发展	较好	70	0.05	3.50
其他因素	好	85	0.05	4.25
合计	—	—	1.00	80.75

在采用信用评分法评估企业信用状况时，如果各项指标的得分是同该项指标的最佳值相比较的结果，如某项指标达到最佳数值时得分100，此时，加权平均得分在80分以上说明客户信用状况良好；60~80分时说明客户信用状况一般；60分以下说明客户信用状况较差。如果各项指标的得分是同该项指标的行业平均值相比较的结果，如某项指标达到行业平均值时得分100，此时，加权平均得分在100分以上说明客户信用状况良好；100~80分时说明客户信用状况存在问题；80分以下说明客户信用状况较差，60分以下说明客户信用状况很差。

4. 账龄分析

企业决定对客户予以赊销后，要了解应收账款的回收情况，分析各笔应收账款的账龄，以便对不同的应收账款采取不同的措施。账龄分析需要编制账龄分析表。

账龄分析表是根据未收账款发生时间长短而编制的表格，其一般格式如表9－8所示。

表9－8

应收账款账龄	笔数	金额（万元）	比例（％）
信用期以内	200	80	40
超过信用期1～20天	100	40	20
超过信用期21～40天	50	20	10
超过信用期41～60天	30	20	10
超过信用期61～80天	20	20	10
超过信用期81～100天	15	10	5
超过信用期100天以上	5	10	5
合计	420	200	100

利用上龄分析表可以了解以下情况：（1）有多少应收账款尚未超过信用期；（2）有多少应收账款已经超出信用期；（3）有多少应收账款可能成为坏账。

5. 计提坏账准备

在市场经济中，只要存在应收账款，就难免发生坏账损失。因此企业要加强坏账的管理。坏账管理的主要内容是正确确认坏账损失、及时充分地计提坏账准备。

（1）坏账损失的确认。

按照我国现行财务制度规定，确认坏账损失的标准有两个：①债务人破产或死亡以其破产或遗产清偿后仍不能回收的部分；②债务人逾期三年未履行义务，且有明显的证据证明今后也无法收回的应收账款。

企业的应收账款只要符合以上两个条件中的任何一个条件，均应作为坏账损失处理，计入当期损益。企业的应收账款已经作为坏账损失处理之后，企业对这部分应收账款仍然具有追索权，仍然应当尽可能收回这些账款。如果追回已经作为坏账损失的应收账款，应当冲减坏账损失。

（2）坏账准备的提取。

坏账准备是企业按照事先确定比率估计坏账损失，计入费用，从而提前对将要发生的损失予以补偿而建立的准备金。提取坏账准备有利于及时处理坏账，降低风险，加速资金周转，并在一定程度上解决虚盈实亏的问题。目前，我国财务制度规定，坏账准备的提取采用应收账款余额比率法，即按照年末应收账款余额的3‰～5‰提取坏账准备。上市公司坏账准备的提取一般采取账龄分析法，即按照应收账款账龄不同分别确定不同的比例计提坏账准备，账龄越长，计提的比例越大；账龄越短，计提的比例越小。

延伸思考

计提坏账准备,在风险控制四个对策中属于哪个对策?这一举措是风险防范还是补救,阐述您的理由。

6. 收账策略

收账是应收账款管理的重要一环,收账日常管理主要是制定科学的收账策略。

(1) 努力提高收账人员自身的素质和能力。收账人员应该具备的基本素质和能力包括:认真、执着、不畏艰难、锲而不舍、灵活应变、口才表达力强、沟通能力强、善用心理战术、能屈能伸、立场坚定以及高度的责任感。有条件的情况下向社会信用咨询机构查询购货方信用情况,或者建立动态的客户管理系统进行追踪管理,做到知己知彼,在整个收账过程中要善于权衡收账成本与收益。

(2) 成立专门收账机构,制定严格的收账制度。高效运行的组织首先要求设计合理的组织结构。而在收账实际工作中,往往由于销售人员碍于客户的情面,催收力度不够,而且由于工作繁忙,催款时间安排不及时。而财务人员又不清楚具体原因,导致追款成功率低。因此,有必要在条件允许的情况下成立专门的收账机构,尤其是对那些应收账款累计数量多、账龄较长的企业。

(3) 在收账过程中巧妙运用收账方法。在实践中有很多收账方法值得总结和探索。比如可以采取动之以情的策略,借助于上级或亲朋好友的协助,主动沟通收回欠款;还可以采取晓之以理的策略,先办理签认记录,再以诉讼相逼手段迫使其还款;对于那些以后不打算再有业务往来的企业,要打消顾虑,不惜一切代价维护自己的合法权益。

(4) 制订还款计划,在条件允许的情况下让对方提供担保。

(5) 加强合同管理。

(6) 财务部门收账人员要定期与债务人对账,并且注意交易单据的完整性。

(7) 财务人员、销售人员、收款人员要知法守法,能够用法律武器维护本企业正当权益。

(8) 注重产品质量。只有自身产品质量过硬、适销对路,才能在收账中"理直气壮"。

总之,催收货款是一件艰巨复杂的工作,需要财务部门、销售部门和收账部门的相互协调与配合,各尽其责,才能够使收账工作真正富有成效。当然,良好的外部环境也是必不可少的,比如建立健全社会信用体系,形成以道德、产权为基础,法律为保障的社会信用制度;健全的信用激励制度以及失信惩罚制度等。

微案例:
云南白药日化
营收增幅放缓
应收账款近20亿
同比增幅五成
二维码链接
(素材9-6)

> **延伸思考**
>
> 云南白药应收账款存在哪些问题，可采取的对策有哪些？

9.4 存货管理

存货是企业的主要资产之一。存货核算的正确与否，直接关系到企业的财务状况和经营成果能否得到恰当的反映，存货管理水平直接反映企业管理水平的高低。这里所指的存货，是指企业在日常活动中持有以备出售的产成品或商品、处在生产过程中的在产品、在生产过程或提供劳务过程中耗用的材料和物料，主要包括各类材料、在产品、半成品、产成品、商品等。企业代销、代管存货，委托加工、代修存货也属于存货范畴。存货在任何类型的企业中，都是种类繁多、占用资金比较大的资产项目之一，一般要占到企业资金总额的30%~40%。这方面资金利用程度优劣，对整个企业的财务状况和经营成果影响极大。因此，加强存货管理，使其始终保持在一个最优水平，是企业管理的重要任务之一。

存货管理在当今财务管理活动中，已经充分利用了现代信息技术的优势，其现代化手段走在了各项流动资产管理的最前端。在市场全球化和外包策略被广泛用来提升企业核心竞争能力的今天，许多企业都选择了供应链和物流管理，作为获取竞争优势所必须采取的战略步骤。在企业实施了供应链管理之后，供应链成本管理将成为企业创造竞争优势的新的着力点。第三方物流使企业把成本分布于各个分公司和部门，并且需要满足各种中、小型配送中心的不同需求。在不中断信息流的前提下，减少成本就得需要提高配送中心的操作能力及效率。当前，存货管理信息系统也正从信息处理和业务模拟型，转向管理决策支持型；系统所采用的管理模型，也正从静态的经济订货量模型，转向能够对存货进行动态预测的即时订货模型。

9.4.1 存货的功能和成本

1. 功能

存货功能是指存货在生产经营中的作用。企业保持一定存货，具有以下几个方面的作用。

（1）可以保持生产经营正常进行。

对于工业企业来说，储存必要的原材料和在产品，可以保持生产经营活动连续性，不至于因材料供应中断而导致生产活动的中断。在现代社会，科学技术日新月异、市场需求不断变化，企业的生产方式开始发生革命性的变化，大批量、连续式的生产方式越来越不能适应新的技术经济条件，代之以小批量、按订单组织生产的适时生产方式。与适时生产方式相适应，在存货管理上提出了工完料尽、不留存货的零存货设想。但这主要是对现代化程度较高、所生产产品市场需求存在较大差异的企业来说的。对于现代化程度不高、所生产产品市场需求相对稳定、差异不大的企业来说，保持一定的原材料存货是生产经营连续性所必需的。

（2）准备必要的产成品，有利于扩大销售。

在新技术经济条件下，市场需求多变、多样，人们消费差异性极大，为某一客户生产的产品，很难适合其他客户的需要。所以，适时生产系统认为产品应专为特定客户生产，每批产品完工后，应不留产成品存货。但不是所有企业、所有产品都是如此。一些传统行业、市场需求量大的产品，保留一定的产成品存货，当一些临时客户有购买要求时，不至于错过销售机会，从而有利于扩大销售。

（3）储备必要的存货，便于组织均衡生产，降低成本。

有的企业生产的产品具有季节性，有的企业产品需求很不稳定，如果根据需求组织生产，有时生产能力得不到充分利用；有时又会超负荷运转，这两种情况都不利于降低成本费用。为了均衡生产，就需要储备一定的产成品存货。

（4）获取数量折扣的好处。

（5）避免价格上扬造成的损失。

2. 存货成本

（1）采购成本。采购成本是构成存货本身价值的成本，由买价和运杂费构成。采购成本总额是采购数量与单位采购成本的乘积，所以，采购成本总额与采购数量呈正比例关系。

（2）订货成本。订货成本是指为组织订购材料、商品所发生的成本，如为订货而发生的差旅费、邮资、电话费、采购机构的办公费等。订货成本按其总额与订货次数的关系分为订货变动成本和订货固定成本。订货变动成本与订货次数成正比，而与每次订货量无关，每次订货变动成本一般固定不变，一定时期订货次数越多，订货变动成本总额越大，如差旅费、电话电报费等；订货固定成本与订货次数无关，如采购机构的办公费、采购人员的工资，不论全年次数是多少，这些订货固定成本的数额都是不变的。

（3）储存成本。储存成本是指在存货储存过程中发生的成本，如存货占用资金的机会成本，仓储费，保险费，仓库房屋、机器设备的折旧费、维修费，存货过时的损失等。存货成本按其总额与存货量的关系分为固定储存成本和变动储存成本。变动储存成本与存货的数量成正比，存货数量越多，变动储存成本就越大，如占用资金的机会成本、仓储费、保险费；固定储存成本与存货数量无关，如仓库房屋、机器设备的折旧费、维修费，存货过时的损失等。

（4）缺货成本。缺货成本是由于存货数量短缺不能及时满足企业生产和销售的需要而给企业造成的损失。如由于原材料储备不足造成的停工损失、因商品储存不足而造成销售中断、错过销售机会的损失等。存货的短缺成本与存货的数量成反比，存货的数量越少，存货的短缺成本就越大，反之则相反。

9.4.2 经济订货量的计算

保持一定数量的存货是维持生产经营活动连续性、降低成本以及扩大销售所必需的，但过多的存货又必然使企业支付不必要的成本，从而造成浪费。因而，存货管理的核心问题是确定并保持合理的存货量。控制存货量关键是确定存货的经济订货量，如果每次材料的采购数量是合理的，在产品、产成品的生产批量是恰当的，就可以使存货的占用数量在绝大程度上得到有效的控制。存货的经济订货量就是在保证企业生产经营活动需要的前提下，能使企业一定时期存货相关总成本最低的经济订货或生产批量。

1. 经济订货量的一般模型

存货经济订货量的一般模型是建立在一系列假设的基础之上的，其假设主要包括：一定时期存货的需求总量可以确定；每日存货的需求均匀稳定；企业提出订货时，能够立即到货；不允许缺货；每次订货可以集中到货，而不是陆续供应；存货价格稳定，不存在数量折扣。

在上述假设的情况下，企业存货量的变动模式如图 9-6 所示。

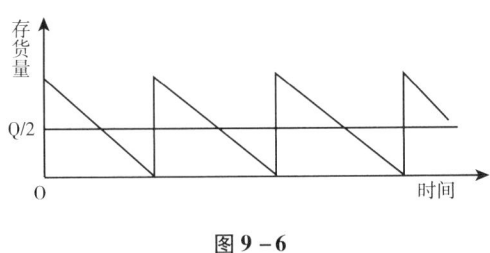

图 9-6

图 9-6 说明，由于存货每天需要量均匀稳定，所以每次到货后存货量达到最高点，随着每天存货的耗用，存货量呈直线下降的趋势，当存货量降至零时，提出要货，并且立即到货，存货量又重新恢复到最高点，如此循环往复。因此，平均的存货量可以按每次订货量的 1/2 计算。

在上述假设的情况下，由于不存在数量折扣，所以不管每次购货量为多少，在全年需求总量一定的情况下,存货的采购成本总是固定不变的,因而,在存货经济订货量决策基本模型中,采购成本是属于无关成本,可以不予考虑;由于不允许缺货,故也不考虑缺货成本;同时,不管每次订货量是多是少,一定时期订货固定成本总额和储存固定成本总额都不变,因而,订货固定成本和储存固定成本与存货订货量的决策是无关的,属于无关成本。所以,在存货经济订货量决策的基本模型中,相关的成本包括储存变动成本和订货变动成本。从订货变动成本看,虽然每次订货变动成本不变,但每次订货量越多,全年的订货次数就越少,订货变动成本总额就越少。反之,每次订货量越少,全年的订货次数就越多,订货变动成本总额就越多。所以订货变动成本与每次订货量成反比,从节约订货变动成本的角度,要求每次订货量越多越好。从储存变动成本看,虽然单位储存变动成本一般不变,但每次订货量越多,全年平均的存货量就越高,一定时期储存变动成本总额也就越大;反之,每次订货量越少,全年平均的存货量就越低,储存变动成本总额就越小。所以储存变动成本与每次订货量成正比。从节约储存变动成本的角度考虑,要求每次订货量越少越好。

设:D 表示一定时期存货需求总量,d 表示一定时期每日存货需求量,Q 表示每次订货量,K_C 表示单位储存变动成本,K 表示每次变动订货成本,T 表示相关订货成本和储存成本之和。

则:

$$平均的存货量 = Q/2$$
$$全年订货次数 = D/Q$$
$$全年订货变动成本 = (D/Q)\ K$$
$$全年储存变动成本 = (Q/2)\ K_C$$
$$存货相关总成本\ T = (D/Q)\ K + (Q/2)\ K_C$$

在经济订货量基本模式下,经济订货批量就是能够使一定时期订货变动成本和储存变动成本为最低的每次订货量。能够使总成本 T 为最低的每次订货量 Q,可以对下式的 Q 求导数求得:

$$T' = (QK_C/2 + DK/Q)'$$
$$= K_C/2 - DK/Q^2$$

令:
$$T' = 0$$

得:
$$\frac{K_C}{2} - \frac{DK}{Q^2} = 0$$

$$Q = \sqrt{2DK/K_C}$$

最佳相关总成本
$$T = \frac{DK}{Q} + \frac{QK_C}{2}$$

$$= \frac{DK}{\sqrt{2DK/K_C}} + \frac{\sqrt{2DK/K_C} \times K_C}{2}$$

$$= \frac{DK\sqrt{2DK/K_C}}{2DK/K_C} + \frac{1}{2}K_C\sqrt{\frac{2DK}{K_C}}$$

$$= \frac{1}{2}K_C\sqrt{\frac{2DK}{K_C}} + \frac{1}{2}K_C\sqrt{\frac{2DK}{K_C}}$$

$$= \sqrt{2DKK_C}$$

【例9-11】某企业全年需要甲材料3 600千克，采购单价为20元，每次订货成本为400元，每千克甲材料的年平均储存变动成本为8元。要求计算甲材料的经济订货量。

$$Q = \sqrt{\frac{2 \times 3\,600 \times 400}{8}} = 600 \text{（千克）}$$

相关总成本 $= \sqrt{2 \times 3\,600 \times 400 \times 8} = 4\,800$（元）

订货批次 $= 3\,600/600 = 6$（次）

2. 考虑数量折扣情况下的经济订货量

在经济订货量的基本模型中，假设采购成本不受经济批量的影响，即不论每次采购量为多少，供货方都不给数量折扣。而在实际工作中，供应商为了鼓励客户一次大量购买，往往采取量大优惠策略，即当订货量超过一定的水平时，在价格上给予一定的优惠折扣，一次订货量越大，价格折扣也越大。在考虑数量折扣的情况下，与经济订货量决策相关的成本就包括采购成本、订货变动成本和储存变动成本三部分。

根据经济订货批量的基本模型，当每次订货量为不考虑数量折扣的经济订货量时，订货变动成本和储存变动成本为最低，订货量越大于或小于不考虑数量折扣的经济订货量时，订货变动成本和储存变动成本越高。因此，在数量折扣起点大于不考虑数量折扣的经济订货量时，只需比较以各数量折扣起点为订货量和不考虑数量折扣的经济订货量的总成本，其中，总成本最低的订货量即为经济订货量。所以，在考虑数量折扣的情况下，确定经济订货量的基本程序是：

第一，首先确定不考虑数量折扣时的经济订货量及其考虑数量折扣的相关总成本；

第二，确定折扣起点数量订货的相关总成本；

第三，比较按照不享受折扣和各折扣起点数量订货的相关总成本，其中，最低的总成本所对应的订货量即为经济订货量。

【例9-12】某企业全年需要甲材料9 600千克，单价为10元，每次订货成本为400元，单位存货年平均储存变动成本为单价的30%。供货单位提出，如果一次订货2 400千克，在价格上可以享受2%的折扣；如果一次订货4 800千克，在价格上可享受3%的折扣。要求确定甲材料的经济订货量。

首先计算不存在折扣的情况下的经济订货量（Q）及其总成本（T）：

$$Q = \sqrt{\frac{2 \times 9\,600 \times 400}{10 \times 30\%}} = 1\,600（千克）$$

$$T = \sqrt{2 \times 9\,600 \times 400 \times 10 \times 30\%} + 9\,600 \times 10$$
$$= 4\,800 + 96\,000 = 100\,800（元）$$

其次，计算一次订货量为2 400千克和4 800千克时的相关总成本：

当Q=2 400千克时，

单位储存变动成本=10×(1-2%)×30%=2.94（元）

T = 9 600×400/2 400 + 2 400×2.94/2 + 9 600×10×(1-2%)
= 1 600 + 3 528 + 94 080 = 99 208（元）

Q=4 800千克时，

单位储存变动成本=10×(1-3%)×30%=2.91（元）

T = 9 600×400/4 800 + 4 800×2.91/2 + 9 600×10×(1-3%)
= 800 + 6 984 + 93 120 = 100 904（元）

最后，比较总成本并确定最佳经济订货量。

由于订货量为2 400公斤时总成本最低，所以，应按照2 400千克组织订货，取得数量折扣。

练一练：某公司全年须用b材料12 500件，每件价格80元，每次订货费用为1 296元，单位零件年仓储成本为5元，机会成本为25%，供货方规定每次订货量为不同情况时价格折扣的情况如表9-9所示。

表9-9

每次订货量（件）	折扣金额（元/件）
0~999	无折扣
1 000~1 999	1.00
2 000~4 999	1.50
5 000~9 999	1.80
10 000件以上	2.00

要求：确定 b 材料的经济订货量。

答案：首先计算不存在折扣的情况下的经济订货量（Q）及其总成本（T）。

$$Q = \sqrt{\frac{2 \times 12\,500 \times 1\,296}{(5 + 80 \times 25\%)}} = 1\,138（件）$$

此时，

单价 = 80 − 1 = 79（元）

单位储存变动成本 = 79 × 25% + 5 = 24.75（元）

T = 12 500 × 1 296/1 138 + 1 138 × 24.75/2 + 12 500 × 79
　= 14 235.5 + 14 082.75 + 987 500 = 1 015 818.25（元）

其次，计算一次订货量为 2 000 件、5 000 件和 10 000 件时的相关总成本。

当 Q = 2 000 件时，

单价 = 80 − 1.5 = 78.5（元）

单位储存变动成本 = 78.5 × 25% + 5 = 24.625（元）

T = 12 500 × 1 296/2 000 + 2 000 × 24.625/2 + 12 500 × 78.5
　= 8 100 + 24 625 + 981 250 = 1 013 975（元）

Q = 5 000 件时，

单价 = 80 − 1.8 = 78.2（元）

单位储存变动成本 = 78.2 × 25% + 5 = 24.55（元）

T = 12 500 × 1 296/5 000 + 5 000 × 24.55/2 + 12 500 × 78.2
　= 3 240 + 61 375 + 977 500 = 1 042 115（元）

Q = 10 000 件时，

单价 = 80 − 2 = 78（元）

单位储存变动成本 = 78 × 25% + 5 = 24.5（元）

T = 12 500 × 1 296/10 000 + 10 000 × 24.5/2 + 12 500 × 78
　= 1 620 + 122 500 + 975 000 = 1 099 120（元）

最后，比较总成本并确定最佳经济订货量。

由于订货量为 2 000 件时总成本最低，所以，应按照 2 000 件组织订货，享受每件 1.5 元的数量折扣。

提示：不考虑数量折扣的经济订货量 1 138 件，大于每件折扣 1 元的折扣起点 1 000 件，根据经济订货批量基本模型的原理，每次订货批量为 1 138 件和每次订货量为 1 000 件的采购总成本相同，但每次订货量 1 138 件订货变动成本和储存变动成本总额低于 1 000 件时的订货变动成本和储存变动成本总额，故不考虑每件数量折扣 1 元的折扣起点。

3. 一次订货分批送货情况下的经济订货量

经济订货批量的基本模型是假设每次订货后一次到货，而实际上订货后供应商可以分批送货。采用一次订货分批送货，可通过增加每次订货量使全年订货次数减少，从而降低订货成本，同时，由于分批进货，又可使储存成本降低。分批送货一般是在订货间隔期内分次平均供应。

设 H 为每次订货的送货次数，则：

$$T = DK/Q + QK_C/2H$$

要使存货的总成本最低，可求 Q 对 T 的一阶导数：

$$Q = \sqrt{\frac{2DKH}{K_C}}$$

【例 9-13】某企业全年需要丙材料 10 800 千克，该材料每次订货成本为 400 元，单位存货年平均储存成本为 6 元，通过与供货厂商协商，每次订货分 4 次平均供货。要求确定丙材料的经济订货量。

丙材料的经济订货量（Q）

$$= \sqrt{\frac{2 \times 10\ 800 \times 400 \times 4}{6}} = 2\ 400（千克）$$

丙材料的全年存货总成本（T）

= 10 800 × 400/2 400 + 2 400 × 6/(2 × 4) = 3 600（元）

订货次数 = 10 800/2 400 = 4.5（次）

4. 订货提前期、再订货点

(1) 订货提前期。

计算经济订货量的基本模型假设可以立即到货，实际上从发出订单到货物到达，往往需要一定的间隔期。从发出订单到货物验收入库为止所需要的时间称为订货提前期，又称交货期。在考虑订货提前期的情况下，对经济订货量的基本模型没有什么影响，只是应在存货用完之前组织订货。订货提前期的确定可以根据从发出订单到货物到达并验收入库所需的时间来确定。

(2) 再订货点。

在考虑订货提前期的条件下，不能等到存货用完时再组织订货，而应在存货达到某一点时就应组织订货。企业必须立即组织订货的存货的库存数量或金额点称为再订货点。

设：R 表示再订货点，d 表示每天平均需要量，m 表示每天最大需要量，L 表示订货提前期。

如果不考虑保险储备，再订货点的计算公式为：

$$R = Ld$$

（3）保险储备。

经济订货量的基本模型是假设每天存货需要量是均匀稳定的，实际上每天的存货需要量可能是不均匀的，存货在途时间可能由于种种原因被拖延，因此在确定再订货点时应当考虑必要的保险储备。保险储备是为了防止耗用量突然增加或交货延期而建立的最低储备量。它取决于订货提前期、每天需求的变化情况。在不允许缺货的情况下，保险储备的计算公式是：

$$u = (m - d)L$$

此时，$R = Ld + u = m \times L$

【例9-14】某企业每天正常耗用甲材料30千克，该材料从发出订单到货物验收入库需要10天，每天最大需要量估计为40千克。

则：

甲材料的保险储备量为：

$(40 - 30) \times 10 = 100$ 千克。

甲材料的再订货点为：

$30 \times 10 + 100 = 400$（千克）

或：$40 \times 10 = 400$ 千克

5. 允许缺货时的保险储备量

一般情况下企业总是尽量避免缺货的发生，为了避免缺货就需要建立较高的保险储备量，而保险储备量的增加则会增加储存成本。实际上缺货并不是经常发生，为应付偶尔的缺货而保持全年基本不动用的高额保险储备，未必是经济的。如果允许一定程度的缺货概率的存在，可以使保险储备上的储存成本节约额大于缺货成本，有利于增加利润。因此，合理的保险储备量，应使保险储备的储存成本和缺货成本为最低。最佳保险储备量可以通过计算不同保险储备情形下的储存成本和缺货成本等相关总成本，然后选择其中相关总成本最低时的保险储备量来确定最佳保险储备量。

设：u 表示保险储备量，K_C 表示单位存货年平均储存成本，S 表示一次订货缺货量，K_s 表示单位缺货成本，T 表示相关总成本，N 表示订货次数，L 表示交货期，d 表示每天需要量。

$$T = S \cdot N \cdot K_s + u \cdot K_C$$

缺货量可以根据保险储备量、订货期里各种可能的需求量及其概率来确定。

【例9-15】某种材料全年需求量D为3 600千克，单位存货年储存变动成本K_C为2元，单位缺货成本K_s为4元，交货期L为10天，每天正常耗用量d为10千克，经济订货批量Q为300千克，年订货次数N为12次，设每天存货需要量为d，交货期存货需要量及其概率见表9-10。

表9-10

Ld	70	80	90	100	110	120	130
Pi	0.01	0.04	0.2	0.5	0.2	0.04	0.01

$u = 0$ 千克时，
$R = L \cdot d + u = 10 \times 10 + 0 = 100$（千克）
$S = 10 \times 0.2 + 20 \times 0.04 + 30 \times 0.01 = 3.1$（千克）
$T_c = 3.1 \times 12 \times 4 + 0 \times 2 = 148.8$（元）

$u = 10$ 千克时，
$R = L \cdot d + u = 10 \times 10 + 10 = 110$（千克）
$S = 10 \times 0.04 + 20 \times 0.01 = 0.6$（千克）
$T_c = 0.6 \times 12 \times 4 + 10 \times 2 = 48.8$（元）

$u = 20$ 千克时，
$R = L \cdot d + u = 10 \times 10 + 20 = 120$（千克）
$S = 10 \times 0.01 = 0.1$（千克）
$T_c = 0.1 \times 12 \times 4 + 20 \times 2 = 44.8$（元）

$u = 30$ 千克时，
$R = L \cdot d + u = 10 \times 10 + 30 = 130$（千克）
$S = 0$
$T_c = 0 \times 12 \times 4 + 30 \times 2 = 60$（元）

因此，最佳的保险储备量为20千克。

延伸思考

保险储备量的多少会受何种因素影响？

练一练：ABC公司生产中使用甲零件，全年共需耗用3 600件，购入单价为9.8元，一次订货成本72元。到货期及其概率分布如表9-11所示。

表9-11

天数	8	9	10	11	12
概率	0.1	0.2	0.4	0.2	0.1

假设该零件的单位储存变动成本为4元，单位缺货成本为5元，一年按360天

计算。建立保险储备时，以交货期内平均每天需要量作为间隔递增。

要求：(1) 计算甲零件的经济订货批量；(2) 计算每年订货次数；(3) 计算交货期内的平均每天需要量；(4) 计算平均交货期；(5) 确定最合理的保险储备量和再订货点。

答案：(1) 经济订货批量 $=\sqrt{\dfrac{2\times 3\,600\times 72}{4}}=360$（件）

(2) 每年订货次数 $=3\,600/360=10$（次）

(3) 交货期内平均每天需要量 $=3\,600/360=10$（件）

(4) 平均交货期 $=8\times 0.1+9\times 0.2+10\times 0.4+11\times 0.2+12\times 0.1=10$（天）

(5) 预计交货期内的需求 $=10\times 10=100$（件）

假设保险储备为 0，

再订货点 $=100+0=100$（件）

平均每次缺货量 $=(110-100)\times 0.2+(120-100)\times 0.1=4$（件）

保险储备总成本 $=4\times 5\times 10+0=200$（元）

假设保险储备为 10 件，

再订货点 $=100+10=110$（件）

平均每次缺货量 $=(120-110)\times 0.1=1$（件）

保险储备总成本 $=1\times 5\times 10+10\times 4=90$（元）

假设保险储备为 20 件，

再订货点 $=100+20=120$（件）

平均每次缺货量 $=0$（件）

保险储备总成本 $=0+20\times 4=80$（元）

由于保险储备为 20 件时的总成本最低，因此最合理的保险储备量为 20 件，再订货点为 120 件。

6. 经济生产批量的决策

(1) 经济生产批量的含义及相关成本。

前面我们对经济订货批量的分析主要解决材料或商品的采购批量的问题，适用于工业企业的材料控制和商品流通企业的存货控制。对于工业企业来说，存货的另外一个重要组成部分是在产品和产成品存货，控制这部分存货资金占用的关键是控制经济生产批量。经济生产批量是能够使相关成本为最低的每次生产数量。与经济生产批量决策相关的成本主要是调整准备成本和产成品储存成本。

调整准备成本是指在每批产品投产前为进行调整准备工作而发生的成本。如调试机器、清理现场、准备工卡模具、布置生产线、下达派工单、领取原材料、准备生产作业记录和成本记录等工作而发生的成本。调整准备成本与每批产量的多少无关，但与生产批数有关，生产批数越多，调整准备成本就越多。储存成本是指产品在储存过程中发生的仓储费、保险费以及利息支出等。储存成本与生产批量呈正比例关系，每次生产批量越大，产成品或半成品存货就越多，储存成本就越高；反之，每次生产批量越小，产成品或半成品存货就越少，储存成本就越低。

企业为降低调整成本就需要减少生产批数，而减少生产批数则会使生产批量增大，生产批量增大又导致储存成本上升；如果企业为降低储存成本而减少生产批量时，则会使生产批数增加，生产批数增加又会使调整准备成本上升。最优生产批量就是能使这两种成本之和为最低的每次生产批量。

（2）单一产品经济生产批量的决策。

设：D 表示全年生产量，Q 表示每批生产数量，P 表示每天产量，d 表示每天销售量（或耗用量），k 表示每批调整准备成本，K_c 表示单位产成品（或半成品）的年储存成本，T 表示全年调整准备成本和储存成本合计。

则，产品的总成本可计算如下：

送货期 $= Q/P$

每天积存量 $= P - d$

最高存货量 $= (Q/P) \times (P - d) = Q \times (1 - d/P)$

平均存货量 $= Q \times (1 - d/P)/2$

全年储存成本 $= [Q(1 - d/P)/2] \times K_c$

全年调整准备成本 $= (D/Q) \times K$

相关总成本为 $T = (D/Q) \times K + [Q \times (1 - d/P)/2] \times K_c$

根据微分求极值的原理，对上式求导数可得最优生产批量为：

$$Q = \sqrt{\frac{2DK}{K_c(1 - d/P)}} = \sqrt{\frac{2DK}{K_c} \times \left(\frac{P}{P - d}\right)}$$

最优生产批量下的相关总成本：

$$T = \sqrt{2DKK_c\left(1 - \frac{d}{p}\right)}$$

因为：

$$\frac{D^2}{Q^2} = \frac{D^2}{\dfrac{2DK}{K_c\left(1 - \dfrac{d}{p}\right)}}$$

$$= \frac{DK_c\left(1 - \dfrac{d}{p}\right)}{2K}$$

所以最优生产批次 D/Q 为：

$$\frac{D}{Q} = \sqrt{\frac{DK_C(1-\frac{d}{p})}{2K}}$$

【例 9-16】某企业计划年度生产甲产品 4 800 件。该产品每天生产量为 20 件，每天销售量为 15 件，每批产品调整准备成本为 400 元，每件产品年平均储存成本为 6 元。要求：进行最优生产批量的决策分析。

解：

$$Q = \sqrt{\frac{2 \times 4\,800 \times 400}{6} \times \frac{20}{20-15}} = 1\,600 \text{（件）}$$

$$T = \sqrt{2 \times 4\,800 \times 400 \times 6 \times (1 - \frac{15}{20})} = 2\,400 \text{（元）}$$

$$\frac{D}{Q} = \sqrt{\frac{4\,800 \times 6}{2 \times 400} \times (1 - \frac{15}{20})} = 3 \text{（次）}$$

9.4.3 存货控制

1. 存货控制的基本要求

存货控制是指在日常生产经营过程中，按照存货规划的要求，对存货的使用和周转情况进行组织、调节和监督。在实际工作中，按照会计准则的要求，企业在建立并实施存货内部控制制度中，至少应当强化对以下关键方面或者关键环节的风险控制，并采取相应的控制措施。

（1）权责分配和职责分工应当明确，机构设置和人员配备应当科学合理；

（2）存货请购依据应当充分适当，请购事项和审批程序应当明确；

（3）存货采购、验收、领用、盘点、处置的控制流程应当清晰，对存货预算，供应商的选择，存货验收，存货保管及重要存货的接触条件、内部调剂、盘点和处置的原则及程序应当有明确的规定；

（4）存货成本核算方法、跌价准则计提等会计处理方法应当符合国家统一的会计制度的规定。

2. 存货控制的方法

（1）存货的归口分级管理。

根据使用资金和管理资金相结合，物资管理和资金管理相结合的原则，每项资金由哪个部门使用，就归哪个部门管理。各项资金归口管理的分工一般如下：①原材料、燃料、包装物等资金归供应部门管理。②在产品和自制半成品归生产部门管理。③产成品资金归销售部门管理。④工具用具占用的资金归工具部门管理。⑤修理用备件占用的资金归设备动力部门管理。

在上述基础上实行资金的分级管理。各归口的管理部门要根据具体情况将资金计划指标进行分解，分配给所属单位或个人，层层落实，实行分级管理。具体分解过程可按如下方式进行：①原材料资金计划指标可分配给供应计划、材料采购、仓库保管、整理准备等业务组管理。②在产品资金计划指标可分配给各车间、半成品库管理。③成品资金计划指标可分配给销售、仓库保管、成品发运等业务组管理。

延伸思考

被称为"水产第一股"的獐子岛集团在短短几年间连续三次发生大规模的扇贝绝收，那么对于生物资产该如何进行有效的存货管理？

（2）存货的 ABC 控制法。

ABC 控制法是意大利经济学家巴雷托于 19 世纪首创的，经过不断发展和完善，已广泛用于存货管理、成本管理、生产管理等，是一种重点管理方法。在存货管理中，有些行业企业存货的品种可能是很多的，比如，商品流通企业的存货可能达到成千上万种，但存货量最多、耗用量最大的往往是少数品种，这些存货一旦积压所形成的浪费，可能远远大于其他一般产品积压所形成的浪费。同时由于这些存货品种不多，加强对这些存货的管理，可以花费较少的精力却能够使存货在绝大程度上得到有效的控制，取得事半功倍的效果。ABC 控制法就是依据存货的品种比重和金额比重将存货分为 A、B、C 三类，区别对待、分类管理的一种方法。其基本步骤如下。

①编制品种序列表。品种序列表是将存货按照存货金额或耗用额的大小，从大到小排列而编制的表格。由于存货品种很多，逐一排列可能非常麻烦，为此也可以将存货按照存货金额进行适当分层后再按照金额大小从大到小进行排列。

【例 9-17】某企业存货分层后编制品种序列表如表 9-12 所示。

表 9-12

分层范围	品种数	品种比重（%）	金额（万元）	金额比重（%）
10 万元以上	15	3	470	47
5 万~10 万元	25	5	180	18
1 万~5 万元	80	16	220	22
0.5 万~1 万元	100	20	80	8
0.1 万~0.5 万元	150	30	40	4

续表

分层范围	品种数	品种比重（%）	金额（万元）	金额比重（%）
0.1万元以下	130	26	10	1
合计	500	100	1 000	100

②进行 A、B、C 分类。在品种序列表中自上至下依次找出 A、B、C 三类物资，其划分标准如表 9-13 所示。

表 9-13

类别	品种比重	金额比重
A	5%~10%	70%~75%
B	10%~20%	10%~20%
C	70%~75%	5%~10%

应当指出，上述标准是有一定灵活性的，分类时应主要掌握金额比重这一标准，以确保通过管好 A 类存货可以使存货在绝大程度上得到有效的控制。总的原则是 A 类存货应体现关键的少数，C 类存货应体现次要的多数这一特点。

如上例中把存货金额在 5 万元以上的作为 A 类存货，则品种比重为 8%，金额比重为 65%，基本上符合 A 类存货的特征，故将其作为 A 类存货；然后再向下找 B 类存货，如果把金额在 1~5 万元的存货作为 B 类存货，则品种比重为 16%，金额比重为 22%，基本上符合 B 类存货的特征；其余的即为 C 类物资。所以编制 ABC 分类表如表 9-14 所示。

表 9-14　　　　　　　　　　　　　　　　　　　　　　　　　　　　单位:%

类别	品种	品种比重	金额比重
A	金额在 5 万元以上的存货	8	65
B	金额在 1 万~5 万元的存货	16	22
C	金额在 1 万元以下的存货	76	13

③确定管理标准。A 类存货应作为管理的重点。在订货批量上应严格按照经济订货量组织订货；核算上要按品种作金额和数量记录，存货检查上要经常检查其存货数量，要根据再订货点及时组织订货。C 类存货采取宽松的管理，无须逐项计算其经济订货量和再订货点，可增大每次订货量，减少订货次数，因为此类存货即使存货量多一些，对保持存货的成本影响也不大；在检查上可以采取定期检查的方式；核算上可以按大类做金额记录。B 类存货可以一般对待，有的可以宽一些，有的可以严一些。

3. 适时存货控制

适时制（Just in Time，JIT）管理思想认为企业的经营活动不应该由前一生产工序将在制品生产出来，去推动下一工序的活动，而应当是由后一工序为了本工序自身的需要来拉动前一工序的生产。在现代社会，科学技术日新月异，市场需求千变万化，大批量、连续式的生产方式越来越不能适应新的技术经济条件，适时制管理思想应运而生。适时制管理思想在企业生产组织、存货控制等方面都可以加以运用，形成适时生产系统。JIT以小批量、按订单组织生产的生产方式代替了传统的大批量、连续式的生产方式，适时制存货控制主张实施零存货。传统观点认为持有一定的存货，可以平衡生产准备成本和储存成本；可以随时满足客户的需要、按时交货；避免生产中断、设备闲置；获取数量折扣的利益；避免原材料价格上扬的损失。JIT存货控制却认为存货大量占用企业的资源，如现金、人力、空间，并隐藏生产效率的低下，因而不主张以存货解决生产准备成本与储存成本平衡等问题，提出了除存货以外解决上述问题的方法。

（1）生产准备成本与储存成本平衡问题的协调。

传统存货管理允许生产准备成本的存在，但在JIT存货控制下却不允许其存在，其方法是可以与供应商签订长期合约，供货商根据合约及时供应所需企业材料，这样可以消除订货成本（准确地说是将订货成本最大限度地予以压缩，以至于可以将其忽略不计）。另外，采用JIT存货控制的企业往往是自动化程度极高的企业，可通过电脑辅助设计完成产品的设计、电脑辅助工程系统完成对产品设计的测试、电脑自动化控制完成设备的调试，从而使生产准备成本大大降低。

（2）交货日期的解决方法。

传统方式下为了保证及时交货而设置存货，但JIT存货控制认为一个客户加工的产品，不可能满足其他客户的需要。因为现代社会需求不仅瞬息万变而且千差万别，所以，事先生产出产品，然后等待客户购买，是愚蠢地守株待兔。对于已有订单来说，也不必早早地把产品生产出来等待取货，而应尽量缩短前置时间，力求做到在客户取货时完成发运货物前的各项准备工作。

前置时间是指产品自开工生产到产品完成交货准备的时间，其构成可用下式表示：

$$前置时间 = 加工时间 + 检验时间 + 运输时间 + 等待时间$$

运输时间是指产品或零件自某项作业（或部门）转移至另一作业（或部门）所花费的时间。等待时间是指零件或产品抵达另一作业（或部门）而等待再加工所花费的时间。储存时间是指原材料、在产品或制成品储存以等待出售或运交顾客的时间。JIT存货控制认为，在前置时间中，只有加工时间是可以增加价值的时间，其余的检验时间、运输时间、等待时间都不能增加产品的价值，有的甚至是浪费价值。许多公司加工时间占不到前置时间的10%，即若前置时间为一个月（22个工作日），实际加工时间可能仅为两天，其余大部分是检验时间、运输时间、等待时间及储存时间，因此压缩前置时间具有极大的余地，将不增加价值的时间予以消除或压缩，可以缩短前置时间，减少存货，降低成本。

（3）避免停工的方法。

传统的存货管理认为持有存货可以避免停工造成的损失。JIT存货控制认为存货不能解决这些问题，只是掩盖这些问题。若将湖中的岩石比喻为问题，而湖水就相当于存货，如湖水很深，则岩石被深埋在水中无法露出水面，因而不易被发现，但并不等于岩石不存在。同样，当存货很多时，即使机器出现故障、原材料不良或运输出现问题，可以不影响对下一环节的供应，因而问题不易被外部发现，管理人员可以聊以自慰，甚至将问题视而不见。但在零存货下，一旦机器出现故障、原材料不良或运输出现问题，将直接影响对下一环节的供应，问题马上会被外部发现。在JIT存货控制下，通过全面防护性维护杜绝设备故障、全面质量控制杜绝劣质材料或产品进入企业或下一环节，建立与供应商的稳固关系和推行看板管理确保材料或产品的及时供应。

全面预防性维护的主要目标是避免设备故障的发生，在JIT生产系统下实现机器设备的零故障并非天方夜谭，因为在JIT生产系统下重视工人的各种培训，使其足以有能力维护其操作的机器，同时，在JIT生产系统下，以需求带动生产，因此工人有足够的时间去维护其操作的机器。全面质量控制主要解决所购材料或所产产品的质量，JIT生产系统下十分重视自制或外购材料的品质。

看板管理是JIT存货控制的核心。看板是在各个工序之间传递信息、控制流程和实施按需生产的重要工具，是物质流与信息流合一的中枢系统。看板管理是以看板为工具，按照生产流程的反顺序，以总装车间为起点，向前工序发出生产指令、领取指令、运送指令，前工序按照看板的规定品种、规定数量、规定质量、规定时间向后工序供应材料或零件。

（4）折扣与涨价问题的解决方法。

传统存货管理认为持有存货可以获得数量折扣，减少涨价带来的损失。JIT存货控制解决这些问题的方法是挑选较为邻近的供应商，与其谈判并签订长期合约，与供应商保持紧密的关系，选择供应商时不以价格为主要依据，而以零件或材料的品质、如期交货的能力、随时供应的承诺为准绳。由于与供应商有稳定长期的购销关系，一方面，采购价格也可能是较为优惠的，另一方面，由于所供货物的品质与价格均在合约上加以规定，同样可以减少材料价格上扬的损失。

4. 招标采购

招标采购是控制材料采购成本的一种方法。现代企业规模日益扩大，如果各个分公司自行采购所需的材料，可能采购分散、获得的数量折扣有限、供应商供应的材料或产品质量参差不齐、采购过程中暗箱操作，等等。为此，很多企业采取统一采购，并对供应商进行招标，从而有利于获取批量优势，供需双赢，减少舞弊，提高材料品质、降低采购成本等。

微案例：
唯品会与富润
科技深度对接
实现零库存发货
二维码链接
（素材9-7）

【延伸思考】

1. 您认为存货控制采用 JIT 管理需具备什么前提条件？
2. 大数据背景下的存货管理模式有哪些改变？

【本章小结】

1. 本章重点回顾

本章分别围绕现金、应收账款、存货三类短期资产，阐述了各自功能以及持有的成本，介绍了三类资产最优持有量的决策方法，尤其是与应收账款相关的企业信用政策的制定。

链接一
LG股份全球化
资金管理
实践报告
二维码链接
（素材9-8）

2. 本章关键术语

交易性动机　预防性动机　投机性动机　信用政策　信用标准　信用条件　收账政策　信用评估　经济订货批量

3. 本章知识图谱

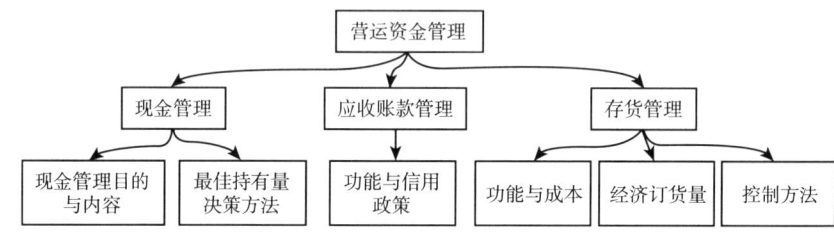

链接二
MK应收账款
管理案例
二维码链接
（素材9-9）

4. 财务总监分享管理实战故事（见本页二维码）

【理论自测】

一、单项选择题

1. 营运资金管理中，企业需要解决的核心问题是（　　）。
   A. 长期投资规模　　　　　　　　B. 流动资产投资与融资
   C. 固定资产折旧政策　　　　　　D. 股权融资比例

链接三
BY集团存货
管理案例
二维码链接
（素材9-10）

2. 下列属于营运资金特点的是（　　）。
A. 周转时间长　　　　　　　　B. 形态稳定不易变现
C. 数量波动性小　　　　　　　D. 来源单一
3. 企业为应对意外支出而持有的现金属于（　　）。
A. 交易性动机　　B. 预防性动机　　C. 投机性动机　　D. 收益性动机
4. 采用存货模式确定最佳现金持有量时，相关成本包括（　　）。
A. 机会成本与短缺成本　　　　B. 管理成本与转换成本
C. 机会成本与转换成本　　　　D. 短缺成本与管理成本
5. 某企业日现金需求量为10万元，现金周转期为30天，则最佳现金持有量为（　　）万元。
A. 300　　　　　B. 150　　　　　C. 100　　　　　D. 50
6. 信用政策不包括（　　）。
A. 信用标准　　B. 信用条件　　C. 收账政策　　D. 存货周转率
7. 5C评估法中，"Capital"指的是（　　）。
A. 客户还款意愿　　　　　　　B. 客户短期偿债能力
C. 客户财务实力　　　　　　　D. 抵押资产价值
8. 企业提供"2/10, n/30"信用条件，若客户放弃折扣，实际年利率约为（　　）。
A. 24%　　　　　B. 36%　　　　　C. 48%　　　　　D. 72%
9. 经济订货批量模型假设不包括（　　）。
A. 需求稳定且可预测　　　　　B. 允许缺货
C. 无数量折扣　　　　　　　　D. 瞬时到货
10. 存货ABC分类法中，A类存货的特征是（　　）。
A. 品种少、价值低　　　　　　B. 品种多、价值高
C. 品种少、价值高　　　　　　D. 品种多、价值低

二、多项选择题
1. 影响现金周转期的因素包括（　　）。
A. 存货周转期　　　　　　　　B. 应收账款周转期
C. 应付账款周转期　　　　　　D. 固定资产折旧期
2. 企业持有现金的动机有（　　）。
A. 交易性动机　　B. 预防性动机　　C. 投机性动机　　D. 收益性动机
3. 信用政策包括（　　）。
A. 信用标准　　B. 信用条件　　C. 收账政策　　D. 存货控制

4. 5C 评估法的要素有（　　）。

A. 品德（character）　　　　　　　B. 能力（capacity）

C. 资本（capital）　　　　　　　　D. 抵押（collateral）

5. 存货相关成本包括（　　）。

A. 采购成本　　　B. 订货成本　　　C. 储存成本　　　D. 缺货成本

【实务自测】

1. 现金管理

某企业预计年现金需求总量为 720 万元，存货周转期 25 天，应收账款周转期 15 天，应付账款周转期 10 天。

要求：计算现金周转期、周转次数及最佳现金持有量。

2. 信用政策决策

企业当前信用条件"n/30"，赊销收入 1 000 万元，销售利润率 20%，坏账损失率 6%，机会成本率 15%。拟改为"2/10，n/30"，预计收入增至 1 300 万元，坏账率降至 4%，50% 客户享受折扣。

要求：分析信用政策变更的净收益。

3. 经济订货批量

材料年需求 3 600 吨，单价 1 000 元/吨，订货成本 400 元/次，年储存费率 10%。

要求：

（1）计算经济订货量及总成本；

（2）若供应商提供 100 吨以上订单折扣 2%，是否接受？

4. 保险储备决策

材料日需求 30 吨，交货期 10 天，日最大需求 40 吨，单位缺货成本 100 元，年储存成本 2 元/吨。交货期需求概率：100 吨（70%）、110 吨（20%）、120 吨（10%）。

要求：计算最佳保险储备量。

【案例分析】

案例背景：云南药业 2022 年应收账款同比增长 50%，达 20 亿元，部分账龄超 180 天。市场部建议放宽信用标准以扩大市场份额，财务部担忧坏账风险。

采取措施：

（1）运用 5C 评估法分析客户信用风险。

（2）设计收账策略：对账龄>180 天的客户采取法律手段，对优质客户提供现金折扣。

（3）提出改进建议：建立动态客户管理系统、引入信用保险、调整信用政策。

要求：

（1）结合应收账款功能与成本理论，评价放宽信用的可行性；

（2）计算若坏账率上升至8%对利润的影响（假设收入不变）。

第10章 短期债务筹资管理

导入语

营运资金管理是企业财务管理中重要的组成部分，营运资金管理不善，将导致企业资金浪费，也可能导致无法偿还到期债务而破产。而营运资金管理的重要方面之一，是对企业营运资金的筹措进行管理，也就是对企业短期资金筹集的管理，既包括银行短期借款的管理也包括商业信用的管理。

引导案例

华美服饰的短期融资抉择[*]

华美服饰是一家主营女装设计与生产的民营企业，年营收约1.2亿元，90%订单来自国内电商平台。2022年"双十一"前夕，某头部主播临时新增50万件爆款连衣裙订单，要求45天内交货。这对全年产能仅80万件的华美来说，既是机遇也是挑战：需紧急采购600万元面料，但账上流动资金仅剩200万元，且供应商要求预付50%货款。财务总监李某测算发现，若接下订单，需在15天内筹集300万采购款。他提出三种方案：

方案一 供应商谈判：争取将预付款比例从50%降至30%，延付部分货款至交货后（应付账款）。

方案二 短期信用贷款：向合作银行申请6个月期贷款，利率8%，需提供价值500万元的厂房抵押。

方案三 应收账款融资：将主播平台提供的200万元预付款保理给金融机构，即时获得160万元（折价20%）。

---

[*] 资料来源：编者根据相关企业实地调研资料编写。

风险与权衡
- 方案一若谈判失败，可能错失生产窗口。供应商虽同意降预付款，但要求缩短账期至30天（原60天），可能造成后续现金流紧绷。
- 方案二资本成本最低，但抵押厂房将限制未来融资灵活性。银行审批需10个工作日，可能延误生产。
- 方案三可即时到账，但折价率高，且需承担主播退货风险（行业平均退货率15%）。

决策与结果

李某最终采取组合策略：

（1）供应链融资：说服供应商接受"30%预付款+20%交货后支付"，成功减少120万现金支出。

（2）紧急信用贷款：启用银行300万元信用额度，利率9.5%（较抵押贷款高1.5%），3个工作日内放款。

（3）动态风控：将保理作为后备方案，同时要求主播平台预付30%货款对冲风险。

订单如期交付后，华美营收增长25%，但财务成本增加18万元。李某总结：短期融资如同走钢丝，需在资本成本、时效性和风险敞口间精准平衡。

学习目标

本章主要讲授短期筹资策略，通过本章的学习，重点掌握以下内容。

1. 掌握几种短期债务筹资的策略
2. 熟悉几种常见的短期债务筹资方式和类型
3. 掌握短期借款的协议条款、商业信用的类型等
4. 熟悉各种短期债务筹资方式的优缺点

10.1 短期债务筹资策略

在企业财务管理中，营运资本管理是一个越来越受到重视的领域。由于竞争加剧和环境动荡，营运资本管理对于企业盈利能力以及生存能力的影响越来越大。财务总监大约有60%的时间用于营运资本管理，而不是长期决策。营运资本的管理既包括营运资本投资的管理，也包括营运资本筹资的管理。营运资本筹资管理，也叫短期筹资管理，是财务管理的重要内容。短期筹资策略，是指在总体上如何为流动资产筹资，采用短期资金还是长期资金来源，或者兼而有之。大体上可以分为三类：

适中型筹资策略、激进型筹资策略和保守型筹资策略。

1. 适中型筹资策略

适中型筹资策略的特点是：尽可能贯彻筹资的匹配原则，即永久性资产由长期资金支持，短期资产由短期资金支持。匹配原则遵循按照投资持续时间结构去安排筹资时间结构的原则，有利于降低利率风险和偿债风险。具体来说，在配合型筹资策略下，企业的临时性流动资产由短期负债筹集资金，永久性流动资产、固定资产等永久性资产由长期负债和权益资本筹集资金。在配合型筹资策略中，短期资金与长期资金的比例适中。

2. 激进型筹资策略

激进型筹资策略的特点是：使用更多的短期资金，短期资金不但支持短期资产而且部分支持永久性资产。具体来说，企业实施激进型筹资策略时，长期资产和部分永久性流动资产由长期负债和权益资本来筹集资金，用短期负债来融通临时性流动资产和部分永久性流动资产，个别更加激进的企业则使用短期负债来为所有永久性流动资产甚至一部分固定资产筹集资金。在激进型筹资策略中，企业短期资金的比例较大。

3. 保守型筹资策略

保守型筹资策略的特点是：使用更少的短期资金，短期资金只融通部分临时性流动资产的资金需要，长期资金除了支持永久性资产之外，还补充部分临时性流动资产的资金需要。具体来说，企业实施保守型筹资策略时，全部的长期资产和永久性流动资产及部分临时性流动资产都用长期资本来筹集，只有一部分临时性流动资产由短期资本来筹集。在保守型筹资策略中，企业短期资金的比例较小。

4. 对三种短期债务筹资策略的评述

一般而言，长期负债、权益资本等长期资金的资本成本更高，但其较长的期限也意味着偿债风险和利率风险较小；短期负债则恰恰相反。因此，激进型筹资策略由于短期资金的比例较大，其优点是资本成本较低，相对收益水平较高；其缺点是偿债风险和利率风险较大。而保守型筹资策略与激进型筹资策略相反，由于短期资金的比例较小，优点是偿债风险和利率风险较小，缺点是资本成本较高，收益较低。至于配合型筹资策略，其资本成本和风险均介于激进型筹资策略和保守型筹资策略之间。

10.2 短期债务筹资方式

10.2.1 短期债务筹资的特点

短期债务筹资所筹资金的可使用时间较短，一般不超过 1 年。短期债务筹资一般具有以下特点。

（1）筹资速度快，容易取得。与长期负债相比，短期负债在较短时间内即可归还，债权人顾虑较少，容易取得。

（2）筹资富有弹性。长期负债协议的签订中，往往附有很多限制性条款或附加条件，限定资金的使用范围或者降低将来不能及时还款的风险。而短期债务的限制相对较少，资金使用也较为灵活，更富有弹性。

（3）筹资成本低。一般来说，短期债务的利率要低于长期债务的利率，短期负债筹资的成本相对较低。

（4）筹资风险高。短期负债筹资需要在短时间内偿还，因而需要安排足够的资金来进行偿付，如果资金安排不妥当，容易导致企业陷入财务危机，因而筹资风险较高。

企业短期债务资金是指流动负债，即一年之内需要偿还的负债，具体来说又分为商业信用筹资、短期借款和其他短期债务筹资三类。

10.2.2 商业信用筹资

商业信用是指在商品交易中由于延期付款或者预收货款形成的企业间的借贷关系。商业信用产生于商品交换中，是一种自发性经营负债，这种负债往往随着企业销售的增长或规模的扩大而同比例增加，且无须正式办理筹资手续；如果没有现金折扣条款或者不使用带息票据，则商业信用为无息负债。

企业的商业信用一般包括应付账款、应付票据和预收账款等。

1. 应付账款

（1）应付账款及其信用条件。

应付账款是指企业购买商品暂未付款而赊欠对方的款项，即卖方允许买方在购货后一定时期内支付货款的一种形式。卖方利用这种方式促销，而对买方来说延期付款则相当于借用资金购入商品，可以满足短期资金的部分需要。应付账款是最典型、最常见的商业信用方式。从销货方来看，进行赊销的企业向购货方销货时，为了促销往往会提出一定的信用条件，主要包括信用期限和现金折扣等；而对于买方来说，利用商业信用形成应付账款则会享受信用期限和现金折扣等信用条件。这些信用条件一般在销货发票上直接表示出来，形式诸如"n/30"或"1/10, 0.5/20, n/50"等；前者表示没有现金折扣条款，信用期限为 30 天；后者表示若客户在出票日起 10 天之内付款可以享受 1% 的现金折扣，若超过 10 天但在 20 天之内付款则可以享受 0.5% 的现金折扣，若超过 20 天付款则需要支付全部价款，信用期限为 50 天。从这样的信用条件可以看出，应付账款可以分为：免费信用，即买方企业在规定折扣期内享受折扣而获得的信用（若不存在现金折扣条款，则是在信用期限内的信用）；有代价信用，即买方企业放弃现金折扣付出代价而获得的信用；展期信用，即买方企业超过规定的信用期限推迟付款而强制获得的信用。

一般来说，销货方总是希望尽快回收应收账款，加速资金回笼，避免坏账风险，其提供现金折扣条款的目的也在于此；但对购货方来说，商业信用相当于资金融通，因此在其他条件相同的情况下，购货方总是希望尽可能晚点支付货款。例如，面对"1/10，n/30"的信用条件，购货方若想享受免费信用，则会在第10天付款；若放弃现金折扣，但又不想因展期而影响信用，则会在第30天付款。

（2）应付账款的成本。

倘若购货方的信用条件中没有现金折扣条款只有信用期限，或者有现金折扣条款，而购货方在规定的折扣期内付款，便可享受免费信用，购货方不会因为商业信用而付出代价。

若购货方的信用条件包含现金折扣条款，但购货方放弃现金折扣，那么就会因为多支付货款而付出代价，这就是应付账款的成本。

放弃现金折扣的成本 = 折扣百分比/(1 - 折扣百分比) × 360/(信用期 - 折扣期)

其中，折扣百分比为卖方提供的现金折扣比例（如2%），信用期为买方最长可延迟付款的天数（如30天），折扣期为买方享受现金折扣的最短付款天数（如10天）。

该公式反映了买方放弃折扣后，因延期付款而承担的隐含年化成本。

【例10-1】某公司采购原材料，供应商给出的信用条件为"2/10，n/30"，即10天内付款可享受2%的折扣，30天内需全额付款。若该公司放弃现金折扣，在第30天支付全额货款，试计算其放弃折扣的成本并分析决策逻辑。

计算过程：

（1）折扣百分比：2%（即"2/10"中的2%）。

（2）信用期：30天，折扣期：10天。

放弃现金折扣成本 = 2%/(1 - 2%) × 360/(30 - 10) = 36.73%

放弃现金折扣的隐含年化成本为36.73%。

（3）利用现金折扣决策。

在附有信用条件的情况下，因为获得不同的信用要负担不同的代价。购货企业就需要在不同信用间作出决策。一般来说，存在以下原则：如果能以低于放弃折扣成本（实际上是机会成本）的利率借入资金，便应该在现金折扣期内用借入的资金支付货款，反之，企业应放弃现金折扣。如果在折扣期内将应付账款用于短期投资，所得的投资收益率高于放弃折扣的隐含利息成本，则应放弃折扣而去追求更高的收益。如果企业因缺乏资金而欲展延付款期，则需在降低了的放弃折扣成本与展延付款带来的损失之间作出选择。如果面对两家以上其他条件相同但提供不同信用条件的卖方，应通过衡量放弃折扣成本的大小，选择信用成本最小（或所获利益最大）的一家。

2. 应付票据

应付票据是企业在商品交易时开具的要求延期付款的商业汇票。按照承兑人的不同，商业汇票可分为商业承兑汇票和银行承兑汇票两种。商业承兑汇票是指由收款人（或付款人）开具，经付款人承兑的汇票。银行承兑汇票是指由收款人或承兑申请人开具，由银行审查同意承兑的汇票。应付票据的付款期限由交易双方商定，一般不超过6个月。应付票据可以带息，也可以不带息。不带息的应付票据相当于无息负债。即使带息，应付票据的利率一般比银行借款的利率低，且不用保持相应的补偿余额和支付协议费，所以应付票据的筹资成本低于银行借款成本。但是，应付票据到期必须归还，如若延期便要交付罚金，因而风险较大。

3. 预收账款

预收账款是卖方企业在交付货物之前向买方预先收取部分或全部货款的信用形式。对于卖方来讲，预收账款相当于向买方借用资金以后用货物抵偿。预收账款一般用于生产周期长、资金需要量大的货物出售。

10.2.3 短期借款

短期借款是指企业向银行和其他非银行金融机构借入的期限在1年以内的借款。在短期负债筹资中，短期借款的重要性仅次于商业信用。如果商业信用被认为是自动的（自发的）短期资金来源的话，那么短期借款就是企业主动获得的短期资金来源。

1. 短期借款的种类

从短期借款的用途来看，短期借款可以分为生产周转借款、临时借款和结算借款三种。生产周转借款是指企业为满足生产周转的需要而向银行（或其他金融机构，下同）取得的借款，借款期限可根据资金的使用情况确定。临时借款是指企业在生产经营过程中由于临时性或季节性原因而向银行取得借款。临时借款的用途主要是企业出现的一些特殊的或临时的情况，借款时间一般比较短。结算借款是指企业采取延期收款或分期收款方式销售产品时，为解决垫付资金，向银行申请的短期内用于结算的借款。结算借款可按销售收入回收的进度分次归还。

另外，按照国际通行做法，短期借款还可按偿还方式的不同，分为一次性偿还借款和分期偿还借款；按利息支付方法的不同，分为收款法借款、贴现法借款和加息法借款；按有无担保，分为抵押借款和信用借款等。

2. 短期借款的取得

由于各个企业所处的环境及其经营业务范围不同，以及银行规模大小、性质不同，银行发放短期借款的条件也有差别。符合借款条件的企业要想取得短期借款，需要经历如下程序：企业提出借款申请；银行进行贷前调查；银行进行贷时审查和审批；经审查同意后，借贷双方签订借款合同，注明借款的用途、金额、利率、期限、还款方式、违约责任等；根据借款合同办理借款手续；借款手续完毕，企业可以取得借款。

3. 短期借款的信用条件

按照国际通行做法，银行发放短期借款往往附带一些信用条件，主要包括以下几个。

（1）信贷限额。信贷限额是银行对借款人规定的无担保贷款的最高额。信贷限额的有效期通常为一年，但根据情况可以延期一年。一般来讲，企业在批准的信贷额度内，可随时使用银行借款。不过，银行并不承担必须提供全部信贷限额的义务。如果企业信誉恶化，即使银行曾同意过按信贷限额提供贷款，企业也可能得不到借款。这时，银行并不会承担法律责任。

（2）周转信贷协定。周转信贷协定是银行具有法律义务的承诺提供不超过某一最高限额的贷款协定。在协定的有效期内，只要企业的借款总额未超过最高限额，银行必须满足企业任何时候提出的借款要求。企业享有周转信贷协定，通常要就贷款限额的未使用部分付给银行一笔承诺费。例如，某企业与银行达成周转信贷协定500万元，承诺费率0.5%；若有效期内借款企业使用了360万元，借款利率8%，未动用余额为140万元；那么企业除了需要支付动用部分的借款利息之外，还要支付未动用部分的承诺费0.7万元（140×0.5%）。

（3）补偿性余额。补偿性余额是银行要求借款企业在银行中保持按贷款限额或实际借用额一定百分比（一般为10%～20%）的最低存款余额。从银行角度讲，补偿性余额可以降低贷款风险；但对于企业来讲，补偿性余额减少了可动用资金，提高了借款的实际成本。

（4）借款抵押。银行向财务风险较大的企业或对其信誉不甚有把握的企业发放贷款，有时需要有抵押品担保，以减少自己蒙受损失的风险。借款的抵押品通常是企业的股票、债券和不动产等。银行接受抵押品后，将根据抵押品的账面价值（或评估市场价值）决定贷款金额。

（5）偿还条件。贷款的偿还有到期一次偿还和在贷款期内定期（每月、季度）等额偿还两种方式。一般来讲，企业不希望采用后一种方式，因为这会提高借款的有效年利率；而银行不希望采用前一种方式，因为这会加重企业的财务负担，增加企业的违约风险。银行有时还要求企业为取得贷款而作出其他承诺，如及时提供财务报表、保持适当的财务水平等。如企业违背所作出的承诺，银行可以要求企业立即偿还全部贷款。

4. 短期借款的利率

（1）短期借款利率分类。

短期借款利率分为以下三种：第一，优惠利率。优惠利率是银行向财力雄厚、经营状况好的企业贷款时采用的利率，为贷款利率的最低限。第二，浮动优惠利率。浮动优惠利率是一种随其他短期利率的变动而浮动的优惠利率，即随市场条件的变化而随时调整变化的优惠利率。第三，非优惠利率。银行贷款给一般企业是收取的高于优惠利率的利率。这种利率经常在优惠利率的基础上加一定的百分比。比如，银行按高于优惠利率0.5%向某企业发放贷款，若当时的优惠利率为6%，则向该企业贷款收取的利率为6.5%。

（2）短期借款年利率的计算。

由于短期借款的期限在一年以内，而且借款合同中往往附带一些信用条件，再加上银行收取利息时包括到期收款、贴现利息和分期附加利息三种方法，所以借款合同中的年利率与企业实际承担的年利率（税前成本）往往不一致，这里介绍一些计算企业实际承担的年利率的方法。对于短期借款，首先，计算期限内的实际利率，基本考虑是用期限内使用资金的代价与可动用资金的百分比。其次，对于期限是一年的短期借款，期限利率即为短期借款实际年利率；对于期限短于一年的短期借款，需要将期限利率转化成年利率。

第一，到期收款法。到期收款法是借款到期时向银行支付利息的方法。银行向工商企业发放的贷款大都采用这种方法收息。下面以几道例题来说明采用到期收款法时，如何计算普通情况和存在补偿性余额情况的年利率。

【例10-2】某公司向银行取得一笔数额为500 000元、期限为1年的信用贷款，到期时需要支付利息36 000元，则贷款年利率为多少？

解：年利率＝利息÷借款金额＝36 000÷500 000×100%＝7.2%

【例10-3】ATL公司需要200 000元以支付新购置的一套设备款，向农业银行申请为期半年的贷款。农业银行同意以6%的利率向公司贷款，但要求公司必须在其存款账户上存有贷款数额的20%作为补偿性余额。假设ATL公司目前在该存款账户上的余额为零，为了能够支付200 000元的设备款，该公司必须取得多少元的借款？企业承担的年利率为多少？

解：可动用借款资金＝借款数额－补偿性余额

＝借款数额×（1－补偿性余额百分比）

＝200 000×（1－20%）＝160 000（元）

该公司必须取得借款 = 200 000/(1 - 20%) = 250 000（元）

有效年利率 = 200 000 × 6%/160 000 = 7.5%

第二，贴现利息。贴现利息是银行向企业发放贷款时，先从本金中扣除利息部分，而到期还款时借款企业则要偿还贷款全部本金的一种计息方法。采用这种方法，企业可动用的贷款额只有本金减去利息部分的差额，因此贷款的年利率高于合同利率。

【例10-4】ATL公司向银行申请一笔贴现利息借款100 000元，期限为3个月，规定的利率为7.2%。则该公司实际取得的借款有效年利率为多少？

解：有效年利率 = $\dfrac{100\ 000 \times 7.2\% \times \dfrac{3}{12}}{100\ 000 - 100\ 000 \times 7.2\% \times \dfrac{3}{12}} \times 4$

= 1.83% × 4

= 7.32%

第三，分期附加利息。分期附加利息是银行发放分期等额偿还贷款时采用的利息收取方法。在分期等额偿还贷款的情况下，银行要将根据报价利率计算的利息加到贷款本金上，计算出贷款的本息额，要求企业在贷款期内分期偿还本息之和的金额（由于期限较短，并不考虑年金形式）。由于贷款分期均衡偿还，借款企业实际上只平均使用了贷款本金的一半，却支付全额利息。这样，企业所负担的利率便高于报价利率大约1倍。

10.2.4 其他短期筹资

任何一家企业都愿意通过银行（或其他金融机构，下同）贷款进行短期筹资，然而如果企业的资信过低或企业所需要的资金太多或实力较弱，银行会要求企业以某些资产作为贷款的抵押。应收账款和存货是常用的两种短期筹资抵押品。

1. 应收账款筹资

应收账款是流动性很强的资产，银行将其作为贷款的抵押品时，因不同企业应收账款的特点而分为选择性和非选择性。有些企业数额大的应收账款比较集中，银行在审核用于抵押的应收账款时，可以选择那些风险比较低的应收账款作为贷款的抵押品。由于抵押品是经银行选择的，贷款金额占抵押品账面价值的百分比较高，可达90%。这种有银行选择抵押品的贷款称为选择性抵押贷款。有些企业的应收账款笔数多，每笔金额少且分散，逐笔审查的费用高。发放贷款的银行辨别各个应收账款账户的信用情况非常困难，为避免逐笔审查应收账款的成本，只能注意应收账款的总额，但贷款的金额占应收账款账面价值的百分比低，一般只有50%左右。这种抵押贷款称为非选择性抵押贷款。在应收账款抵押贷款中，贷款人对应收账款拥有所有权，而且还拥有对借款人的追索权。这意味着如果借款人的某个购货人没有付款，损失由借款人承担，也就是说，用于抵押的应收账款的坏账损失由借款人承担。借款人收回的应收账款立即交给贷款人，贷款余额就是贷款额减已回收的应收账款。

2. 存货筹资

流动资产中的存货也可成为企业贷款的抵押品，从银行获得短期贷款。用作抵押品的存货必须容易辨认，有明确的名称、可描述的特性和外形，有稳定的存在形态和耐用性，还要有一般商品的市场性（可迅速在市场上卖出而收回现金）。由于抵押品的特点，贷款合同中对抵押品有详细的说明。合同中还规定借款人必须负担包括抵押品的安全和保险费在内的一切安全保管费。贷款利率的高低与抵押品的市场性有关，容易在市场上卖出而收回现金的抵押品，利率会低一些。贷款额一般是抵押品的账面值的百分比。

3. 其他短期债务筹资

企业的自发性经营负债除上述的应付账款等商业信用外，还包括各种应计费用。应计费用是在正常经营过程中产生的应当支付但尚未支付的费用，主要包括应付职工薪酬、应付利息、应交税费等。在企业的经营活动中，根据有关的费用结算制度、法律和契约规定，有些费用无须立即支付，而是在一定时期后才进行计算支付，这些应付未付的费用可以为企业在短期内所利用，从而形成了企业的一种短期资金来源。例如，以应付职工薪酬来说，理论上员工工作一天后就应立即得到相应的报酬，但根据企业的规定需等到下一次支付工资的时间（在中国，很多企业是每月一次）才能获得报酬，因此在此段时间，企业运用了本应属于员工的资金。

从一个持续经营的企业来看，有些应计费用（如应付职工薪酬、应交税费）随着销售水平的提高或下降而增加或减少，而有些应计费用（如应付利息、应付股利）与销售水平变化的关系不明显，但无论如何，这些应计费用在企业内经常性地存在。只要企业从事经营活动，这些应计费用就会发生，其中相当一部分的金额十分稳定，在支付之前构成了一项能够经常占用的资金，用于企业正常的经营周转。

【本章小结】

1. 本章重点回顾

企业的短期负债筹资策略可以分为三种：配合型筹资策略、激进型筹资策略和保守型筹资策略。短期筹资的种类包括商业信用、短期借款以及一些其他类型的筹资。商业信用是指在商品交易中由于延期付款或预收货款所形成的企业间的借贷关系。应付账款是最典型、最常见的商业信用方式。在应付账款中，若购货方放弃现金折扣，那么就会因为多支付货款而付出代价，这就是应付账款的成本。短期借款是指企业向银行和其他非银行金融机构借入的期限在一年以内的借款。银行发放短期借款往往附带一些信用条件，再加上银行收取利息的不同方法，借款合同中的年利率与企业实际承担的年利率往往不一致，这就需要对短期借款的实际年利率进行计算。此外，企业还可以利用应收账款或存货作为抵押品进行短期资金筹集。

2. 本章关键术语

适中型筹资策略　激进型筹资策略　保守型筹资策略　放弃现金折扣的成本　信贷限额　周转信贷协定　补偿性余额

3. 本章知识图谱

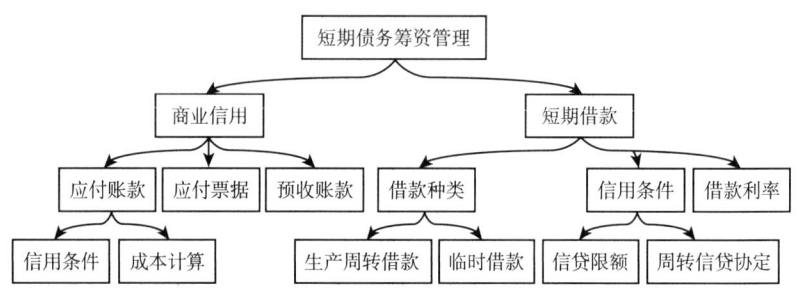

4. 财务总监分享管理实战故事（见本页二维码）

业财融合视角下制造业企业短期融资策略实践二维码链接（素材10-1）

【理论自测】

一、单项选择题

1. 激进型筹资策略的特点是（　　）。
   A. 全部资产由长期资金支持　　　　B. 短期资金仅支持临时性流动资产
   C. 短期资金支持部分永久性资产　　D. 长期资金支持全部流动资产

2. 下列属于商业信用筹资方式的是（　　）。
   A. 银行短期借款　　　　　　　　　B. 应付票据
   C. 应收账款抵押　　　　　　　　　D. 应付职工薪酬

3. 若信用条件为"2/10, n/30"，放弃现金折扣的成本为（　　）。
   A. 36.73%　　　B. 24.49%　　　C. 18.37%　　　D. 12.25%

4. 银行要求借款企业保持10%的补偿性余额，若名义利率为8%，则实际年利率为（　　）。
   A. 8%　　　　　B. 8.89%　　　　C. 10%　　　　D. 12%

5. 下列短期筹资方式中，属于自发性负债的是（   ）。
   A. 短期借款　　　B. 应付账款　　　C. 存货抵押贷款　　　D. 应付票据
6. 保守型筹资策略的风险特征是（   ）。
   A. 资本成本高，偿债风险低　　　　B. 资本成本低，偿债风险高
   C. 资本成本与风险均适中　　　　　D. 资本成本低，流动性风险高
7. 某企业获得周转信贷协定额度500万元，承诺费率0.5%，年度内实际使用400万元，则企业需支付承诺费（   ）万元。
   A. 2　　　　　　B. 0.5　　　　　　C. 1　　　　　　D. 5
8. 预收账款筹资的适用场景是（   ）。
   A. 生产周期短的商品销售　　　　　B. 买方信用评级较低
   C. 卖方需提前收回资金　　　　　　D. 长期固定资产购置

二、判断题

1. 应付票据的筹资成本通常高于银行借款。（   ）
2. 补偿性余额条款会降低企业实际可用的贷款金额。（   ）
3. 激进型筹资策略下，短期资金比例较小。（   ）
4. 商业信用中的预收账款相当于买方为卖方提供融资。（   ）
5. 贴现法付息的实际利率等于名义利率。（   ）
6. 存货抵押贷款的利率通常低于信用借款。（   ）
7. 应付账款展期信用不会影响企业信用评级。（   ）
8. 适中型筹资策略要求永久性资产由长期资金支持。（   ）

三、简答题

1. 列举三种短期债务筹资策略，并简述各自特点。
2. 商业信用的形式有哪些？放弃现金折扣的决策依据是什么？

【实务自测】

1. 放弃现金折扣成本计算。某企业采购材料，信用条件为"1/10，n/30"，发票金额100万元。若放弃折扣，第30天付款。要求：计算放弃折扣的实际年利率。
2. 补偿性余额的实际利率。企业向银行借款200万元，年利率6%，银行要求保留20%的补偿性余额。要求：计算实际年利率。
3. 周转信贷协定承诺费。企业与银行签订周转信贷协定500万元，年内实际使用400万元，承诺费率0.5%。要求：计算企业需支付的承诺费。

【案例分析】

案例1：应付账款决策。某公司采购原材料，信用条件为"3/15，n/45"，采购金额500万元。若当前市场短期融资利率为12%，分析是否应放弃现金折扣。

案例2：筹资策略选择。某企业流动资产800万元（其中永久性流动资产500万元），长期资产1 000万元。现有两种筹资方案：

方案A：长期资金1 500万元，短期资金300万元。

方案B：长期资金1 200万元，短期资金600万元。

要求：判断两种方案分别属于何种筹资策略，并简述优劣。

第 11 章　股利理论与政策

导入语

利润分配决策与企业的筹资决策密切相关,是影响企业价值的重要因素。合理地安排企业利润分配政策关系到投资者的回报和企业的可持续发展。

引导案例

上市公司现金分红冰火两重天:这 36 家 10 多年一毛不拔[*]

2017 年,中国神华的"特别股息"被刷屏。当年净利润 227.12 亿元的中国神华,却准备掏出 590.72 亿元的真金白银进行现金分红。如此大力度的现金红包,着实惊呆了围观的小伙伴。

《中国经济周刊》记者梳理 Wind 资讯数据发现,截至 2017 年 3 月 21 日,已有 489 家上市公司发布了 2016 年度的分红预案,中国神华每股派息 2.97 元,成为目前派息最多的上市公司。有神华这样的出手大方的"土豪",自然也少不了多年未现金分红的"铁公鸡"。

36 家"铁公鸡"上市 10 多年不分红。

中毅达和金杯汽车并列"占鸡头"。

相比中国神华等公司的慷慨,一些上市公司则颇为吝啬,称之为一毛不拔的"铁公鸡"一点不为过。据 Wind 资讯统计,在 2007 年以前上市的公司中,有 36 家公司从未有过现金分红。

这 36 家公司中,中毅达和金杯汽车两家公司均是 1992 年上市,至今已经上市 25 年,其间从未进行过现金分红,不分红的年限最长;不分红年头最短的中核钛

---

[*] 资料来源:贾国强. 上市公司现金分红"两重天"[J]. 中国经济周刊,2017(12):55-57.

白,自其上市至今也有10年没有分红了。至于这些公司不分红的理由,多是没钱或者用于弥补亏损。

从本案例可见利润分配与公司价值密切相关,其释疑可从本章的理论学习中得到答案。

学习目标

本章主要讲授企业分配管理理论和方法,通过本章的学习,重点掌握以下内容。
1. 企业股利分配管理的基本理论知识
2. 了解股利支付的程序和股利分配政策等内容
3. 股利理论的各种观点
4. 理解股票股利和股票分割对股东权益的影响

11.1 股利理论

在股利分配是否会影响公司价值的这一问题上,理论界存在着不同的观点,主要有以下几种。

1. 股利无关论

股利无关论是由美国经济学家莫迪格莱尼和财务学家米勒于1961年提出。股利无关论认为股利分配对公司的市场价值(或股票价格)不会产生影响。这种理论是建立在一种完整无缺的市场假设之上的,因而又称完全市场理论。该理论认为公司的盈利和价值的增加与否完全视其投资政策而定,企业市场价值与它的资本结构无关,而是取决于它所在行业的平均资本成本及其未来的期望报酬,在公司投资政策给定的条件下,股利政策不会对企业价值产生任何影响。

在此基础上,他们又创立了投资理论,企业的投资决策不受筹资方式的影响,只有在投资报酬大于或等于企业平均资本成本时,才会进行投资。此股利无关论的关键是存在一种套利机制,通过这一机制使支付股利与外部筹资这两项经济业务所产生的效益与成本正好相互抵销。也就是说在公司有较好投资机会时,如果股利分配的较少,留存较多,公司的股票价格也会上升,股东可以通过出售股票来换取现金;如果股利分配的较多,留存较少,股东获得现金后会去寻求新的投资机会,而公司仍可以顺利地筹集到新的资金。因此股东对盈利的留存与股利的发放将没有偏好,据此得出企业的股利政策与企业价值无关这一著名论断。

MM理论是建立在完善资本市场假设的基础之上。这些假设包括:(1)完善的竞争假设，任何一位证券交易者都没有足够的力量通过其交易活动对股票的现行价格产生明显的影响。(2) 信息完备假设，所有的投资者都可以平等地免费获取影响股票价格的任何信息。(3) 交易成本为零假设，证券的发行和买卖等交易活动不存在经纪人费用、交易税和其他交易成本，在利润分配与不分配、资本利得与股利之间均不存在税负差异。(4) 理性投资者假设，每个投资者都是财富最大化的追求者。

MM 理论是以完美无缺的资本市场为前提的，但现实的资本市场并不像 MM 理论所描述的那样完善，企业的经理要比外部投资者知道更多的企业发展的信息，企业和投资者都须交纳所得税，股票发行与交易均有交易费发生，而税和交易费均会影响权益资本的成本。

2. 股利相关论

股利相关论认为企业股利政策与股票的价格密切相关。从这一基本观点出发，根据对股利政策与股票价格相关的不同解释，又形成了几种各具特色的股利相关论。

(1) "一鸟在手"论。这一理论是由万伦·戈登（Myron Gordon）和约翰·林特纳（John Lintner）首先提出来的。"一鸟在手"的说法来源于英国的一句格言"双鸟在林，不如一鸟在手"，即先到手为强。该理论认为股利收入比因股票上涨产生的资本利得更为稳定，因为股利是现实的有把握的收益，而股票价格的上升与下跌具有较大的不确定性，与股利收入相比风险更大。因此，投资者偏好获得股利而非资本利得，也就是说，投资者愿意以较高的价格购买能够支付较多的股利的股票，这样，股利分配政策必然会对股票价格产生实质性影响，根据这一理论进行股利决策，就应提高股利支付率。

(2) 信息传播论。信息传播论认为，股利实际上向投资者传播了关于企业收益情况的信息，这一信息自然会反映在股票的价格上，因此，股利分配政策与股票价格是相关的。企业的管理者对企业未来的投资机会和收益的信息，比投资者了解得更丰富和具体。企业的股利分配是投资者获取信息的重要途径。如果公司改变长期以来比较稳定的股利政策，就意味着公司管理者向投资者发出了改变公司未来收益的信号，从而会影响到股票的价格。股利提高表明公司创造未来现金的能力增强，公司股票便会受到投资者的欢迎；反之，股利降低则会被认为企业盈利能力差或是未来的经营前景不好，投资者便会抛出股票。

(3) 假设排除论。该理论认为，股利无关论是建立在完全市场的基础上的，并伴有严格的假设条件，但现实中根本不可能存在这样的完全市场。股票发行需要发行费用；投资者买卖股票需要交易费用；企业需要支付企业所得税；个人投资者需要缴纳个人所得税；投资者和管理者对于企业的信息又存在明显的不对称性。因此，MM 理论的假设条件并不存在，股利无关论也就不存在，从而证明了股利相关论。

3. 委托人理论

在股利无关论与股利相关论多年的论战中出现了走第三条道路的折中理论——委托人理论。这种理论认为，投资者的爱好和目的是差异的，有些投资者偏爱股利，而有的投资者却偏爱资本利得。因而股利政策对某些投资者有影响，而对另一些投资者没有影响。因此，股利政策所依据的股利理论不应是绝对的相关理论或绝对的无关理论，而是根据本公司的实际情况和本公司的股东的愿望来制定股利政策。

上述股利理论到底哪一个是最正确的，还有待学者们更深入的研究。

延伸思考

对于股利理论目前又有了一些新的看法，请你在查阅资料的基础上，阐述你所赞成的理论并说明理由？

11.2 股利政策

11.2.1 影响股利政策的因素

公司股利政策受各种因素的影响，公司在股利政策的制定与选择中必须考虑相关的影响因素，以便制定出适合本单位经营发展的股利政策。

1. 法律因素

为维护有关各方的利益，国家对企业的股利分配从法律上作出了一定的限制和约束。主要有以下几个。

(1) 资本保全约束。它要求企业分配的股利，只能来源于当期净收益或留存收益，而不能用原始投资或股本进行分配，其目的是保证企业资本的安全与完整，切实保证投资人和债权人的权利。

(2) 资本积累约束。它要求企业分配股利时，在弥补完亏损后必须首先按一定比例提取盈余公积，以增加资本积累数额。同时，企业还应贯彻"无利不分"的原则，即若企业当年出现亏损，原则上一般不得分配股利。

(3) 利润约束。它要求企业分配股利时，只有当累积的净利润为正数时才可以发放股利，企业盈利必须首先用于弥补以前年度亏损。该限制的目的是避免损害债权人的利益。

(4) 偿债能力约束。它要求企业分配股利后，不会影响企业的偿债能力，即企业有能力及时地支付各种到期债务的本息。若有影响，则限制股利分配，其目的是保护债权人的利益。

2. 契约因素

当公司通过长期借款、债券、优先股以及租赁合约等形式向外部筹资时，常常应对方要求，接受一些有关股利支付的限制条款。例如，规定每股股利的最高限额；规定只有当公司的某些重要财务比率超过最低的安全标准时，才能发放股利；派发的股息仅可从签约后所产生的盈利中支付，签约前的盈利不可再作股息之用；也有的直接规定只有当企业的偿债基金完全支付后才能发放股利等规定。确立这些限制性条款，限制企业股利支付，其目的都在于促使企业把利润的一部分按有关条款的要求进行再投资，增强企业的经济实力，以保障债款的如期偿还。优先股的契约通常也会申明在累积的优先股股息付清之前，公司不得派发普通股股息。

3. 企业经营的因素

公司的经营需要也会对股利分配产生影响，这些因素包括以下几个。

(1) 资金变现能力。公司的变现能力是影响股利政策的一个重要因素。公司资金的灵活周转是企业生产经营得以正常进行的必要条件。现金股利必须以现金支付，因此公司现金股利的分配应以不危及企业经营资金的流动性为前提。由于会计利润与净现金流量之间存在着时间上的差异，因此，并非所有具有高营利性的企业都能支付高的股利。如果公司的现金充足，资产有较强的变现能力，则支付股利的能力也比较强。如果公司因扩充或偿债已消耗大量现金，资产的变现能力较差，大幅度支付现金股利则非明智之举。由此可见，企业现金股利的支付能力，在很大程度上受其资产变现能力的限制。

(2) 筹资能力。对于具有较强筹资能力的企业来说，由于能够及时地筹措到所需资金，则可考虑发放较高股利，并以再筹资来满足企业经营对货币资金的需求；反之，若企业的筹资能力弱，则为保持必要的支付能力，应保留更多的资金用于内部周转或偿还将要到期的债务。一般而言，规模大、获利丰厚的大公司能较容易地筹集到所需资金，因此，它们较倾向于多支付现金股利；而创办时间短、规模小、风险大的企业，通常需要经营一段时间以后，才能从外部取得资金，因而往往要限制股利的支付。

(3) 资本结构。公司债务和权益资本之间应该有一个最优的比例，即最优化资本结构，在这个比例上，公司价值最大，资本成本最低。由于股利政策不同，留存收益也不同，这便使公司资本结构中权益资本比例偏离最优资本结构，从而对公司股利政策的选择产生制约。

(4) 投资机会。股利政策在很大程度上受投资机会的影响。如果公司的投资机会多，对资金的需求量大，则公司很可能会考虑少发现金股利，将较多的利润用于投资和发展；相反，如果公司的投资机会少，资金需求量小，则公司有可能多发些现金股利。因此，公司在确定其股利政策时，需要对其未来的发展趋势和投资机会作出较好的分析与判断，以作为制定股利政策的依据之一。一般而言，处于成长中的企业多采取低股利政策，而处于经营收缩中的企业多采取高股利政策。

（5）资本成本。企业如果需筹集一定数量的资本进行投资，可用通过发行新股票或使用企业的留存利润。发行新股票需要发生一定的发行成本，买卖股票又需向经纪人和有关机构交纳一定交易费用。留存的利润是企业内部筹资的一种重要方式，同发行新股相比不仅成本低，还可以保持对企业的控制权。因而从财务管理的角度考虑，通过制定合理的股利政策充分利用内部融资来筹集资金是最佳筹资方式，这可以降低筹资成本。反之，若新股发行成本低，企业可以采用高股利政策，所需的资金可以从外部来筹集。企业之间的筹资成本各不相同，小企业股票的发行成本往往较高。

4. 股东因素

（1）股权控制要求。如果企业通过发行新的普通股以融通所需资金，虽然现有股东有优先购买认股权，在现有股东拿不出更多的资金购买新股时，现有股东的控股权就有可能被稀释。另外，随着新普通股的发行，流通在外的普通股股数必将增加，最终会导致普通股的每股盈利和每股市价下降，从而影响现有股东的利益。因此，如果公司股东和管理人员较为看重原股东对公司的控制权，则该公司可能不大愿意发行新股，而是更多地利用公司的内部积累，这种公司的现金股利分配就会较低。

（2）纳税因素。公司的股利政策受股东们应纳所得税状况所左右。公司股东大致有两类：一类是希望公司能够支付稳定的股利，这些股东绝大部分属于低收入阶层，他们所适用的个人所得税税率比较低，这部分股东将特别关注现金股利发放，他们宁愿获得没有风险的当期股利，而不愿冒风险去获得以后的资本利得；另一类是希望公司多留利而少发放股利，以求少缴个人所得税，这些股东一般比较富有，其股利政策倾向于多留盈余少派股利。由于股利收入的税率要高于资本利得的税率，因而多留少派的股利政策可以给这些股东带来更多的资本利得收入，从而达到少交税的目的。因此，公司到底采取什么样的股利政策，还应分析研究本公司股东的构成，了解他们的利益愿望。

（3）股东的投资机会。如果公司将留存盈余用于再投资所得报酬率低于股东个人单独将股利收入投资于其他投资机会所得的报酬，则该公司就不应该多留存盈余，而应多支付股利给股东，因为这样做，将对股东更为有利。尽管难以对每位股东的投资机会及其投资报酬率加以评估，然而，公司至少应对风险相同的公司外部投资机会可获得的投资报酬率加以评估。如果评估显示，在公司外部的股东有更好的投资机会，则公司应选择多支付股利，少留盈余的股利政策。相反，如果公司的投资机会可以获得比其外部投资机会更高的投资报酬率，则公司应选择低股利支付率的股利政策。

5. 其他因素

（1）通货膨胀因素。通货膨胀使公司资金购买力下降，维持现有的经营规模尚需不断追加投入，则需要将较多的税后利润用于内部积累。历史成本会计模式所确定的税后利润是以财务资本保全为基础的，在通货膨胀严重时期，以此为标准进行的税后利润分配必然使公司实物资本受到侵蚀，这时，采取相对较低的股利发放政策是必要的。

（2）股利政策的惯性。一般而言，股利政策的重大调整，一方面会给投资者带来企业经营不稳定的印象，从而导致股票价格下跌；另一方面股利收入是一部分股东生产和消费资金的来源，他们一般不愿持有股利大幅波动的股票。因此，公司的股利政策要保持一定的稳定性和连续性。

总之，确定股利政策要考虑许多因素，而这些因素之间往往是相互联系和相互制约的，其影响也不可能完全用定量方法来分析。所以，股利政策的制定主要依赖对具体企业所处的具体环境进行定性分析，以实现各种利益关系的均衡。

延伸思考

选一家上市公司，对其股利政策的影响因素进行分析。

11.2.2 股利政策的类型

股利政策是企业对股利分配所采取的策略，是企业财务管理的重要内容。它既影响公司的市场价值（或股票价格），进而关系到公司股东的经济利益，又影响公司的外部筹资能力和内部积累能力，以及影响公司的未来发展。股利政策在股份制企业经营决策中占有重要地位，是股份制企业所涉及的最敏感的问题。下面就介绍几种实际中常用的股利政策。

1. 剩余股利政策

剩余股利政策是指企业生产经营所获得的税后利润首先应较多地考虑满足企业有利可图的投资项目的需要，即增加资本或公积金，只有当增加的资本额达到预定的目标资本结构（最佳资本结构），如果有剩余，则派发股利；如果没有剩余，则不派发股利。因此，该股利政策对股利的支付，要视企业利润的大小和投资机会的多少来决定,该政策的理论依据是股利无关论。

采取剩余股利政策时,应遵循四个步骤:

(1) 设定目标资本结构,即确定权益资本与债务资本的比例。在此资本结构下,综合的资本成本将达到最低水平。

(2) 确定目标资本结构下投资所需要的股东权益数额。

(3) 最大限度地使用留存收益来满足投资方案所需的权益资本数额。

(4) 如果留存收益不足满足资本预算所需权益资金,则需发行新普通股弥补不足。留存收益在满足投资需要后尚有剩余时,则派发现金股利。

【例11-1】Y公司2001年的税后净利润为8 000万元,由于公司尚处于初创期,产品市场前景看好,产业优势明显。确定的目标资本结构为:负债资本为70%,股东权益资本为30%。如果2002年该公司有较好的投资项目,需要投资6 000万元,该公司采用剩余股利政策,则该公司应当如何融资和分配股利。

首先,确定按目标资本结构需要筹集的股东权益资本为:

6 000×30% = 1 800(万元)

其次,确定应分配的股利额。公司当年可供用于分配股利的盈余为8 000万元,可满足上述投资项目所需的权益资本数额并有剩余,剩余部分作为股利发放。当年发放的股利额为:

8 000 - 1 800 = 6 200(万元)

因此,Y公司还应当筹集负债资金:

6 000 - 1 800 = 4 200(万元)

若公司当年流通在外的只有普通股2 000万股,那么每股股利为:

6 200÷2 000 = 3.1(元)

剩余股利政策的优点在于能充分利用留存收益这个筹资成本最低的资本来源,保持理想的资本结构,使综合资本成本最低,实现企业价值的长期最大化。但其缺点在于:完全遵照执行剩余股利政策,不利于股利的稳定支付,特别是在公司的投资需求在各个期间不稳定的情况下,可能导致股利的大幅度波动。忽视了不同股东对资本利得与股利的偏好,损害偏好现金股利的股东的利益,可能影响股东对企业的信心。剩余股利政策一般适用于公司初创阶段。

2. 固定股利支付率政策

固定股利支付率政策是企业按当期净利润或当期可供分配利润的固定比率向股东支付股利的政策。这一股利政策下,各年股利额随公司经营的好坏而上下波动,获得较多盈余的年份股利额高;获得盈余少的年份股利额低。

采用固定股利支付率政策的理由是:(1) 使股利与企业盈余紧密结合,以体现多盈多分、少盈少分、不盈不分的原则;(2) 保持股利与利润间的一定比例关系,体现了风险投资与风险收益的对称。

在实际工作中，固定股利支付率政策的不足之处表现为：（1）公司财务压力较大。根据固定股利支付率政策，公司实现利润越多，派发股利也就应当越多。而公司实现利润多只能说明公司盈利状况好，并不能表明公司的财务状况就一定好。在此政策下，用现金分派股利是刚性的，这必然给公司带来相当的财务压力。（2）缺乏财务弹性。股利支付率是公司股利政策的主要内容，股利分配模式的选择、股利政策的制定是公司的财务手段和方法。在公司发展的不同阶段，公司应当根据自身的财务状况制定不同的股利政策，这样更有利于实现公司的财务目标。但在固定股利支付率政策下，公司丧失了利用股利政策的财务方法，缺乏财务弹性。（3）确定合理的固定股利支付率难度很大。一个公司如果股利支付率确定低了，则不能满足投资者对现实股利的要求；反之，公司股利支付率确定高了，就会使大量资金因支付股利而流出，公司又会因资金缺乏而制约其发展。可见，确定公司较优的股利支付率是具有相当难度的工作。固定股利支付率政策只能适用于稳定发展的公司和公司财务状况较稳定的阶段。

3. 固定股利或稳定增长股利政策

固定股利或稳定增长股利政策是公司将每年派发的股利额固定在某一特定水平上，在一段时间内不论公司的盈利情况和财务状况如何，派发的股利额均保持不变。只有当企业对未来利润增长确有把握，并且这种增长被认为是不会发生逆转时，才增加每股股利额。该种政策模式是为了维持稳定的股利支付而采用的一种政策模式。不过，在通货膨胀的情况下，大多数公司的盈余会随之提高，且大多数投资者也希望公司能提供足以抵消通货膨胀不利影响的股利，因此在长期通货膨胀的年代里也应提高股利发放额。

主张实行固定股利的人认为：（1）稳定的股利向市场传递着公司健康发展的信息，有利于树立公司形象，增强投资者信心，稳定股票的价格。（2）有利于投资者安排股利收入和支出，稳定投资者。具有稳定股利的股票也有利于机构投资者购买。在西方，各种政府机构对退休基金、信托基金和人寿保险公司等机构投资者进行证券投资作了法律上的规定，只有具有固定的股利发放记录的公司，其股票才能成为这些机构投资者证券投资的对象。但是，采用这种政策使公司股利支付与公司盈利相脱离，造成投资的风险与投资的收益不对称。它可能会给公司造成较大的财务压力，甚至侵蚀公司留存收益和公司资本，因此公司很难长期采用该政策。固定股利或稳定增长股利政策一般适用于经营比较稳定或处于成长期的企业。

4. 低正常股利加额外股利政策

低正常股利加额外股利政策是公司事先设定一个较低的经常性股利额，一般情况下，公司每期都按此金额支付正常股利，在盈余较多的年份，再根据实际情况向股东发放额外股利。但额外股利并不固定化，不意味着公司永久地提高了规定的股利率。

采用这种股利政策的优点是股利政策具有较大的灵活性。低正常股利加额外股利政策，既可以维持股利的一定稳定性，又有利于企业的资本结构达到目标资本结构，使灵活性与稳定性较好地相结合。而且依靠股利度日的股东每年也可以得到虽然少但确定的收入，这样就能稳定投资者队伍。因此低正常股利加额外股利政策为许多企业所采用。

但低正常股利加额外股利政策又有它自身的缺点：（1）股利派发仍然缺乏稳定性，额外股利随盈利的变化，时有时无，给人漂浮不定的印象；（2）如果公司较长时期一直发放额外股利，股东就会误认为这是"正常股利"，一旦取消，极易造成公司"财务状况"逆转的负面影响，股价下跌在所难免。

以上各种股利政策各有所长，公司在分配股利时应借鉴其基本思想，制定适合自己具体实际情况的股利政策。

11.3 股利支付方式与程序

11.3.1 利润分配的原则

利润分配就是根据企业所有权的归属及各项权益所占的比例，对企业生产经营成果进行划分，是一种利用财务手段确保生产成果的合理归属和正确分配的管理过程。简单地讲，利润分配就是对企业一定生产成果的分配。

利润分配不仅会影响到企业筹资和投资活动，而且还涉及眼前利益和长远利益、集体利益与局部利益乃至整个社会积累与消费的关系。为了组织好企业的财务活动，处理好企业的财务关系，必须依法进行合理的分配。因此，企业在进行利润分配时，必须遵循以下的原则。

1. 依法分配原则

国家制定和颁布了若干法律、法规，规范企业利润分配的基本要求、一般的程序和重大的比例，以规范企业的利润分配行为。企业在进行分配时，应严格遵守法律、法规规定的程序进行分配。利润分配的合法性具体体现在：国家的法律，如税法、合同法对企业利润分配提出了相应的要求；政府的各种规定，如企业会计制度、企业会计准则对企业利润分配提出了相应的要求；企业内部的各种制度和规定，如企业内部的奖励办法对企业利润分配提出了相应的要求。

2. 利益兼顾原则

在利润分配时，必须兼顾国家、企业经营者和投资者各方面的利益。国家作为社会的管理者，为行使其自身的职能，必须有充分的资金保证。这就要求各个企业将一部分利润，以税金形式上交给国家形成统一的财政资金，用于重点建设，发展科学、文教、卫生事业和巩固国防。投资者作为企业资产的所有者，依法享有利润分配权。企业的利润是由全体职工的劳动创造的，他们除了获得工资和奖金等劳动报酬以外，还要以适当的方式参与企业净利润的分配。总之，企业利润的分配应统筹兼顾，合理安排，既要满足国家集中财力的需要，又要考虑企业自身发展的要求；既要维护投资者的合法收益，又要保障职工的切身利益。

3. 积累和消费并重原则

企业收益不管如何分配，最后都可以划分为积累和消费两个方面。在收益既定的情况下，积累和消费此消彼长。消费和当前利益相联系，积累与长远利益相联系。积累过多会影响分配参与者的当前利益，可能挫伤他们的积极性；消费过多，就会影响企业扩大再生产，不利于企业的长远发展。因此，企业利润分配要把积累和消费正确地结合起来，既要满足企业扩大再生产的财力要求，保证扩大再生产的进行，又要为不断提高职工工资和福利待遇创造条件。

4. 投资与收益对等原则

投资者进行投资活动就有权享受收益，因此企业在利润分配时应当体现"谁投资，谁收益"，所有的投资者无论经济成分如何，规模大小如何，都应该享有与其投资比例相适应的分配权。企业在利润分配过程中应该本着公平、公开、公正的原则，平等地对待所有的投资者，做到同股同权、同股同利。只有这样，才能从根本上保护现有投资者的利益，鼓励潜在投资者进行投资。

11.3.2 股份制企业利润分配的程序

企业实现的利润总额，首先应该按照国家税法规定依法缴纳所得税。企业缴纳所得税后的利润，一般应按下列顺序进行分配。

（1）支付被没收财物的损失和违反税法规定而支付的滞纳金和罚款。滞纳金、罚款和没收财物等具有赔偿性和惩罚性，是企业因经营管理不善而形成的支出，而不是生产经营活动中应该发生的费用，因而不能计入成本冲减当期损益。为了维护国家法纪，这种惩罚性支出必须由税后利润开支，以增强企业的法治观念。

（2）弥补以前年度亏损。根据我国现行财务和税收制度的规定，企业发生的年度亏损，可以用下一年度的税前利润弥补，下一年度税前利润不足弥补的，可以延续在五年内用税前利润弥补；超过五年仍不足弥补的亏损，可用税后利润弥补。

（3）提取法定公积金。法定公积金是从税后利润中提取的积累资金，是企业用于防范和抵御风险，保证企业稳定经营和长期发展的必要措施和手段。现行制度规定，根据税后利润扣除前述两项分配数额后余额的10%提取公积金，主要用于弥补企业亏损，补充投资者分利的不足，以及按规定转增资本金。但在补充投资者分利或转增资本金后，企业留存的法定公积金不得低于企业注册资本金的25%。企业的法定公积金达到注册资本金的50%时可不再提取。

（4）支付优先股股利。优先股是股份公司发行的在分配红利和剩余财产时比普通股具有优先权的股份。一般地，优先股按事先约定的股息率取得股息，不受企业盈利与否或多少的影响，但优先股可以先于普通股获得股息。

（5）提取任意公积金。股份有限公司除提取法定公积金外，还要按公司章程或董事会决议提取任意公积金，并按董事会决定的用途分配使用，满足企业生产经营的需要。

（6）支付普通股股利。企业当年实现的税后利润，在弥补亏损、计提盈余公积、支付优先股股利以后，剩下的利润可以用于对普通股股东发放股利。企业以前年度未分配利润可以并入本年度向投资者分配。如果企业当年无盈利，一般不得分配利润。但为了维护企业的信誉，避免股票价格大幅度的波动，企业在用盈余公积弥补亏损后，经股东大会同意，可以按照不超过股票面值的6%的比率，用盈余公积分配股利，分配股利后盈余公积不得低于注册资本的25%。

股份制企业应按上述顺序分配利润，这会使得企业所有者权益所包含的项目重新进行分配，还会进一步影响到企业流通股的市价。

【例11-2】某公司年终利润分配前的有关资料如表11-1所示。

表11-1

项目	金额
上年未分配利润	1 000万元
本年税后利润	2 000万元
股本（500万股，每股1元）	500万元
资本公积	100万元
盈余公积	400万元
所有者权益合计	4 000万元
每股市价	40元

公司决定：本年按规定比例10%提取盈余公积，发放股票股利10%（股东每持10股可得1股），并且按发放股票股利后的股数派现金股利每股0.1元。

要求：假设股票每股市价与每股账面价值呈正比例关系，计算利润分配后的未分配利润、盈余公积、资本公积、流通股数和预计每股市价。

解：(1) 提取盈余公积 = 2 000 × 10% = 200（万元）

盈余公积余额 = 400 + 200 = 600（万元）

(2) 流通股数 = 500 × (1 + 10%) = 550（万股）

(3) 股票股利 = 40 × 500 × 10% = 2 000（万元）

股本余额 = 1 × 550 = 550（万元）

资本公积余额 = 100 + (2 000 − 500 × 10%) = 2 050（万元）

(4) 现金股利 = 500 × (1 + 10%) × 0.1 = 55（万元）

未分配利润余额 = 1 000 + (2 000 − 200 − 2 000 − 55) = 745（万元）

(5) 分配前每股市价与账面价值之比 = 40/(4 000 ÷ 500) = 5

分配后每股账面价值 = (745 + 2 050 + 550 + 600)/550 = 7.17（元）

预计分配后每股市价 = 7.17 × 5 = 35.85（元/股）

11.3.3 股利支付的程序

股份制企业向股东支付股利需要一个过程，这个过程中主要有以下几个重要的日期：股利宣告日、股权登记日、除息日和股利支付日。

股利宣告日：公司董事会开会决定股利支付，将股利支付情况予以公告的日期。公告中将宣布每股支付的股利、股权登记期限、除去股息的日期和股利支付日期等事项。

股权登记日：股权登记日也称为除权日，即有权领取股利的股东有资格登记截止日期。也就是说，股份有限公司在支付股利的时候，需要定出某一天，界定哪些股东可以参加分红或参与配股，定出的这一天就是股权登记日。在股权登记日这一天仍持有或买进该公司股票的投资者，才有权分享股利。这部分股东名册由证券登记公司统计在案，届时将所应送的股利划到这部分股东的账上。在此日之后才取得股票的股东，则无权取得股利。

除息日：指领取股利的权利与股票相互分离的日期。在除息日前，股利权从属于股票，持有股票者即享有领取股利的权利。从除息日开始，股利权与股票相分离，新购入股票的人不能享有股利。除息日的确定是由证券市场交割方式决定的，因为股票买卖的交接、过户需要一定的时间。在美国，当股票交割方式采用例行日交割时，股票在成交后的第五个营业日才办理交割，即在股票登记日的四个营业日以前购入股票的新股东，才有资格领取股利。在我国，由于采用次日交割方式，则除息日与登记日差一个工作日。

股利支付日：向股东发放股利的日期。

例如，以上海证券交易所为例，某股份公司董事会在股东大会召开后公布最后分红方案的公告中称："在 2018 年 3 月 10 日 M 公司在某地召开的股东大会上，通过了董事会关于每股普通股分派股息 0.6 元的 2017 年度股息分配方案。公司将于 2018 年 3 月 20 日对凡是在 2018 年 3 月 15 日在册的股东发放现金股利。特此公告。"该公司的股利支付程序如图 11-1 所示。

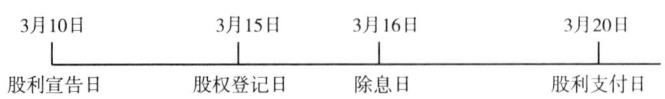

图 11-1　M 公司股利支付程序示意图

11.3.4　股利的支付方式

股利支付的具体方式多种多样，一般有现金股利、股票股利、财产股利、负债股利和股票回购。

1. 现金股利

现金股利是以现金支付的股利，它是股利支付的主要方式。该形式能满足大多数投资者希望得到一定数额的现金这种实在的投资要求，最容易被投资者接受。而对企业而言，采用现金形式支付股利意味着企业在经营过程中必须要有充足的现金，否则就会发生支付困难。企业在分配现金股利时，必须考虑到现金流量以及资产的流动性，过多地分配现金股利会减少公司的现金持有量，影响未来的支付能力，甚至可能会出现财务困难。因此只有企业有累计盈余并有足够的现金才能使用现金股利。

知识拓展：
华宝股份案例
二维码链接
（素材 11-1）

> 📖 **延伸思考**
>
> 企业如何根据不同的发展阶段确定合理的现金股利的发放比例？

知识拓展：
新证券法将对上市公司现金分红形成强制性约束
二维码链接
（素材 11-2）

2. 股票股利

股票股利是公司以增发股票作为股利的支付方式。发行股票股利既不影响公司的资产和负债，也不影响公司的股东权益总额，只不过在股本和留存收益之间进行重新分配。股票股利的实质并不是增加股东财富。可以用于发放股票股利的，除了当年的可供分配利润外，还有公司的盈余公积金和资本公积金。

3. 财产股利

财产股利形式主要是以现金之外的公司所拥有的其他资产支付股利的方式，主要包括实物股利（如实物资产或实物产品等）、证券股利（如公司拥有的其他企业的有价证券，如债券、股票）作为股利支付给股东。

4. 负债股利

负债股利是企业以负债形式所界定的一种延期支付股利的方式。通常以公司的应付票据支付给股东，不得已情况下也有发行公司债券抵付股利的。股东因手中持有带息的票据，补偿了股利没有即期支付的货币时间价值；而公司则因此承受了相应的利息支付压力。显然，只有在公司必须支付股利而现金又不足的特定条件下，才采用这种权宜之策。财产股利和负债股利实际上是现金股利的替代。这两种股利方式目前在我国公司实务中很少使用，但并非法律所禁止。

知识拓展：
上市公司
"派送"忙 实物
分红哪家强
二维码链接
（素材11-3）

5. 股票回购

股票回购是指企业购回股东所持股份的方式将现金分配给股东。企业回购股票，流通在市面上的股票就会减少，在企业经营状况不变的情况下，会提高每股收益，公司股价也会随之增加，它是现金股利的一种替代方式。对于公司来讲，派发现金股利会对公司产生未来的派现压力，而股票回购属于非正常股利政策，不会对公司产生未来的派现压力。对股东来讲，需要现金的股东可以选择出售股票，不需要现金的股东可以选择继续持有股票。因此，当公司有富余资金，但又不希望通过派现方式进行分配的时候，股票回购可以作为现金股利的一种替代。

延伸思考

请查阅我国上市公司股利分配资料，归纳总结我国股利支付主要有哪几种方式？

微课视频：
股票回购
二维码链接
（素材11-4）

11.4 股票股利和股票分割

11.4.1 股票股利

1. 股票股利的性质

股票股利是公司以增发的股票作为股利的支付方式。股票股利并不直接增加股东的财富，不导致公司资产的流出或负债的增加，因而不是公司资金的使用，同时也并不因此而增加公司的财产，但会引起所有者权益各项目的结构发生变化。

【例11-3】某企业在发放股票股利前，股东权益情况如表11-2所示。

知识拓展：
小米回购
股份案例
二维码链接
（素材11-5）

表 11-2　　　　　　　　发放股票股利前的股东权益情况　　　　　　　　单位：元

普通股（面额1元，已发行200 000股）	200 000
资本公积	400 000
未分配利润	2 000 000
股东权益合计	2 600 000

假定该企业宣布发放10%的股票股利，即发放20 000股普通股股票，现有股东每持10股可得1股新发股票。如该股票当时市价20元，发放股票股利以市价计算。则：

"未分配利润"划出的资金为：$20 \times 200\,000 \times 10\% = 400\,000$（元）

"普通股"股本增加为：$1 \times 200\,000 \times 10\% = 20\,000$（元）

"资本公积"增加为：$400\,000 - 20\,000 = 380\,000$（元）

发放股票股利后，企业股东权益各项目如表11-3所示。

表 11-3　　　　　　　　发放股票股利后的股东权益情况　　　　　　　　单位：元

普通股（面额1元，已发行220 000股）	220 000
资本公积	780 000
未分配利润	1 600 000
股东权益合计	2 600 000

可见，发放股票股利，不会对企业股东权益总额产生影响，但会发生资金在各股东权益项目之间的再分配。

发放股票股利后，如果盈利总额不变，会由于普通股股数增加而引起每股盈余和每股市价的下降。但由于股东所持股份的比例不变，股东所持股票的市场价值总额仍保持不变，这可以从下面的例子中得到说明。

【例11-4】假定上述企业本年盈利440 000元，某股东持有20 000股普通股，发放股票股利对该股东的影响如表11-4所示。

表 11-4　　　　　　　　发放股票股利后对股东的影响

项目	发放前	发放后
每股收益（EPS）（元）	$440\,000 \div 200\,000 = 2.2$	$440\,000 \div 220\,000 = 2$
每股市价（元）	20	$20 \div (1 + 10\%) = 18.18$
持股比例	$(20\,000 \div 200\,000) \times 100\% = 10\%$	$(22\,000 \div 220\,000) \times 100\% = 10\%$
所持股总价值（元）	$20 \times 20\,000 = 400\,000$	$18.18 \times 22\,000 = 400\,000$

发放股票股利对每股收益和每股市价的影响，可以通过对每股收益、每股市价

的调整直接算出：

$$发放股票股利后的每股盈余 = \frac{EPS_0}{1+D}$$

$$发放股票股利后的每股市价 = \frac{M}{1+D}$$

式中，EPS_0 表示发放股票股利前的每股盈余，M 表示发放股票股利前的每股市价，D 表示股票股利发放率。

依上例资料：

$$发放股票股利后的每股盈余 = \frac{2.2}{1+10\%} = 2（元）$$

$$发放股票股利后的每股市价 = \frac{20}{1+10\%} = 18.18（元）$$

2. 股票股利的意义

尽管股票股利不增加公司的价值，也不直接增加股东的财富，但是发放股票股利对公司和股票都具有特殊的意义。

（1）股票股利对公司来讲，其意义主要有以下几点。①发放股票股利可使股东分享公司的盈余而无须分配现金，不会增加其现金流出量，这使公司留存了大量现金，便于进行再投资，有利于公司长期发展。②公司分配股票股利起到了股票分割的作用，可以降低每股市价，从而可以吸引更多的投资者。③公司发放股票股利的市场效果具有一定的风险性，这主要是因为投资者可能会认为公司拥有良好的投资机会，进一步提高他们对公司发展的信心，从而导致公司股票价格上扬。但是，公司发放股票股利也有可能向投资者传递这样一个信号：公司资金周转遇到了困难，发放股票股利是被迫之举。因此，降低了投资者对公司发展的信心，从而导致股票价格下跌。④与其他股利形式相比，公司分配股票股利扩张了股本，可以调节资本结构。⑤发放股票股利在降低每股市价的时候，会吸引更多的投资者成为公司的股东，从而可以使股权更为分散，有效地防止公司被恶意控制。

（2）股票股利对股东来讲，其意义主要有以下几点：①公司发放股票股利后，股东所持股份增加，当公司维持原有的固定股利水平时，股东则在以后的年份里可以获得更多的股利收入。②如果公司发放股票股利后，股票市价并不会成比例下降，这时股东可以获得股票价格相对上升所带来的好处。③股东在分配到股票股利后，如果需要现金的话，可以随时在资本市场上将其抛售变现，并不影响股东对现金的需求。④获得现金股利的个人所得税率要高于在资本市场上进行股票交易获得的资本利得的税率，因此，公司发放股票股利可以使股东避开高税率，享受到纳税上的税收利益。⑤发放股票股利通常由成长中的公司所为，因此，投资者往往认为发放股票股利预示着公司将会有较大发展，利润将大幅度增长，足以抵消增发股票带来的消极影响，这种心理会稳定住股价甚至反致略有上升。

11.4.2 股票分割

知识拓展：
"类高送转"被
投机炒作 投资者
需谨慎选择
二维码链接
（素材11-6）

1. 股票分割的含义

股票分割是指将一股面额较高的股票交换成数股面额较低的股票的行为。分割后，面额按一定比例减少，同时股票数量按同一比例增多。股票分割不属于某种股利，但其产生的效果与发放股票股利近似。按国际惯例，发放25%以下的股票股利界定为股票股利，而发放25%以上的股票股利界定为股票分割。

股票分割时，发行在外的股票增加，使得每股市价下跌，每股盈余下降，但股票分割对企业的财务结构不会产生任何影响，公司价值不变，股东权益总额、股东权益各项目金额及其相互间的比例也不会改变。

2. 股票分割的原因

（1）降低股票市价，吸引更多的投资者。一般情况下，股票价格太高，不利于股票交易活动，而股票价格的下降则有助于股票交易，有利于吸引更多的投资者。因此，股票分割往往是成长中的公司的行为，所以宣布股票分割后容易给人一种"公司正处于发展中的印象"，这种有利信息会对公司有所帮助。而且，通过股票分割降低股价，使公司股票更为广泛地分散到投资者手中，据此，可以有力地防止少数小集团的股东通过委托代理权，实现对企业控制的企图。

（2）为新股发行做准备。股票价格太高使许多潜在投资者力不从心而不敢轻易对公司股票进行投资。

（3）有助于公司兼并、合并政策的实施。当一个公司兼并或合并另一个公司时，一些公司首先将自己的股票加以分割，有助于增加被兼并方股东的吸引力。

【例11-5】W公司原发行面额2元的普通股4 000万股，若按1股换成2股的比例进行股票分割，分割前后的股东权益项目如表11-5和表11-6所示，分割前后的每股盈余计算如下：

公司本年盈余1 600万元，则股票分割前的每股盈余为0.4元（1 600万元/4 000万股）；若股票分割后公司的盈余不变，分割后的每股盈余为0.2元（1 600万元/8 000股），每股市价也会因此而下降。

表11-5 股票分割前股东权益表 单位：万元

项目	股票分割前
普通股（面额2元）	8 000
资本公积	3 000

续表

项目	股票分割前
未分配利润	2 600
股东权益合计	13 600

表 11-6　　　　　　　　　股票分割后股东权益表　　　　　　　　　单位：万元

项目	股票分割后
普通股（面额1元）	8 000
资本公积	3 000
未分配利润	2 600
股东权益合计	13 600

对于股东来讲，首先，股票分割后各股东持有的股数增加，但持有的比例不变，持有股票的总价值不变。不过，只要股票分割后每股现金股利的下降幅度小于股票分割幅度，股东仍能多获得现金股利。其次，股票分割向社会传播的有利信息和降低了的股价，可能导致购买该股票的人增加，反使其股价上升，进而增加股东的财富。

若公司认为自己股票的价格过低，为了提高股价，会采取反分割（股票合并）的措施。反分割是股票分割的相反行为，即将数股面额较低的股票合并为一股面额较高的股票。

11.4.3　股票股利与股票分割的相同点与不同点

微课视频：
股票分割
二维码链接
（素材11-7）

股票股利和股票分割比较的相同点有以下三点：(1) 股数增加，当利润不变的情况下，每股盈余下降、每股市价下降。(2) 不影响公司的资产、负债、所有者权益的总额。(3) 不影响股东的持股比例，也不会影响股东所拥有的股票市场价值总额。

股票股利和股票分割相比较的区别有以下三点：(1) 对每股面值的影响：股票股利不影响每股面值，股票分割会使每股面值降低。(2) 对股东权益内部结构的影响：股票股利影响股东权益内部结构，股票分割不影响股东权益内部结构。(3) 适用情况不一样。

知识拓展：
苹果、特斯拉
宣布拆股后飙升：
股票分割一定
意味着大涨吗
二维码链接
（素材11-8）

尽管股票分割与发放股票股利都能达到降低公司股价的目的，但一般地讲，只有在公司股价暴涨且预期难以下降时，才采用股票分割的办法降低股价；而在公司股价上涨幅度不大时，往往通过发放股票股利将股价维持在理想的范围之内。

延伸思考

请你查阅上市公司的资料，找出两家分别采用发放股票股利和股票分割的公司，分析它们在采用这两种方法后对企业财务的影响。

【本章小结】

1. 本章重点回顾

本章重点阐述了股利政策的影响因素以及几种常见的股利政策。介绍实务中股利分配的程序、分配原则和支付方式，比较股票股利和股票分割。

2. 本章关键术语

剩余股利政策　固定股利支付率政策　固定股利政策　低正常股利加额外股利政策现金股利　股票股利　除息日　股票分割

3. 本章知识图谱

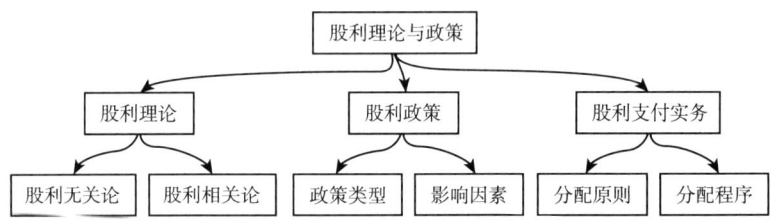

4. 财务总监分享管理实战故事（见本页二维码）

链接一
爱柯迪股利
政策案例
二维码链接
（素材11-9）

链接二
SL股份股利分配
案例分析
二维码链接
（素材11-10）

【理论自测】

一、单项选择题

1. 股利无关论的核心观点是（　　）。

A. 股利政策影响公司价值　　　　B. 股利政策与公司价值无关

C. 高股利提升股价　　　　　　　D. 低股利减少税收

2. 下列股利政策中，保持股利与盈利比例固定的是（　　）。

A. 剩余股利政策　　　　　　　　B. 固定股利支付率政策

C. 固定股利政策　　　　　　　　D. 低正常股利加额外股利政策

3. 某公司采用剩余股利政策，若目标资本结构为负债60%、权益40%，计划投资800万元，则需保留利润（　　）万元。

A. 320　　　　　　B. 480　　　　　　C. 800　　　　　　D. 200

4. 股票分割的直接影响是（   ）。

A. 股东权益总额增加　　　　　　B. 每股面值降低

C. 资本公积增加　　　　　　　　D. 未分配利润减少

5. 下列属于法律对股利分配的限制是（   ）。

A. 资本保全约束　　B. 股东偏好　　C. 投资机会　　D. 通货膨胀

二、多项选择题

1. 股利相关论的支持理论包括（   ）。

A. 一鸟在手理论　　　　　　　　B. 信息传播理论

C. 假设排除理论　　　　　　　　D. 资本资产定价模型

2. 影响股利政策的公司内部因素有（   ）。

A. 资金变现能力　　　　　　　　B. 投资机会

C. 股东纳税状况　　　　　　　　D. 资本结构

3. 股票股利的特点包括（   ）。

A. 股东权益总额不变　　　　　　B. 每股收益下降

C. 可能传递积极信号　　　　　　D. 增加公司现金流

4. （   ）属于股利支付方式。

A. 现金股利　　B. 股票回购　　C. 财产股利　　D. 负债股利

5. 固定股利政策的优点包括（   ）。

A. 稳定投资者信心　　　　　　　B. 灵活适应盈利波动

C. 避免股价大幅波动　　　　　　D. 降低资本成本

三、判断题

1. 股票回购会导致公司股东权益减少。（   ）

2. 剩余股利政策优先满足投资需求，剩余利润用于分红。（   ）

3. 资本积累约束要求企业必须用当期利润弥补亏损后才能分红。（   ）

4. 股票分割会改变股东权益的内部结构。（   ）

5. 低正常股利加额外股利政策兼具灵活性和稳定性。（   ）

【实务自测】

1. 剩余股利政策应用

某公司税后利润 2 000 万元，目标资本结构为负债：权益 = 6 : 4。计划投资新项目需 1 500 万元。

要求：

（1）计算需保留的利润额；

（2）若总股数为1 000万股，计算每股可分配股利。

2. 股票股利与股东权益变动

公司股东权益如下：普通股（面值1元，1 000万股）1 000万元，资本公积500万元，未分配利润3 000万元。宣布按10%发放股票股利，市价10元/股。

要求：

（1）计算股票股利发放后的股东权益各项目金额；

（2）若当年净利润为800万元，计算每股收益变动。

3. 股利政策对比分析

某公司面临两种股利政策选择：

方案A：固定股利政策，每年每股支付1元；

方案B：固定股利支付率40%，近三年每股收益分别为2元、3元、4元。

要求：

（1）计算两种政策下三年的每股股利；

（2）分析哪种政策更稳定，哪种更适合盈利波动大的公司。

4. 股票分割影响

某公司股价过高，决定按1∶2进行股票分割。原股本结构：普通股（面值10元，200万股）2 000万元，资本公积1 000万元，未分配利润5 000万元。

要求：

（1）计算分割后的股本结构；

（2）若分割前每股收益5元，计算分割后的每股收益和每股市价（假设市价同比例变动）。

【案例分析】

案例：中国神华高分红决策

中国神华2016年净利润227亿元，宣布每股派息2.97元，分红总额590亿元。

要求：

（1）分析高分红对公司现金流和投资能力的影响；

（2）结合股利理论，解释高分红传递的信号及市场反应。

主要参考文献

［1］财政部会计资格评价中心．财务管理（2025年度全国会计专业技术资格考试辅导教材）［M］．北京：经济科学出版社，2025．

［2］经济观察报［EB/OL］．［2025-05-26］．http：//www.eeo.com.cn．

［3］刘淑莲．财务管理理论与实务（第5版）［M］．大连：东北财经大学出版社，2024．

［4］陆正飞，辛宇，朱凯，许晓芳．财务管理学：中国视角（立体化数字教材版）［M］．北京：中国人民大学出版社，2022．

［5］彭海颖，叶继英．财务管理学：教程与案例［M］．杭州：浙江大学出版社，2011．

［6］斯蒂芬·罗斯，等．公司理财（原书第12版）［M］．吴世农，译．北京：机械工业出版社，2020．

［7］王化成，佟岩．财务管理（第7版·立体化数字教材版）［M］．北京：中国人民大学出版社，2024．

［8］王满，任翠玉．财务管理基础（第六版）［M］．大连：东北财经大学出版社，2024．

［9］杨淑娥，张强．财务管理学（第四版）［M］．北京：高等教育出版社，2022．

［10］张瑞君，殷建红．计算机财务管理：财务建模方法与技术（第6版）［M］．北京：中国人民大学出版社，2023．

［11］中国经营报［EB/OL］．［2025-05-26］．http：//www.cb.com.cn．

［12］中国注册会计师协会．财务成本管理［M］．北京：经济科学出版社，2022．

［13］21世纪经济报道［EB/OL］．［2025-05-26］．http：//www.21jingji.com．

［14］Richard A. Brealey，Stewart C. Myers，Franklin Allen. Principles of Corporate Finance (13th Edition)［M］. New York：McGraw-Hill, 2023.

［15］Stephen A. Ross，Randolph W. Westerfield，Jeffrey Jaffe. Corporate Finance (12th Edition)［M］. New York：McGraw-Hill, 2022.